职业教育·铁道运输类专业精品教材
国家职业教育铁道交通运营管理专业教学资源库配套教材

铁路调度指挥

（第2版）

申金国　朱光宇　主　编
王　昊　赵景峰　副主编
赵全赏　主　审

人民交通出版社
北　京

内 容 提 要

本教材为"十四五"职业教育国家规划教材、职业教育铁道运输类专业精品教材、国家职业教育铁道交通运营管理专业教学资源库配套教材。其主要内容包括：铁路运输调度组织机构设置及职责标准、编制及调整列车运行图、运输生产组织、高速铁路调度指挥、施工调度指挥、CTC 在调度指挥中的运用、超限货物运输调度指挥、机车调度指挥、供电调度指挥。

本教材采用校企合作的模式编写，以现行的规章、制度、办法为依据，选取铁路调度指挥实际工作项目作为教材内容，具有较强的实用性。

本教材可作为职业院校铁道运输类专业教材，也可作为行业培训教材，供行业从业人员学习参考。

＊本教材配有课件等教学资源，任课教师可通过加入职教铁路教学研讨群（教师专用 QQ 群：211163250）获取。

图书在版编目（CIP）数据

铁路调度指挥/申金国，朱光宇主编. —2 版.
北京：人民交通出版社股份有限公司，2025.6.
ISBN 978-7-114-19804-5

Ⅰ. U292.4

中国国家版本馆 CIP 数据核字第 202477G3G5 号

"十四五"职业教育国家规划教材
职业教育 · 铁道运输类专业精品教材
国家职业教育铁道交通运营管理专业教学资源库配套教材
Tielu Diaodu Zhihui

书　　名：**铁路调度指挥**（第 2 版）
著 作 者：申金国　朱光宇
责任编辑：杨　思
责任校对：龙　雪
责任印制：张　凯
出版发行：人民交通出版社
地　　址：（100011）北京市朝阳区安定门外外馆斜街 3 号
网　　址：http://www.ccppcl.com.cn
销售电话：（010）85285911
总 经 销：人民交通出版社发行部
经　　销：各地新华书店
印　　刷：北京印匠彩色印刷有限公司
开　　本：787×1092　1/16
印　　张：20.25
字　　数：467 千
版　　次：2020 年 1 月　第 1 版
2025 年 6 月　第 2 版
印　　次：2025 年 6 月　第 2 版　第 1 次印刷　总第 5 次印刷
书　　号：ISBN 978-7-114-19804-5
定　　价：59.00 元

第2版前言

【修订背景】

为深入贯彻党的二十大精神,适应我国铁路的高质量发展,进一步办好新时代职业教育,实现职业教育现代化,我们组织具有丰富教学经验的专业教师及相关企业专家和管理人员对本教材进行修订。期待通过此教材与配套资源库的配合使用,可以提高教师教学和学生学习的效果。

教材的编写采取了校企合作方式,此次修订得到了相关企业的大力支持,力求突出教材的通用性和适用性。修订过程贯彻产教融合理念,安排企业人员深度参与,突出体现"以学生为中心""做中学,学中做"等职业教育理念。

【教材特色】

1. 以促进就业和适应产业发展需求为导向。教材内容根据铁路调度工作实际选取,所参考的文献(如规章、制度)均为企业一手资料,注重以真实生产项目、典型工作任务等为载体组织教学单元,按照调度生产岗位一日工作程序标准、调度生产组织办法、调度指挥方法、各工种调度应知应会设计项目—任务。教材职业特色鲜明,更适合工学一体化教学和调度工作人员培训需要,有利于提升学生职业能力和调度工作人员的技术业务水平。教材覆盖面广、影响力大,适应职业教育教学改革需要。

2. 编写团队主要由中国铁路哈尔滨局集团有限公司调度所的专家与黑龙江交通职业技术学院、南京铁道职业技术学院骨干教师组成,企业专家实际工作经验丰富,能够深入浅出地将多年的工作经验、管理思想以及高速铁路(简称高铁)新知识融入教材中。教材能够反映铁路调度工作实际,内容具有先进性、创新性、权威性、实用性等特点。

3. 教材遵循学生认知规律和职业成长规律,教学内容由浅入深、循序渐进。教材主要内容包括九个项目,每个项目分解为若干个任务,任务设计了知识目标、能力目标、素质目标、任务描述、案例导入等学习指导提示,教材配套资源与教材紧密结合,逻辑严谨,突出过程性考核,考核评价指标科学有据。

4. 由于铁路运输中调度工作岗位人员应具有服务观念和全局意识,尤其是对政治素质和思想品德的要求较高,要具有认真、严谨、细致的职业素养,教材在编写过程中全面落实课程思政要求,例如,强化对调度员指挥决策的素质和独立处理问题的能力等方面的培养。

【配套资源】

本教材配套资源丰富。为方便广大师生使用,编者开发了配套教案、题库、课程标准、教学课件、教学视频、教学案例库、典型工作任务单等丰富的教学资源,涵盖了课程教学的方方面面，为教材使用者提供了极大方便。

【编写分工】

本教材由黑龙江交通职业技术学院与中国铁路哈尔滨局集团有限公司等企业合作编写，黑龙江交通职业技术学院申金国、中国铁路哈尔滨局集团有限公司朱光宇担任主编，中国铁路哈尔滨局集团有限公司王昊、赵景峰担任副主编，中国铁路哈尔滨局集团有限公司赵全赏担任主审。

项目一任务一至任务三由中国铁路哈尔滨局集团有限公司朱光宇编写，任务四由黑龙江交通职业技术学院申金国编写，任务五由中国铁路哈尔滨局集团有限公司王昊、黑龙江交通职业技术学院于颖编写。项目二由中国铁路哈尔滨局集团有限公司魏雷、黑龙江交通职业技术学院彭丽杰编写。项目三由中国铁路哈尔滨局集团有限公司张军、黑龙江交通职业技术学院彭丽杰编写。项目四由黑龙江交通职业技术学院申金国编写。项目五由黑龙江交通职业技术学院申金国、中国铁路哈尔滨局集团有限公司赵景峰编写。项目六由中国铁路哈尔滨局集团有限公司徐志林、黑龙江交通职业技术学院朱莹编写。项目七由中国铁路哈尔滨局集团有限公司何丘山、黑龙江交通职业技术学院朱莹编写。项目八由中国铁路哈尔滨局集团有限公司赵林、黑龙江交通职业技术学院朱莹编写。项目九由中国铁路哈尔滨局集团有限公司孙宇明、田井伟、张珂卓、黑龙江交通职业技术学院于颖编写。

附录一至附录九由黑龙江交通职业技术学院申金国、中国铁路哈尔滨局集团有限公司张贵民编写。附录十由中国铁路哈尔滨局集团有限公司孙宇明、田井伟、张珂卓编写。附录十一、附录十二由中国铁路哈尔滨局集团有限公司王敬涛编写。附录十三由中国铁路哈尔滨局集团有限公司杨志超、黑龙江交通职业技术学院于颖、中国铁路哈尔滨局集团有限公司王敬涛、黑龙江交通职业技术学院朱莹编写。附录十四、附录十五由黑龙江交通职业技术学院申金国编写。申金国负责全书的背景案例收集整理，图片绘制，各项目拓展提升部分编写，电子课件及其他配套资源的制作。南京铁道职业技术学院刘叶负责在线课程资源建设。

在线课程链接

【致谢】

本教材参考引用了铁路企业规章、标准及部分专家、学者的著作和成果，以及部分互联网资源，这些内容对编写教材和开展教学具有重要的帮助，在此向著作者表示衷心的感谢。

虽然编写团队在教材编写过程中进行了精心的设计和凝练，但限于水平有限，书中难免存在不足和疏漏之处，敬请读者批评指正，以便修订完善。

作　者

2025 年 1 月

数字资源列表

资源使用说明：

1. 扫描封面二维码，注意每个码只可激活一次；

2. 长按弹出界面的二维码关注"交通教育出版"微信公众号并自动绑定资源；

3. 公众号弹出"购买成功"通知，点击"查看详情"，进入后即可查看资源；

4. 也可进入"交通教育出版"微信公众号，点击下方菜单"用户服务—图书增值"，选择已绑定的教材进行观看。

序号	资源名称	序号	资源名称
1	课程介绍	12	项目导学　高铁调度指挥方法 3
2	教材介绍	13	项目导学　施工调度指挥方法 1
3	项目导学　铁路运输调度组织机构及职责 1	14	项目导学　施工调度指挥方法 2
4	项目导学　铁路运输调度组织机构及职责 2	15	项目导学　施工调度指挥方法 3
5	项目导学　编制调整列车运行图 1	16	项目导学　CTC 调度指挥
6	项目导学　编制调整列车运行图 2	17	项目导学　超限货物运输调度指挥方法 1
7	项目导学　调度生产组织办法 1	18	项目导学　超限货物运输调度指挥方法 2
8	项目导学　调度生产组织办法 2	19	项目导学　机车调度指挥方法
9	项目导学　调度生产组织办法 3	20	项目导学　供电调度指挥方法 1
10	项目导学　高铁调度指挥方法 1	21	项目导学　供电调度指挥方法 2
11	项目导学　高铁调度指挥方法 2		

目 录

课程导学

本教材内容涵盖铁路运输调度工作各个方面，**核心部分是列车调度指挥工作**，主要面向的岗位为列车调度员、计划调度员，同时也面向机车调度员、客运调度员、货运调度员、供电调度员、特运调度员等调度工作岗位。

本教材对应“列车调度指挥”课程。列车调度指挥是铁路运输组织的核心，它担负着保障运输安全、组织客货运输、完成国家重点运输任务、提高客货服务质量的重要责任，对完成铁路运输生产经营任务，提高铁路运输企业效益起着重要作用。“列车调度指挥”课程是铁道交通运营管理专业的核心课程，以铁路局集团公司调度的角度介绍铁路调度指挥，学习该课程应具备铁路运输设备相关知识，特别是铁路线路及站场、铁路信号与通信设备相关知识，掌握铁路技术站生产组织流程，掌握正常条件下的接发列车作业的基本知识、掌握车站值班员（应急值守员）接发列车工作的基本技能。先修课程为专业基础课程（即铁路信号与通信设备、铁路机车车辆、铁路线路及站场等）和部分专业核心课程（即接发列车工作、铁路调车工作、车站作业计划与统计、铁路客运组织、铁路货运组织等），后续课程是铁路运输安全管理等。

列车调度指挥课程内容与实际工作联系紧密，重点讲述编制调度工作程序标准、调整列车运行图、高铁调度指挥、调度集中设备（CTC）使用等知识，实践性较强，要求同学们上课前需要了解铁路局集团公司调度所、基层站段调度生产工作情况。同学们上课时还将学会使用 TDCS 系统调度终端仿真设备。课程通过项目—任务引领开展学习活动，希望同学们能综合运用教材配套资源，能正确使用调度工作相关设备，在日后工作中能合理组织日常运输生产，根据实际情况调整列车运行，正确填写和发布调度命令，正确组织设备施工和维护，具备对突发事件的应变能力。

建议同学们使用本教材前先熟悉《铁路技术管理规程》《中国国家铁路集团有限公司铁路运输调度规则》等基础规章及各调度工种专业规章，再学习本教材中相应调度工种内容，并结合调度实际工作加以实践。

课程介绍

教材介绍

项目一

铁路运输调度组织机构设置及职责标准

项目背景

铁路运输调度部门是铁路日常运输组织的指挥中枢，分别代表各级领导组织指挥日常运输工作。铁路运输调度担负着保障运输安全、组织客货运输、完成国家重点运输任务、提高客货服务质量的重要责任，对完成铁路运输生产经营任务，提高铁路运输企业效益起着重要作用。各级调度人员必须精心组织，科学调度，努力增运增收、节支降耗。凡与运输有关的日常生产活动都必须在运输调度的统一组织指挥下进行。

各国铁路运输组织机构中均设有与管理体制对应的调度部门，建国以来中国铁路实行铁道部、铁路局、铁路分局、站段四级管理体制。从2005年起，中国15个铁路局（含青藏铁路公司）中设分局的哈尔滨、沈阳、北京、郑州、济南、上海、广铁、成都、兰州和乌鲁木齐等10个铁路局（公司）撤销其下属的41个铁路分局（参见新华网2005年3月18日相关报道。铁道部：18日起撤销铁路分局　由铁路局直管站段）。新设太原、西安、武汉3个铁路局，全路共设18个铁路局（公司）。由此开始实行铁道部、铁路局、站段三级管理体制。

根据2013年国务院机构改革和职能转变方案，铁道部实行铁路政企分开。国务院将铁道部拟定铁路发展规划和政策的行政职责划入交通运输部；组建国家铁路局，由交通运输部管理，承担铁道部的其他行政职责；组建中国铁路总公司，承担铁道部的企业职责；不再保留铁道部（参见中央政府门户网站2013年3月10日相关报道。国务院将组建国家铁路局和中国铁路总公司）。2013年3月17日中国铁路总公司正式挂牌。2019年6月18日中国铁路总公司改制成立的中国国家铁路集团有限公司（简称国铁集团）正式挂牌（参见央广网2019年6月18日相关报道。最大央企——中国铁路集团挂牌成立　铁总进入历史）。虽然经过数次改革重组，但中国国家铁路三级管理体制没有改变。

本项目主要介绍了铁路运输调度组织机构和职责，重点对铁路局集团公司调度组织机构和职责进行说明。

本项目在编写时以《中国国家铁路集团有限公司铁路运输调度规则》（铁调〔2022〕106号）和部分铁路局集团公司《调度所管理工作细则》（简称《所细》）为蓝本，择取相关内容，整合为五个任务，即铁路运输调度组织机构设置及主要职责、各级铁路运输调度主要职责范围、主要工种调度岗位职责、调度工种间联劳协作关系、铁路局集团公司调度生产岗位一日工作程序标准。

建议学时

4 学时。

项目导学

铁路运输调度组织机构及职责1

铁路运输调度组织机构及职责2

任务一　铁路运输调度组织机构设置及主要职责

学习目标

知识目标

1. 熟知中国国家铁路集团有限公司调度工作的工作岗位名称；
2. 熟知各铁路局集团公司调度工作的工作岗位设置情况及岗位名称；
3. 熟知车站(技术站)调度工作的工作岗位设置情况及岗位名称。

能力目标

1. 掌握铁路运输调度组织结构及内部机构设置；
2. 掌握各级运输调度组织机构职责；
3. 能够绘制从中国国家铁路集团有限公司到铁路局集团公司、站(段)的调度指挥组织结构图。

素质目标

1. 树立大局观念、全局观念及逐级负责的岗位责任意识；
2. 感受铁路机构改革的脉络,增强调度工作使命感；
3. 树立坚定为人民服务的职业信念。

任务描述

作为一名职业院校铁道类专业学生,你是否有将来成为一名铁路调度工作人员的理想?要实现这一理想,你一定要掌握我国铁路运输调度组织机构设置及基本职责内容。请根据中国国家铁路集团有限公司、各铁路局集团公司(中国铁路××局集团有限公司,简称“××铁路局集团公司”)、车站(技术站)各个层级的机构设置和工作制度,绘制调度指挥组织结构图。

案例导入

风雪中守护民生“温度”——多地积极应对龙年首场寒潮见闻

新华社武汉2024年2月18日电(记者侯文坤、刘佳敏、水金辰),据中央气象台预报,近期寒潮天气将影响我国,大范围雨雪再次上线。湖北、安徽、江西等地快速响应,积极做好监测预警、防灾减灾、应急保供、民生保障等工作。

2月18日上午,中国铁路武汉局集团有限公司调度指挥中心(图1-1)大厅的一面面显示屏上,密密麻麻的红绿线条显示着列车运行状况。大厅内,调度员们不停地在电脑上铺画列车运行线,与站段核对客车开行方案,电话铃声此起彼伏,键盘敲击声不断。

“每调度一趟列车开行,就能帮上千人顺利抵达目的地,再累也值得。”中国铁路武汉局集团有限公司调度所主任刘闻东告诉记者,目前调度、客运、运输、工务等部门在指挥中心合署办公，一同研判天气状况、制定客车开行调整方案、统筹应急处置，努力减小不利天气对运输秩序的影响。“我们还安排了48台内燃机车随时待命，做好应急牵引。”刘闻东说。

（资料来源：新华全媒+）

引导提示：从上述案例得知，铁路调度是非常繁忙的，又是特别重要的，作为调度工作人员要树立责任意识、大局意识。通过上述案例，你知道武汉铁路局集团公司调度指挥中心的上级全国铁路调度指挥中心的情况吗？

图1-1　中国铁路武汉局集团有限公司调度指挥中心
（新华社记者　张俊　摄）

知识探索

改革开放后，按照党中央、国务院关于铁路改革的部署，铁路部门对改革进行了深入探索，在搞活运输企业、转换经营机制、实施主辅分离等方面进行了大量实践，促进了铁路发展。

铁路部门以建立适应社会主义市场经济体制要求的铁路管理体制为目标，按照保持路网的完整性、坚持运输集中统一指挥、提高运输效率等重要原则，以基础性改革为重点，深入扎实推进铁路改革，为加快铁路发展提供了强大动力。

铁路运输管理体制实现了重大创新。2005年3月，铁道部成功实施了撤销铁路分局、由铁路局直接管理站段的改革，全国铁路共设立18个铁路局（公司），变四级管理为三级管理，提高了管理效率，极大地释放了运输生产力，每一级管理机构均设置调度指挥职能部门。

（1）中国国家铁路集团有限公司运输调度指挥中心设值班主任、行车台、客运台、货运台、军运台、特运台、行包台、集装箱台、施工台、机车台、车辆台、动车台、供电台等调度台，结构如图1-2所示。中国国家铁路集团有限公司运输调度指挥中心内景如图1-3所示。

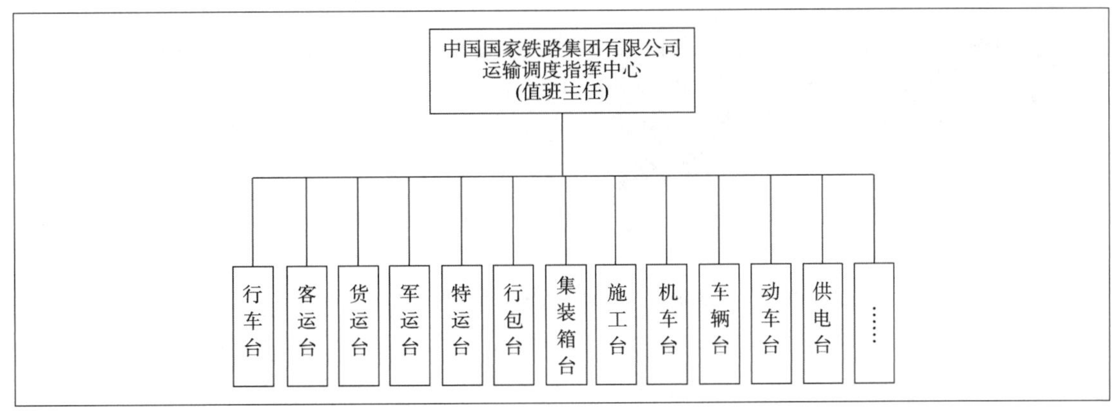

图1-2　中国国家铁路集团有限公司调度指挥组织结构图

(2)铁路局集团公司设调度所。

铁路局集团公司调度设值班主任、值班副主任、计划、列车、客运、货运、特运、集装箱、施工、机车、车辆、动车、红外线(ST)、工务、电务、供电调度台,根据需要可设置快运、篷布、军运、客运行包等调度台。根据各工种调度台工作量情况,有关调度台可合并设置,具体由铁路局集团公司确定。各工种调度可根据需要设置主任调度员岗位。

铁路局集团公司施工管理办公室(简称施工办)设在调度所。调度所内景如图1-4所示。

图1-3　中国国家铁路集团有限公司运输调度指挥中心内景

图1-4　中国铁路上海局集团有限公司调度所内景

(3)运输站段宜设生产调度指挥中心(简称指挥中心),编组(区段)站宜设调度车间(调度室)。运输站段指挥中心调度设主任(值班主任)、生产调度、专业调度等调度岗位(或在既有生产指挥机构内设调度岗位);编组(区段)站设值班站长、车站调度员、货运调度员等调度岗位,具体由铁路局集团公司确定。中铁集装箱运输有限责任公司、中铁特货物流股份有限公司、中铁快运股份有限公司设生产(运输)调度部,下属分公司可设运营调度部。中国铁路郑州局集团有限公司郑州北站调度室内景如图1-5所示。

图1-5　中国铁路郑州局集团有限公司郑州北站调度室内景

(4)国铁集团、铁路局集团公司(专业运输公司)、运输站段调度分别代表国铁集团、铁路局集团公司(专业运输公司)、运输站段负责日常运输组织指挥工作。国铁集团值班主任、铁路局集团公司值班主任、运输站段指挥中心值班主任或编组(区段)站值班站长分别领导一班调度工作。在日常运输调度组织工作中,下级有关部门和人员,执行上级调度指令。

国铁集团调度统一指挥各铁路局集团公司和专业运输公司完成运输生产经营任务;铁路局集团公司调度统一指挥铁路局集团公司管内运输生产单位完成运输生产经营任务;运输站段(编组站、区段站除外)调度按规定组织(督促)、协调本站段有关作业人员完成运输生产任务;编组(区段)站调度统一指挥本站区作业人员完成运输生产任务。

各级调度应根据调度的工作的特点合理确定班制。国铁集团、铁路局集团公司、编组

(区段)站主要调度全路统一实行四班制。

任务实施与评价

请完成本任务的任务实施与评价,见教材数字资源中的电子实训工单。

任务二　各级铁路运输调度主要职责范围

学习目标

知识目标

1. 熟知技术站调度主要职责范围和相关规定;
2. 熟知铁路局集团公司调度主要职责范围和相关规定;
3. 了解中国国家铁路集团有限公司调度主要职责范围。

能力目标

1. 能够说出某技术站调度主要职责范围;
2. 能够说出某铁路局集团公司调度主要职责范围;
3. 能够说出中国国家铁路集团有限公司调度主要职责范围。

素质目标

1. 养成干一行、爱一行的爱岗敬业精神;
2. 增强作为调度工作人员的职业自豪感;
3. 践行"人民铁路为人民"的宗旨。

任务描述

如果你已经成为某级铁路运输调度工作人员,则必须熟悉本级调度主要职责范围,这样才能在本级调度职责范围内顺利开展工作。作为某级某工种调度工作人员,应能够说出自己在工作中需要执行的职责范围的相关规定。

案例导入

支撑50万人次客流的指挥中枢

2022年10月1日,中国铁路武汉局集团有限公司发送客流50万人次,2000趟客货列车畅行荆楚,背后离不开指挥中枢——中国铁路武汉局集团有限公司调度所。10月1日上午11时,记者来到调度所7楼平台,从这里可以俯瞰6楼调度大厅全貌:2800多平方米的大厅内,呈扇形分布着8排电脑设备(总数有数百台),上面写着"武汉枢纽岗""汉宜供电调度"等,分别代表不同的指挥岗位。近百名调度员坚守岗位,时而注视屏幕上的信号图,时而接听电话,与车站、司机沟通线路情况。指挥大厅屏幕上,实时显示武汉局集团公司通行列车数量等指标数据。指挥大厅是列车运行指挥机构,直接关系着线路上的列车能否有序运营。

指挥大厅旁边,还有一个应急指挥中心,通过这里十几个平方米的电子监控屏幕,可以看到各车站的实时情况,这里聚集了铁路各工种应急人员,一旦有重大突发状况,将在这里进行远程集中指挥。

……

(资料来源:湖北日报官方账号,《湖北日报》全媒记者:胡祎　通讯员:张俊　周俊军)

引导提示:从上述案例可知,调度工作人员岗位责任重大,每班都要保持良好的工作状态,以负责的态度对待工作。你知道中国铁路武汉局集团有限公司调度所属于哪级调度机构吗?与其相关的上下级调度机构是什么?这几级调度机构的职责是什么?

知识探索

一、国铁集团调度主要职责范围

(1)按规定对铁路局集团公司调度安全指挥进行监督管理和监督检查指导工作。维护调度纪律,检查铁路局集团公司、专业运输公司调度执行国铁集团调度命令和规章制度的情况,对违令、违章造成不良后果的单位和人员进行通报批评并提出处理意见。

(2)负责全路日常客运、货运和车流组织工作。组织铁路局集团公司及时输送旅客和货物,平衡各铁路局集团公司货车保有量,经济合理地使用机车车辆,充分利用运输能力,挖掘运输潜力,提高运输效率和效益。

(3)编制和下达国铁集团调度轮廓计划和日计划,督促、检查铁路局集团公司按调度日(班)计划均衡地完成运输生产经营任务。

(4)监督、检查、指导铁路局集团公司按货物列车编组计划编车、按列车运行图行车、按运输生产经营计划组织运输,督促、组织铁路局集团公司按国铁集团批准的计划均衡完成分界口列车交接、机车机班调整等工作,及时协调处理铁路局集团公司间运输工作中出现的问题,实现铁路局集团公司间分界口畅通。

(5)掌握铁路局集团公司及重点用户、主要港口和车站的装卸车情况。

(6)掌握国际旅客列车和跨铁路局集团公司(简称跨局)旅客列车的运行情况,对晚点列车收集、分析晚点原因,组织有关铁路局集团公司及相关单位(人员)采取措施,恢复运行秩序。

(7)了解铁路局集团公司、主要站客流波动及旅客列车票额利用情况,组织指导行包运输工作;处理跨局旅客列车的临时加开、停运、变更径路、途中折返、车辆甩挂和调整编组(1个月以内的行李车、邮政车)等工作;根据需要安排跨局客车回送;落实专运、中央大型会议及重点任务的乘车计划,并掌握运行情况。

(8)组织和掌握军运、特运工作,安排新兵和退役士兵运输,重点掌握与其有关的列车始发、运行情况。

(9)负责国铁集团抢险救灾物资、人员运输组织工作,跟踪掌握输送情况。

(10)负责审核、审批国铁集团管理的施工计划,组织各铁路局集团公司兑现施工计划,组织做好施工期间分界口车流、机车机班调整工作。

(11)掌握各铁路局集团公司调度工作情况,检查各铁路局集团公司日常运输工作完成情况。

(12)掌握国铁集团备用货车情况,批准国铁集团备用货车的备用、解除备用,检查铁路局集团公司对备用货车的管理情况。

(13)负责全路专用货车的统一调整,新造车辆出厂组织,军运备品回送,集装箱和篷布的运用。

(14)检查、通报安全情况,及时收取、掌握铁路交通事故、设备故障、自然灾害等突发事件信息,按规定进行应急处置,通报信息、组织救援、调整运输。负责跨局调动救援列车、救援队。

(15)负责国铁集团日常运输工作完成情况和调度安全监督检查情况的分析工作,及时总结、推广调度工作先进经验。

(16)负责检查指导铁路局集团公司调度基础管理和技术培训工作,规范调度管理,推进标准化规范化建设,加强队伍建设。

(17)负责调度信息化需求管理,积极采用、推广先进技术和设备,组织调度信息系统开发和应用,负责调度信息系统运用管理,促进调度指挥工作现代化。

(18)掌握铁路口岸站货物列车交接情况,负责下达临时中欧、中亚等班列开行的调度命令。

(19)负责全路运输十八点统计业务管理,督促、指导、协调铁路局集团公司调度所完成运输十八点统计有关工作,监督检查工作质量,并定期进行考核评价。

二、铁路局集团公司调度主要职责范围

(1)在国铁集团调度的集中统一指挥下,负责铁路局集团公司管内运输组织和调度指挥工作。

(2)严格执行各项规章制度、安全管理制度和安全卡控措施,遵守和维护调度纪律,及时处理影响行车安全的有关情况,保证调度指挥安全。

(3)组织铁路局集团公司管内各运输生产单位密切配合、协同动作,经济合理地使用机车车辆,充分利用运输能力,挖掘运输潜力,压缩运输成本,提高运输效率和效益,完成运输生产经营任务。

(4)负责编制和下达铁路局集团公司调度日(班)计划,并组织各运输站段落实,提高计划兑现率。对运输站段落实日(班)计划情况,提出评价考核建议。

(5)负责组织铁路局集团公司管内各运输生产单位按货物列车编组计划编车、按列车运行图行车、按运输生产经营计划组织运输,督促、组织各运输站段按调度日(班)计划均衡地完成运输任务,及时协调处理铁路局集团公司运输工作中出现的问题。

(6)组织调整铁路局集团公司管内的货流、车流,按阶段均衡地完成国铁集团下达的车流调整方案和去向别装车方案,重点掌握分界口排空、快运货物和重点物资运输。

(7)按国铁集团批准的计划组织列车在分界站均衡交接,保证机车与列车的紧密衔接,与邻局密切联系、及时交换列车计划、积极协商解决出现的问题,保证分界站畅通。

(8)掌握铁路局集团公司管内各站和主要客户、港口装卸车情况,提高直达列车和成组装车比重,提升运输能力。

(9)组织旅客列车按列车运行图正点运行,遇列车发生晚点时,应积极采取措施,组织有关单位(人员)恢复运行秩序,做好正晚点分析并上报国铁集团。

(10)掌握铁路局集团公司管内客车配属、客流波动、票额利用、旅客列车开行及运行情况,重点掌握动车组列车、特快旅客列车、国际旅客列车、重点旅客列车的运行情况及旅客列车超员情况;处理旅客列车的临时加开、停运、变更径路、途中折返、车底编组、客车回送、整列换乘、车辆甩挂和调整编组(管内列车,跨局列车 1 个月以内硬卧、硬座、软卧、软座、餐车)、客车底试运行和实施票额临时调整等工作;落实专运及重点任务,并掌握运行情况;参与组织做好旅客列车行包运输工作。

(11)组织完成铁路局集团公司管内军运、特运、超限、超重、挂有装载危险货物车辆等重点列车运输组织工作,组织落实新兵和退役士兵运输任务,重点掌握与其有关的列车始发、换乘接续及运行情况。

(12)负责铁路局集团公司管内抢险救灾物资、人员运输组织工作,跟踪掌握输送情况。遇自然灾害或事故中断行车时,铁路局集团公司应及时采取措施,提出有关旅客列车停运、加开、折返和变更径路等方案,并及时发布调度命令(跨局旅客列车报国铁集团批准后发布)。

(13)负责组织编制、下达年度轮廓施工计划、月度施工计划和施工日计划,安排维修日计划,汇总、下发邻近营业线施工安全监督计划;组织专题研究集中修施工和对运输影响较大的施工;发布运行揭示调度命令和施工、维修作业的调度命令,协调组织施工、维修计划兑现;指导相关单位天窗修;进行施工分析、考核等。

(14)向国铁集团调度报告铁路局集团公司调度工作情况,检查铁路局集团公司管内各运输站段运输工作完成情况。

(15)认真执行国铁集团备用货车的管理制度,严格掌握铁路局集团公司管内备用货车的备用、解除备用。

(16)负责铁路局集团公司管内专用货车的调整,军运备品回送,集装箱和篷布的运用。

(17)及时收取、上报铁路交通事故、设备故障、自然灾害等突发事件信息,按规定进行应急处置,通报信息、组织救援、调整运输。负责调动救援列车、救援队或向国铁集团调度申请跨局调动救援列车、救援队。

(18)负责指导运输站段调度业务工作,检查各运输站段执行调度命令和有关规章制度的情况;对违令、违章的单位和人员,进行通报批评并提出处理意见。

(19)负责铁路局集团公司日常运输工作完成情况和调度安全工作情况的分析工作,及时总结、推广调度工作先进经验。

(20)负责铁路局集团公司调度基础管理和技术培训,规范调度管理、加强队伍建设和调度所安全生产标准化建设,指导运输站段调度日常运输生产工作。

(21)负责铁路局集团公司调度信息化需求管理,组织调度信息系统实施应用,负责调度信息系统运用管理,积极采用、推广先进技术和设备,促进调度指挥工作现代化。

(22)负责中欧、中亚等班列开行和铁路口岸站列车交接组织。

(23)负责铁路局集团公司运输十八点统计工作,及时、准确完成十八点报告,建立业务沟通联系机制,督促指导运输站段、分界站做好运输十八点统计工作,并定期进行考核评价。

三、专业运输公司调度主要职责范围

(1)在国铁集团调度的集中统一指挥下,负责本公司的运输生产组织和调度指挥工作,并与铁路局集团公司(运输站段)开展日常运输生产组织协调工作。

(2)严格执行各项规章制度,遵守和维护调度纪律,及时处理影响运输的有关情况。

(3)组织各分(子)公司协同合作,负责专业运输有关组织,挖掘运输潜力,提高运输效率和效益。

(4)负责掌握本公司生产组织需求,及时向国铁集团调度报告运输生产组织情况及发生的问题,按规定进行应急处置,接到上级调度要求了解涉及运输安全、生产信息时,应组织做好落实和汇报工作。

(5)负责向国铁集团调度申请重点物资运输等有关装运、列车开行的调度命令,接收、转发国铁集团和铁路局集团公司发布的相关调度命令,掌握有关班列、专用车辆、行李车、装载高铁快运集装件的动车组开行、调整等有关调度命令下达、执行情况,并及时督促相关分(子)公司落实;负责组织有关列车的运行计划落实、盯控等工作。

(6)掌握并协调所属车辆(箱)的维护和检修工作,保证运用状态良好。

(7)掌握本公司运输生产动态等情况,完成有关列车开行、能力利用等指标的统计、分析工作。

(8)负责检查各分(子)公司执行有关规章制度情况,对违令、违章的单位和人员进行通报批评并提出处理意见。

(9)负责本公司调度基础管理和技术培训,规范调度管理、加强队伍建设。

(10)负责本公司生产调度信息化需求管理,积极采用、推广先进技术和设备,促进调度指挥工作信息化、现代化,组织调度信息系统应用实施,负责调度信息系统运用管理。

四、编组(区段)站调度主要职责范围

(1)严格执行各项规章制度,遵守和维护调度纪律,认真执行上级调度命令和指示,及时处理影响行车安全的有关情况,保证车站调度指挥安全。

(2)掌握货流、车流,根据铁路局集团公司下达的调度日(班)计划,正确编制和组织实现车站作业计划(车站班计划、阶段计划和调车作业计划),按货物列车编组计划、列车运行图和重点要求解编列车,不间断地接发列车。

(3)经济合理地运用车站技术设备和能力,掌握调车机运用,组织有关单位、人员密切配合,协同动作,按作业计划、技术作业过程和时间标准,完成编组和解体列车的任务,提高作业效率,加速机车车辆周转。

(4)及时收取调度所阶段计划,掌握车流变化,正确推算现车和指标,按阶段向铁路局集

团公司调度汇报车流和车站作业情况。

(5)重点组织旅客、军运、货物班列、重载、超限、超重、超长和重点货物列车的开行。

(6)主动与厂矿企业联系,及时预报车辆到达情况和取送车作业计划,组织开行路企直通列车。组织回送客车(机车)、货物作业车、检修车(修竣车)和专用车的取送,缩短待取、待送时间。

(7)根据施工日计划、阶段计划相关要求,组织落实运输有关准备工作。

(8)发生铁路交通事故时,积极组织救援,减小事故对行车的影响。

(9)正确、及时填画技术作业图表,认真分析车站作业计划兑现情况和运输生产完成情况并及时上报。

(10)负责车站日常运输生产工作完成情况分析,及时总结、推广运输组织先进经验。

五、运输站段调度(编组站、区段站除外)主要职责范围

(1)严格执行各项规章制度,遵守和维护调度纪律,服从调度集中统一指挥。

(2)按作业计划、技术作业过程和时间标准组织生产,提高作业效率,高质量组织完成日常运输生产任务。及时、准确向调度所相关专业调度提供编制日(班)计划的资料,并根据运输生产实际提出合理化建议。

(3)严格执行上级调度命令,负责有关调度命令申请、接收、核对、传达等工作(规章已明确指定流程要求的除外),确保调度命令及时准确传达至相关部门(人员),遇特殊情况及时向上级调度报告。

(4)做好信息通报工作,收集、传递应急处置和安全生产信息,及时主动向上级调度报告运输组织作业进度及发生的问题和情况,接到上级调度要求了解涉及运输安全、生产信息时,应组织做好落实和汇报工作。

铁路局集团公司(运输站段)结合专业特点和生产组织情况,可对运输站段调度职责进行补充完善。

任务实施与评价

请完成本任务的任务实施与评价,见教材数字资源中的电子实训工单。

任务三　主要工种调度岗位职责

学习目标

知识目标

1. 熟知倒班调度人员共性岗位职责;
2. 熟知本工种调度岗位职责内容;
3. 了解相关工种调度岗位职责内容。

能力目标

1. 能够正确履行倒班调度人员共性岗位职责；
2. 能够正确履行本调度工种岗位职责；
3. 能够按照相关工种岗位职责规定开展相关联系性调度工作。

素质目标

1. 树立肩负重要使命的岗位责任感及担当作为意识；
2. 遵守铁路调度员职业操守，遵守铁路职业道德；
3. 树立依法依规从业、遵章守纪的意识。

任务描述

如果你已经成为某级铁路运输调度工作人员，作为某工种的调度人员，在工作中须熟知本调度工种的岗位职责规定，这样才能在工作中正确履行本调度工种岗位职责。请以列车调度员岗位职责规定为重点，学习并掌握调度岗位职责内容。

案例导入

科学指挥　平安万里——中国铁路总公司调度处工作掠影

有这样一群人，当你选择乘坐铁路，你看不到他们，他们却能准确地知道你身在何方；你听不到他们，他们却能送你到达远方；你感觉不到他们，他们却时刻守护着你的平安。他们有一个共同的名字——调度员。中国铁路总公司[❶]运输调度指挥中心的71名调度员全力奉献智慧和汗水，为中国铁路运输日夜操劳。

近年来，中国铁路飞速发展，铁路网越织越密，每天奔跑在线路上的8000多趟旅客列车和2万余趟货物列车让“人便其行、货畅其流”不再是梦想。中国铁路网延伸到哪里，调度员的舞台就延展到哪里。进入新时代，铁路调度人承担起了新的历史使命。今年以来，中国铁路总公司紧密围绕货运增量行动、客运提质计划、复兴号品牌战略，持续深化强基达标、提质增效工作主题，主要效率指标大幅提升，在维护调度集中统一指挥、推动运输组织创新、优化运力统筹配置等方面亮点频现。

科学指挥，平安万里。面对大客流、自然灾害等挑战，运输调度指挥中心作为铁路运输的“神经中枢”，快速响应、科学指挥，确保了运输安全平稳有序。为了守护铁路平安，调度员不舍昼夜，始终坚守岗位，优异成绩的背后是他们辛勤地付出、日复一日地勤学苦练。

运输调度指挥中心有一张特殊的“全家福”，它不是一次性拍摄出来的，而是后期拼接的，因为运输调度指挥中心是4个班组倒班，人员一直难以聚齐。遗憾的是，此次采访仍然没能为他们拍摄到一张真正的“全家福”，只能分别记录他们的工作状态。然而，在每名调度员脸上洋溢着的笑容中，我们能够读懂中国铁路调度人的骄傲和自豪。

---

❶ 本案例摘编自中国国家铁路集团有限公司官方网站2018年发布的新闻。中国铁路总公司于2019年更名为中国国家铁路集团有限公司。

(资料来源:中国国家铁路集团有限公司官网)

引导提示:从上述案例可知,铁路调度工作人员在国家发展大局中肩负重要使命,需要默默艰苦付出。你知道上述案例中涉及哪些工种调度吗?他们的工作职责是什么?

知识探索

铁路局集团公司调度所按调度工作种类设置不同的调度室,调度室有行车调度室、计划调度室、机车调度室、车辆调度室、客运调度室、货运调度室、特运调度室、供电调度室、工务调度室、电务调度室、高铁调度室等,各室既设置行政领导,又设置具体调度工作人员。各调度室行政隶属于调度所,业务上受运输、客运、货运、机务、车辆、工务、电务等业务部指导。

本任务以铁路局集团公司层面为例来学习各主要工种调度的相应职责。

一、倒班调度人员共性岗位职责

(1)贯彻执行国家的安全生产方针政策和法律、法规,贯彻落实中国国家铁路集团有限公司、各铁路局集团公司安全生产规章、制度,严格执行各项规章、制度、文电、命令、《所细》和各项措施、办法,坚持主动学习,兑现下现场计划,不断提高自身政治素质和业务能力,努力做好本职工作,完成运输生产经营任务。

(2)牢固树立“安全第一,预防为主”的思想和安全风险意识,落实各项安全风险控制措施及防火、防盗和保密工作要求。

(3)负责坚持标准化作业,及时反馈规章制度和工作中存在的问题、难点、疑问,不断总结调度指挥规律和成功经验。

(4)妥善处理各类突发事件和非正常情况,及时通报信息,正确、及时拟发调度命令。

(5)积极参加调度所组织开展的各项活动,落实活动要求。

(6)负责及时签收并落实批转至本台(岗位)的文电,本班未完成的认真交接,工作时间内至少浏览调度所网站、网上办公系统各三次。

(7)负责本台规章、文电、命令等基础资料管理和台务、卫生管理,接班前必须清理、清扫一次,及时填记各种报表。

二、行车调度室各岗位职责

1.值班主任岗位职责

(1)负责调度班组全面管理工作,组织各工种调度员密切配合,兑现日(班)计划,完成各项运输任务,落实重点工作。

(2)负责检查、监控重点列车、军(特)运等重点运输、大型施工等组织情况。

(3)负责检查各站段执行日(班)计划情况、安全生产情况和运输组织工作,及时处理发生的问题,批准管内违编、欠重、欠长列车开行。

(4)负责组织列车在分界站均衡交接,保持与相邻铁路局集团公司的密切联系,及时协商、解决、上报分界口发生的问题,严格执行中国国家铁路集团有限公司命令和领导要求,协调解决分界口争议。

(5)负责组织开展自控型班组建设工作,检查、指导、考核各工种(货调、机调、客调、集装箱、工务、电务、供电、车辆、红外线)调度工作,检查执行规章、制度、标准化作业情况和台务管理情况,组织召开班中会、班组会、支部会,指定人员记录。

(6)负责及时收取、上报铁路交通事故、自然灾害等突发事件信息,向有关领导[调度所主任、总调度长、运输部主任(副主任)、货运部主任(副主任)、相关副总经理、安监室主任、铁路局集团公司总值班室]通报信息,并积极组织救援、调整运输,根据领导指示启动应急预案。

(7)负责掌握本班人员基本情况,对各工种调度员工作和日常表现做出公正评价,合理分配班组考核竞赛奖金,关心职工生活,调动职工工作积极性和创造性。

2. 值班副主任(行车)岗位职责

(1)协助值班主任进行自控型班组建设,检查、指导、考核各工种(各列调台)调度工作、执行规章、制度、标准化作业情况和台务管理情况,下达非行车调度命令。

(2)负责妥善处理各种突发事件和非正常情况,指导、监督列车调度员应急处置,组织有关部门及时采取措施,向有关人员[公安局局长(值班人员)、安全监察分室主任、相关车务站段长]通报信息。

(3)负责停运列车的登记、上报,负责区域内列车晚点统计、汇总、原因分析、上报工作。

(4)负责组织和监控旅客列车、专运、军特运等重点列车运行情况,按施工和重点列车监控计划及时上台监控。

(5)全程协助列车调度员进行应急处置,监控指导调度命令发布、列车运行调整、救援方案确定、“铁路交通事故(设备故障)概况表”(简称“安监报1”)的填写等关键环节。

(6)收集站段事故调查分析材料,于每日7:00前整理形成前日6:00至当日6:00“运输安全信息日报”并在网站专栏内发布,同时向安全副主任、总调度长等相关领导提报。

(7)负责铁路局集团公司应急指挥中心临时启用时的相关组织、协调工作。

3. 值班副主任(计划)岗位职责

(1)协助值班主任进行自控型班组建设,检查、指导、考核各工种(各计划台)调度工作、执行规章、制度、标准化作业情况和台务管理情况,组织调整车流和机车运用。

(2)负责铁路局集团公司间分界站交接车组织和分界站列车出入统计,检查、指导、考核计划调度员工作,负责停运列车、违编列车管理工作。

(3)负责妥善处理各种突发事件和非正常情况,及时通知机车调度、工务调度、电务调度、车辆调度、集装箱调度、客运调度、特运调度及相关通信、生活、医疗单位和部门负责人。

(4)负责班前点名和班组人员考勤,跟踪检查管理区内日班计划重点事项落实情况和重点列车运行情况,按时完成管理区域内列车晚点统计、汇总、原因分析和上报工作。

(5)负责跟踪抢险救灾物资运输组织工作和编组站疏解工作。

(6)负责第二班修整计划汇总及下达工作,检查计划调度员在编制、执行日(班)计划过程中关键节点站车流中转的合理性,减少列车重复解编、重复甩挂作业。

(7)负责督促计划调度员、列车调度员检查车站现车系统录入的使用情况,组织各工种调度员对所辖区段车站老牌车等情况进行检查分析,组织计划、列调及时挂运。

(8)负责中国国家铁路集团有限公司快运列车轮廓计划的查询、签收等管理工作,组织并督促相关计划调度员兑现快运列车开行计划。

(9)负责组织兑现装车最后一条线、交车最后一条线、施工最后一条线、当日卸车有效最后一条线等重点列车计划,遇自然灾害等特殊情况影响计划兑现时及时组织调整。

(10)负责按阶段合理控制主要编组站、装卸作业站保有量,检查指导计划调度员执行、完成计划情况,对计划调度员日班计划执行质量问题承担管理责任。

(11)负责监督检查天窗抽线列车计划编制、执行情况,对应"抽线"未"抽线"造成机车乘务员超劳等问题承担管理责任。

(12)负责协调解决计划调度台间车流交换、工种调度间联劳协作等方面问题,检查指导机车车辆的运用,不断挖潜提效。

(13)负责审核、监控中欧班列、铁水联运班列等跨铁路局集团公司和管内货物班列、重点军用、整列军用列车的扣车、整列超限货物列车等计划的编制、执行情况。

(14)负责确定外口限交车数及各区限交车保有量,协助值班主任加强与相邻铁路局集团公司沟通,分析外口限交车流积压和铁路局集团公司管内卸车大点积压情况,为车流调整提供数据。

4. 列车调度员(图1-6)岗位职责

(1)负责管辖区段调度集中统一指挥工作,及时、准确发布行车有关命令和口头指示,及时铺画和下达3~4h列车运行调整计划,掌握列车各站到发和运行情况,组织列车按运行图正点运行。

图1-6 列车调度员

(2)负责处理设备故障、自然灾害、行车事故等突发事件或非正常情况,及时向值班主任、值班副主任以及机车调度、工务调度、电务调度、车辆调度、供电调度、集装箱调度、客运调度员通报信息,准确填写"安监报1"并按规定时间上报。

(3)负责组织兑现调度日(班)计划,完成施工、维修天窗作业,保证分界口畅通,及时向相关车站预报列车到达时间及编组内容,按时召开小型电话会议,掌握乘务人员劳动时间,同各站、乘务员等搞好联防互控。

(4)负责管辖区段内列车正晚点的统计、分析工作,每日14:30(2:30)前提供编制日(班)计划资料,确保列车晚点统计、分析准确,日(班)计划资料提供及时、全面。

三、计划调度室各岗位职责

1. 车流员岗位职责

(1)负责组织计划调度员准确掌握辖区内现在车分布情况,根据列车编组计划、列车运行图、运输方案、施工计划及领导重点指示,科学、合理地编制列车工作计划,经济合理地使用机车、车辆，充分挖掘运输潜力。

(2)负责组织计划调度员编制、执行日(班)计划，审核全日日(班)计划并报运输副主任(主管)批准后下达到各计划调度员，掌握编组站、区段站接发列车、编解作业情况，较大卸车站到重、卸车、排空、待卸情况，较大装车站配空、装车情况，准确提供承认车欠车分析。

(3)负责组织计划调度员及时推算并调整车流，合理调整列车运行径路，监督检查施工及维修天窗的抽线情况。

(4)负责协调解决计划调度台间车流交换等问题，监督检查计划调度员经济合理地使用机车车辆，不断地挖潜提效，遇机车与车流不衔接时，及时采取调整车流径路、增加机车使用台数等调整措施。

(5)负责掌握铁路局集团公司间分界口交接车情况，负责协助值班主任、加强与相邻铁路局集团公司沟通，确定限制车流分界站交出数量，同时确定各区限交车保有量，保证均衡运输。

(6)分阶段推算铁路局集团公司车流(移交重车分去向、管内重车分到站、空车分车种)，负责推算铁路局集团公司及各区段、各区域车流情况，制订次日分界口交接轮廓计划、组织编制次日分界口交接日计划，报运输副主任(主管)审批后上报中国国家铁路集团有限公司运输调度指挥中心，向中国国家铁路集团有限公司运输调度指挥中心口岸车流台汇报、请示工作，加强车流预测和分析，建立、完善口岸车流台账，分析和预测近、中、远期车流变化趋势，提供有预见性的车流调整措施。

(7)负责掌握铁路局集团公司管内各站和主要用户、口岸装卸车情况，重车(管内重车到站别、移交重车方向别)超过预警值时及时向货运受理领导小组报告，并提出停限装建议。

(8)负责掌握铁路局集团公司主要编组站作业情况，针对主要编组站的实际工作量完成进度、车站保有量，协调计划调度员合理分配各编组站工作量。

(9)负责掌握铁路局集团公司管内备用车分布情况，根据中国国家铁路集团有限公司运输调度指挥中心调度命令及时安排解除和备用。

(10)负责滞留车挂运移动组织工作，动态掌握产生滞留车的原因，积极组织计划调度员挂运移动滞留车，避免因调度责任导致装后重车挂运不及时，导致车辆在站停留时间过长从而造成不利影响。

2. 计划调度员(图 1-7)**岗位职责**

(1)负责编制并组织实施日(班)列车工作计划，兑现按图行车工作要求，经济合理地使用机车车辆，充分利用运输设备及通过能力，提高列车工作计划兑现率和货物列车始发正点率，深入挖潜提效，实现机列衔接紧密、技术站作业均衡畅通。

(2)负责按时掌握各主要站去向别重车和车种别空车保有量及技术站、中间站车辆分布和集结情况，协调组织特定径路列车运行，负责铁路局集团公司间分界口交接车及专用货车的调整、挂运、临时列车开行等工作。

图 1-7　计划调度员

(3)负责及时掌握列车运行情况,检查、指导管辖范围内列车调度员工作,通过下达日(班)计划及阶段计划,向列车调度台传达运行调整建议计划,协助列车调度员进行应急处置。

(4)负责检查各站执行列车编组计划、列车运行图、运输方案情况及作业情况,防止列车欠重、欠长或违编。

(5)负责按货运工作计划推算编组站、区段站及主要装车站需求空车,并合理安排配空和挂运。

(6)负责与有关工种调度密切配合,机动灵活地调整区域内车流移动计划,防止堵塞和车流积压,确保编组、区段站及主要装卸站畅通,防止机车乘务员超劳。

(7)负责掌握军用车辆、超限货物车辆的装车需求及装车、卸车、配空、挂运情况,督促、检查车站装载易燃、易爆等危险货物和军运物资车辆的编解作业,及时准确地向有关站段下达中转挂运计划。

四、机车调度室各岗位职责

1.机车调度员(图1-8)**岗位职责**

(1)负责编制、下达并组织实施机车工作计划,绘制实际机车周转图。

图1-8　机车调度员

(2)负责管辖区段的机车运用和机车调整工作,准确掌握机车动态和机车分布情况,合理安排、调整机车交路,同计划调度员、列车调度员密切联系,监控列车运行情况。

(3)负责及时、准确拟发调度命令,掌握各段机车乘务员的乘务方式及乘务员的劳动时间,对可能超劳的机车组织快速放行,并安排乘务员在适宜地点换班。

(4)负责组织加速机车周转,加强机车库内整备组织,保证机车正点出库。

(5)负责根据机务段提供的机车运用、检修计划,安排机车小辅修,掌握备用临修机车转入、转出时间并及时安排回送机车交路,组织机务段抢修故障机车。

(6)负责重点安排临客、专运列车机车,完成各项重点运输任务。

(7)负责处置机车故障等突发情况,减小对运输的影响。

2.动车司机调度员岗位职责

(1)严格执行各项规章、文件、电报、命令和安全管理制度。

(2)负责接收相关动车组文电、调度命令并向相关铁路局集团公司(段)机务部门传达命令,跟踪检查机务段、机务处有关调度命令传达、执行、落实情况。

(3)核对日计划命令、临时加开、停运、折返、变更停站、变更运行径路、变更车体、启用热备、启用检备、动车组回送、试验运行、安全防灾系统预警等命令。

(4)掌握担当动车组列车乘务的集团公司、段动车组司机人员的动态。收集当日动车组、相关动车段(所)司机执乘或地勤司机、热备司机人员数量及名单、联系方式等信息。

(5)遇设备故障或非正常情况导致列车晚点时,与各工种调度一起做好应急处置,合理调用动车组司机。根据动车组投用、热备计划,向相关管辖铁路局集团公司、段下达动车组列车交路人员担当计划,组织临时变更和恢复动车组司机值乘交路。

(6)临时安排非固定区段动车组司机担当乘务时,需同步安排带道人员。

(7)根据动车组检修计划,掌握动车所内动车组检修进度,布置相关铁路局集团公司、段动车组司机(含地勤司机)工作。

(8)每日将动车组运行、晚点和故障信息进行统计,形成运行日报表,上报到相关部门。

(9)负责根据动车组担当交路,向中国国家铁路集团有限公司运输调度指挥中心机车调度提出乘务交路优化建议,合理分配担当乘务交路计划,更合理地调用动车组司机。

五、车辆调度室各岗位职责

1.车辆调度员岗位职责

(1)负责掌握铁路局集团公司安全生产动态和客货列车运行情况,及时准确地收集各种信息,妥善处理运输生产中发生的车辆相关问题。

(2)负责掌握客货列车热轴、甩车情况,组织有关单位调查处理,并及时反馈处理结果。

(3)负责掌握车辆段月检修计划及日进度计划完成情况,组织各单位按修程、车种均衡完成各项客货车辆检修任务。

(4)负责按铁路局集团公司下达的检修车定量,严格控制各车辆段检修车保有量,掌握各车辆段待轮、待料、待入厂、待入线情况,调整管内货车修理工厂、货车车辆段的检修车保有量,并下达货车和检修车扣车命令。

(5)负责审核行车概况的调查结果,经业务主管部门核定后及时上报中国国家铁路集团有限公司。

(6)负责货车入厂、入段的请令、发令工作,积极与有关部门协调,做好客车甩挂、入厂、入段的挂运、回送工作。

(7)负责车辆调度信息系统的日常使用、管理工作,监视网上设备运行情况,发现异常及时向有关部门汇报。

(8)接到行车调度员有关解除保留列车的通知后,确认符合保留列车条件后通知车辆段调度,并下达保留列车技术检查命令。

(9)负责布置、检查、监督、考核、指导各车辆段调度工作。

(10)负责收报车辆调度日报,定期与计统部门核对有关数据。

(11)负责掌握铁路局集团公司管内运输生产动态、经营动态和对车辆的需求。

(12)负责掌握故障车动态和轮对发送及各车辆段轮对储备情况。

(13)负责掌握车辆的配属,了解和反馈车辆新技术、新工艺、新装备的运用状态及各种信息。

2.动车调度员岗位职责

(1)严格执行各项规章、文件、电报、命令和安全管理制度。

(2)与上下级动车调度加强沟通,与外铁路局集团公司动车调度和本铁路局集团公司相关工种调度联系,协调做好运输生产过程中与动车组有关的工作。

(3)负责对铁路局集团公司动车段动车调度工作进行监督管理,遵守和维护调度纪律,检查指导动车段动车调度对中国国家铁路集团有限公司、铁路局集团公司规章制度和调度命令的执行情况,对违章、违令、不服从指挥的单位和人员进行通报,提出整改要求。

(4)掌握铁路局集团公司管内动车组的配属、转属、借用及车底到位等情况;掌握铁路局集团公司管内当日动车组运用、检修、备用、热备、试运、回送、试验计划。

(5)负责审核动车组车底运用日计划并组织落实,遇列车运行计划变更时,组织调整车底运用计划。掌握铁路局集团公司管内动车组车底运用周转情况,组织动车段实施日计划。

(6)掌握日常运行动车组随车机械师乘务信息。掌握热备动车组停放位置和车底变更、临时开行等情况。

(7)监控本属及管内运行动车组列车的运行情况,及时收取相关故障信息报告。接到运行故障信息后立即汇报中国国家铁路集团有限公司运输调度指挥中心动车调度和管内有关领导,通报相关专业调度和相关铁路局集团公司动车调度员,并及时做出判断,采取妥当的应急处置措施。在应急处置中与副班动车调度员互控,承担主体责任。

(8)监控动车组出、入库及列车始发情况,出现晚点时,负责组织车底运用、检修的调整工作。因动车组故障或其他原因影响管辖范围内车底正常交路时,组织车底交路调整、热备启用工作。

(9)掌握配属动车组的运用故障情况,协调回送工作。掌握故障动车组的入库检修、配件储备情况。督促动车段进行原因分析,审核后上报中国国家铁路集团有限公司运输调度指挥中心动车调度。

(10)动车组需要异地检修时协调有关单位组织实施,跨铁路局集团公司检修时上报中国国家铁路集团有限公司运输调度指挥中心动车调度。

(11)掌握铁路局集团公司管内动车组的定期检修计划。负责检查督促铁路局集团公司管内动车段是否合理制订动车组在段检修计划。督促动车段按计划组织及时出入厂、出入段,协调组织回送工作。定期掌握配属动车组在厂、在段检修进度、检修计划兑现及调整情况。掌握管内动车组造修企业动车组出厂计划,协调做好动车组回送工作。

(12)负责审核动车段提报的动车组相关命令申请,会签其他有关调度命令。跨铁路局集团公司时,向中国国家铁路集团有限公司调度提出申请并转发调度命令。

(13)监督检查动车段对动车组管理信息系统有关数据的维护情况,定期对动车组检修、运用的数据进行汇总、统计、分析和上报。

(14)掌握管内动车运用检修能力及每日运用检修基本情况,检查督促动车段制订运用检修计划,保证动车组科学合理检备。

3. 红外线调度员岗位职责

(1)负责 THDS 达到预报标准的热轴数据的分析判断、跟踪预报及 TPDS 和超偏载检测装置报警预报、TFDS 和 TVDS 动态检车员发现符合拦停标准的故障车辆拦停预报及客车抱闸故障报警、货车疑似抱闸报警预报,并收集预报处理反馈信息。

(2)负责监控 THDS 系统运行状态,监控 TPDS、TADS、TFDS、TVDS 网络运行状态,系统网络、通信、供电及铁路局集团公司监测站设备出现故障时通知相关部门处理，汇总、统计、分析及上报相关数据。

(3)负责监控全路红外线联网系统运行状态及车号 AEI 设备运行状态，发生故障时通知相关部门处理。

(4)负责检查指导车辆段 5T 系统、车号 AEI 自动识别系统的维修、运用工作。

(5)负责对铁路局集团公司车辆运行安全监测站设备进行日常维护。

六、客运调度室各岗位职责

1. 客运调度员岗位职责

(1)负责下达重点运输和旅客列车停运、加开、折返、变更径路、增减编组、试运、临空车体开行、留轴、军运、临时补水、补煤、临时站折返等客运调度命令，检查各站段执行和落实情况。

(2)负责核对日勤调度员拟写的客运调度命令。

(3)负责解答站段提出客运组织的相关问题，协调、解决各站段之间工作结合部工作。

(4)负责掌握旅客列车安全正点情况，积极组织晚点旅客列车赶点、恢复正点。

(5)负责掌握铁路局集团公司客车配属情况及旅客列车编组，合理使用铁路局集团公司客车资源，组织客车厂修、段修回送工作。

(6)负责掌握临时甩挂命令和长期甩挂命令，并做好登记、留存工作。

2. 高铁计划调度员(图 1-9)岗位职责

(1)严格执行各项规章、文件、电报、命令和安全管理制度。

(2)了解客流变化，掌握管辖范围内动车组配属、备用、运用情况，落实动车组列车开行方案。

(3)掌握相关区段综合维修计划、试验列车开行、动车组回送情况。

(4)汇总、编制调度日计划，及时上报、接收中国国家铁路集团有限公司审批下达的日计划。

图 1-9　高铁计划调度员

(5)与相邻铁路局集团公司调度所交换日计划及有关资料。

(6)发布动车组列车临时加开、停运、途中折返、编组调整、定员变化、变更客运业务停站和应急情况下的票额调整等调度命令。跨铁路局集团公司时，向中国国家铁路集团有限公司运输调度指挥中心高铁调度提出调度命令申请。

(7)遇非正常情况，会同相关调度调整列车开行计划、动车组车底运用计划。

(8)组织管辖范围内高铁运输中有关军事运输工作，安排新、老兵乘车计划，重点掌握有关高铁动车组安全正点情况。

3. 高铁客服调度员岗位职责

(1)严格执行各项规章、文件、电报命令和安全管理制度。

(2)掌握管辖范围内动车组配属、备用、运用情况，解决站车上报的与旅客运务相关的各类事宜。

(3)遇列车运行计划调整时,及时组织调整铁路局集团公司内担当动车组列车客运乘务。

(4)遇有动车组列车晚点时,加强与相关工种调度的联系,组织各部门加强协作,采取有效措施,减小晚点影响。

(5)遇有灾害、事故中断行车或发生设备故障等原因造成动车组不能继续运行时,会同相关工种调度,及时制定旅客疏导方案,指导相关单位做好客运服务工作。

(6)接收上级或相关单位命令或信息,收取辖区内车站、列车上报的与客运服务相关的信息。向上级及相关单位通报或直接向站车发布自然灾害、行车事故、设备故障等原因造成的列车晚点信息。

(7)协助做好有关军事运输、新老兵运输、专包及中央大型会议等重点任务的客运服务。

(8)负责动车组列车正点分析和上报工作。

七、货运调度室各岗位职责

1. 货运调度员岗位职责

(1)负责贯彻执行国家的政策、法令、规章制度和命令,按运输政策办事,廉洁奉公。

(2)负责积极组织兑现货运日计划,及时发布停限装等调度命令。

(3)负责掌握各站货源、货位、装卸能力情况,积极组织直达、成组装车和循环列车的装车工作。

(4)负责严格执行装车配空组织办法,落实车种使用原则及装车配空的组织原则,及时抄收有关文电命令及重点要求,填记有关台账、图表。

(5)负责严格执行掉、补装车各项规定。

(6)负责加强卸车组织工作,检查卸车计划落实和完成情况,合理组织自装卸,杜绝卸车积压,减少浪费。

(7)负责货车篷布运用调整、篷布报告的统计及货车篷布运行图的推画工作。

2. 集装箱调度员(图1-10)岗位职责

(1)掌握集装箱办理站的装卸能力、取送车能力和设备运用情况及铁路局集团公司集装箱保有量(含在站、在途、重空状态)、装箱、装车、卸空、回送、检修等情况。

图1-10　集装箱调度员

(2)负责集装箱班列、重点集装箱列车的开行和运行盯控。

(3)负责根据站段、企业提出的需求,收集集装箱及集装箱平车使用需求,按下达装车计划制订空箱、空车调配计划,并组织兑现。

(4)负责通用箱调整计划的跟踪落实,发生需求变化配空不到位等特殊情况随时汇报请示。

(5)负责掌握集装箱专用平车运用需求情况,及时转发中国国家铁路集团有限公司的各项调整、运用命令,根据实际需求下达管内集装箱和专用平车调整命令。

(6)负责统计、分析日集装箱运输经营、效率等指标,及集装箱相关各类报表的录入、上报。

(7)负责铁路敞顶箱的调整、跟踪、统计报表及运用管理。

(8)负责20英尺❶、40英尺铁路通用标准箱的画线跟踪。

3. 篷布调度员岗位职责

(1)负责货车篷布运用调整、18:00篷布报告的综合统计及货车篷布运行图的推画工作。

(2)负责货车篷布挂运、停留、分界口篷布出入及铁路局集团公司各篷布修理所入修、修竣、待修、待报废数量统计,铁路局集团公司货车静载重、增加使用车需求及完成情况等统计、分析工作。

(3)负责向中国国家铁路集团有限公司运输调度指挥中心上传货车篷布旬计划和货车篷布报告,下达各站整车货物变更和中国国家铁路集团有限公司运输调度指挥中心备用篷布的备用、解除等调度命令。

(4)负责向货运部传达有关重点命令、货运概况、货运责任晚点。

(5)负责跟踪掌握管内货物列车装载加固不良等问题,及时通报信息。

4. 快运物流调度员岗位职责

(1)负责收集、传递有关信息,协调相关工种调度员、相关站段做好快运、物流货物运输组织工作。

(2)负责接收、下达快运、物流组织有关文电、命令及上级指示,及时处理日常运输发生的问题并反馈信息。

(3)负责向计划调度员提供相关站次日点对点装车所需的车种、车数,向列车调度员通报环线快运货物列车途中装卸作业计划。

(4)负责收集快运专用车辆使用需求信息,书面向计划调度台提供,跟踪掌握快运货物班列在图定站甩挂作业及到发情况。

(5)负责申请、转发快运货物班列增减挂命令。

(6)负责统计、分析和上报快运货物班列、快运货物列车始发、运行、终到晚点、未兑现情况。

(7)负责托盘、集装笼、小型箱的运用、管理、统计、调整工作。

(8)负责落实快运货物运到时限、货物班列"最后一公里"运到时限的考核分析、超时原因上报,负责跨铁路局集团公司物流总包项目协调盯控,负责运到时限客户投诉的督办工作,协调处理突发事件,盯控管内重点货物配送、掌握车辆配送进度。

(9)负责落实中国国家铁路集团有限公司运输调度指挥中心物流调度命令,及时调查处理逾期、配送超时类投诉问题,并按时间要求向中国国家铁路集团有限公司运输调度指挥中心物流调度反馈结果。

---

❶ 1英尺≈30.48厘米。

八、特运调度室特运调度员岗位职责

(1)负责组织军事运输和剧毒品、危险品、超限超重等特种运输工作,落实军运、特运运输组织预案,及时拟定、下发特运调度命令,核定挂运通知单等联络签并及时向相关人员提报,全程跟踪掌握军运、特运的受理、装车、挂运等运输组织过程,组织完成军运、特运任务。

(2)负责与相邻铁路局集团公司按照车次、时刻、车种、车数、军运号码、重点注意事项等交换军运、特运、剧毒品、重点保密物资等运输计划,杜绝分界口无计划交接。

(3)负责抢险救灾物资、石油类产品到发运用及口岸站进出口物资数据的统计上报。

(4)负责根据特运、军运、重点运输任务的需要,及时向始发站、技术站和终到站发布所需车种、辆数的扣车、集结、回送调度命令,并通知军代处、车辆段检查车辆,对中间站有作业或军供站有供给的列车及时书面通知有关列车调度员。

(5)负责特种车的运用和调整,掌握特种车辆在铁路局集团公司管内的分布状态和空重情况,按日(班)计划装车需要向中国国家铁路集团有限公司运输调度指挥中心请求车辆调拨命令,并及时下达有关站段。

(6)负责落实各项保密制度。

九、供电调度室各岗位职责

1. 值班供电调度长岗位职责

(1)负责本班各供电台日常业务管理和施工管理工作。

(2)掌握牵引供电、高铁电力的运行方式、运行状态;了解普铁电力系统运行方式、运行状态。

(3)了解掌握供电系统发生的行车、劳动安全事故并及时上报。

(4)负责指导和检查各供电台供电设备异常情况的应急处置和故障处理,及时上报有关部门和中国国家铁路集团有限公司运输调度指挥中心供电调度。

(5)负责牵引供电及电力设备故障、跳闸、安全信息情况统计并及时上报。

(6)负责参加调度所生产交班。

(7)完成领导临时交办的工作和任务。

2. 普铁供电调度员(正调)岗位职责

(1)负责数据采集与监视控制系统(SCADA)设备运行监视,掌握牵引供电的运行方式、运行状态,发现系统图形界面、SCADA 供电系统功能、运行技术参数异常时,积极采取相应措施,并做好登记工作。

(2)了解管辖范围内列车运行情况以及与供电相关的异常信息,并与列车调度员联系,积极采取措施。

(3)对停电作业申请进行综合安排,审查作业内容和安全防护措施,确定停电的区段;批准在牵引供电设备上进行检修作业,下达作业命令;配合设备管理单位做好远动试验,远动系统故障时及时通知修复。

(4)负责编制停送电作业倒闸操作步骤,发布倒闸操作命令,并负责监护。

(5)指挥牵引供电设备异常情况时的应急处置和故障处理,最大限度地减小对运输秩序的影响,及时上报有关部门和中国国家铁路集团有限公司运输调度指挥中心供电调度。当外部电源非正常停电时,及时与地方电业部门联系,确认故障情况,迅速采取应急处置措施。

(6)掌握管内接触网作业车存放地点,根据上级要求下达发电车、电力试验车、作业车等大型设备的跨段使用命令。

(7)负责汇总并及时向有关部门和单位传递供电设备运行数据及安全生产信息并形成各类报表。

(8)办理牵引变电所越区供电事宜。

3.普铁供电调度员(副调)岗位职责

(1)负责 SCADA 供电系统设备运行监视,掌握牵引供电的运行方式、运行状态,发现系统图形界面、SCADA 供电系统功能、运行技术参数异常时,积极采取相应措施,并做好登记工作。

(2)了解管辖范围内列车运行情况以及与供电相关的异常信息,并与列车调度员联系,积极采取措施。

(3)对停电作业申请进行综合安排,审查作业内容和安全防护措施,确定停电的区段,与列车调度员办理停送电签认;配合设备管理单位做好远动试验,远动系统故障时及时通知修复。

(4)负责编制停送电作业倒闸操作步骤,执行远动倒闸操作命令,并与正调核对互控。

(5)协助正调指挥牵引供电设备异常情况时的应急处置和故障处理,最大限度地减小对运输秩序的影响,及时上报有关部门和中国国家铁路集团有限公司运输调度指挥中心供电调度。当外部电源非正常停电时,确认故障情况,迅速采取应急处置措施。

(6)掌握管内接触网作业车存放地点,协助正调办理牵引变电所越区供电事宜。

(7)协助正调汇总并及时向有关部门和单位传递供电设备运行数据及安全生产信息并形成各类报表。

4.高铁供电调度员(正调)岗位职责

(1)负责 SCADA 供电系统设备运行监视,掌握牵引供电、电力设备、远动系统的运行方式、运行状态,发现系统图形界面、SCADA 供电系统功能、运行技术参数异常时,积极采取相应措施,并做好登记工作。

(2)了解管辖范围内列车运行情况,对超负荷运行的区段,积极采取措施。

(3)对所有的停电作业申请进行综合安排,审查作业内容和安全防护措施,确定停电的区段;批准在高铁牵引供电、电力设备上进行检修作业,下达作业命令。配合设备管理单位做好远动试验,远动系统有故障及时通知修复。

(4)负责编制停送电作业倒闸操作步骤,发布倒闸操作命令,并负责监护。

(5)指挥牵引供电、电力设备异常情况的应急处置和故障处理,参加有关调查分析。当外部电源非正常停电时,及时与地方电业部门联系,确认故障情况,迅速采取应急处置措施。

(6)掌握管内接触网作业车、应急发电机组的存放地点,按要求下达大型设备的跨段使用命令。

(7)负责汇总并及时向有关部门和单位传递供电设备运行数据及安全生产信息并形成各类报表。

(8)办理牵引变电所越区供电事宜。

5. 高铁供电调度员(副调)岗位职责

(1)负责SCADA供电系统设备运行监视,掌握牵引供电、电力设备、远动系统的运行方式、运行状态,发现系统图形界面、SCADA供电系统功能、运行技术参数异常时,积极采取相应措施,并做好登记工作。

(2)了解管辖范围内列车运行情况,对超负荷运行的区段,要与列车调度联系,积极采取措施。

(3)对所有的停电作业申请进行综合安排,审查作业内容和安全防护措施,确定停电的区段,与列车调度员办理停送电签认;配合设备管理单位做好远动试验,远动系统有故障及时通知修复。

(4)负责编制停送电作业倒闸操作步骤,执行远动倒闸操作命令,并与正调核对互控。

(5)协助正调指挥牵引供电、电力设备异常情况的应急处置和故障处理,参加有关调查分析。当外部电源非正常停电时,及时与地方电业部门联系,确认故障情况,迅速采取应急处置措施。

(6)掌握管内接触网作业车、应急发电机组的存放地点,协助正调办理牵引变电所越区供电事宜。

(7)协助正调汇总并及时向有关部门和单位传递供电设备运行数据及安全生产信息并形成各类报表。

十、工务调度室各岗位职责

1. 工务调度员岗位职责

(1)负责掌握管内工务有关安全生产情况和设备运用情况,及时收取、分析、处理、通报各类安全信息,跟踪事件发展和处理结果,协调、指挥抢险救援。

(2)负责铁路局集团公司防洪路料管理,跟踪掌握防洪路料的分布、调用和补充情况,及时下达防洪抢险用料计划。

(3)负责收集、审核、汇总管内轨道车运行计划,并上传施工日计划编制科。指导、协调各工务段、工务机械段、工务大修段调度工作。

(4)负责发布管内主要城市、地区的天气预报,根据天气变化情况和预警机制要求,及时发布相应预警信息。

2. 综合设施工务调度员岗位职责

(1)严格执行各项规章、文件、电报、命令和安全管理制度。

(2)实时掌握防灾系统各子系统的报警及故障报警信息。掌握高铁每日风、雨、雪等主要气象信息。

(3)掌握防灾系统各子系统故障的处理流程,防灾系统发生故障报警时,通知相关单位进行处理。

(4)异物侵限监控系统报警时,协助列车调度员进行处置。

(5)监视工务设备运用情况,发现问题及时通知相关单位进行处置。

(6)掌握本专业工程车、检测车开行情况,协调设备管理单位合理利用综合天窗。

(7)掌握施工、维修天窗和施工作业进度,收集施工现场信息,及时向列车调度员报告情况;协助处理高铁工务等固定设施、设备施工、检修的申请、登销记、要点及联系工作,对本专业施工、维修作业登销记情况检查、监督、签认,并负责组织相关试验工作。

(8)加强与各工种调度及作业单位的联系,了解各单位作业前准备情况,及时掌握施工及维修作业进度,协调处理施工维修作业结合部存在的问题,做好施工维修作业及动车组确认列车检查信息的收集工作。

(9)负责非正常情况下的专业应急处置协调组织工作。

十一、电务调度室各岗位职责

1. 电务调度员岗位职责

(1)负责实时掌握电务系统安全生产情况和设备运用状况,接收、通报电务事故、设备故障等安全信息,组织协调和参与指挥电务事故救援、故障处理和自然灾害的抢险救灾工作。

(2)负责及时下达、转发通知或调度命令,监督检查各电务段、通信段执行和落实情况。

(3)负责建立设备故障台账,每周为电务系统安全会议、铁路局集团公司大交班会提供有关资料,每月向中国国家铁路集团有限公司运输调度指挥中心提报电务系统安全有关统计分析报表。

(4)负责受理、传递系统内部的各种信息,每月汇总分析电务行车设备故障、人身安全、安全检查信息,及时发现存在的问题,对下月安全工作进行预测。

(5)负责掌握电务系统当日施工兑现、隔日施工主要情况,协调解决存在的问题。

(6)负责受理和审核铁路局集团公司内单位召开的电话(电视)会议申请,及时通知有关部门,监督电话会议系统的运用质量。

2. 综合设施电务调度员岗位职责

(1)严格执行各项规章、文件、电报、命令和安全管理制度。

(2)掌握防灾系统的报警及故障报警信息,防灾系统发生与电务相关的(如通信通道)故障报警时,通知相关单位进行处理。

(3)监视电务设备运用情况,发现问题及时通知相关单位进行处置。

(4)掌握电务检测车开行情况,协调设备管理单位合理利用综合天窗。

(5)掌握施工、维修天窗作业进度,收集施工现场信息,及时向列车调度员报告情况;协助处理高铁电务固定设施、设备施工、检修的申请、登销记、要点及联系工作,对电务专业施工、维修作业登销记情况检查、监督、签认,并负责组织相关试验工作。

(6)加强与各工种调度及作业单位的联系,了解电务单位作业前准备情况,协调处理施工维修作业结合部存在的问题,做好电务施工维修作业及动车组确认列车检查信息的收集工作。

(7)负责非正常情况下的电务专业应急处置协调组织工作。

十二、高铁调度室各岗位职责

1. 高铁值班副主任岗位职责

(1)在值班主任领导下,负责高铁运输生产的集中统一指挥,协调高铁与普速线间的运输工作。负责与相邻铁路局集团公司间的工作联系,并向中国国家铁路集团有限公司运输调度指挥中心高铁台调度汇报有关工作情况。

(2)严格执行各项规章、文件、电报、命令和安全管理制度。

(3)掌握动车组列车运行情况,发生突发情况时,经应急领导小组领导批准,负责启动高速铁路突发情况预案,并向相关人员发布信息。及时协调相关部门进行处理,组织实施应急指挥中心确定的救援和处置方案。

(4)掌握高铁施工、维修计划、试验列车开行、动车组回送情况。

(5)负责审核高铁动车组列车加开、停运、试运、回送等计划。遇非正常情况,组织相关调度调整列车开行计划(含客运业务停站股道运用计划)、动车组车底运用计划。

(6)发生旅客滞留时,组织相关工种调度确定并实施滞留旅客疏导方案。

(7)负责管内救援动力、机具、车底的调用。向中国国家铁路集团有限公司运输调度指挥中心高铁台调度请求跨铁路局集团公司调动救援动力、机具、车底。

(8)掌握高铁重点任务情况,监督列车调度员运行组织和调整。

(9)负责审核和安排施工、维修天窗内不影响其他单位施工维修作业的临时维修作业计划。

(10)负责向中国国家铁路集团有限公司调度命令申请的审核,签收并转发中国国家铁路集团有限公司下达的调度命令。

(11)负责对高铁安全信息进行收集、传递,并组织动车组正、晚点统计、分析及上报工作。

2. 高铁列车调度员岗位职责

(1)严格执行各项规章、文件、电报、命令和安全管理制度。

(2)接收调度日计划,负责本调度区段行车指挥工作,编制和下达列车运行调整计划,组织并监控列车运行,调整车站到发线使用计划。

(3)负责与邻台交换列车运行计划。

(4)掌握管辖范围内车站及列车技术设备和作业过程,掌握重点列车运行信息,正确及时地发布与行车指挥有关的调度命令和口头指示。

(5)需人工办理进路时,负责布置进路,并听取助理调度员进路准备妥当的报告,确认进路正确。

(6)转为非常站控时,负责向车站值班员下达列车运行调整计划(包括车次、股道、方向、到开时刻)、布置进路并听取进路准备妥当的报告。CTC调度终端能够正常显示时须与助理调度员共同确认进路正确;收取列车到发时刻(能通过计算机报点时除外)。

(7)发生影响行车安全的非正常情况时,及时向高铁值班副主任报告,果断进行处理,按规定填写“安监报1”。

(8)掌握救援动力、机具、车底分布情况,根据高铁值班副主任的指示,及时发布救援列车运行的调度命令。

(9)负责施工、维修日计划及工程列车运行计划的核对,正确、及时下达施工维修作业命令。

(10)负责列控限速调度命令(数据格式)的设置、取消,对列控限速调度命令(数据格式)与助理调度员执行"二人确认"制度。

3.高铁助理调度员岗位职责

(1)严格执行各项规章、文件、电报、命令和安全管理制度。

(2)掌握管辖范围内站、段及列车的技术设备和作业过程。

(3)负责盯控列车的运行情况和有关安全监控设备工作情况,盯控管辖各站列车进路和调车进路的排列情况。

(4)负责进行控制模式转换、接触网有(无)电状态、线路(道岔)封锁及分路不良确认等操作。

(5)分散自律控制模式中心操作方式下,担任调车领导人,编制调车作业计划,向调车指挥人和司机下达调车作业计划,负责办理调车进路。

(6)遇使用无线传送系统发送调度命令不成功时,按照列车调度员指示使用FAS电话向司机发布调度命令。

(7)转为非常站控模式时,在CTC终端能够正常显示的情况下与列车调度员共同确认进路正确。

(8)按列车调度员的指示,负责办理施工、维修、设备故障登销记和接触网停送电签认手续。

(9)需要人工办理进路和开放信号时,根据列车调度员的指示办理,并执行"二人确认"制度。

(10)负责列控限速调度命令(数据格式)的设置、取消,对列控限速调度命令(数据格式)与列车调度员执行"二人确认"制度。

任务实施与评价

请完成本任务的任务实施与评价,见教材数字资源中的电子实训工单。

任务四 调度工种间联劳协作关系

学习目标

知识目标

1. 熟知各调度工种在工作过程中的相互协作关系;
2. 掌握铁路局集团公司调度所行政组织管理结构图。

能力目标

1. 能够在工作中进行联劳协作,顺利完成工作任务;
2. 掌握计划调度员工作中的联劳协作关系;
3. 掌握机车调度员工作中的联劳协作关系;
4. 掌握客运调度员工作中的联劳协作关系。

素质目标

1. 树立大局意识,树立全局观念;
2. 弘扬铁路优秀文化,培育集体主义意识;
3. 增强工作中的团队协作意识,发扬团结合作精神,为共同目标而奋斗。

任务描述

铁路运输的技术组织具有"大联动机"特性,需要车、机、工、电、辆、供电多部门的协同配合。各生产部门在分工的基础上需要团结协作才能更好完成运输整体工作,这一点体现在调度工作上尤为明显。本任务要了解列车调度员在工作中都需要与哪些人员发生工作联系,熟知列车调度员工作中对上、对下、平行联系人员的要求,从而顺畅开展工作。

案例导入

铁路"最强大脑"的一天

"社棠车站,42001 次到达 50 辆空车。"2023 年 1 月 29 日 8 时许,中国铁路西安局集团有限公司宝鸡车务段社棠站车站值班员张龙刚接早班,便收到列车调度员传达的配空计划。

张龙通过查询,确认 42001 次 9:30 到达,当天的"天窗"作业也正好在同一时间开始。所谓"天窗"作业,指在铁路 24h 不间断的运行图内不铺画列车运行线或减少列车运行次数,为铁路维修养护、施工预留空闲时间。作为车站运输组织"指挥中枢"的工作人员,张龙不敢怠慢,立即查看车站货场列车停留情况。他清楚地知道,只有在"天窗"作业前把空车全部牵到货场,才能保证装车和"天窗"作业两不误。

"张师傅,货场 12 道还有 6 辆车装载加固没有完成,怎么办?"这时,货运员衡尧佳突然打来电话。经过快速细致的分析,张龙决定把 12 道的作业放到最后,先牵走 8 道、10 道的车辆,再把专用线腾出一部分,为 12 道车辆牵入做准备。

方案确定后,张龙立即组织实施。当他把所有装车、卸车、对位、线路占用工作理顺后,便开始联系列车调度员,"能不能等我把 42001 次空车全部拉走,再安排'天窗'作业。最近车站装车量大,如果空车对不上位,会影响全站任务完成。"

"时间不长可以干,毕竟装车也重要,但时间太长影响'天窗'作业可不行。"列车调度员回答。

"我加强组织,保证 30min 内完成。"张龙说。

9:30,42001 次准时到达社棠站,调车机司机立即作业,将 50 辆空车牵引至货场,在货场早已准备就绪的货运、装卸人员迅速展开工作。9:50,装车、"天窗"作业同步进行。

13:30,社棠站又到达 50 辆配空车。"等 42001 次的 30 辆空车装完,还是先把装好的车辆排走……"张龙又开始在脑海中盘算。18:00 许,夜幕降临,在张龙的高效组织下,50 辆空车装车完成，且全部从社棠站开出，新到的50辆空车也已完成装车，正在进行发车前的准备工作。

此时，张龙又开始了新一轮作业组织的谋划。

（资料来源：央视网　报道员：万国强　董庆华）

引导提示：从上述案例中可知，张龙是基层车站的一名工作人员，在每班繁忙又枯燥的工作中发挥着"穿针引线"的重要作用，铁路运输工作就是由这样千千万个工作者完成的，他们既是平凡的又是伟大的。作为社棠站车站值班员，他接受本区段列车调度员的指挥，从案例中可以看到他在工作中涉及行车、货运、施工等多方面，且互有联系，这几项工作在铁路局集团公司调度所各有相应工种调度人员来指挥，可见，各工种调度员在工作时是有一定联劳协作关系的。

知识探索

铁路运输业是一个庞大复杂的联动机，具有点多、线长、单位多、分工细、连续性强的特点，生产过程中要求全路各单位和各工种必须有序地协同动作、相互配合，这决定了铁路运输生产必须贯彻执行集中领导、统一指挥、逐级负责的原则，这样才能发挥铁路作为国民经济大动脉和交通系统骨干的作用。铁路运输调度机构是铁路日常运输组织的指挥中枢，分别代表各级领导组织指挥日常运输工作。通过编制与执行日常工作计划，对各铁路运输有关部门、工种进行调度指挥，协调工作，确保完成各项运输工作任务。这也体现了铁路运输业具有纪律严格的特点，体现出半军事化管理色彩。

每个调度工种在日常工作中都担当着上传下达、同级协调沟通的角色，以列车调度员为例，通常情况下，列车调度员在工作中对上联系值班主任、值班副主任，同级间联系计划调度员、客运调度员、货运调度员、机务调度员、工务调度员、电务调度员、车辆调度员、红外线调度员、供电调度员、特运调度员、施工调度员等，对下联系车站调度员、车站值班员、调车区长、施工负责人等，由此形成了以列车调度员为中心的大联动机，可见，列车调度员作为大联动机的"中枢"作用非常明显，如图1-11所示。

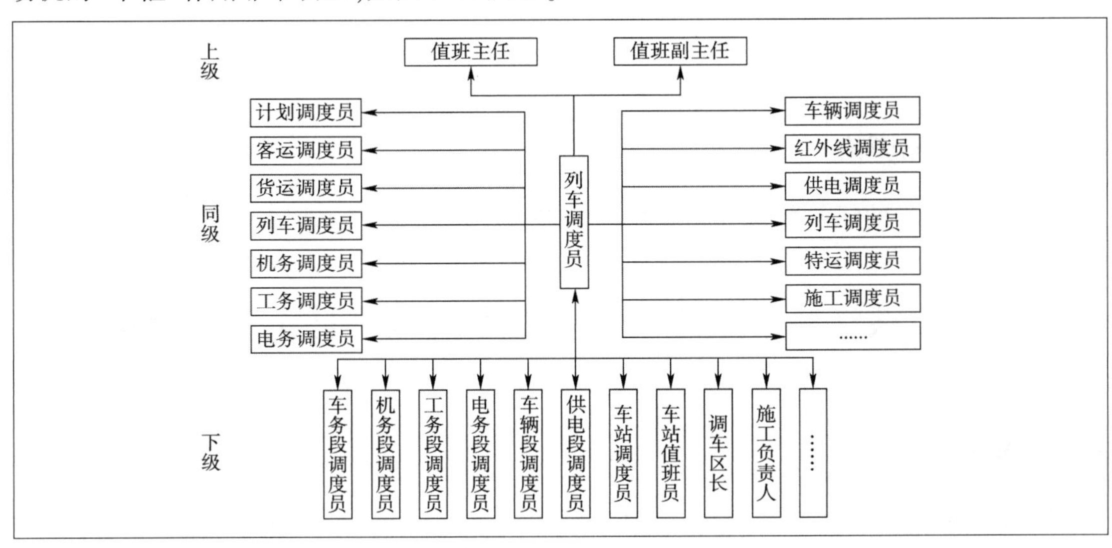

图1-11　列车调度员工作联系结构图

同理，整个调度所的工作也是一个大联动机，某铁路局集团公司调度所行政组织管理结构图，如图1-12所示。

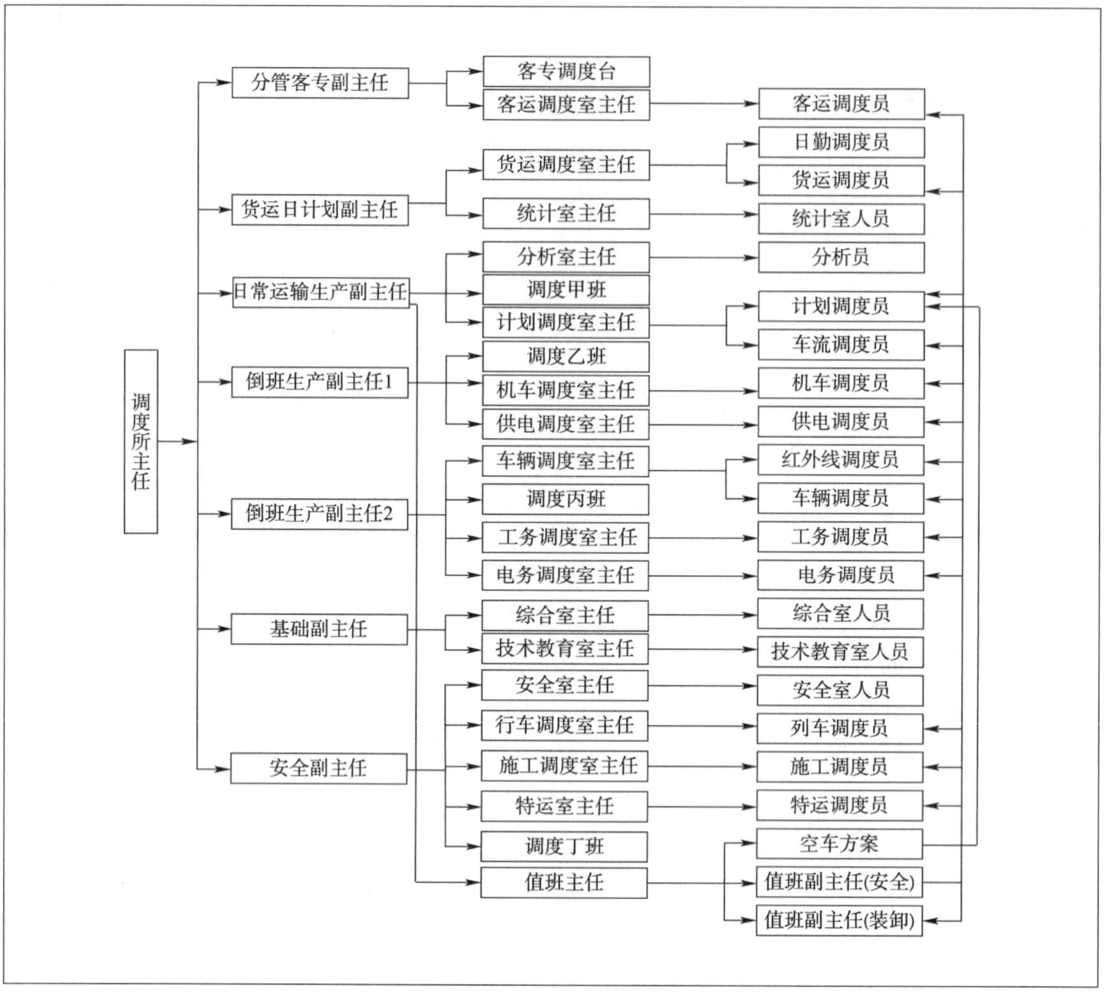

调度所主任
分管客专副主任
货运日计划副主任
日常运输生产副主任
倒班生产副主任1
倒班生产副主任2
基础副主任
安全副主任
客专调度台
客运调度室主任
货运调度室主任
统计室主任
分析室主任
调度甲班
计划调度室主任
调度乙班
机车调度室主任
供电调度室主任
车辆调度室主任
调度丙班
工务调度室主任
电务调度室主任
综合室主任
技术教育室主任
安全室主任
行车调度室主任
施工调度室主任
特运室主任
调度丁班
值班主任
客运调度员
日勤调度员
货运调度员
统计室人员
分析员
计划调度员
车流调度员
机车调度员
供电调度员
红外线调度员
车辆调度员
工务调度员
电务调度员
综合室人员
技术教育室人员
安全室人员
列车调度员
施工调度员
特运调度员
空车方案
值班副主任(安全)
值班副主任(装卸)

图1-12　某铁路局集团公司调度所行政组织管理结构图

任务实施与评价

请完成本任务的任务实施与评价，见教材数字资源中的电子实训工单。

任务五　铁路局集团公司调度生产岗位一日工作程序标准

学习目标

知识目标

1. 熟知调度倒班工作制度，熟知每个班次主要工作内容；

2. 熟知各工种调度一日工作程序标准规定；

3. 了解相关工种调度一日工作程序标准规定。

能力目标

1. 能够正确执行调度倒班工作制度；

2. 作为某一工种调度员，能够在工作中规范执行一日工作程序标准；

3. 能够按照相关工种一日工作程序标准规定开展相关联系性调度工作。

素质目标

1. 适应铁路运输生产特殊性，学习舍小家、为大家的牺牲奉献精神；

2. 增强严格执行工作标准的纪律意识；

3. 养成守时、准点、严谨的工作作风。

任务描述

铁路运输生产属于全天候作业，要求一年四季不分昼夜地准确运转。为了完成这样的工作，需要铁路工作人员倒班工作，周而复始，循环往复。作为某一工种调度人员，需要适应这样的工作特点。请熟知各工种调度生产岗位一日工作程序标准，在实际工作中按照工作程序标准开展调度指挥工作。

案例导入

运筹三尺之间　调度千里之外——探访沈阳局集团公司“神经中枢”

时值春运，中国铁路沈阳局集团有限公司调度大厅内，电脑屏幕上列车运行图红绿交错，调度员们盯着运行图紧张而有序地下达一个又一个指令，指挥列车有序运行。

一道道指令指挥着千车万列，关系着千万人的生命安全，因此这里也被称为铁路系统的“神经中枢”。

在全路18个同等级调度大厅当中，指挥营业里程最长、调度台设置最多、指挥范围最广的沈阳铁路局集团公司调度大厅负责着辽宁省、吉林省以及内蒙古自治区东部等地区13839公里营业里程、622列动车组列车、552列普速旅客列车和将近2500列货物列车的日常运输组织工作。

春运期间沈铁增开了许多临客，让这份本就非常紧张的工作更加繁忙。

“每个班次要连续工作12个小时，忙起来的时候我们连去食堂吃饭都得倒班。”沈阳铁路局集团公司调度大厅副主任何岩说，“因为调度台时时刻刻都得有人，去吃饭时只能拜托隔壁台的同事替自己看一下，吃完饭马上小跑回来。”

运筹三尺之间、调度千里之外。调度员在岗时必须全神贯注，决不能有一丝马虎。经过层层选拔的新人来到这里还要再经历一年的学习实践，方可完全胜任岗位。

一台计算机前，一位年轻人在调度台上铺满了画着密密麻麻线路的草纸，复杂专业的图例，在外人看来“宛若天书”。

这是见习生李思达为了把这“运筹帷幄”的本事练精，在背记车站俯视图。何岩说：“一位合格的调度员，需要在电脑屏幕出现故障时，不看运行图的情况下也能胸有成竹、准确地指挥列车运行。”

“我刚刚来这里学习两周,还做不到像老调度员那样心中有图,胸有成竹。”李思达说,“假如我一分钟内给不出指令,那么就可能会耽误列车的运行,所以我必须要把我负责的15个车站烂熟于心。”

之前在沈阳北站当了四年信号员的李思达坦言,现在有更大的责任与压力。“调度时出现的一个小问题看似不大,但如不及时处理后续造成的损失不可估量。”

24h运转的调度大厅灯火通明,电话铃声不断。有了这些调度人员的坚守与奋斗,才有了一趟趟列车有序开行,旅客平安回家团圆。“作为铁路上的‘交通警察’,我们要站好每一班岗,看好每一列车。”何岩说。

(资料来源:新华网　责任编辑:刘笑冬)

引导提示:从以上案例得知,调度工作是24h周而复始不间断进行的,为了完成这项工作,有许多调度工作人员在辛苦地付出,在他们眼中没有了白天与黑夜的区别,需要克服生物钟颠倒的困难。案例中提到“每个班次要连续工作12个小时,忙起来的时候我们连去食堂吃饭都得倒班”内容,由此得知,调度人员是倒班工作的,他们倒班工作标准是什么呢?

知识探索

调度工作实行倒班工作制度,不同于通常日历日以0:00进行日间划分,调度工作日以18:00为界进行划分,18:00前为本日,18:00后为次日,每日又分为日班与夜班两个阶段。从人员配备角度,铁路调度工作人员按四个班组配备,即通常所说的“四班倒”,上班结束与下班开始所有人员必须进行“对口”交接,每四昼夜循环一次,每四昼夜内任意一个班组工作日班12h,次日工作夜班12h,其余时间休息,日班时间一般为7:45—19:45,夜班时间一般为19:45—7:45,调度工作人员倒班班序如图1-13所示。

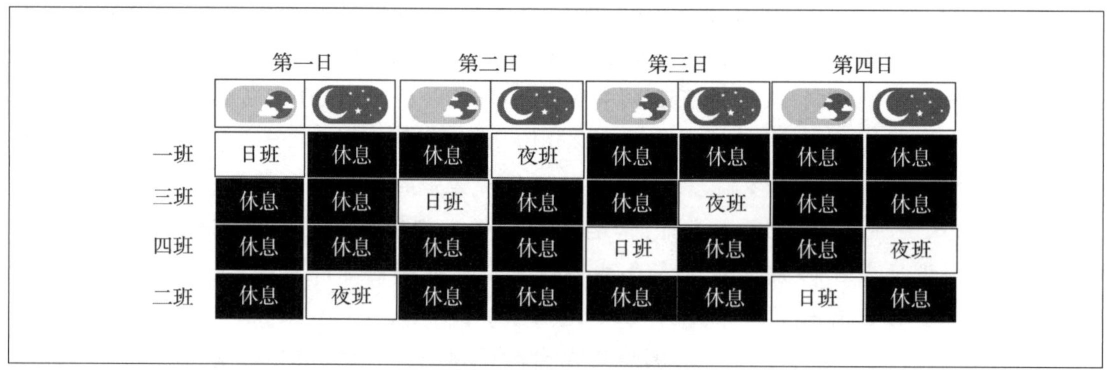

	第一日		第二日		第三日		第四日	
一班	日班	休息	休息	夜班	休息	休息	休息	休息
三班	休息	休息	日班	休息	休息	夜班	休息	休息
四班	休息	休息	休息	休息	日班	休息	休息	夜班
二班	休息	夜班	休息	休息	休息	休息	日班	休息

图1-13　调度工作人员倒班班序

每个班次工作主要有了解情况、接班会、对口交接、班中工作、班中会、交班准备、交班会等内容,对每个工种调度来说,每项工作的时间相对固定,这样便于按程序、标准开展工作,减少沟通不畅环节。

一、列车调度员工作程序标准

1. 了解情况(7:10—7:25,19:10—19:25)

了解文电、命令及领导批示;军特运、货物快运列车、重点列车注意事项及超限、限制运行条件列车和挂运车次;分界口列车交接情况,车流接续,本台列车运行、编组及摘挂作业情况,中间站存车及股道运用、停运列车的停留分布;行车设备使用状态施工、维修日计划,运行揭示调度命令,施工、维修调度命令和区间路料卸车及限速情况;跨班的调度命令发布和交付、执行情况;管辖区段内装卸作业和配空计划;机车交路情况。

2. 接班会(7:25—7:40,19:25—19:40)

听取上一班值班主任传达领导指示、命令、文电以及上一班安全、运输生产经营任务完成情况等有关事项;汇报本岗位工作情况,针对预计存在的问题,提出解决建议;听取领导对本班工作任务和有关重点注意事项的布置和指示。

3. 对口交接(7:40—7:45,19:40—19:45)

重点交接文电、命令及领导批示;登录有关调度管理信息系统;确认各种表报资料台账及备品齐全、完整,审阅、签认“交接班记录簿”(简称“交接班簿”)。

4. 编制、下达、组织实施列车运行调整计划(7:45—19:45,19:45—7:45)

收集编制计划的相关资料,及时编制并下达3~4h列车运行调整计划;组织实施列车运行调整计划,盯点跟线,合理调整列车会让,布置机车交路计划,检查编组站、区段站到发线运用,保证不间断接发列车;按阶段召开小型电话会议,布置重点事项;正确下达调度命令并监督执行情况;组织兑现施工、维修日计划,确认施工前后列车放行条件,提高天窗兑现率;果断处理非正常情况下列车运行组织,严格按规定程序和要求作业,及时填写“安监报1”并上报;及时、正确、完整地填记各种图表。

5. 提供编制日(班)计划资料(13:30—14:30,1:30—2:30)

提供各站及在途列车编组内容、预计到达编组、区段站的时间;按重车分去向,空车分车种,推定本区段各站18:00(6:00)现在车分布情况。

6. 交班会(19:45—20:00,7:45—8:00)

汇报本岗位工作情况,总结经验教训;听取值班主任、运输副主任对本班工作的总结及点评。

二、机车调度员工作程序标准

1. 了解情况(7:10—7:25,19:10—19:25)

了解文电、命令及领导批示;日(班)计划、机车检修、机车供应、机车交路及机车过表情况;回送机车动态;机车乘务员劳动时间及超劳换班情况;重点列车运行及机车接续。

2. 接班会(7:25—7:40,19:25—19:40)

听取上一班值班主任传达领导指示、命令、文电以及上一班安全、运输生产经营任务完成情况等有关事项;汇报本岗位工作情况,针对预计存在的问题,提出解决建议;听取领导对本班工作任务和有关重点注意事项的布置和指示。

3. 对口交接(7:40—7:45,19:40—19:45)

重点交接文电、命令及领导批示;登录有关调度管理信息系统;确认各种表报资料台账及备品齐全、完整,审阅、签认“交接班簿”。

4. 班中工作(7:45—18:00,19:45—6:00)

登录机车调度系统,更新有关查询系统;向机务段传达领导指示、安全事项、重点要求;与机务段核对日(班)计划、机车概况及机车检修计划,填写机车概况表;掌握阶段开车及列车运行情况,绘制实际机车周转图;与机务段核对机车位置,下达12:00(0:00)前的开车计划。

掌握路内机车回送动态,及时安排机车回送计划;向中国国家铁路集团有限公司运输调度指挥中心调度汇报分界口机车运用情况;与相邻铁路局集团公司交换机车工作计划,解决跨铁路局集团公司机车交路中存在的问题;掌握阶段开车及列车运行情况,绘制实际机车周转图;合理调整机车,与机务段核对阶段机车使用情况,根据需要及时调整机车交路、及时处理机车运用及乘务员超劳事宜;参加班中碰头会,汇报机车运用情况及需要重点组织和协调解决的问题;配合列车调度员处理有关机务行车事故;掌握阶段开车及列车运行情况,向机务段下达18:00(6:00)前的开车计划。

掌握机车分布情况,根据列车运行位置推算过表机车;与相邻铁路局集团公司交换18:00(6:00)前机车交路安排情况。

5. 日(班)计划编制(15:00—18:00,3:00—6:00)

了解检修机车预交时间及次日机车检修计划;根据日(班)列车工作计划编制日(班)机车工作计划;17:30(5:30)前向机务段下达日(班)机车工作计划;与相邻铁路局集团公司交换日(班)机车工作计划。

6. 总结交班(18:00—19:40,6:00—7:40)

完成实际机车周转图;处理、落实有关事故及机车运用中出现的问题,并及时上报和通报;按规定及时发布机车调度命令;根据机车动态变化变更机车概况表;总结本班工作情况,汇总有关资料。

7. 交班会(19:45—20:00,7:45—8:00)

汇报本岗位工作情况,总结经验教训;听取值班主任、运输副主任对本班工作的总结及点评。

三、客运调度员工作程序标准

1. 了解情况(7:10—7:25,19:10—19:25)

重点了解文电、命令及领导批示,专运、军运、客车途中甩挂、旅客列车、旅游列车及临客加开和停运等情况;大批重点和军运人员留座、行包装运,客车加挂、甩车和中转接续计划安排;旅客列车运行秩序。

2. 接班会(7:25—7:40,19:25—19:40)

听取上一班值班主任传达领导指示、命令、文电以及上一班安全、运输生产经营任务完成情况等有关事项;汇报本岗位工作情况,针对预计存在的问题,提出解决建议;听取领导对本班工作任务和有关重点注意事项的布置和指示。

3. 对口交接(7:40—7:45,19:40—19:45)

重点交接文电、命令及领导批示;登录有关调度管理信息系统;确认各种表报资料台账及备品齐全、完整,审阅、签认“交接班簿”。

4. 班中工作(7:45—14:30,19:45—2:30)

接收站段请求,拟写调度命令,并与相邻铁路局集团公司交换;车辆段回送车辆请求,下达回送车辆调度命令。

参加班中会,汇报客运相关工作;及时掌握旅客列车安全正点情况,组织晚点旅客列车恢复正点;将旅客运输组织有关情况录入客调工作汇总表;统计当日调度命令中长期、定期命令,做好登记工作;检查、核对调度命令的接收与执行情况。

5. 总结交班(14:30—19:40,2:30—7:40)

统计当日旅客列车正、晚点情况,发布客车临时甩挂命令;分析核对当日晚点客车及分界口客车列数,并向中国国家铁路集团有限公司运输调度指挥中心客调汇报;填记当日“××× 铁路局集团公司旅客列车正晚点报表”(简称“运报 8”)和“分界站旅客列车交接统计表”(简称“运报 8A”);核对当日有关命令和铁路局集团公司管内担当的旅客列车编组及车底交路;完成客调“运报 8”编制;向客调主任汇报本班工作,向接班客调交代下一班重点事项。

6. 交班会(19:45—20:00,7:45—8:00)

汇报本岗位工作情况,总结经验教训;听取值班主任、运输副主任对本班工作的总结及点评。

四、货运调度员工作程序标准

1. 了解情况(7:10—7:25,19:10—19:25)

重点了解文电、命令及领导批示;铁路局集团公司管内、管辖区段日(班)装卸计划,上一班及各站装卸作业进度及配空、挂重情况;各站装车车辆来源,卸车及管内工作车分布,输送及接续计划;整列大宗货物的品名、收货人、到站、货位、劳力以及落实区间卸车的准备情况。

2. 接班会(7:25—7:40,19:25—19:40)

听取上一班值班主任传达领导指示、命令、文电以及上一班安全、运输生产经营任务完成情况等有关事项;汇报本岗位工作情况,针对预计存在的问题提出解决建议;听取领导对本班工作任务和有关重点注意事项的布置和指示。

3. 对口交接(7:40—7:45,19:40—19:45)

重点交接文电、命令及领导批示;登录有关调度管理信息系统;确认各种表报资料台账及备品齐全、完整,审阅、签认“交接班簿”。

4. 班中工作(7:45—10:30,19:45—22:30)

向各有关站传达上级指示、班中工作重点、停限装命令,下达装卸车计划,核实装车进度,落实可调整货源及装卸车、劳力、机具作业情况。

根据当日实际情况向车站布置调整措施和任务要求。

核实检查车站日订车上报情况。

夜班向中国国家铁路集团有限公司运输调度指挥中心汇报18:00装、卸车任务完成情况。日勤向运输调度指挥中心上报订求车数据。

5. 班中会(10:30—11:00,22:30—23:00)

汇总各台(站)当日(班)装卸车数预计完成情况;零散白货兑现情况及完成装卸车任务存在的问题,提出调整建议。

6. 班中工作(11:00—17:00,23:00—5:00)

收取12:00(0:00)各站装卸车修整数据,预计当日(班)装卸车任务,汇总上报中国国家铁路集团有限公司运输调度指挥中心;对关键站装卸车情况进行检查,组织各站兑现货运日(班)计划,及时调整掉、补装车;分析零散白货兑现及落空情况;检查各站、段大点车卸车表上传情况;白班16:00前向中国国家铁路集团有限公司运输调度指挥中心上传次日装卸车计划;夜班编制全天装卸车修整计划;落实本班任务,预计全天货运计划及主要物资、重点用户完成情况,分析汇报大点待卸车原因;夜班输入汇总大点车报表、电煤库存报表、报装未装报表、报卸未卸报表,复核调整计划是否按要求编制,并交值班主任审查。

7. 总结交班(17:00—19:40,5:00—7:40)

收取各站实际装卸车完成情况;逐站下达装卸车日(班)计划,收取各站待卸车及品名;夜班向中国国家铁路集团有限公司运输调度指挥中心上报全天装卸车修整计划及6:00(18:00)装卸车实际情况;收集、输入批量零散快运货物运输信息,并上报中国国家铁路集团有限公司;按规定填写各种报表,分析现车预订兑现及落空情况;分析当日装卸车任务情况及未完成的工作,重点事项交接清楚。

8. 交班会(19:45—20:00,7:45—8:00)

汇报本岗位工作情况,总结经验教训;听取值班主任、运输副主任对本班工作的总结及点评。

五、特运调度员工作程序标准

1. 了解情况(7:10—7:25,19:10—19:25)

了解文电、命令及领导批示;军、特运有关情况,超限、超重、油龙、剧毒品、机械保温车、中国国家铁路集团有限公司指定掌握的其他列车的接运、装卸、运行情况;超限超重列车的运行条件;军运、方案列车的计划安排,配空挂运、扣车进度及分布情况,军运备品回送情况。

2. 接班会(7:25—7:40,19:25—19:40)

听取上一班值班主任传达领导指示、命令、文电以及上一班安全、运输生产经营任务完成情况等有关事项;汇报本岗位工作情况,针对预计存在的问题,提出解决建议;听取领导对本班工作任务和有关重点注意事项的布置和指示。

3. 对口交接(7:40—7:45,19:40—19:45)

重点交接文电、命令及领导批示;登录有关调度管理信息系统;确认各种表报资料台账及备品齐全、完整,审阅、签认“交接班簿”。

4. 班中工作(7:45—19:40,19:45—7:40)

与相邻铁路局集团公司核对6:00(18:00)前军运、特运、方案列车、重点保密物资、中国国家铁路集团有限公司掌握重点"油龙"、超限、超重、剧毒品、空D型车等资料,重点交换6:00(18:00)后分界站所有相关资料;签收军代处"军运任务通知书",核对军运装车计划;接收并转交、转发中国国家铁路集团有限公司运输调度指挥中心特调命令;向有关车站下达特殊运输、重点运输去向或到达的调度命令,军运备品回送命令和其他有关命令;向计划调度员送达、签认"超限超重车辆挂运通知单""剧毒品挂运通知单"等联络签;参加班中会,汇报军运、剧毒品、特运装车、运行情况及存在的问题,听取领导指示;跟踪掌握军运、超限、超重、剧毒品、油品、重点保密物资等配空、装车、运行情况,及时登记台账并报中国国家铁路集团有限公司;掌握重点站石油装车及中国国家铁路集团有限公司属罐车、保温车、站存车等情况,提供编制日(班)计划资料。

5. 交班会(19:45—20:00,7:45—8:00)

汇报本岗位工作情况,总结经验教训;听取值班主任、运输副主任对本班工作的总结及点评。

六、快运物流调度员工作程序标准

1. 了解情况(7:10—7:25,19:10—19:25)

重点了解文电、命令及领导批示;快速货物班列正、晚点运行情况及列车增、减挂情况;货物快运列车正、晚点运行情况及货物装卸情况;行邮行包专列、快运列车检修车情况及快运列车车辆需求、配空情况。

2. 接班会(7:25—7:40,19:25—19:40)

听取上一班值班主任传达领导指示、命令、文电以及上一班安全、运输生产经营任务完成情况等有关事项;汇报本岗位工作情况,针对预计存在的问题,提出解决建议;听取领导对本班工作任务和有关重点注意事项的布置和指示。

3. 对口交接(7:40—7:45,19:40—19:45)

重点交接文电、命令及领导批示;登录有关调度管理信息系统;确认各种表报资料台账及备品齐全、完整,审阅、签认"交接班簿"。

4. 班中工作(7:45—19:40,19:45—7:40)

按各站需求及集装化用具分布情况,对下达调度命令合理地进行调整;收集固定编组车辆向装车站回送需求及点对点装车需求信息,填写"快运装车需求通知单";收集环线快运货物列车装车清单并录入快运5.0系统,向列车调度员提报沿途各站装卸车作业计划,并跟踪签收、上图情况;了解快运货物列车中的零散货物情况,了解快速货物班列装卸车组织及计划兑现情况;对快速货物班列晚点情况及时通报相邻铁路局集团公司,并做好分析上报工作;收集各站次日点对点装车需求,掌握车辆供给及装车进度;提供编制日(班)计划资料;收取各办理站18:00行邮行包专列和管内、跨铁路局集团公司快运货物相关数据,录入生成相关报表,向中国国家铁路集团有限公司上报有关报表;登录门到门系统,调取零散、批量货物运到、配送超时信息,与相关站段核实超时原因,录入系统并上报中国国家铁路集团有限公司;跟踪、统计快速货物班列、快运列车正、晚点,形成分析报表并向铁路局集团公司领导提报;盯控重点快运货物装车、挂运、中转、到达送卸、配送情况,填记最后一公里统计表并上报中国国家铁路集团有限公司。

5. 交班会(19:45—20:00,7:45—8:00)

汇报本岗位工作情况,总结经验教训;听取值班主任、运输副主任对本班工作的总结及点评。

七、供电调度员工作程序标准

1. 了解情况(7:10—7:25,19:10—19:25)

重点了解文电、命令及领导批示,查看自上次交班以来的电子"交接班簿";了解供电设备故障及其他安全信息处置情况、供电设备运行方式有无变化、本班即将进行的停送电施工作业。

2. 接班会(7:25—7:40,19:25—19:40)

听取上一班值班主任传达领导指示、命令、文电以及上一班安全、运输生产经营任务完成情况等有关事项;汇报本岗位工作情况,针对预计存在的问题,提出解决建议;听取领导对本班工作任务和有关重点注意事项的布置和指示。

3. 对口交接(7:40—7:45,19:40—19:45)

重点交接文电、命令及领导批示;登录有关调度管理信息系统;确认各种表报资料台账及备品齐全、完整,审阅、签认"交接班簿"。

4. 核对汇总(7:45—8:40,19:45—20:40)

向供电段调度了解管内各牵引变电所电量数据。

5. 接触网倒闸(8:40—18:30,20:40—6:30)

核对当日施工作业计划,确定倒闸方案;根据施工日计划编制"接触网设备停送电作业过程执行清单",根据清单内容逐条执行。主副班共同编写倒闸步骤并相互进行核对。

副班调度员登录牵引供电电子签认系统,在施工日计划时间开始2h前编制完成"牵引供电停送电签认单",并进行内部流转,在不迟于施工开始前1h分别发送至主行调台及相关行调台。

主班调度员根据副班调度员联系的停电通知,按照提前拟写的倒闸操作步骤向副班调度员下达操作命令。

主班调度员向驻站联络员下达停电作业命令。

受理驻站联络员销令请求,确认全部施工均销令无误具备送电条件后,主班通知副班联系列调送电。

接收地调调度命令,并根据命令进行停送电倒闸操作。

涉及与相邻铁路局集团公司分界口停送电操作,双方调度商定后方可操作。

6. 受理业务、统计上报(8:40—18:30,20:40—6:30)

收集管内电力安全信息,对管内电力故障进行调查分析,及时进行信息传递;协助各供电段联系地方电业集团公司调度,协调解决相关事宜;办理与相邻铁路局集团公司越区供电相互配合手续;受理牵引供电次日施工停电申请单,核对停电范围及安全措施。对各种报表进行分类汇总和统计分析;统计上报中国国家铁路集团有限公司报表和故障速报;收取各牵引变电电能表指数,并向电业集团公司提报。

7. 班中会(10:30—11:00,22:30—23:00)

当班电调长汇报当日设备运行、故障、施工情况及次日施工计划。各台人员汇报本班其他重点工作。研究次日施工计划,分析风险,并进行合理部署。供电调度室主任(副主任)组织分析当日故障应急处置过程,供电调度室主任(副主任)传达文电、命令、有关领导指示,布置重点工作及要求。

8. 交班准备(18:30—19:40,6:30—7:40)

检查"交接班簿"内容是否完整;检查表簿册、图纸资料是否齐全;检查台务定置管理是否到位,室内卫生是否合格;对当日接收的文电进行归档,总结本班工作,做好交班准备。

9. 交班会(19:45—20:00,7:45—8:00)

汇报本岗位工作情况,总结经验教训;听取值班主任、运输副主任对本班工作的总结及点评。

八、车辆调度员工作程序标准

1. 接收情况汇报(6:00—7:10,18:00—19:10)

夜班调度员受理各车辆段早6:00情况汇报;统计、核对、分析早6:00出车计划。

2. 情况交接(7:10—7:20,19:10—19:20)

交班调度员整理24h文件、命令、电报及当班主要工作事项;与接班调度员进行工作交接。整理"安监报1"并附调查结果、车辆调度日报、列车晚点、当日出车情况。交班调度员将整理后的情况逐项向室主任交班。参加调度所交、接班会。

3. 交接班会(7:20—8:00,19:20—20:00)

室主任参加车辆部交班会,汇报24h行车概况、检修车数量及前日扣车、当日出车情况,接受领导交办任务;会后向当班调度员布置。接班调度员查看"交接班簿",补传前日HMIS漏传的信息。当班调度员参加调度所交班会。

4. 检修车组织(8:30—9:00,20:30—21:00)

当班调度员汇报调度所交班会布置的工作并听取室主任传达铁路局集团公司车辆部交班会领导指示及对当日的工作重点安排,受理各段检修车扣车请求命令,按规定要求向中国国家铁路集团有限公司运输调度指挥中心车辆调度办理扣车请令,并确认向各车辆段办理转发。

接班调度员了解当天安全、检修车、任务、设备等动态情况,确保工作连续性;受理车辆段请求,安排检修车回送;协调、平衡各段、厂检修车数量,控制检修车数量,根据车辆部领导指示采取措施控制检修车;根据车辆检修预警系统组织、指导车辆段扣车。

5. 重点事项(9:00—10:00,21:00—22:00)

根据当班重点工作安排向各段传达铁路局集团公司有关运输生产要求,明确提出车辆检修、运用工作要求,督促、要求存在问题的段、厂限期改进、解决、落实;针对开行的保留列车发布调度命令。

6. 掌握行车事故概况(10:00—15:00,22:00—3:00)

受理入厂车请令,收取车辆行车事故概况;跟踪上一班发生的行车事故概况。深入各调度台,与各工种调度联系,了解运输生产和行车等安全情况;做好检修车分析和预测,掌握主型车及定检过期车扣修情况;收集车辆检查组传回的安全、质量信息,及时反馈。

7. 情况汇报(15:00—17:00,3:00—5:00)

向中国国家铁路集团有限公司、铁路局集团公司汇报当日车辆检修、运用情况;收集各检修车间任务完成情况,核对有关数据。

8. 整理情况(17:00—19:20,5:00—7:20)

整理当日工作情况,填写"交接班簿";接收 HMIS 18:00 报告,检查、核对各项点数据确认无误后上传中国国家铁路集团有限公司;统计、核对各段 18:00 扣车。

九、集装箱调度员工作程序标准

1. 了解情况(7:10—7:25,19:10—19:25)

重点了解文电、命令及领导指示;集装箱装、卸车6:00(18:00)实际完成及计划安排(修整)情况;重点班列运行及空集平车分布;敞顶箱运用情况及20(40)英尺铁路通用标准箱在途情况;"交接班簿"记录内容。

2. 接班会(7:25—7:40,19:25—19:40)

听取文电、命令传达及领导指示;向有关领导汇报本班集装箱运输和调整情况;汇报集装箱装车欠车情况及需重点组织的配空列车。

3. 对口交接(7:40—7:45,19:40—19:45)

有关文电、命令及领导指示落实情况,重点工作安排及落实情况。

4. 核对情况落实任务(7:40—10:00,19:40—22:00)

按照日(班)工作计划要求向各装卸车站了解集装箱装卸车需求情况;动态掌握箱、车分布及保有量,根据管内各办理站装车需求,以效益、效率最大化为原则,进行箱、车调整,并组织落实;动态跟踪班列,及时铺画运行线;核对铁路局集团公司管内所属敞顶箱项目方案配属。

5. 跟踪落实(10:00—12:00,22:00—00:00)

检查车站集装箱装、卸作业进度,督促快装,快卸;转发或落实有关调度命令。按照货运部指示,下达敞顶箱调整命令;按发、到站的请求,发布敞顶箱回送修理调度命令。

6. 编制修正计划(12:00—14:00,0:00—2:00)

按照编制日(班)计划要求,及时向有关计划调度提报空集平车需求。

7. 收集情况(14:00—16:00,2:00—4:00)

收集箱、车各项指标完成情况,完成相关报表;查询"货运工作日况报告附表"(运货五)明日请批车情况,填写有关表报;抄收始发、终到站敞顶箱运用状态;画线跟踪敞顶箱、20(40)英尺铁路通用标准箱在途运行情况。

8. 汇总工作(16:30—18:00,4:30—6:00)

收集各集装箱办理站夜班装卸车及6:00在站车、箱情况、在途班列情况;完成"集装箱调度日工作情况简报”“集装箱运输指标完成情况分析表”“集装箱主要站装卸车汇总表”的填写；填写完成“集装箱调度6:00阶段情况报告”(JD1)，确认无误后，网传中国国家铁路集团有限公司运输调度指挥中心集装箱调度；整理、填记有关图表，对本班工作进行简要分析；填记“交接班簿”。

9. 准备交班(18:00—19:40,6:00—7:40)

将本班工作情况、有关信息、重点工作、未尽事宜等向接班调度交接清楚；整理有关文电、命令；向领导汇报集装箱装卸、保有量、分布、调整等情况。

10. 交班会(19:45—20:00,7:45—8:00)

汇报集装箱装、卸车实际完成及计划安排(修整)情况、欠装原因分析、本工种工作失误或发生的问题、遗留问题及需接班后重点注意的问题，听取交班领导对本班工作的总结。

十、篷布调度员工作程序标准

1. 了解情况(7:10—7:25,19:10—19:25)

了解文电、命令及领导批示，各站篷布停留情况及整车篷布回送情况。

2. 接班会(7:25—7:40,19:25—19:40)

听取上班值班主任传达领导指示、命令、文电以及上一班安全、运输生产经营任务完成情况等有关事项；汇报本岗位工作情况，针对预计存在的问题，提出解决建议；听取领导对本班工作任务和有关重点注意事项的布置和指示。

3. 对口交接(7:40—7:45,19:40—19:45)

重点交接文电、命令及领导批示；登录有关调度管理信息系统；各种表报资料台账及备品交接；认真审阅“交接班簿”并签认。

4. 班中工作(7:45—17:30,19:45—5:30)

检查各站装车使用篷布调配情况、各篷布集结站篷布配备情况；抄收各站次日增加使用车请车及当日增加使用车完成情况；抄收阶段货车篷布运用报告，并填画篷布运行图；受理整车货物变更，逐车登记、核实后发布调度命令；汇总铁路局集团公司管内各货运站货车静载重报告，并分析有关站段静载重未完成原因；下达次日增加使用车计划；编制次日使用篷布调配计划。

5. 总结交班(17:30—19:40,5:30—7:40)

抄收各站增加使用车完成情况；统计分界站篷布出入数及篷布运用18:00(4:00)报告，核对各站过表篷布数量；分析货运责任晚点及其他有关货运信息，做好信息通报；填写各种报表、台账；做好交接班准备工作。

6. 交班会(19:45—20:00,7:45—8:00)

汇报本岗位工作情况，总结经验教训；听取值班主任、运输副主任对本班工作的总结及点评。

十一、工务调度员工作程序标准

1. 了解情况(7:10—7:25,19:10—19:25)

了解工务系统概况、安全信息，命令、文电、领导指示等有关事项及执行情况；天气情况及不良天气预警发布情况;防洪、防胀、防三折工作情况;“交接班簿”记录情况。

2. 接班会(7:25—7:40,19:25—19:40)

听取上一班值班主任传达领导指示、命令、文电以及上一班安全、运输生产经营任务完成情况等有关事项;汇报本岗位工作情况,针对预计存在的问题,提出解决建议;听取领导对本班工作任务和有关重点注意事项的布置和指示。

3. 对口交接(7:40—7:45,19:40—19:45)

重点交接文电、命令及领导批示;登录有关调度管理信息系统;确认各种报表、资料、台账及备品齐全、完整,审阅、签认“交接班簿”。

4. 班中工作(7:45—19:40,19:45—7:40)

根据气象台预报及时发布不良天气预警并及时发布大屏幕天气预报;防汛期间根据工务段提报的防洪路料使用计划或抢险需要及时下达防洪抢险路料请车命令,并做好防洪路料登记;对非正常情况的信息进行收集、通报、跟踪、处理,对工务设备故障信息形成电子版交班概况并交晚班(如需接续或跟踪时由夜班负责);掌握班中专运、重点列车运行情况;跟踪掌握防洪储备车动态情况;每日14:00(2:00)前根据各工务段、工机段、大修段、工程局提报的次日轨道车运行计划进行审核、批复、上传;浏览调度所网页、网络办公系统,了解掌握落实相关要求。

5. 总结交班(19:40—19:45,7:40—7:45)

检查“交接班簿”内容是否完整;表簿册、图纸资料是否齐全;对当日接收的文电进行归档,总结本班工作。

6. 交班会(19:45—20:00,7:45—8:00)

汇报本岗位工作情况,总结经验教训;听取值班主任、运输副主任对本班工作的总结及点评。

十二、电务调度员工作程序标准

1. 了解情况(7:10—7:25,19:10—19:25)

认真了解有关命令、文件、电报及领导指示,掌握本班工作重点;了解上班发生的设备故障以及故障调查处理进度;了解施工、维修计划下达情况、施工数量及重点施工;了解上班工作中发生的需要注意的问题;掌握未完成的工作项点。

2. 接班会(7:25—7:40,19:25—19:40)

记录领导传达上级文件、电报、命令及各项工作指示要求;听取交班值班主任传达文电、指示,领导对本班工作的具体要求,本班值班主任对工作的安排和要求;针对会上提出的问题,研究、讨论解决方案;对接班会议相关内容进行记录。

3. 对口交接(7:40—7:45,19:40—19:45)

接班人员向交班人员交接一日内故障受理及调查处理情况,本班受理的有关命令、文件、电报及领导指示等的传达落实情况;听取交班者的交班事项;检查备品、表簿和台务情况。

4. 班中工作(7:45—19:45,19:45—7:45)

掌握电务设备运用情况,发现问题及时通知相关单位按处置流程处置,并跟踪故障处理进度，做好记录；受理各单位上报的“故障报告表”及故障分析报告，及时进行整理，录入到“调度日志”和“设备故障台账”。

掌握施工、维修系统的基础信息，接收施工、维修计划，协调设备管理单位合理利用综合天窗；掌握施工、维修天窗和施工作业进度，收集施工现场电务相关信息，及时向列车调度员通报情况。收集列调及电务段、通信段确认车添乘人员反馈的危及行车安全的严重设备隐患信息，并及时通知本专业部门领导。

应急处置过程中的信息传递在收到设备故障及安全隐患信息后，在通知相关单位的同时，通知电务调度、电务调度室主任、电务部值班主任，对影响较大的设备故障及时通知电务部主任(副主任)。

掌握专运、重点列车运行情况，及时填写“调度日志”。浏览调度所网页，了解掌握通知要求。

5. 交班会(19:45—20:00，7:45—8:00)

汇报本岗位工作遇到的问题，总结经验教训；交接本班掌握的设备信息情况；汇报本班受理故障的调查、跟踪、处理情况；听取值班主任对本班工作及存在问题情况总结、相关领导对本班工作的总结和指示要求。

十三、红外线调度员工作程序标准

1. 对口交接(7:10—7:25，19:10—19:25)

交接5T设备运行、预报及处理反馈情况，传达文电、通知、要求及其他重点工作。交班人员向接班人员详细交接本班工作情况，对本班未完成的工作以及下一班工作应注意的事项要详细说明，文电、要求及时传达；本班人员、交接班人员共同检查、确认监测站运行情况分析表，发现问题及时修改。

2. 交接班会(7:25—8:00，19:25—20:00)

掌握当班重点工作及领导工作布置和要求。对交接班内容要记载清楚，及时汇报传达。

3. 热轴模拟(8:00—9:30，20:00—21:30)

使用模拟热轴试验系统与列调复示终端进行试验，检查数据传输及设备工作状态，发现问题及时通知有关部门处理。

4. 班中工作(9:30—19:10，21:30—7:10)

检查5T、红外线接口机、车号AEI、超偏载检测仪主机工作状态；检查计算机主机运行状态，确认报警声音状态，出现问题及时通知相关部门处理；每日9:00—10:00(21:00—22:00)与列车调度台校对时间。

对发生的微热预报进行跟踪。通知前方停车列检所进行确认，并收集反馈信息，填记“微热跟踪记录簿”，列检扣车的摘要记录，标志板内容等扣车信息。

发生强热、激热热轴预报应及时通知列车调度员拦停。填写“货车安全防范系统拦停甩车通知卡”，及时送达列车调度员，双方签字确认，并向车辆调度通报热轴预报情况；及时收集热轴调查反馈并按要求上报接口机；填记“红外线调度员交接班记录簿”及“探测工作班志簿”等。

遇超偏载预报TPDS系统及超偏载检测装置发出超偏载报警时,应及时向列车调度员预报,用直通录音电话通知列车调度员,一级(严重)预报须填写“超偏载货车通知卡”,及时送达列车调度员,双方签字确认,及时收集上报反馈信息;要详细记录预报时间、车次、空(重)车、车型车号、处理情况等信息。

TFDS、TVDS动态检车组长接到拦停报告后,及时通知列车调度员进行拦停检查。红外线调度员须立即使用直通录音电话通知列车调度员安排立即停车,TFDS拦停须填写“货车安全防范系统拦停甩车通知卡”,及时送达列车调度员,双方签字确认,并通知车辆调度员。

接到客车“抱闸”故障报警后,及时通知列车调度员停车检查、处理。红外线调度员对系统提示客车“抱闸”故障使用调度直线电话向列车调度员预报,并及时收集处理反馈信息。

接到THDS预报货车疑似抱闸报警,通知车辆段处理,收集反馈信息。红外线调度员接到THDS预报货车疑似抱闸报警后,须立即进行确认,使用录音电话通知报警设备所属车辆段110指挥中心进行处理,及时收集上报处理信息。

人工调取发现故障或设备自检故障时,要及时通知、督促相关部门处理。分析判断故障类型并及时通知相关部门。组织协调各部门尽快处理,收集故障原因及处理情况,填记相关账项。

调取数据分析设备运行、信息传输情况。每班人工调取一次管内各探测站数据并进行分析,发现问题及时通知相关部门处理。

十四、计划调度员工作程序标准

1. 了解情况(7:10—7:25,19:10—19:25)

重点文电、命令及领导批示;军、特运、临时列车、货物快运列车、重点列车注意事项及有限制运行条件列车和挂运车次;分界口列车交接情况,管辖区段列车运行、编组及摘挂作业情况,中间站存车及股道运用、保留列车分布;编组、区段站列车到开计划、编解作业情况和到发线、编组线占用情况,列车编组及车流接续;客车甩挂计划;辖区内施工计划安排;辖区内装卸作业和配空计划;机车交路情况;分界口限制车流接入和交出的情况。

2. 接班会(7:25—7:40,19:25—19:40)

听取上一班值班主任传达领导指示、命令、文电以及上一班安全、运输生产经营任务完成情况等有关事项;汇报本岗位重点工作情况,针对预计存在的问题,提出解决建议;听取领导对本班工作任务和有关重点注意事项的布置和指示。

3. 对口交接(7:40—7:45,19:40—19:45)

交接文电、命令及领导批示;登录有关调度管理信息系统;各种表报资料台账及备品交接;认真审阅“交接班簿”并签认。

4. 落实日(班)计划重点事项(7:45—9:00,19:45—21:00)

核对编组区段站列车到发、股道运用、调机出库和作业情况;推算分界口18:00(6:00)交车列车车流和编组情况。核实重点、军用列车和超限列车在始发站编组情况及机车安排;重点、军用物资装车、卸车和挂运条件以及区间卸车的机车和劳力;中间站站存车、始发车车流、配空需求、保留列车情况。与相邻铁路局集团公司核对分界口列车交接计划及列车编组内容。

5. 调整本班列车工作计划(9:00—10:30,21:00—22:30)

与车站核对 9:00(21:00)车流;收取车站出空、自装重车上线车流及配空需求;收取12:00(0:00)前编组始发列车车流;向车站下达本班列车到发时刻和编组内容、中转列车作业计划;核对重点、军运、超限、限速列车运行条件;将调整后的计划通过阶段计划,下达给相关列调台、机调台及相关站段。

6. 班中会(10:30—11:00,22:30—23:00)

汇报开车计划;汇报接班后实现日(班)计划的情况;听取各工种情况通报;提出本台工作存在的问题和解决办法。

7. 班中工作(8:05—19:40,20:05—7:40)

安排中间站停运列车或恢复运行,确定中间站调小机车取送作业和区间卸料实施方案;落实所辖编组站、区段站现在车和列车到、发和中转作业;掌握所辖区段的列车运行情况、所辖分界口列车交接及排空情况;检查落实管内工作车、中间站车辆移动;对所辖列调台的重点运输和非正常情况下行车组织指挥等关键作业上台指导;检查核实所辖区段超限、限速车辆、剧毒品车辆等是否符合挂运条件;做好所辖区段各台间的协调与均衡,组织兑现日(班)计划;检查所辖站段执行日(班)计划情况,对存在的问题,采取有效措施及时处理。落实施工计划中列车抽线、减轴要求。

8. 编制布置基础列车工作计划(14:30—15:00,2:30—3:00)

与相邻铁路局集团公司交换次日(班)分界口列车交接计划,核对重点、超限、限速列车运行条件和重点注意事项;确定 18:00—22:00(6:00—10:00)开车计划和到达计划;收取车站出空、自装重车上线车流;收取 18:00(6:00)前编组始发列车的编组内容;向车站下达18:00—22:00(6:00—10:00)列车到达、开车计划和重点事项;将计划通知有关列车调度员、机车调度员。

9. 提供编制日(班)计划资料(15:00—15:30,3:00—3:30)

提供所辖区段各站去向别重车数、车种别空车数和待卸车数;停运列车、备用车、列尾主机分布情况;在途列车、货物快运列车编组内容和预计到达编组站、区段站、分界站时刻。

10. 编制下达本区段班计划(15:30—16:30,3:30—4:30)

编制下达编组、区段站列车到、发计划,中转列车作业计划,超限、限速车辆挂运计划,重点、军特运运输计划,临时列车开行计划、保留列车和中间站开车计划、调小机车取送作业计划、区间卸车和施工计划、列尾装置运用计划、各站配空及车辆挂运计划;按规定时间将日(班)计划的内容、要求、重点事项下达给有关列车调度台、机车调度台及站段。

11. 交班会(19:45—20:00,7:45—8:00)

汇报本岗位工作情况,总结经验教训;听取值班主任、运输副主任对本班工作的总结及点评。

十五、高铁助理列车调度员工作程序标准

1. 了解情况(7:10—7:25,19:10—19:25)

了解有关命令、文电、重点任务和领导指示;列车工作计划、运行计划调整、在途列车运

行情况;行车设备状态、施工、维修计划、运行揭示调度命令和限速情况;跨班执行的调度命令发布情况;路用列车存放地点及运行计划;动车组车底交路、热备动力情况;计数器变化及分路不良情况。

2. 接班会(7:25—7:40,19:25—19:40)

听取上一班高铁值班副主任对重点事项和工作要求的传达;汇报本台作业准备情况,提出班中作业重点、难点及需要其他工种配合事项;听取各工种调度台工作情况介绍,对需要本台配合事项提出配合措施;掌握高铁值班副主任对本班各项工作和重点事项的布置;掌握与会领导提出的工作要求和重点部署,对领导指示及涉及本调度台的工作重点做好记录。

3. 对口交接(7:40—7:45,19:40—19:45)

听取并掌握交班调度的各项交班内容;检查备品、表簿和台务情况,在电子"交接班簿"上签认;核对设备故障及防灾监控系统报警后的处理情况。

4. 班中工作(7:45—19:45,19:45—7:45)

不间断监视列车在区间运行及站内到、开情况;协助组织晚点列车恢复正点。

按列车调度员的指示,办理施工维修和接触网停送电签认手续,及时拟定施工维修、抢修作业的调度命令;审核"行车设备施工登记簿"登、销记内容,并进行签认。

分散自律控制模式中心操作时,担任调车领导人,及时编制调车作业计划,向调车指挥人和司机下达调车作业计划,并负责办理调车进路。

当发生非正常情况时,按列车调度员指示及时扣停列车,查明情况,妥善处理。

遇防灾监控系统报警时,确认报警地点,根据限速提示拟定列控限速调度命令。对禁止运行的报警信息,立即关闭相关信号。

发现行车设备故障时,登记"行车设备检查登记簿";审核驻所联络员在"行车设备检查登记簿"登、销记内容,并进行签认。

按列车调度员指示,人工办理进路时,在CTC调度终端上进行接触网停电、道岔单锁、线路(道岔、信号)封锁等标志的设置及取消,并执行"二人确认"制度。

控制模式转换时,转为非常站控前,需与车站核对设备状况、站内停留车、列车运行计划、邻站控制模式及与本站有关的调度命令等情况;转为非常站控模式时,在CTC终端能够正常显示的情况下与列车调度共同确认进路正确。

列控限速设置时,负责拟写列控限速调度命令,向列车调度员进行提交。设置成功后,确认限速光带正确显示及已设置栏该限速参数信息正确设置。设置失败时,根据提示重新设置。仍不成功时,登记"行车设备检查登记簿",通知有关人员处理。列控限速取消时,与列车调度员共同确认,具备取消列控限速条件,拟写取消列控限速调度命令并向列车调度进行提交;取消失败时,根据提示重新操作。仍不成功时,登记"行车设备检查登记簿",通知有关人员处理。

5. 交班会(19:45—20:00,7:45—8:00)

简要总结、报告本岗位一班工作情况,提出存在的问题及整改建议。与各工种调度台交流一班工作情况。

对高铁值班副主任或与会领导提出的问题、工作部署和下步要求认真领会、掌握,提高工作质量。认真总结,做好记录。

十六、高铁列车调度员工作程序标准

1. 了解情况(7:10—7:25,19:10—19:25)

了解有关命令、文电、重点任务和领导指示;列车工作计划、运行计划调整、在途列车运行情况;行车设备状态、施工、维修计划、运行揭示调度命令和限速情况;跨班执行的调度命令发布情况;路用列车存放地点及运行计划;动车组车底交路、热备动力情况。

2. 接班会(7:25—7:40,19:25—19:40)

听取上一班高铁值班副主任对重点事项和工作要求的传达;汇报本台作业准备情况,提出班中作业重点、难点及需要其他工种配合的事项;听取各工种调度台工作情况介绍,对需要本台配合事项提出配合措施;掌握高铁值班副主任对本班各项工作和重点事项的布置;掌握与会领导提出的工作要求和重点部署。对领导指示及涉及本调度台的工作重点做好记录。

3. 对口交接(7:40—7:45,19:40—19:45)

听取并掌握交班调度的各项交班内容;检查备品、表簿和台务情况,在“交接班簿”上签认;核对设备故障及防灾监控系统报警后的处理情况。

4. 班中工作(7:45—19:45,19:45—7:45)

下达列车运行调整计划时,要全面收集邻台列车运行情况、车底出入库情况、车站到发线运用情况等相关资料;合理调整列车运行计划,确认列车到、发时分,股道运用和列车会让计划;及时向有关车站下达计划,并对重点事项进行布置。

列车运行组织中要不间断监视列车在区间运行及站内到、开情况;组织晚点列车恢复正点。

施工组织中要根据施工、维修计划、运行揭示调度命令,核对施工登记内容;核对施工、维修调度命令(含接触网停送电调度命令);确认施工、维修作业结束,检查“行车设备施工登记簿”销记、签认情况。

当得到现场关于列车、线路等出现危及行车安全的报告时,应及时指示有关人员立即停车,查明情况,妥善处理。

遇防灾监控系统报警时,确认报警地点,根据限速提示向相关动车组列车发布限速运行的调度命令、按规定设置列控限速。来不及发布调度命令时,立即通知司机限速运行。对禁止运行的报警信息,立即组织关闭相关信号并通知司机停车。

人工办理进路时要通知高铁值班副主任进行盯控。

布置助理调度员人工办理进路时,执行“二人确认”制度。布置助理调度员在CTC调度终端上进行接触网停电、道岔单锁、线路(道岔、按钮)封锁等标志的设置及取消,执行“二人确认”制度。

控制模式转换,转为非常站控模式时,须经高铁值班副主任同意;转回分散自律控制模式时,与车站共同确认,经高铁值班副主任准许,方可办理。分散自律控制模式转为非常站控前,还需与车务应急值守人员(车站值班员)核对清楚设备状况、站内停留车、列车运行计划、邻站控制模式及与本站有关的调度命令等情况。

列控限速设置、取消。设置时确认助理调度员拟写的列控限速调度命令,经核对无误后设置。设置成功后,确认限速光带正确显示及已设置栏该限速参数信息正确;设置失败时,根据提示重新设置。仍不成功时,应立即报告高铁值班副主任,登记"行车设备检查登记簿",并通知有关人员处理。取消时与助理调度员共同确认具备取消列控限速条件,确认助理调度员拟写的取消列控限速调度命令,经核对无误后取消;取消失败时,根据提示重新操作。仍不成功时,应立即报告高铁值班副主任,登记"行车设备检查登记簿",并通知有关人员处理。

5. 交班会(19:45—20:00,7:45—8:00)

简要总结、报告本岗位一班工作情况,提出存在的问题及整改建议。与各工种调度台交流一班工作情况。

对高铁值班副主任或与会领导提出的问题、工作部署和下一步要求认真领会、掌握,提高工作质量。认真总结,做好记录。

十七、高铁供电调度员工作程序标准

1. 了解情况(7:10—7:25,19:10—19:25)

全面细致了解和掌握文电、命令及领导批示;查看自上次交班以来的电子"交接班簿",供电设备故障及其他安全信息处置情况,供电设备运行方式有无变化,本班即将进行的停送电施工作业;其他重点事项及待办事项。

2. 接班会(7:25—7:40,19:25—19:40)

听取上一班高铁值班副主任传达领导指示、命令、文电以及上一班安全、运输生产经营任务完成情况等有关事项;汇报本岗位工作情况,针对预计存在的问题,提出解决建议;听取领导对本班工作任务和有关重点注意事项的布置和指示。认真听取并记录有关重点内容。

3. 对口交接(7:40—7:45,19:40—19:45)

对各种文电、命令、重点事宜交接清楚,台账、备品齐全;交接文电、命令及领导批示,登录有关调度管理信息系统,各种表报资料台账及备品交接,认真审阅"交接班簿"并签认,其他交班(接班会)未尽事宜。

4. 班中工作(7:45—19:45,19:45—7:45)

核对汇总施工需求。依据铁路局集团公司已批准的施工命令,与供电段驻台联络员核对次日施工计划;夜班向供电段调度了解管内各牵引变电所电量数据。

倒闸准备中,认真核对当日施工作业计划,确定倒闸方案;根据施工日计划编制"接触网设备停送电作业过程执行清单",根据清单内容逐条执行。主副班共同编写倒闸步骤并相互进行核对;副班调度员登录牵引供电电子签认系统,在施工日计划时间开始2h前编制完成"牵引供电停送电签认单",并进行内部流转,在不迟于施工开始前1h分别发送至主送行调台及相关行调台。倒闸作业时,主班调度员根据副班调度员联系的停电通知,按照提前拟写的倒闸操作步骤向副班调度员下达操作命令;主班调度员向驻站(所)联络员下达停电作业命令;受理驻站(所)联络员登记销令请求,确认全部施工均销令无误具备送电条件后,主班通知副班联系列调送电;接收地方电力集团公司调度的调度命令,并根据命令进行停送电倒闸操作;涉及与相邻铁路局集团公司分界口停送电操作,双方调度商定后方可操作。一人监护、一人操作,"先负荷侧,后电源侧""先断断路器,后断隔离开关",用语标准规范,与相邻铁路局集团公司分界口倒闸时机一致。

及时浏览调度所网站,查阅通知等相关功能模块更新内容。

接收电报、命令,并落实相关内容;协助供电段联系地方电业集团公司调度,协调解决相关事宜;办理与相邻铁路局集团公司越区供电相互配合手续;受理牵引供电、电力次日施工工作票,核对工作票,核对停电范围。依据次日施工日计划填记完成"接触网停送电倒闸签认单";受理牵引供电、电力设备各种异常信息,并进行合理的处置,及时向供电处传递信息;实时监视牵引供电、电力设备的安全运行,与其他工种调度密切配合确保高铁安全运行。

对各种报表进行分类汇总和统计分析;统计上报中国国家铁路集团有限公司报表和故障速报;收取牵引变电所电能表指数,并向电业集团公司提报。

检查"交接班簿"内容是否完整;检查表簿册、图纸资料是否齐全;检查台务定置管理是否到位,室内卫生是否合格;对当日接收的文电进行归档,总结本班工作。

5. 交班会(19:45—20:00,7:45—8:00)

简要总结、报告本岗位一班工作的基本情况,提出存在的问题及整改建议。与各工种调度台交流一班工作情况。

对高铁值班副主任或与会领导提出的问题、工作部署和下步工作要求认真领会,进一步提高工作质量。总结全面、记录准确。

十八、高铁计划调度员工作程序标准

1. 了解情况(7:10—7:25,19:10—19:25)

全面细致了解、准确掌握有关文电、通知、重点交接班事项;了解动车组列车开行计划,列车始发、运行情况及在途列车运行正晚点情况;了解有关调度命令发布情况;了解重点列车、动车组热备及其他有关注意事项。

2. 接班会(7:25—7:40,19:25—19:40)

认真听取上一班高铁值班副主任对重点事项和工作要求的传达;汇报本调度台作业准备情况,及时提出班中作业重点、难点及需要其他工种配合事项;认真听取各工种调度台工作情况介绍,对需要本调度台配合事项及时提出配合措施;认真掌握高铁值班副主任对本班各项工作和重点事项的布置。

3. 对口交接(7:40—7:45,19:40—19:45)

对各种文电、命令、重点事宜交接清楚,确认台账、备品齐全。核对文电、命令及领导批示,登录有关调度管理信息系统,各种表簿、报告资料台账及备品交接;认真审阅"交接班簿"并签认。

4. 班中工作(7:45—19:45,19:45—7:45)

根据动车组开行计划绘制次日、实施本日动车组交路图;收取、掌握旅客列车加开、停运等有关调度命令;根据列车临时加开、停运、途中折返、编组调整、定员变化、变更客运业务停站和应急情况下的票额调整等调度命令下发临时动车组车底变更命令。将动车组试运、回送、工程列车开行等纳入日计划;与相邻铁路局集团公司调度所交换日计划及有关资料;按照领导指示申请、下发启动热备动车组的调度命令;重点列车、军事运输等相关命令的下达;及时完成各类台账。

5. 交班会(19:45—20:00,7:45—8:00)

汇报本班工作情况,听取高铁值班副主任、调度所领导对本班工作的小结。

十九、高铁客服调度员工作程序标准

1. 了解情况(7:10—7:25,19:10—19:25)

全面细致了解,准确掌握有关文电、通知、重点交接班事项;动车组列车开行计划,列车始发、运行情况及在途列车运行正、晚点情况;有关调度命令发布情况;重点列车、动车组热备及其他有关注意事项。

2. 接班会(7:25—7:40,19:25—19:40)

听取上一班高铁值班副主任对重点事项和工作要求的传达;汇报本台作业准备情况,提出班中作业重点、难点及需要其他工种配合事项;听取各工种调度台工作情况介绍,对需要本台配合事项及时提出配合措施;掌握高铁值班副主任对本班各项工作和重点事项的布置。

3. 对口交接(7:40—7:45,19:40—19:45)

对各种文电、命令、重点事宜交接清楚,确认台账、备品齐全。核对文电、命令及领导批示,登录有关调度管理信息系统,各种表报资料台账及备品交接;认真审阅“交接班簿”并签认。

4. 班中工作(7:45—19:45,19:45—7:45)

掌握列车运行正晚点情况;按规定向相关站段通报,统计列车晚点信息并上报;及时处理发生的与客运有关的各类事件,并按规定通报;掌握相关列车客票发售情况,组织对滞留旅客的疏运与安置;遇客流变化、非正常情况下列车大面积晚点时,对列车停运、车底调整、旅客转乘提出建议方案,经领导审批后组织实施;收集汇总“三乘”信息;及时完成各类台账,浏览调度所网页,签阅文件电报。

5. 交班会(19:45—20:00,7:45—8:00)

汇报本班工作情况,听取高铁值班副主任、调度所领导对本班工作的小结。

二十、高铁动车调度员工作程序标准

1. 了解情况(7:10—7:25,19:10—19:25)

仔细核对、查看上一班“交接班簿”“重点事项通知簿”,了解最近文件、电报、命令及领导指示要求以及动车组运行故障(事故)概况;掌握本班动车组开行计划,掌握动车组检修、备用、热备、试运等情况。掌握热备、备用动车组的存放地点、股道,当日动车组的检修计划。

2. 接班会(7:25—7:40,19:25—19:40)

汇报当日动车组检修运用热备及分布情况;听取领导指示、命令、文电及有关事项工作布置。

3. 对口交接(7:40—7:45,19:40—19:45)

向接班人员交接一日内故障受理及调查处理情况;交接本班受理的有关命令、文件、电报及领导指示等的传达落实情况；听取交班者的交班事项。

4. 班中工作（7:45—19:45，19:45—7:45）

组织处理上班未完成的动车组运行故障（事故）或其他事宜。

向管辖范围内动车运用所复核次日动车组运用、检修、热备情况，负责盯控动车组出入库及检修情况，遇动车组库内作业延时、临时故障或运行晚点等情况可能影响正点始发的情况时，提出动车组替换方案建议并向高铁值班副主任汇报，并通报客服调度台。

运用CTC设备和监控系统实时监控本属或管内运行动车组运行状态，发现异常或接到动车组运行故障信息时，根据故障（事故）影响程度按规定及时报告，并了解详细情况。接到"安监报1"时及时了解反馈有关情况及时上报。对动车组运行故障按规定组织应急处置，准确执行上级调度命令或根据需要发布有关调度命令。需启动应急预案时，根据有关指令及时准确按规定响应。

根据动车组配属、转属、借用电报，检查"动车组管理信息系统"有关内容的维护情况。

对跨铁路局集团公司动车组车底更换申请（定员不变）要认真审核，经高铁值班副主任审批后向中国国家铁路集团有限公司申请，及时转发中国国家铁路集团有限公司调度命令。

根据年度检修计划及送厂（段、基地）实际情况，核实检修计划进度及出入厂（段、基地）实际情况，督促动车段及时回送。

因设备故障、动车组晚点等原因需启用热备或后备动车组上线运行时，负责盯控随车机械师到位情况，督促热备动车组在规定时间内出动。

收集、核实随车机械师乘务信息；审核并提交动车组车底运用日计划。

督促信息（故障原因、调查报告等）上传，形成"动车组调度报表"。

填写"交接班簿"，整理调度命令、文件电报、领导指示等。

5. 交班会（19:45—20:00，7:45—8:00）

汇报本岗位工作情况，总结经验教训；听取高铁值班主任对本班工作的情况总结及存在的问题；听取领导对本班工作的总结及存在的问题。

二十一、高铁动车司机调度员工作程序标准

1. 了解情况（7:10—7:25，19:10—19:25）

仔细核对、查看文电、命令、"交接班簿"记录的内容、天气情况、安全动态等；了解动车组配属、转属、借用及车底到位等情况；了解动车组状态（运行交路、值乘人员、热备车体、车体检修）、检修计划、运用计划、临时开行、试验运行、车体更换等情况；掌握担当高铁乘务的集团公司、段动车组司机人员动态；掌握专运等重点列车情况、临客开行计划、晚点客车情况。

2. 接班会（7:25—7:40，19:25—19:40）

认真听取并记录文电、命令、专运等传达及领导指示；听取本班值班主任布置任务及重点要求；其他各工种提出的需本台配合完成的相关工作；提出需其他工种协助解决的关键问题。

3. 对口交接（7:40—7:45，19:40—19:45）

对各种文电、命令、重点事宜交接清楚，确认台账、备品齐全。确认并交接文电、命令及

领导批示,登录有关调度管理信息系统,交接各种表报资料台账及备品,认真审阅并签认“交接班簿”。

4. 班中工作(7:45—19:45,19:45—7:45)

组织处理上班未完成的工作或其他事宜;对动车组司机乘务、地勤作业信息收集与反馈;掌握动车组司机运用现状,浏览“动车组管理信息系统”“CTC 调度集中系统”等信息或监控系统;根据工作进度和司机供给需要提前了解动车组司机供给情况。

对动车组回送及临时更换车底需安排司机乘务的申请进行把关,通报相关调度台,会签相关调度命令,向相关铁路局集团公司、机务段传达,并组织担当临时任务动车组司机乘务及带道安排。

与相关调度台及相关铁路局集团公司调度所司乘调度联系,了解影响动车组正常运行的设备故障发生、处理、恢复情况,安排动车组司机乘务及备用。

分配担当乘务交路计划,更合理地调用动车组司机。

遇有军事运输、新老兵运输、专包及中央大型会议等重点任务时,对各机务段重点进行口头布置。

发生非正常行车状况时,根据故障(事故)影响程度按规定及时报告,并了解详细情况。接到“安监报 1”时及时了解、反馈有关情况并及时上报。对动车组运行故障按规定组织应急处置。

5. 交班会(19:45—20:00,7:45—8:00)

汇报本岗位工作情况,总结经验教训;听取高铁值班副主任对本班工作的情况总结及存在的问题。

二十二、高铁值班副主任工作程序标准

1. 了解情况(7:10—7:25,19:10—19:25)

重点了解日计划情况;动车组车底使用及列车正、晚点情况;设备运行状态及临时限速、调度命令交递情况;重点任务情况;有关文电、重点事项及施工情况;安全生产及天气情况。

2. 接班会(7:25—7:40,19:25—19:40)

听取上班高铁值班副主任传达领导指示、命令、文电及有关事项;组织本班人员进行安全预想,对本班重点工作进行部署,提出落实重点工作的具体措施;听取领导工作布置。

3. 对口交接(7:40—7:45,19:40—19:45)

交接文电、命令、通知和领导要求;有关工具、备品、设备运用情况;列车运行情况及重点运输任务;施工、维修计划。

4. 班中工作(7:45—19:45,19:45—7:45)

检查各调度台规章制度执行情况,对各台工作质量、职务状态及劳动纪律进行全面管理;盯控重点列车运行、重点施工组织、模式转换、人工办理进路、列控限速的设置与取消等关键作业,及时处理发现的问题;组织收集相关资料,通过 TDMS 5.0 系统对调度日计划进行审核,并及时将列车开行计划下达给列车调度台;审核管辖范围内动车组加开、停运、回送、试验等计划;审核向中国国家铁路集团有限公司提报的调度命令申请,转发中国国家铁路集

团有限公司下达的调度命令,检查工种调度命令发布情况;组织管内救援动力、机具、车底调用,向中国国家铁路集团有限公司调度申请跨铁路局集团公司调动救援动力、机具、车底;负责安全信息的收集、传递,组织相关调度台初步制定救援组织方案,集中指挥各调度台落实应急预案和救援措施,协调相关单位和部门组织开展应急救援工作;收集整理完整的交班资料,打好交班基础。

5. 交班会(19:45—20:00,7:45—8:00)

听取各工种调度一班工作汇报;对全班工作进行总结,对存在的问题进行重点分析,并提出整改意见;听取与会领导对本班工作的评价及工作要求,抓好落实。

二十三、值班副主任(计划)工作程序标准

1. 了解情况(7:10—7:25,19:10—19:25)

重点了解文电、命令及领导批示;军、特运、重点列车注意事项及挂运车次;分界口列车交接、保留列车分布情况;主要编组站列车到开计划、编解作业和到发线、编组线占用、列车编组及车流接续情况;掌握铁路局集团公司管内二级以上施工计划;各区计划配空与出重情况;主要干线及铁路局集团公司间分界站机车交路情况;分界口限制车流交出和结存情况。

2. 接班会(7:25—7:40,19:25—19:40)

听取上一班值班主任传达领导指示、命令、文电以及上一班安全、运输生产经营任务完成情况等有关事项;汇报本岗位工作情况,针对预计存在的问题,提出解决建议;听取领导对本班工作任务和有关重点注意事项的布置和指示。

3. 对口交接(7:40—7:45,19:40—19:45)

重点交接文电、命令及领导批示;登录有关调度管理信息系统;确认各种表报资料台账及备品;审阅、签认"交接班簿"。

4. 落实日(班)计划重点事项(7:45—10:30,19:45—22:30)

重点落实车流主任布置的重点工作,确认铁路局集团公司管内装、卸、排任务按日(班)计划实现,重点物资装车、准时制运输按计划兑现,军事运输的装、卸及挂运计划兑现。

5. 班中会(10:30—11:00,22:30—23:00)

汇报主要区段开车计划;汇报接班后实现日(班)计划的情况;听取各工种调度情况通报;提出本班工作存在的问题和解决措施;听取领导指示。

6. 班中工作(11:00—19:00,23:00—7:00)

重点组织外口交车车流,保证完成外口中国国家铁路集团有限公司批准的排车计划;管内配空计划优先保证重点物资装车,准时制运输,合同运输;检查重点、军用列车和超限列车的开行计划,确保按计划实现;合理安排列车保留与解除;组织好各计划台的列车交接,时时掌握列车计划的变动情况,提出车流调整要求。动态掌握主要编组站的作业情况,合理调整各编组站的分工,组织好积压车流的迂回运输。掌握各计划台的列车交接及排空情况;检查各计划台落实施工计划中列车抽线、减轴情况。

7. 审核日(班)计划(14:30—16:00,2:30—4:00)

审核编组、区段站列车到、发计划,中转列车作业计划;主要卸车站的排空计划;超限、限

速车辆挂运计划;重点、军特运运输计划;临时列车开行计划;列车保留、中间站保留列车开车计划;对超区段通过能力的车流进行调整。按规定时间将日(班)计划的内容、要求、重点事项下达到站段。

8. 交班准备(19:00—19:40,7:00—7:40)

整理有关文件、电报、命令及资料;检查备品、台账齐全归位,填写"交接班簿";向接班值班主任(副主任)介绍情况,交代重点事项。

9. 对口交接(19:40—19:45,7:40—7:45)

交接文电、命令及领导批示;登录有关调度管理信息系统;各种表报资料台账及备品交接;审阅、签认"交接班簿"。

10. 交班会(19:45—20:00,7:45—8:00)

组织本班人员总结一班工作,分析存在问题,吸取教训;听取领导对一班工作的总结及点评。

二十四、值班主任[值班副主任(行车)]工作程序标准

1. 了解情况(7:10—7:25,19:10—19:25)

重点了解命令、文电、领导指示及重点运输情况;管内各区段列车运行秩序和机车使用情况;编组站、区段站、主要装卸站作业情况及各分界口列车交接情况;铁路局集团公司运输生产任务上班完成及本班计划情况;铁路局集团公司运用车、停运列车、备用车分布情况;专运、特运、军运及重点列车注意事项;旅客列车及临客加开、停运情况;重点施工情况;天气情况及"交接班簿"记录情况。

2. 接班会(7:25—7:40,19:25—19:40)

听取上班值班主任传达领导指示、命令、文电以及上一班安全、运输生产经营任务完成情况等有关事项;组织本班人员进行安全、运输预想,研究制定本班能确保安全、完成运输生产经营任务的措施,落实本班重点工作的具体措施;听取领导对本班运输重点和安全关键等工作的指示。

3. 对口交接(7:40—7:45,19:40—19:45)

重点交接文电、命令及领导批示;登录有关调度管理信息系统;确认各种表报资料台账及备品交接;审阅"交接班簿"并签认。

4. 班中工作(7:45—10:30,19:45—22:30)

与有关站段核实情况,布置重点事项、提出要求,并转发有关命令;核实重点列车、大型施工、排空、各方向车流及机车交路等情况;与相邻铁路局集团公司值班主任联系,交换分界口情况;向中国国家铁路集团有限公司运输调度指挥中心行车调度及值班主任汇报铁路局集团公司管内运输生产安全重点情况,提出需要中国国家铁路集团有限公司运输调度指挥中心解决的问题,并听取工作指示;检查各工种标准化作业情况和重点工作落实情况;深入关键台,督促检查、处理关键事项;审查落实各分界口预计情况,及时解决存在问题;及时正确处理临时发生的各种事故及按时收取概况。

5. 班中会(10:30—11:00,22:30—23:00)

听取各工种调度汇报本班计划兑现情况;落实重点工作进度及完成情况;提出解决关键

问题的具体措施；听取领导对本班及次日任务的要求和安排。

6. 班中工作（11:00—19:00,23:00—7:00）

检查各台标准化作业情况及重点工作落实情况；组织并审核第二班计划的调整；了解本班安全、正点及装、卸、排预计完成情况；检查各站段完成日（班）计划任务情况、安全情况及组织措施，发现问题，及时处理；及时正确处理临时发生的各种事故及按时收取概况；核实各分界口交车和中间站停运列车情况；掌握各区段机车运用及过表情况；完成“铁路局集团公司调度工作总结表”（运调四）车流推定（夜班）；及时上报有关资料、台账；汇总本班安全生产情况，并向调度所、铁路局集团公司、中国国家铁路集团有限公司领导汇报。

7. 交班准备（19:00—19:25,7:00—7:25）

整理有关文件、电报、命令及资料；检查备品、台账齐全归位，填写“交接班簿”；向接班值班主任介绍情况，交代重点事项。

8. 接班会（19:25—19:40,7:25—7:40）

传达领导指示、命令、文电；汇报本班安全、运输生产经营任务完成情况等有关事项。

9. 对口交接（19:40—19:45,7:40—7:45）

重点交接文电、命令及领导批示；登录有关调度管理信息系统；确认各种表报资料台账及备品交接；审阅“交接班簿”并签认。

10. 交班会（19:45—20:00,7:45—8:00）

组织本班人员总结一班工作，表扬好人好事，分析存在问题，吸取教训；听取领导对一班工作的总结及点评。

二十五、车流员工作程序标准

1. 了解情况（6:00—6:40）

重点了解运用车、口别重车、车种别空车保有量，中国国家铁路集团有限公司运输调度指挥中心计划，铁路局集团公司间分界6:00完成及修整计划，保留列车分布、主要编组站现在车保有量、各区配空计划，港口、口岸站及地方铁路的配空出重、大点压车情况，主要区段机车交路、铁路局集团公司停运列车分布等。

2. 推算车流编制上报轮廓计划（6:40—7:25）

调整各区空车保有量，推算次日铁路局集团公司及各区装、卸车数、使用车种；与口岸站站长通话，了解宽轨（窄轨）到达车种、品类、预计换装方向、装车数及车种别空车需求；根据铁路局集团公司的重空车分布、保有量情况形成次日轮廓计划，调整铁路局集团公司装车数及装车方向，报运输副主任（主管）审核。

3. 交接班会（7:25—8:00）

听取传达文电、命令及领导指示，了解车流调整有关工作要求、存在问题及解决措施。

4. 铁路局集团公司车流调整会议（8:00—8:30）

按领导要求安排调整车流，确定当日及次日车流调整方案，填记“集体审批登记簿”。

5. 班中工作（8:30—10:00）

向相邻铁路局集团公司分管生产副主任交车，推算次日剩余空车，安排次日各区空车分配计划,调整各区车种别空车保有量;向中国国家铁路集团有限公司运输调度指挥中心上报次日交车计划(各外口交车列数、重车数、车种别空车数),向日计划人员下达次日装车计划,收取中国国家铁路集团有限公司运输调度指挥中心下达的次日分界口轮廓计划并向运输副主任(主管)汇报;收集当日欠装车情况,及时向运输副主任(主管)汇报,提出补装车措施和建议,保证兑现日计划装车;向领导提供装卸车、分界站货车出入等资料,做好原因分析。

6. 车务站段对话会(10:00—10:30)

记录站段提出的问题和困难,制定解决方案和措施。

7. 班中工作(10:30—14:00)

按领导要求,处理电话会议中提出的问题;与有关站段对话,安排杂型车使用,了解各列车调度台、计划调度台空、重车挂运情况,发现问题及时处理。

8. 组织编制次日计划(14:00—16:00)

根据当日列车工作日(班)计划、货运工作计划,正确推算"铁路局集团公司调度工作总结表"(运调四);了解各分界口当日及次日施工情况及车流变化情况,组织编制次日日(班)计划;向中国国家铁路集团有限公司运输调度指挥中心上报经运输副主任(主管)审核的次日日(班)计划;按规定登记各类台账。要求推算准确无误,上报及时,填记全面。

9. 日(班)计划审批会(16:00—16:20)

听取领导指示,汇报各大点装卸车站压车情况,各口别压车情况及日班计划编制过程中存在的问题。正确提供有关数据。

10. 下达日(班)计划(16:20—16:40)

按时间段检查各区计划的编制和提报情况,及时向行车台下达计划,确保计划能及时准确下达。

11. 交接日(班)计划(16:40—17:20)

对各区计划调度员编制的相邻铁路局集团公司交车计划逐列进行审核,并提报给相邻铁路局集团公司。对相邻铁路局集团公司交本铁路局集团公司的交车计划逐列进行审核,遇管内卸车积压、有令停交的空、重车,告知拒接原因。

12. 收取计划(17:20—18:00)

收取中国国家铁路集团有限公司运输调度指挥中心下达的次日日(班)计划,核对后送达有关人员。

13. 整理资料(18:00—19:25)

收集当日有关车流资料。查找当日铁路局集团公司分界口应存车数与当日"18:00 现在重车去向报表"(运报三)实际数据的误差,分析原因,向有关领导汇报。

二十六、生产副主任工作程序标准

1. 了解情况(6:00—7:25,18:00—19:25)

重点了解第一班铁路局集团公司运输安全情况和列车、货运及机车工作计划等运输生产完成情况,以及第二班计划修整情况、存在的问题和难点;掌握调度命令、有关文电及上级领导指示等重点事项;重点了解施工、重点列车运行、天气异常变化等安全关键点。

2. 交接班会(7:25—8:00,19:25—20:00)

听取交班值班主任传达上级指示、命令、文电以及上一班安全、运输生产经营任务完成情况等有关事项;听取接班人员进行安全、运输预想,研究制定本班确保安全、完成运输生产经营任务、落实本班重点工作的具体措施;对接班后运输重点和安全关键等重点事项进行部署;听取交班人员总结本班安全、运输生产经营任务完成情况、好人好事及经验教训;听取交班人员对工作遗留事项及需要有关部门解决问题的汇报;对上一班工作完成情况及经验教训进行总结和点评。

3. 车流调整及货运网上受理运输组织例会(8:00—8:30)

按领导要求安排调整车流,确定当日及次日车流调整方案。研究近期运力资源分配方案,对当日兑现预订装车和掉、补装车做出安排,结合近期现车预订情况对货源发展趋势进行分析,并对车流调整、机车调整预先作出部署。设定、调整管内到站别重车、移交方向别重车预警值,对超出预警值的方向别装车采取必要措施。

4. 铁路局集团公司交班会(8:30—9:30)

汇报调度生产情况及安全情况;听取铁路局集团公司领导指示。

5. 铁路局集团公司运输电视电话会(9:30—10:30)

听取各站段运输任务完成情况及安全情况汇报;记录需要调度所协调解决的各种问题;对完成全日运输生产任务作出重点部署;指出运输生产存在的问题和难点,并提出解决方案和措施。

6. 第二班班中会(10:30—10:50)

听取各工种调度汇报全日分界口交接列车、机车、车流、装卸车等工作预计完成情况,重点运输、施工安排等情况;布置实现日(班)计划工作重点;传达上级调度和铁路局集团公司指示,对施工、天气异常、重点运输等进行安全预想并提出要求。

7. 中国国家铁路集团有限公司对话会(10:50—11:20)

听取中国国家铁路集团有限公司运输调度指挥中心领导工作指示和要求。

8. 日常工作(11:20—16:00)

批阅文电、巡视检查,及时解决发现的问题。

9. 日(班)计划审批会(16:00—16:30)

介绍当日运输安全、生产完成情况;听取各工种调度室次日重点工作汇报,审定次日日(班)计划,并对次日重点工作作出部署。

10. 车务站段对话会(16:30—17:00)

介绍当日运输安全、生产完成情况;对当日运输安全、生产工作中存在的问题进行通报并提出整改措施;部署次日日(班)计划及工作重点。

11. 班中总结(17:00—19:25)

向中国国家铁路集团有限公司运输调度指挥中心调度及值班主任汇报全日安全及运输生产情况,提出相关建议并听取指示;与相邻铁路局集团公司调度所值班领导交换情况,解决分界口有关问题。

任务实施与评价

请完成本任务的任务实施与评价,见教材数字资源中的电子实训工单。

拓 展 提 升

一、知识巩固

(1)试述中国国家铁路集团有限公司调度机构岗位设置情况。
(2)试述中国铁路××局集团有限公司调度机构岗位设置情况。
(3)试述技术站调度主要职责范围。
(4)试述中国铁路××局集团有限公司调度主要职责范围有哪些?
(5)试述中国国家铁路集团有限公司调度主要职责范围有哪些?

二、技能训练

(1)请画出列车调度员工作联系结构图。

(2)如果你是一名列车调度员,现要执行一日工作程序标准,请完善表1-1。

工作程序标准 表1-1

序号	工作项目	工作时间	工作程序标准
1			
2			
3			
4			
5			
6			
7			

三、素养培育

吴郴是贵阳南站的一名货运调度员,自1997年入路以来,他先后从事过连接员、货运员、货运调度员等职务。今年春运,随着改貌站服务文化建设完毕,改貌物流中心货流激增。为此,吴郴摸索出了一套货运指挥"三必经"。"经手":联系计划内容、关键时段风险提示、作业变化等每个作业环节都必须动手详细记录。“经眼”:紧盯车流及作业环节,了解作业是否规范。“经耳”:积极与成都铁路局集团公司调度所和各站进行沟通,及时掌握作业进度,为下一批作业计划做好准备。50 多岁的他基本上每班需盯控货物 500 余次,拟发命令近 30 条,操控鼠标 700 多次,接听拨打电话 80 余次,布置下达计划近 50 次,压缩货车中转时间、有效中转,他所在的班组日均完成卸车 300 余车、装车 50 余车,保障了饮料、大米、食用油等食品的卸车,为广大人民群众开心过春节提供了有力的保障。

一个班有 12 个小时,一到岗就被“钉”在座位上协调指挥,到了吃饭的时间也不能离开自己的工作台,上卫生间也要尽量避免,连站起来活动下筋骨都成了奢侈,这就是吴郴的“工作日常”。“他协调组织起来精准高效,活儿干起来非常顺畅,凡事遇到重点、难点时,总能想方设法迎刃而解,也总能为我们争取到多一点的休整时间。”行车调度员谢廷全这样评价吴郴。

(案例摘编自人民铁道网)

请对上述案例进行讨论,在吴郴同志身上能够体现调度工作人员的哪些可贵品质?

素养贴士

调度员应具备的思想政治与职业素养

(1)政治觉悟与大局意识。需拥护国家制度,政治立场坚定,具有全局观念和协调组织能力,确保运输指令符合国家战略及安全要求。

(2)职业道德与纪律性。遵章守纪、爱岗敬业,服从指挥且团结协作,无违法犯罪记录,具备高度的责任感和执行力。

项目二

编制及调整列车运行图

项目背景

铁路列车运行图(简称列车运行图)是用以表示列车在铁路区间运行及在车站到发或通过时刻的技术文件,是全路组织列车运行的基础。它规定各车次列车占用区间的程序,列车在每个车站的到达和出发(或通过)时刻,列车在区间的运行时间,列车在车站的停站时间以及机车交路、列车重量和长度等。是列车运行时刻表的图解,规定各次列车按一定的时刻在区间内运行及在车站到、发和通过。列车运行图是列车运行的时间与空间关系的图解,它是列车在各区间运行及在各车站停车或通过状态的二维线条图。

编制列车运行图是一项复杂的系统工程,要求高、工作量大、涉及铁路机务、车务、工务、电务、通信、供电、客运等各个部门,需要各部门密切配合才能完成。早期编制列车运行图采用手工方式,工作人员劳动强度较大,我国铁路在20世纪60年代开始利用计算机编制列车运行图的研究,于20世纪90年代使用统一的列车运行图编制系统进行列车运行图的编制和管理,极大减轻了编图工作人员的劳动强度,也使铁路部门按照运输情况变化和市场需求适时调整列车运行图成为可能。

从运输角度来说,列车运行图是铁路运输工作的综合计划和行车组织工作的基础,学会正确编制列车运行图对保证行车安全,适应市场需求,提高运输能力、效率和效益具有重要意义。

本项目对列车运行图的编制组织过程、基本要求、车次编定、运行线表示方式、技术资料等进行了重点介绍,重点内容整合为三个任务,即填记列车运行图,编制基本列车运行图,调整基本图、制编分号图。

建议学时

8 学时。

项目导学

编制调整列车运行图1

编制调整列车运行图2

任务一　填记列车运行图

学习目标

知识目标

1. 掌握基本图、分号图、调整图的定义、用途；
2. 掌握填记列车运行图的基本要求；
3. 掌握车次编订方式及原则；
4. 掌握列车运行线的表示方式；
5. 掌握列车运行图时间标记方式以及相关标记。

能力目标

1. 能够正确识别运行图，看懂运行图；
2. 能够将运行图转成时刻表或将时刻表转成运行图；
3. 能够在实际工作中收集列车运行相关数据，准确铺画、填记列车运行图。

素质目标

1. 在绘图过程中，养成严肃、认真、细致的工作作风；
2. 通过对运行图的分析，树立按规律办事、按规矩做事的工作态度；
3. 运用运行图指挥调度过程中，树立尊重科学、运用科学的理念。

任务描述

以某铁路局集团公司调度所实际运用的某一区段列车运行图为背景，在此运行图上查定出所有车次并根据车次进行分类，区分上下行列车并查定不同列车的各区间上下行运行时分，查定不同的列车运行线表示方式并确定列车种类，查定不同的列车运行及运行整理符号并说出该符号所表示的意义。

案例导入

10月国家铁路发送旅客3.36亿人次

2023年10月，全路各单位各部门认真落实9月16日全路电视电话会议部署要求，以中秋国庆假期运输、四季度列车运行图实行等为重点，优化运力安排、提升服务质量，保持好客运增运增收势头。10月，国家铁路累计发送旅客3.36亿人次，较2019年同期增加2544万人次。

2023年中秋和国庆假期相连，“超长版”假期让铁路客流增长明显。各铁路局集团公司抓住这一有利契机，全力做好假期旅客运输组织工作，根据客票预售情况加大热门方向运力安排，及时启动高峰运行线，最大限度满足了旅客出行需求。

中秋国庆假期期间，多项客运指标创历史新高。国家铁路累计加开临客列车1411列，日均安排开行旅客列车11895列,日均发送旅客1602万人次、较2019年同期增长22%,最高日客流量达到1932万人次;全国铁路最高日客流量突破2000万人次大关,创下2009.8万人次的历史新高。昆明、郑州、济南等16个铁路局集团公司旅客发送量超过2019年同期水平,京沪、京津、京广等54条高铁、客专线路单日客流刷新了历史最高纪录。

10月11日零时起,全国铁路实行第四季度列车运行图。调图后,国铁集团安排旅客列车11075列,较现图增加449列。各铁路局集团公司充分运用贵南高铁、沪宁沿江高铁等新线运能,加大热门方向运力投放,并根据需求加大旅游列车开行力度,主动引流上线。

各铁路局集团公司深入实施"一日一图",在合理安排客车日常运输的基础上,加强周末运输能力,保持运力和需求较好匹配,精准服务经济社会发展和人民群众生产生活。10月中下旬,全路周末高峰日客流仍普遍保持在1000万人次以上,运量继续维持在历史同期高位。

(资料来源:中国国家铁路集团有限公司官方网站)

引导提示:案例中提到了"运行图""运行线"等概念。列车运行图是由点与线所组成的,绘制运行图中点与线需要严谨认真,我们平时学习与工作也需要这样。实际的列车运行图包含哪些要素呢?

知识探索

一、基本概念

按编制类型的不同,列车运行图分为基本列车运行图(简称基本图)和分号列车运行图(简称分号图)。

基本图是指经过重新编制或调整,正在实施并持续到下次重新编制或调整位置的列车运行图。调整后的基本图又称调整列车运行图(简称调整图)。

分号列车运行图是指为适应短期运输、应对突发事件或施工等需要,短时间实行,实行完毕后又恢复到基本图的临时性列车运行图。

二、列车运行图的基本要求

列车运行图必须符合下列各项基本要求:

(1)保证列车运行安全,例如,列车交会时要满足规定的交会时间标准。

(2)符合各项技术作业标准。

(3)适应客货运输市场需求。

(4)经济合理地运用机车车辆。

(5)做好列车运行线与客流、车流结合。

(6)充分利用线路通过能力,合理安排施工、维修天窗。

(7)努力实现各站、各区段间列车运行的协调和均衡。

(8)合理安排乘务人员作息时间。

(9)提高铁路应急处置能力。

三、列车车次编订

列车车次编排见表 2-1。

列车车次编排　　表 2-1

一、旅客列车			
列车种类		车次范围	说明
1. 高速动车组旅客列车		G1 ~ G9998	“G”读“高”
其中	直通	G1 ~ G4998	G4001 ~ G4998 为临客预留
	管内	G5001 ~ G9998	G9001 ~ G9998 为临客预留
2. 城际动车组旅客列车		C1 ~ C9998	“C”读“城” C9001 ~ C9998 为临客预留
3. 动车组旅客列车		D1 ~ D9998	“D”读“动”
其中	直通	D1 ~ D4998	D4001 ~ D4998 为临客预留
	管内	D5001 ~ D9998	D9001 ~ G9998 为临客预留
4. 直达特快旅客列车(160km/h)		Z1 ~ Z9998	“Z”读“直”
其中	直通	Z1 ~ Z4998	Z4001 ~ Z4998 为临客预留
	管内	Z5001 ~ Z9998	Z9001 ~ Z9998 为临客预留
5. 特快旅客列车(140km/h)		T1 ~ T9998	“T”读“特”
其中	直通	T1 ~ T3998	T3001 ~ T3998 为临客预留
	管内	T4001 ~ T9998	T4001 ~ T4998 为临客预留
6. 快速旅客列车(120km/h)		K1 ~ K9998	“K”读“快”
其中	直通	K1 ~ K4998	K4001 ~ K4998 为临客预留
	管内	K5001 ~ K9998	K5001 ~ K6998 为临客预留
7. 普通旅客列车(120km/h)		1001 ~ 7598	
(1)普通旅客快车		1001 ~ 5998	
其中	直通	1001 ~ 3998	3001 ~ 3998 为临客预留
	管内	4001 ~ 5998	
(2)普通旅客慢车		6001 ~ 7598	
其中	直通	6001 ~ 6198	
	管内	6201 ~ 7598	
8. 通勤列车		7601 ~ 8998	
9. 临时旅客列车(100km/h)		L1 ~ L9998	“L”读“临”
其中	直通	L1 ~ L6998	
	管内	L7001 ~ L9998	
10. 旅游列车(120km/h)		Y1 ~ Y998	“Y”读“游”
其中	直通	Y1 ~ Y498	
	管内	Y501 ~ Y998	

续上表

列车种类	车次范围	说明	列车种类	车次范围	说明
二、特快货物班列					
特快货物班列（160km/h）	X1～X198	"X"读"行"			

三、货物列车

列车种类	车次范围	列车种类	车次范围	列车种类	车次范围
1. 快运货物列车		兰州局	X2921～X2950	（3）中欧、中亚集装箱班列，铁水联运班列	X8001～X9998
（1）快速货物班列（120km/h）	X201～X398	青藏公司	X2971～X2990		
		②管内	X401～X998		
（2）货物快运列车（120km/h）	X2401～X2998 X401～X998	哈尔滨局	X401～X430	中欧、中亚集装箱班列（120km/h）	X8001～X8998
		北京局	X481～X510		
①直通	X2401～X2998	呼和浩特局	X541～X570	中亚集装箱	X9001～X9500
哈尔滨局	X2401～X2430	武汉局	X601～X630	水铁联运班列	X9501～X9998
北京局	X2481～X2510	济南局	X661～X690	（4）普快货物班列	80001～81998
呼和浩特局	X2541～X2570	南昌局	X741～X770		
武汉局	X2601～X2630	南宁局	X811～X840	2. 煤炭直达列车	82001～84998
济南局	X2661～X2690	昆明局	X891～X920	3. 石油直达列车	85001～85998
南昌局	X2741～X2770	乌鲁木齐局	X951～X970	4. 始发直达列车	86001～86998
南宁局	X2811～X2840	沈阳局	X431～X480	5. 空车直达列车	87001～87998
昆明局	X2891～X2920	太原局	X511～X540	6. 技术直达列车	10001～19998
乌鲁木齐局	X2951～X2970	郑州局	X571～X600	7. 直通货物列车	20001～29998
沈阳局	X2431～X2480	西安局	X631～X660	8. 区段货物列车	30001～39998
太原局	X2511～X2540	上海局	X691～X740	9. 摘挂列车	40001～44998
郑州局	X2571～X2600	广州局	X771～X810	10. 小运转列车	45001～49998
西安局	X2631～X2660	成都局	X841～X890	11. 重载货物列车	71001～77998
上海局	X2691～X2740	兰州局	X921～X950	12. 自备车列车	60001～69998
广州局	X2771～X2810	青藏公司	X971～X990	13. 超限货物列车	70001～70998
成都局	X2841～X2890			14. 保温列车	78001～78998

各局的零散货物车辆，可挂入直达、直通、区段货物列车中。挂有装运跨局零散货物快运车辆的列车，在基本车次前加字母"X"。如：X28002次

四、单机和路用列车

列车种类	车次范围	说明	列车种类	车次范围	说明
1. 单机			3. 动车组检测、确认列车	DJ1～DJ8998 "DJ"读"动检"	
客车单机	50001～50998				
货车单机	51001～51998		（1）动车组检测列车	DJ1～DJ8998	
小运转单机	52001～52998		300km/h 检测列车	DJ1～DJ998	
2. 补机	53001～54998		直通	DJ1～DJ400	

续上表

列车种类	车次范围	说明	列车种类	车次范围	说明
管内	DJ401～DJ998		250km/h 动车组	55501～55998	
250km/h 检测列车	DJ1001～DJ1998		5. 轻油动车、轨道车	56001～56998	
直通	DJ1001～DJ1400		6. 路用列车	57001～57998	
管内	DJ1401～DJ1998		7. 救援列车	58101～58998	
(2)动车组确认列车	DJ5001～DJ8998		8. 回送客车底列车	“00”均为数字	
直通	DJ5001～DJ6998		有火回送动车组车底	001～00100	
管内	DJ7001～DJ8998		无火回送动车组车底	00101～00298	
4. 试运转列车	55001～55998		无火回送普速客车底	00301～00498	
普通客、货列车	55001～55300		回送图定客车底:图定车次前冠以数字“0”		
300km/h 以上动车组	55301～55500		因故折返旅客列车:原车次前冠以“F”(读“返”)		

为确保列车车次全路统一性及有关行车设备和信息系统正常运行,列车车次编排仅限于使用大写汉语拼音字母和阿拉伯数字,总位数原则不得超过7位。

列车编用车次,旅客列车在全路范围、货物列车在铁路局集团公司管内不得重复,旅客列车车次由中国国家铁路集团有限公司确定。各铁路局集团公司不得超出上述车次规定范围擅自编造、自造使用车次。

季节性、特定时间段开行的动车组、全程客运机车牵引的临时旅客列车,可使用相应等级图定车次。

列车运行方向,原则上以开往北京方向为上行。枢纽地区的列车运行方向,由铁路局集团公司规定。列车须按规定编定车次,上行列车编为双数,下行列车编为单数。在个别区间的列车,如按规定运行方向变更车次有困难时,可与规定方向不符。

四、列车运行线表示方式(表2-2)

列车运行线表示方式一览表 表2-2

列车种类	表示方法	备注
旅客列车、动车组检测列车、动车组确认列车、回送动车组列车、试运转动车组列车	红单线 ————	以车次区分
临时旅客列车	红单线加红双杠 —‖—‖—	
回送客车底	红单线加红方框 —□—□—	
160km/h 特需货物列车	橙单线加橙圈 —○—○—	
120km/h 特需货物列车	橙单线加橙方框 —□—□—	
80km/h 特需货物列车	橙单线 ————	
特快货物班列	蓝单线加红圈 —○—○—	
快运货物列车(普快货物班列除外)	蓝单线加蓝圈 —○—○—	

续上表

列车种类	表示方法	备注
远程技术直达列车	蓝单线加蓝方框 —□—□—	
“点到点”快速货物列车	蓝单线 ————	
直达列车(普快货物班列)	黑单线加黑圈 —○—○—	
直通、自备车、区段及小运转列车	黑单线 ————	以车次区分
摘挂列车	黑单线加“+”“丨” -+-丨-	
重载货物列车	蓝色断线 - - - - - -	以车次区分(铁路局集团公司可根据具体情况补充规定)
冷藏列车	黑单线加红圈 —○—○—	
军用列车	红色断线 - - - - - - - - - -	
回送军用列车	红色断线加红方框 - - □ - - □ - -	
超限超重货物列车	黑单线加黑方框 -□-□-	
路用列车、试运转列车(不含动车组)	黑单线加蓝圈 -○-○-	以车次区分
单机	黑单线加黑三角 -△-△-	
高级专列及先驱列车	红单线加红箭头 ——→——→—	以车次区分
救援、除雪列车	红单线加红“×” —×—×—	以车次区分
重型轨道车	黑单线加黑双杠 —‖—‖—	

注:特需、快速货物列车以外的货物列车中,如挂有装运跨铁路局集团公司零散货物快运车辆时,基本车次前加字母“X”的列车,运行线表示方法仍使用原基本车次运行线的表示方法。

五、列车运行及运行整理符号

(1)列车始发、终止、在中间站临时停运及由邻接区段转来或开往邻接区段。

①列车始发(图2-1)。

②列车终止(图2-2)。

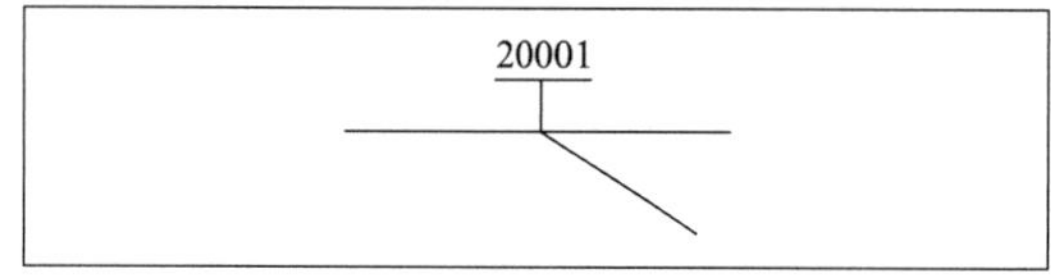

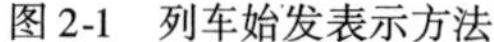
图2-1　列车始发表示方法

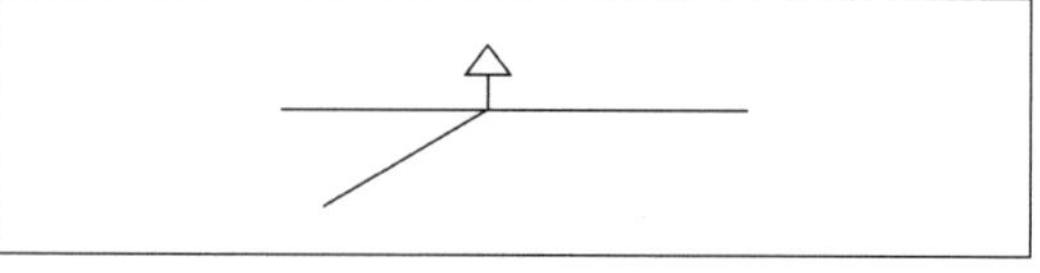

图2-2　列车终止表示方法

③列车在中间站临时停运(图2-3)。

④列车由邻接区段转来(图2-4)。

⑤列车开往邻接区段(图2-5)。

列车到开时分记在钝角内。早点用红圈、晚点用蓝圈记于锐角内,圈内注明早、晚点时分。晚点原因可用简明略号注明，如因编组晚点可只写“编”字。

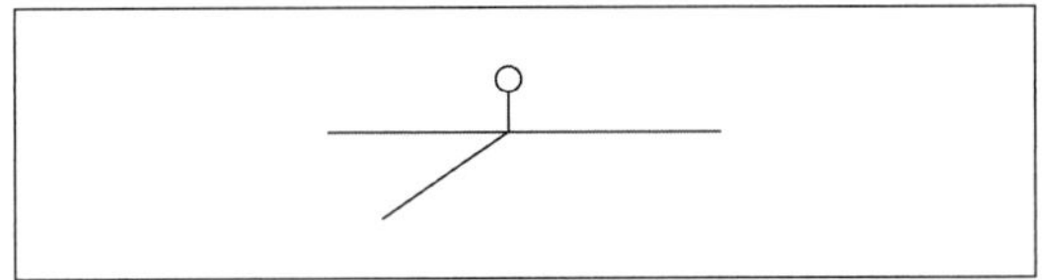

图 2-3　列车在中间站临时停运表示方法

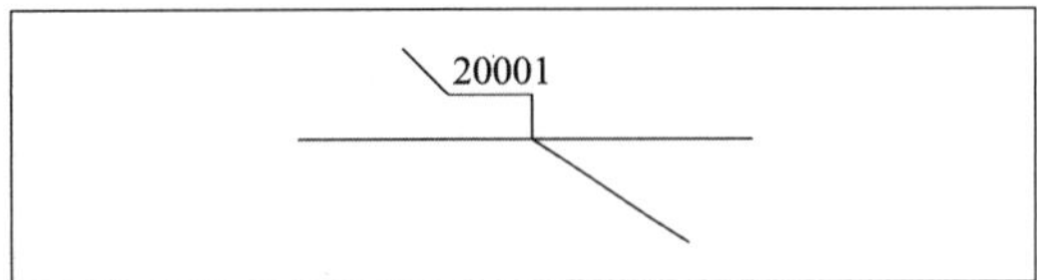

图 2-4　列车由邻接区段转来表示方法

(2)列车合并运行(在列车运行线上注明某次列车被合并)(图 2-6)。

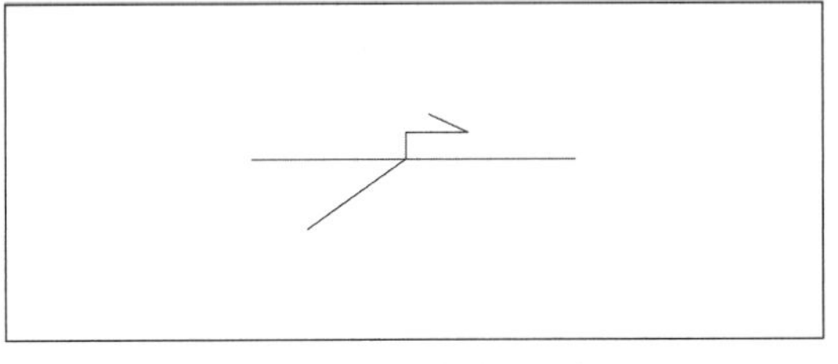

图 2-5　列车开往邻接区段表示方法

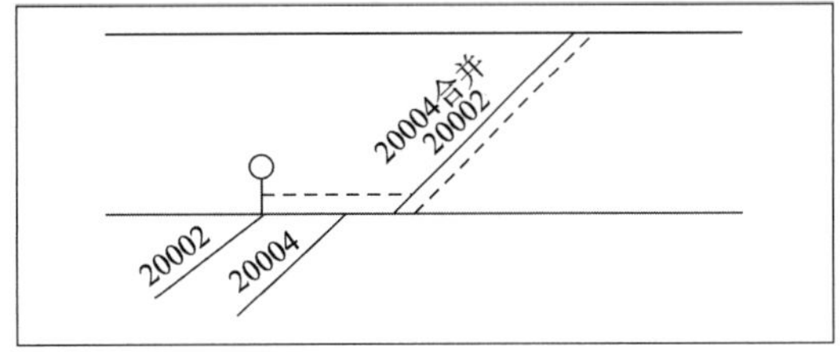

图 2-6　列车合并运行表示方法

(3)列车让车(图 2-7)。

(4)列车反方向运行时，在反方向运行区间的运行线上填写车次及(反)字(图 2-8)。

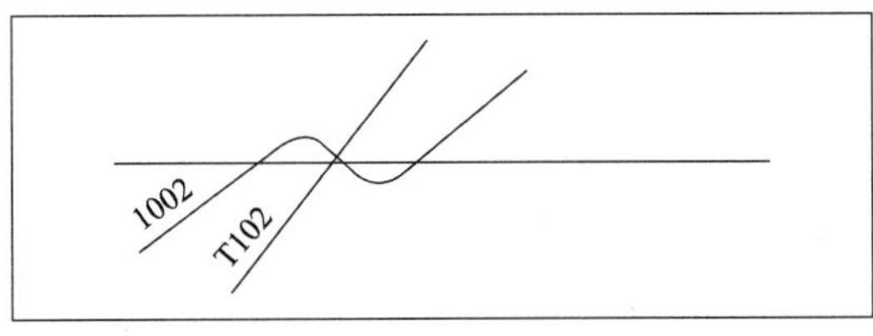

图 2-7　列车让车表示方法

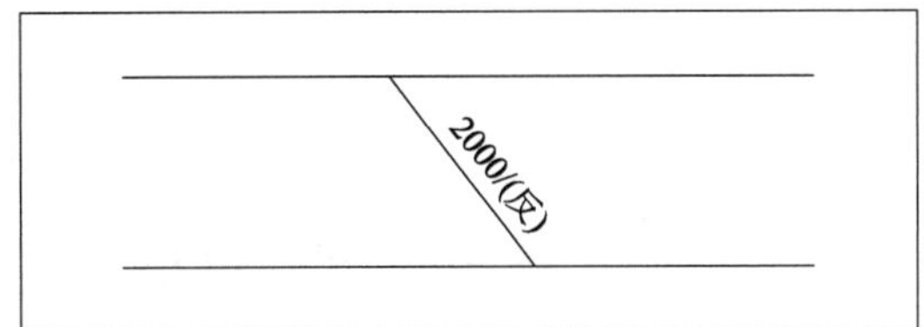

图 2-8　列车反方向运行表示方法

(5)列车在区间内分部运行(图 2-9)。

(6)补机途中折返(图 2-10)。

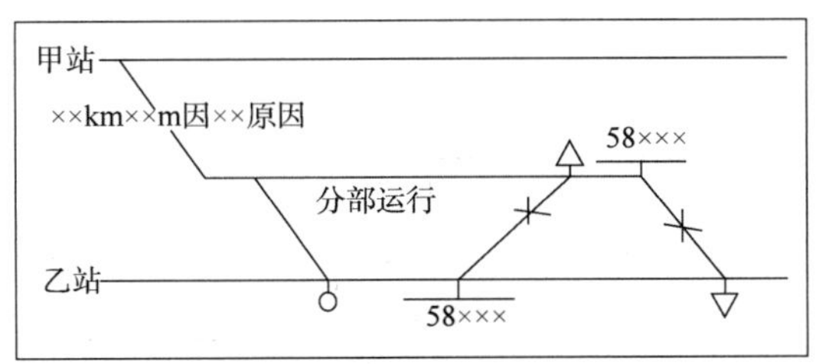

图 2-9　列车在区间内分部运行表示方法

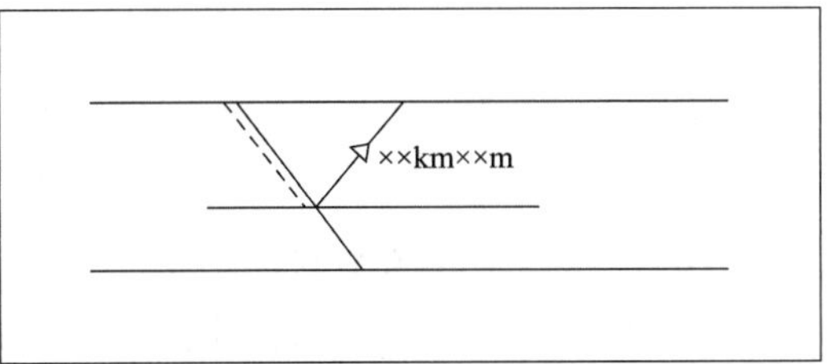

图 2-10　补机途中折返表示方法

(7)线路中断或施工封锁区间时，要在该区间内画一红横线，单线线路中断或施工封锁区间表示方法如图 2-11 所示。

双线区间上下行线路全部中断或封锁时，表示方法与单线区间相同；双线线路中断或施工封锁区间表示方法如图 2-12 所示。

(8)因施工或其他原因区间内需要慢行时，由开始时起至终了时止，用红色笔画断线表示,并标明地点、原因、限制速度(如双线就标明上行线或下行线)(图2-13)。

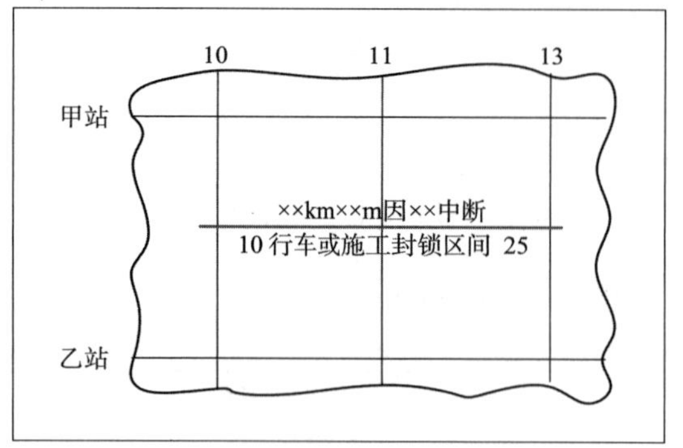

图2-11 单线线路中断或施工封锁区间表示方法

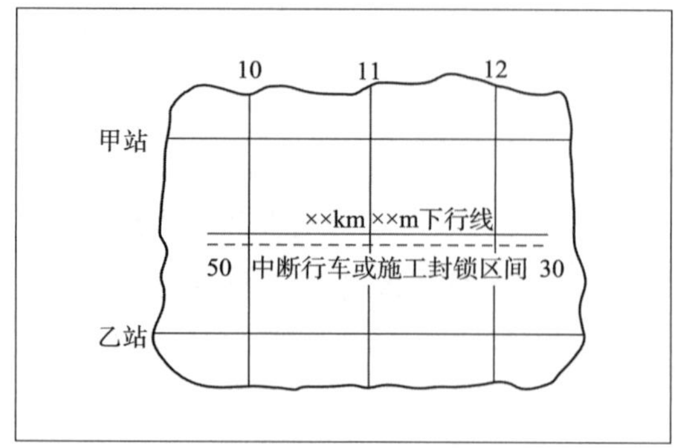

图2-12 双线线路中断或施工封锁区间表示方法

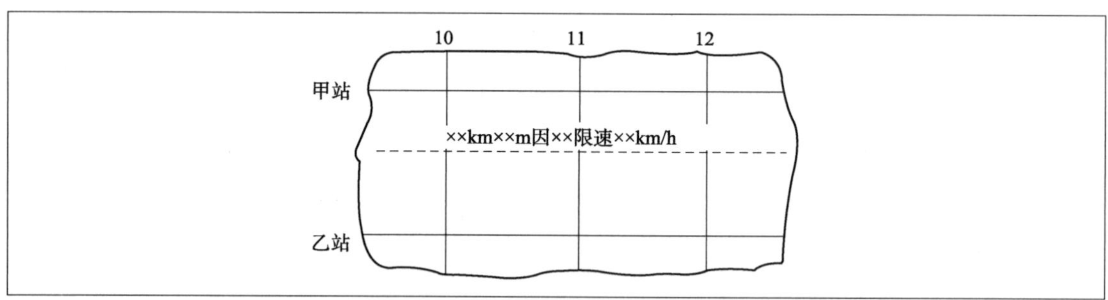

图2-13 区间慢行表示方法

(9)列车在区间内有装卸作业时,要标明车次、作业地点、装卸货物品名(图2-14)。

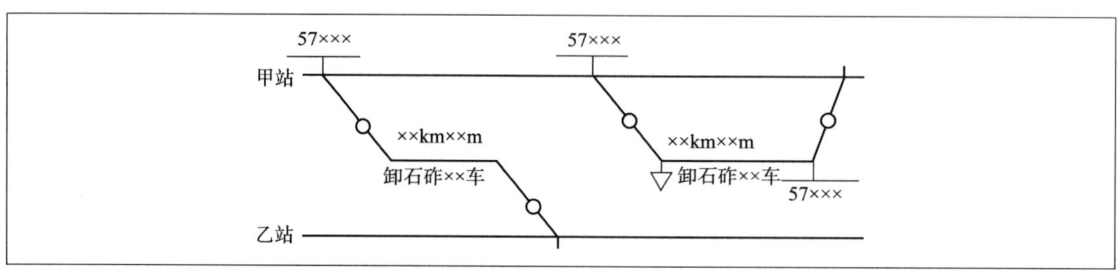

图2-14 区间内有装卸作业表示方法

(10)列车在中间站不摘车作业,用红色笔表示(图2-15)。

(11)列车在中间站甩挂作业,用蓝色笔表示,"+"表示挂,"-"表示甩(图2-16)。

6	分子表示装车数
9	分母表示卸车数

图2-15 列车在中间站不摘车作业区表示方法

-3	分子表示重车
+6	分母表示空车

图2-16 列车在中间站甩挂作业表示方法

(12)列车运缓时,在列车运行线上方用蓝色笔标明运缓时分;赶点时在列车运行线上方用红色笔标明赶点时分。

(13)列车在进站信号机外停车时,用红色笔画“△”,并标明停车时分(图 2-17)。

(14)机车交路及机车出入库时间的表示方法:机车在本段交路用蓝色笔,在折返段用黑色笔画实线,并在交路上逐列标明出入库时间(图 2-18)。

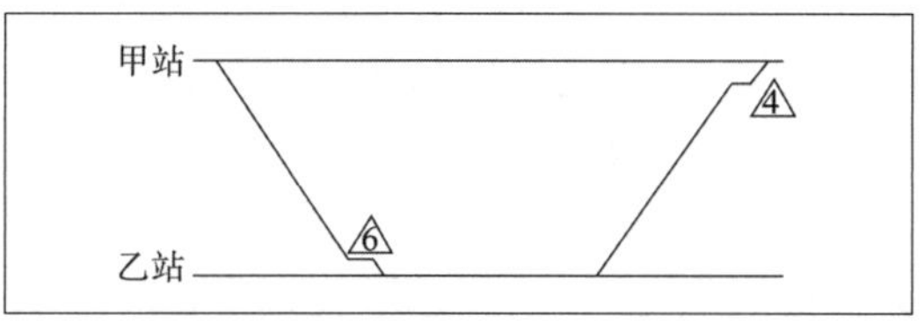

图 2-17　列车在进站信号机外停车表示方法

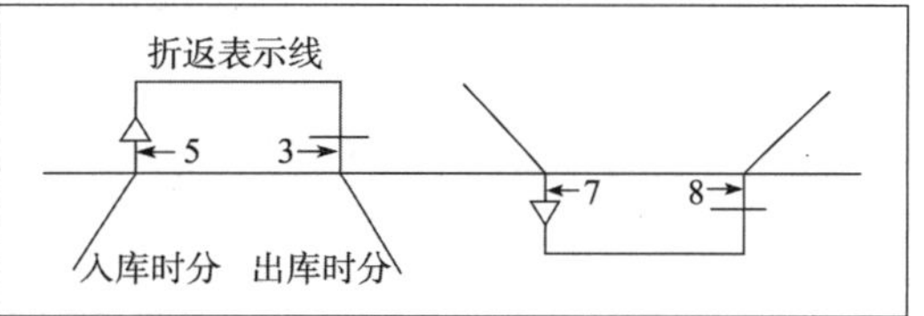

图 2-18　机车交路及机车出入库时间的表示方法

任务实施与评价

请完成本任务的任务实施与评价,见教材数字资源中的电子实训工单。

任务二　编制基本列车运行图

学习目标

知识目标

1. 掌握运行图编制组织机构及职责;
2. 掌握编制及调整列车运行图的知识;
3. 掌握列车运行图技术资料内容。

能力目标

1. 掌握采用手工方式编制列车运行图的方法;
2. 能够根据给出的基础数据设计运行图格式;
3. 能够根据给出的基础数据铺画列车运行图;
4. 掌握施工天窗铺画技巧;
5. 会计算列车运行图指标。

素质目标

1. 在编制运行图过程中,培育一丝不苟、严谨细致的精神;
2. 践行“人民铁路为人民”宗旨,树立服务意识;
3. 弘扬服务国家发展大局的企业担当精神。

任务描述

请参考本教材配套资源所提供的任务工单或在工作现场收集编制列车运行图所需的相关数据、相关资料,分析整理信息,正确设计运行图格式,正确运用编制运行图技巧,用手工方式或计算机软件完成某区段列车运行图铺画、填记。

案例导入

全国铁路7月1日起实行新的列车运行图

据新华社北京2023年6月20日电(记者樊曦),7月1日零时起,全国铁路将实行新的列车运行图。调图后,全国铁路安排图定旅客列车10592列,较现图增加46列;开行货物列车22182列,较现图增加394列,铁路客货运输能力、服务品质和运行效率进一步提升,表现如下:

一是扩大京津城际铁路和广深港高铁运能,助力京津冀协同发展和香港与内地人员往来。扩大京津城际铁路运能,每日增加3.1万个高铁座席;首次开行沧州西经京沪高铁、石济高铁至石家庄的G字头动车组列车2列。广深港高铁增加日常开行的跨境G字头动车组列车18列,其中首次开行成都东至香港西九龙跨境G字头动车组列车。

二是增开进出东北高铁列车,更好服务东北全面振兴。其中,首次开行齐齐哈尔南至北京朝阳间4列停站少、旅速快、旅时短的G字头动车组标杆列车,最快6h25min可达。

三是西部铁路提质运营,为西部大开发注入新动能。首次开行西宁进京、进沪G字头动车组列车,北京西、上海虹桥至西宁间分别最快10h16min、12h28min可达,西宁至兰州运行时间压缩至59min;首次开行西宁至格尔木间4列复兴号动车组列车,最快5h59min可达。

四是压缩普速旅客列车运行时间,全面调整旅游列车运行线。直通普速旅客列车平均压缩全程运行时间约23min;安排满洲里至深圳东等长途运行线27条、北京丰台至黄山等中长途运行线14条、太原至中卫等短途运行线29条。

五是大力增开货物列车,提升铁路保通保畅能力。进一步提升出疆、入关货运能力,增加兰新、沈山、浩吉、京九铁路等主要货运通道货物列车98列;开行乡村振兴班列15列,为巩固拓展脱贫攻坚成果、推进乡村振兴发展提供有力支撑等。

(资料来源:新华每日电讯)

引导提示:由上述案例可知,调整列车运行图是为了适应运输市场变化,服务国民经济发展需要,提高运输效率和服务质量,满足人民群众出行需求,体现“人民铁路为人民”的宗旨。案例中提到了全国铁路将实行新的列车运行图,重点说明五个方面的变化,在实际工作中,实行新的列车运行图时,所涉及的内容要远远多于这几个方面。

知识探索

调整列车运行图作为每年铁路部门极其重要的一项工作内容。铁路调图看似简单,其实在每一次调图的背后,都意味着铁路部门要投入大量的人力、物力、精力,还有许多职工要为列车调图付出更多的辛勤与汗水。调整列车运行图的目的是更好地适应市场需求,服务于人民群众出行,使客运、货运资源更进一步优化,铁路运输能力得到释放,服务也更加完善,如此大面积的调图虽然增加了铁路部门的工作量,但最终方便的还是广大旅客、货主。

一、运行图编制原则

中国国家铁路集团有限公司、各铁路局集团公司要根据铁路运输市场需求、铁路技术装备或运输组织方式发生的变化及时编制列车运行图。列车运行图编制实行两级管理,跨铁路局集团公司列车由中国国家铁路集团有限公司组织各铁路局集团公司编制,铁路局集团公司管内列车由铁路局集团公司负责编制。

基本图的变更通过编制或调整来实现。编制需重新确定各项技术作业标准、重新构建旅客列车运行框架、重新铺画全部客货列车运行线、在中国国家铁路集团有限公司范围同时实行。调整则是在各项技术作业标准和旅客列车运行框架不做大的变动的基础上对基本图做的局部变更。

中国国家铁路集团有限公司基本图原则上每两年编制一次,宜在春季或秋季实行。

基本图的编制、调整和分号图的编制原则上以会议的方式进行。列车运行图编制、调整及确定的相关事项,以中国国家铁路集团有限公司或各铁路局集团公司的正式文电公布实行。

二、运行图编制组织机构及职责

运行图编制实行中国国家铁路集团有限公司、铁路局集团公司两级编图委员会和编图工作组制度。

中国国家铁路集团有限公司编图委员会,由总经理任主任委员;分管运输副总经理、总调度长、运输部主任任副主任委员;办公厅主任,运输部各部正、副主任,计划司、建设司、劳卫司、财务司、科技司、安监司司长,公安局局长,信息中心、统计中心主任任委员。

中国国家铁路集团有限公司编图委员会的职责:负责确定全路列车运行图的编制方针、原则、任务,决策重大技术问题,批准新列车运行图。

中国国家铁路集团有限公司编图工作组,由分管运输副总经理任组长;总调度长、运输部主任、运输部各部正副主任任副组长;运输部相关各部主任及有关工作人员任组员。

中国国家铁路集团有限公司编图工作组的职责:在中国国家铁路集团有限公司编图委员会的领导下,组织重点列车牵引试验,审定主要技术作业标准,具体组织运行图的编制、审核和实施工作。

铁路局集团公司编图委员会,由各铁路局集团公司董事长任主任委员;分管运输副总经理、总工程师任副主任委员;铁路局集团公司办公室主任,总工程师室主任,运输部主任、客运部主任、货运部主任、机务部主任、车辆部主任、工务部主任、电务部主任、计划部主任、劳卫部主任、财务部主任、建管部主任、信息技术部主任、安监室主任、公安局局长任委员。

铁路局集团公司编图委员会的职责:根据中国国家铁路集团有限公司的统一部署,结合本铁路局集团公司情况负责确定全铁路局集团公司管内列车运行图的编制方针、原则、任务,拟定具体实施计划,协调解决有关问题,全面领导并按时完成本铁路局集团公司的编图工作。

铁路局集团公司编图工作组,由总工程师任组长;总工程师室主任,运输部、客运部、机务部主任任副组长;总工程师室、运输部、客运部、货运部、机务部、车辆部、工务部、电务部、信息部主管领导及相关人员任组员。

铁路局集团公司编图工作组的职责:在铁路局集团公司编图委员会的领导下,负责有关列车运行图的技术业务问题,组织调查研究和牵引试验,提出、查定各项技术作业标准,核定并按时上报编制资料,具体负责列车运行图的编制、审核和实施工作,严格执行编图技术标准,保证安全。

编图委员会和编图工作组,必须贯彻集体领导和分工负责的工作原则。有关全局性的重大问题,由编图委员会研究决定;技术业务问题,由编图工作组协调各业务部门处理。

中国国家铁路集团有限公司和铁路局集团公司编图工作组,在列车运行图编制并实施后,负责列车运行图的调整和分号列车运行图的编制,直到下次重新编制列车运行图组成新的编图工作组为止。

三、运行图编制资料准备

铁路局集团公司各业务部室负责提出、收集、整理、核定列车运行图编制资料,做到准确、完整、及时。由铁路局集团公司总工程师室汇总,经铁路局集团公司编图委员会审核、批准后报中国国家铁路集团有限公司。中国国家铁路集团有限公司编图委员会各有关业务部门负责审核、汇总各铁路局集团公司上报资料。

铁路局集团公司业务部门在列车运行图编制资料准备工作方面的分工如下:

(1)计划部门负责提出新图短平快建设项目,新线、新设备投产计划等。

(2)工务部门负责提出各线单双线、区间距离,车站中心里程,线路允许速度,车站过岔速度,以及线路慢行资料,特殊施工天窗,既有线线路进行技术改造工程需在运行图上考虑的封锁线路施工计划等。

(3)电务部门负责提出闭塞方式、信号机坐标、信号联锁方式、追踪间隔时间标准等。

(4)基建、工程部门负责提出可以纳入新图的工程及相关技术资料等。

(5)机务部门负责提出各线各种列车的牵引机型(动力牵引方式),担当区段,机车运用方式,乘务方式及一次乘务工作时间标准,牵引重量,各项技术作业标准,区间运行时分,启动,停车附加时分,牵引变电所供电范围和方式及单元供电臂范围,供电天窗时间,停电方式及供电能力等。

(6)车辆部门负责提出各种车辆构造速度,列检布局、作业方案,各种列车技术作业站及作业时间标准等。

(7)客运部门负责提出新运行图实行期间预期客流密度,旅客列车、行包专列开行方案,动车组运用交路安排,客运停车站名和技术作业时间标准等。

(8)货运部门负责提出新运行图实行期间快运货物列车、五定班列和直达货物列车开行方案等。

(9)运输部门负责提出新运行图实行期间各线(包括分界口)的预期货运量、各区段货流密度、主要站分品类方向别发送量、车流径路、货物列车编组计划、货物列车行车量、区段管内工作方案、列尾配置类型及摘挂地点、列车间隔、车站间隔时间及加强通过能力的措施和方案等。

(10)信息技术部门负责为业务部门资料准备工作提供信息技术支持等。

四、运行图编制资料上报

铁路局集团公司上报中国国家铁路集团有限公司列车运行图编制资料如下：

(1)现行列车运行图执行情况的分析总结及改善意见。

(2)新列车运行图预计完成的主要指标及其分析比较，包括旅客列车旅行速度，货物列车平均旅行速度，货运机车日车公里等。

(3)各线线路允许速度、车站过岔速度、线路慢行资料及封锁线路施工计划(包括工务和基建工程部门)。

(4)客流资料，跨铁路局集团公司旅客列车开行建议方案，动车组运用交路计划，旅客列车停车站名和站停时分。

(5)跨铁路局集团公司行包专列开行建议方案、区间运行时分和停站时分。

(6)客货列车在中间站和技术站技术检查作业时间，调整列检布局方案。

(7)客货列车机型，机车运用方式，乘务制度，机车各项技术作业标准，客货列车牵引重量，区间运行时分，启、停车附加时分，慢行附加时分标准。

(8)各区段货物列车编制对数、列车分类、列车换长。

(9)直通和直达货物列车在技术站的技术作业时间。

(10)货运五定班列开行方案。

(11)快运货物列车停站站名、站停时分及开行方案。

五、主要技术标准核定

为提高列车运行图的编制质量，必须科学合理地确定各项技术作业标准。主要技术作业标准全路统一，由中国国家铁路集团有限公司在每次重新编制基本图时确定，并在下发的新图编制纲要中公布。没有公布的技术作业标准或由于设备条件限制不能执行统一标准时，由铁路局集团公司组织查定并报中国国家铁路集团有限公司审批。查定时，必须进行充分的调查研究和必要的试验，在保证安全的基础上，贯彻创新、挖潜、提效的方针，保证标准先进合理。

经中国国家铁路集团有限公司审定的技术作业标准和相关资料需纳入列车运行图技术资料文本，作为编制和执行列车运行图的依据，各铁路局集团公司必须认真执行。确需修改时，需要报中国国家铁路集团有限公司批准的报中国国家铁路集团有限公司审批，履行相关手续。修改的技术资料由铁路局集团公司总工程师室汇总公布并报中国国家铁路集团有限公司相关部门备案。

六、列车运行图技术资料修订

铁路局集团公司总工室每年对列车运行图技术资料进行一次全面核对与规范，并以文件形式重新发布。列车运行图技术资料文本包含内容和责任部门如下：

(1)说明由总工程师室负责。

(2)列车车次编定表由运输部负责。

(3)线路允许速度表(表2-3)由工务部负责。

线路允许速度表 表2-3

顺号	线名	车站名	车站中心里程(km)	线路容许速度(km/h)	过岔速度(km/h)			单双线	备注
					直向	侧向			
						货车	客车		
1		哈、沈局分界	146.2		75	—	—		
2		斗沟子	156.5	75					
3		马莲河	167.0		—	30			
4		东京城	178.4						
5		石头	192.3		80	45			
6		兰岗	205.1						
7		宁安	216.4	80	—				
8		温春	225.9		80	30			
9		海浪	240.2						
10		卡路屯	241.8		70	45			
11		牡丹江	248.2	70	—	30			
12		富江镇	250.5			45			
13		八达沟	255.9			30			
14		桦林	260.4	85					
15		柴河	271.9		85				
16		五林	284.8						
17		朱家沟	293.4	80	80				
18		七星	307.5			45			
19		宝林	316.8						※
20		楚山	328.4		85				
21	图佳	向阳	338.5	85			45		
22		龙爪	348.9			30			
23		林口	358.3		—				
24		古城镇	367.6	75					
25		山河	375.3						
26		亚河	387.0			45			
27		新兴屯	393.3	80	80				
28		青山	399.7			30			
29		二龙	409.3	75					
30		虎山	416.7	80					
31		佛岭	424.7		80/—	45			
32		通天屯	436.6		75/—				
33		勃利	444.4	75		30			
34		大西	455.8		75				
35		杏树	464.8						
36		倭肯	475.1			45			
37		阎家	486.3						
38		湖南营	497.3	80	80				
39		桦南	503.8			30			
40		八虎力	515.3						
41		孟家岗	525.9		—	45			

(4)车站正线、到发线有效长度表由工务、运输部负责。车站正线、到发线有效长度表见表2-4。

车站正线、到发线有效长度表　　　　表2-4

线别	站名	股道数(条)	股道号码		有效长度(m)	备注
			正线	到发线		
成昆线				Ⅰ	810	
成昆线	西昌南Ⅱ场	5		Ⅱ-1	870	
成昆线				Ⅱ-2	880	
成昆线			Ⅱ-Ⅲ		930	
成昆线				Ⅱ-4	870	
成昆线				Ⅱ-5	851	
成昆线	经久	5		1	850	
成昆线			Ⅱ		872	
成昆线				3	847	
成昆线				4	809	
成昆线				5	859	
成昆线	黄联关	3		1	867	
成昆线			Ⅱ		846	
成昆线				3	867	
成昆线	黄水塘	3		1	866	
成昆线			Ⅱ		846	
成昆线				3	867	
成昆线	麻栗			1	863	
成昆线			Ⅱ		846	
成昆线				3	863	
成昆线	黄家坝			1	890	
成昆线			Ⅱ		845	
成昆线				3	890	
成昆线	德昌			1	899	
成昆线			Ⅱ		858	
成昆线				3	849	
成昆线	小高			1	868	
成昆线			Ⅱ		843	
成昆线				3	850	

续上表

线别	站名	股道数(条)	股道号码		有效长度(m)	备注
			正线	到发线		
成昆线	乐跃			1	890	
成昆线			Ⅱ		846	
成昆线				3	890	
成昆线	蒲坝			1	850	
成昆线			Ⅱ		892	
成昆线				3	979	
成昆线	永郎	5		1	850	
成昆线			Ⅱ		873	
成昆线				3	847	
成昆线				4	847	
成昆线				5	916	
成昆线	弯丘	6		1	926	
成昆线			Ⅱ		882	
成昆线				3	892	
成昆线				4	923	
成昆线				5	860	
成昆线				6	950	
成昆线	青杠			1	850	
成昆线			Ⅱ		881	
成昆线				3	898	
成昆线	沙坝			1	861	
成昆线			Ⅱ		848	
成昆线				3	890	
成昆线	米易			1	866	
成昆线			Ⅱ		890	
成昆线				3	855	
成昆线				4	835	

(5)列车间隔时间标准(表2-5)由运输、机务、电务部负责。

列车间隔时间标准　　表 2-5

顺号	线别	区段	制式	列车追踪时间标准(min)
1	京哈线	兰棱—哈尔滨(客场)	移频四显示	6
2	滨北线	江南—绥化	移频四显示	6
3	绥佳线	绥化—西佳木斯	移频四显示	6
4	滨洲线	哈尔滨(客场)—满洲里(准轨到发场)	移频四显示	6
5	榆红线	榆树屯—红旗营	移频四显示	6
6	平齐线	榆树屯—齐南	移频四显示	6
7	平齐线	泰来汤池	移频四显示	6
8	滨绥线	新香坊—牡丹江(西场)	移频四显示	6
9	滨绥线	牡丹江(客场)—绥芬河(北场)	移频四显示	6
10	王万线	王岗—万乐	移频四显示	7

(6)客运作业技术标准、动车组运用交路由客运部负责。图 2-19 为动车组运用交路。

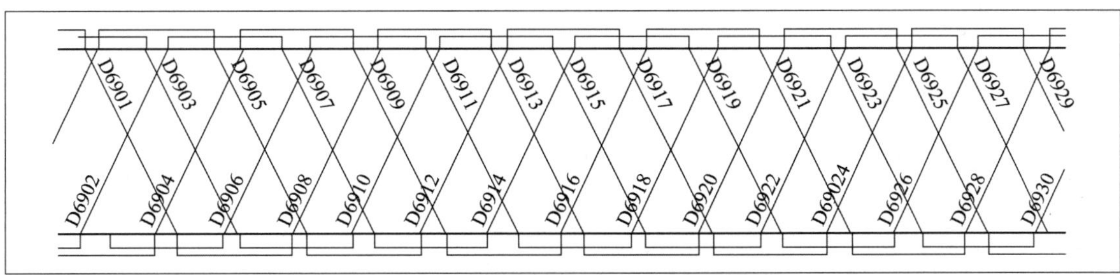

图 2-19　动车组运用交路

(7)旅客列车牵引机型及牵引定数(表 2-6)由机务部负责。

旅客列车牵引机型及牵引定数(局部)　　表 2-6

顺号	线别	机车交路	交路长度(km)	机务本段	牵引机型	牵引定数									
						动车		直达特快		特快		快速		普客	
						辆数(辆)	备注	辆数(辆)	备注	辆数(辆)	备注	辆数(辆)	备注	辆数(辆)	备注
1	京哈、哈大	哈尔滨西—北京	1248		CRH5	16									
2	京哈、哈大、秦沈、津秦	哈尔滨西—天津西	1235		CRH5 CRH380	16									
3	京哈、哈大	哈尔滨西—大连北	545		CRH5 CRH380	16									

续上表

顺号	线别	机车交路	交路长度(km)	机务本段	牵引机型	牵引定数									
						动车		直达特快		特快		快速		普客	
						辆数(辆)	备注	辆数(辆)	备注	辆数(辆)	备注	辆数(辆)	备注	辆数(辆)	备注
4	哈大	哈尔滨西—长春	240		CRH5 CRH380	16									
5	哈大	哈尔滨西—沈阳(北)	538		CRH5 CRH380	16									
6	哈齐客专	哈尔滨(西)—齐齐哈尔(南)	285		CRH5 CRH380	16									
7	哈牡客专	哈尔滨(西)—牡丹江	293		CRH5 CRH380	16									
8	滨绥	牡丹江—绥芬河	138		CRH5 CRH380	16	16辆磨刀石、绥阳下行避免停车								
9	哈佳	哈尔滨(西)—佳木斯	343		CRH5 CRH380	16									
10	京哈	北京—哈尔滨	1248	哈尔滨	HXD3D			19							
11	京哈	北京—哈尔滨	1248	三棵树	DF11G			19							
12	滨北、北黑	哈尔滨东—北安—龙镇	399	三棵树	DF4D DF11							16		16	14辆以上按超长办理
13	滨绥、苇亚	哈尔滨—亚布力南	213.5	三棵树	DF4D DF11							16		16	

(8)货物列车牵引机型及牵引重量、换长表(表 2-7)由机务、运输部负责。

货物列车牵引机型及牵引重量、换长表　　表 2-7

实行日期:2020 年

铁路局集团公司　机图附件 1-17-2

顺号	线名	机车交路	牵引区段	行别	交路长度(km)	限制区间	限制坡度(‰)	机务本段	牵引机型	牵引定数						基本定数换长	备注
										直货		摘挂		小运转			
										基本定数(t)	普超定数(t)	基本定数(t)	普超定数(t)	基本定数(t)	普超定数(t)		
1	京哈	哈尔滨南—长春北	哈尔滨南—长春北	上	225	蔡家沟—扶余	10.3	哈尔滨	HXD2/HXD3B	6000						84	
				下	225	陶赖昭—团山	10.2	哈尔滨	HXD2/HXD3B	5500						84	
		哈尔滨南—陶赖昭	哈尔滨南—陶赖昭	上	124	蔡家沟—扶余	10.3	哈尔滨	DF4C			3550				84	
				下	124	陶赖昭—团山	10.2	哈尔滨	DF4C			2900				84	
			哈尔滨南—兰棱	上	55	王岗—五家	10.3	哈尔滨	DF4C			4000		4000		84	
									HXN5/HXD3			6000		6000		84	
				下	55	五家—王岗	10.2	哈尔滨	DF4C			3200		3200		84	
									HXN5/HXD3			5500		5500		84	
			双城堡—蔡家沟	上	34	兰棱—蔡家沟	6.9	哈尔滨	DF4C			4500				84	
				下	34	蔡家沟—兰棱	7.9	哈尔滨	DF4C			4000				84	
2	拉滨	哈尔滨南—棋盘	哈尔滨南—棋盘	上	245	丰广—前窑	12.5	哈尔滨	DF4C	3000						44	
									HXN5	5000						44	尾数不上浮
				下	245	前窑—丰广	12.5	哈尔滨	DF4C	2600						44	
									HXN5	4000						44	尾数不上浮

续上表

顺号	线名	机车交路	牵引区段	行别	交路长度（km）	限制区间	限制坡度（‰）	机务本段	牵引机型	牵引定数						基本定数换长	备注
										直货		摘挂		小运转			
										基本定数（t）	普超定数（t）	基本定数（t）	普超定数（t）	基本定数（t）	普超定数（t）		
2	拉滨	哈尔滨南—棋盘	哈尔滨南—五常	上	103	黎明—平房	11.6	哈尔滨	DF4C			3200				44	
				下	103	穆家沟—哈南	12.5	哈尔滨	DF4C			2600				44	
			安家—五常	上	16	安家—五常	9.6	哈尔滨	DF5					900		44	尾数不上浮
				下	16	五常—安家	6.4	哈尔滨	DF5					900		44	尾数不上浮
			周家—五常	上	75	安家—五常	9.6	哈尔滨	DF4C			3500				44	
				下	75	背荫河—拉林	13.1	哈尔滨	DF4C			3000				44	
			五常—孙家	下	102	穆家沟—孙家	11.6	哈尔滨	DF4C			3000				44	
3	通让	让湖路—太阳升	太阳升—让湖路	上	89	林源—兴无	5.3	哈尔滨	DF4C	5000		5000		5000		84	
				下	89	立志—新华屯	4.1	哈尔滨	DF4C	4200		4200		4200		84	
				上	89	林源—兴无	5.3	通辽	HXN	6000	6500					84	
				下	89	立志—新华屯	4.1	通辽	HXN	6000						84	

注：普超时尾数不上浮；天气不良时按基本牵引定数编组。

(9)客货机车在自外段、站技术作业时分标准(表2-8)由机务、运输部负责。

客货机车在自外段、站技术作业时分标准　　表2-8

折返地点	折返去向	旅客列车						货物列车						备注
		乘务员工作时间(min)		机车折返时间(min)				乘务员工作时间(min)		机车折返时间(min)				
		到达作业	出发作业	到达站停	段内作业	出发站停	合计	到达作业	出发作业	到达站停	段内作业	出发站停	合计	
哈尔滨	哈西、王兆屯	60	90	16	65	36	117	60	90	41	65	32	138	
	庙台子、太平桥	60	90	16	65	36	117	60	90	41	65	32	138	
哈尔滨南	长春北							60	90	6	86	20	112	电力机车
	陶赖昭、安达							60	90	15	75	20	110	六场挂头出库走行加4min HXD、HXN型机车库停100min
	五常							60	90	6	75	20	101	
	绥化、一面坡							60	90	6	75	20	101	
哈尔滨东	东门	60	80	6	75	30	111	60	80	14	75	28	117	
	太平桥、江南	60	80	11	75	26	112	60	80	19	75	23	117	
绥化	哈尔滨	60	80	6	65	21	92	60	80	6	65	21	92	HXN5型库停75min
	北安、神树	60	80	13	60	14	87	60	80	13	60	14	87	
北安	绥化	60	70	11	58	22	91	60	70	26	58	37	121	HXN5型库停75min
	依安、龙镇	60	70	13	58	20	91	60	70	28	58	35	121	

注:1. 表中所列客车到达站停标准时间,不包括到达列车进行制动机试验时间,始发客车制动机试验时间按简略试验标准。凡终到进行制动机全部试验,相应增加制动机试验时间。

2. 局管内货物列车需要在车站立折的交路,按照不少于30min掌握。

3. 每100h回库的机车,库内整备作业时间为90min。

(10)列车区间运转时分(表2-9)由机务、运输部负责。

(11)货物列车、行包专列车辆技术检查时间(表2-10)由车辆部负责。

(12)分界口列车对数、牵引定数、换长表(表2-11)由运输、机务部负责。

列车区间运转时分

表 2-9

上行														线路允许速度(km/h)	区间距离(km)	车站中心里程(km)	站名	车站中心里程(km)	区间距离(km)	线路允许速度(km/h)	下行													
动车(200km/h)		动车(250km/h)			标杆(300km/h)			动车(300km/h)													动车(300km/h)			标杆(300km/h)			动车(250km/h)			动车(200km/h)				
机型 CRH5		机型 CRH5			机型 CRH380			机型 CRH380													机型 CRH380			机型 CRH380			机型 CRH5			机型 CRH5				
辆数 16 辆		辆数 16 辆			辆数 16 辆			辆数 16 辆													辆数 16 辆			辆数 16 辆			辆数 16 辆			辆数 16 辆				
时分	均速(km/h)	时分		均速(km/h)	时分		均速(km/h)	时分		均速(km/h)											时分		均速(km/h)	时分		均速(km/h)	时分		均速(km/h)	时分	均速(km/h)			
																	扶余北																	
		13:40	2 2	224	10:20	3 2	296	10:25	3 2	294				350	51.04	1201.927	双城北	1201.927	51.04	350	10:25	3 2	294	10:20	3 2	296	13:40	2 2	224					
		09:55	2 2	224	07:57	3 2	279	08:55	3 2	249					36.994	1238.506	哈西线路所	1238.506	36.994		08:55	3 2	249	07:57	3 2	279	09:55	2 2	224					
		02:05	2 2	82	02:05	3 2	82	02:05	3 2	82					2.85	1241.827	哈西站东场	1241.827	2.85		02:05	3 2	82	02:05	3 2	82	02:05	2 2	82					
		0:23:35		224	0:18:17		289	0:19:20		273					88.03		合计		88.03		0:21:25		247	0:20:22		259	0:25:40		206					

货物列车、行包专列车辆技术检查时间　　表 2-10

顺号	列检作业场	技术检查时分(min)					利用机车进行制动机试验时分(min)		备注
		到达	始发	中转		故障专修	到达	中转、始发	
				无调中转	有调中转				
1	哈南一场	25	35	35	40			7	
2	哈南二场	25	35	35	40			7	
3	哈南五场	25	35	35	40			7	
4	哈南六场	25	35	35	40			7	
5	三棵树	25	35(50)	35	40			15	
6	香坊	25	35	35	40			15	
7	呼兰	25	35	35	40			15	
8	绥化	25	35	35	40			7	
9	北安	25	35	35	40			15	
10	牡丹江	25	50	35	50			7	
11	牡丹江西	10	50	35	50	10		7	
12	绥芬河	25	35					7	

分界口列车对数、牵引定数、换长表　　表 2-11

顺号	分界站	图定列车对数(对)				货运机型	货物列车牵引定数(t)	列车换长	备注
		旅客列车	快运货物列车	普通货物列车	合计				
1	兰棱	50	3/2	39/40	92	HXD3B	6000/5500	84.0	
						DF4	3550/2900	84.0	摘挂列车
2	泰来	10	7/6	28/29	45	HXD HXN	6000/6000	84.0	
						DF4	5000/4200		
3	太阳升	2	1/0	12/13	15	HXD HXN	6000/6000	84.0	
						DF4	5000/4200		
4	五常	1	0	15	16	DF4 HXN	3000/2600 5000/4000	44.0	
5	鹿道	0	0	5	5	DF4 HXN5	1200/1100 1700/1700	44.0	HXN5 双机 3000/3000

续上表

顺号	分界站	图定列车对数(对)				货运机型	货物列车牵引定数(t)	列车换长	备注
		旅客列车	快运货物列车	普通货物列车	合计				
6	阿尔山北	1	0	2	3	DF4 HXN5	1100/1100 1500/1500	40.0	普超 HXN5-1700
7	扶余北	63			65	CRH5 CRH380			确认车1对、检测车1对

(13)列车对数表(表2-12)由运输部负责。

列车对数表 表2-12

顺号	线别	区段	距离(km)	图定列车对数(对)					备注
				旅客列车	货车		其他	合计	
					快运货物列车	普通货物列车			
1	京哈线	兰棱—哈尔滨(哈南)	72 (63.3)	50	3/2	39/40	3	95	双城堡货车1对,双城堡客车2对
2	平齐线	泰来—三间房	86	12	7/6	28/29	1	48	泰来区段货车1对
3	通让线	太阳升—大庆西	89	2	1/0	12/13	11	26	独立屯货车5对、新华屯货车2对、林源货车1对,银浪货车3对
4	拉滨线	五常—哈尔滨东	114	6	0	15	2	23	平南电厂货车2对

(14)旅客列车施工慢行附加时分表(表2-13)由运输、工务、机务部负责。

旅客列车施工慢行附加时分表 表2-13

线名	区段	距离(km)	慢行附加时分				备注
			上行		下行		
			区间	时分(min)	区间	时分(min)	
长滨线	兰棱—哈尔滨	72	兰棱—双城堡	2	王岗—夏家	1	上行K266次在双城堡—兰棱间慢行附加为1min
			双城堡—安西	1	夏家—顾乡屯	1	
					顾乡屯—哈尔滨	1	
		小计		3		3	
通让线	让湖路—太阳升	88	太阳升—立志	2			
			立志—向阳村	2			
			向阳村—新华屯	2			
		小计		6			

续上表

线名	区段	距离(km)	慢行附加时分				备注
			上行		下行		
			区间	时分(min)	区间	时分(min)	
平齐线	泰来—齐齐哈尔	117	泰来—乌兰昭	2	大兴—汤池	2	
			乌兰昭—克利	2	汤池—三西场	2	
			克利—平洋	2	顾甸—大民屯	1	
					大民屯—齐南	1	
		小计		6		6	
滨洲线	安达—哈尔滨	126	庙台子—松北	2	尚家—宋	2	下行T401次另在肇东—尚家间1分、T433次在宋—羊草间慢行附加为3min
			万东—庙台子	2	宋—羊草	4	
			万乐—万东	2	羊草—安达	4	
			对青山—万乐	2			
			里木店—对青山	2			
			姜家—里木店	2			
			肇东—姜家	2			
			尚家—肇东	2			
		小计		16		10	

(15)预留施工天窗时间表(表2-14)由运输、工务、机务部负责。

预留施工天窗时间表　　表2-14

线名	区段	下行				上行				备注
		预留地点	起止时间	封锁时间(min)	天窗用途	预留地点	起止时间	封锁时间(min)	天窗用途	
哈长线	兰棱—王岗	兰棱双城堡	9:00—12:00	180	大修	双城堡—兰棱	9:10—10:40	90	维修	下行大修施工时6203、1489、1471次反方向运行,11101、21005、86011、11003、21007、11112/83008、11114次停运
		双城堡—安西	9:10—12:10	180	大修	安西—双城堡	9:00—10:30	90	维修	
		安西—五家	9:10—12:10	180	大修	五家—安西	9:00—10:30	90	维修	
		五家—王岗	9:20—12:20	180	大修	王岗—五家	9:00—10:30	90	维修	

(16)限制机车重联运转区间表由工务、机务部负责。

(17)限制机车回送专列连挂台数桥梁表(表2-15)由工务、机务部负责。

(18)使用补机区间表由机务部负责。

(19) LKJ基础线路数据由电务、机务、工务部负责。禁止机车车重联处所及隔离辆数表见表2-16、使用补机区间表见表2-17、LKJ基础线路数据提交部门表见表2-18。

(20)客运机车交路示意图(图2-20)由机务部负责。

(21)货运机车交路示意图(图2-21)由机务部负责。

限制机车回送专列连挂台数桥梁表 表2-15

顺号	线别	区间	桥名及位置	限制原因	机车连挂限制	机车连挂隔离车数
1	滨洲	松南—松北	哈尔滨松花江桥2km783m	桥跨77m	禁止三台及以上	每二台隔离3辆
2	滨北	江南—江北	三棵树松花江桥2km620m	桥跨96m	禁止三台及以上	每二台隔离5辆
3	绥佳	莲江口—西佳木斯	佳木斯松花江桥371km884m	桥跨90m	禁止三台及以上	每二台隔离5辆
4	滨洲	五福—富拉尔基	281公里桥(281km884m)	病害桥	禁止三台及以上	每二台隔离3辆
5	平齐	江桥—大江	嫩江3号504km370m	桥跨64m	禁止三台及以上	每二台隔离3辆
6	塔韩	十八站—查班河	72公里桥(72km002m)	病害桥	禁止三台及以上	禁止重联 每二台隔离2辆

禁止机车车重联处所及隔离辆数表 表2-16

编号	线名	行别	中心里程(km)	区间	桥名	禁止重联台数(台)	隔离车数(辆)
1	成昆	单	139.064	乐山—双福	青衣江特大桥	3	2
2			282.246	汉源—尼日	大渡河大桥	3	8
3			318.458	埃岱—甘洛	甘洛牛日河3#大桥	3	2
4			343.744	阿寨—白果	牛日河4#大桥	3	2
5			427.78	乐武—红峰	有格依达1#大桥	3	2
6			495.804	冕山—新铁村	孙水河5#大桥	3	2
7			510.897	冕宁—漫水湾	泸沽安宁河大桥	3	7
8			515.011	冕宁—漫水湾	漫水湾安宁河大桥	3	4
9			591.381	黄水塘—麻栗	安宁河1#大桥	3	2
10			596.365	黄水塘—麻栗	安宁河1#大桥	3	2
11			599.602	麻栗—黄家坝	安宁河1#大桥	3	2
12			641.498	乐跃—蒲坝	安宁河1#大桥	3	2
13			672.62	弯坵—青杠	安宁河1#大桥	3	3
14			682.307	沙坝—米易	安宁河1#大桥	3	2
15			691.695	米易—丙谷	牛咕坨大桥	3	2
16			744.448	三堆子—攀枝花	金沙江大桥	3	14

使用补机区间表

表 2-17

序号	线别	列车种别	补机区段	区段距离(km)	行别	机型		补机		牵引定数(t)		换长	摘挂时分		备注
						本务	补机	方式	台数(台)	加补	不加补		摘	挂	
1	滨洲	货	西岭口—兴安岭	17.3	上	HXN5	HXN5	后	1	6000	3000		4	8	
2		货	西岭口—兴安岭	17.3	上	HXD3	HXN5	后	1	6000	4000		4	8	
3		货	博克图—西岭口	34.7	下	HXN5	HXN5	前	1	3300	2600		6	8	
4		货	博克图—西岭口	34.7	下	HXD3	HXN5	前	1	3300	2500		6	8	尾数不上浮
5	富嫩	货	嫩江—鹤山	13	上	HXN5	HXN5	后	1	5000	2000		3	8	后推至163km折返
6	牙林	货	伊图里河—库都尔	92	上	HXN5	HXN5	前	1	5000	3000		6	8	
7		货	伊图里河—库都尔	92	下	HXN5	HXN5	前	1	3000	2000		6	8	
8	博林	货	石门子—新绰源	33.6	下	HXN5	HXN5	后	1	1000			6	8	博克图挂补机,后推至46km折返
9		客	石门子—新绰源	33.6	下	DF4D、DF11	HXN5	后	1	10辆			6	8	博克图挂补机,后推至46km折返
10	滨绥	货	横道河子—虎峰	22	上	HXD3/HXN5	HXN5/DF8	后	1	5000	3500		6	8	热备
11	勃七	货	七台河—缸窑沟	8.4	上	HXN5 + DF8	DF8	后	1	5000	4500		6	8	天气不良时加挂后推补机至缸窑沟站通过摘解
12	勃七 图佳	货	七台河—佛岭	55.6	上	HXN5 双DF8	HXN5	后	1	5000	3000		6	8	和谐型机车牵引3000t,遇天气不良时,减轴至2500t或加挂补机至佛岭

续上表

序号	线别	列车种别	补机区段	区段距离(km)	行别	机型		补机		牵引定数(t)		换长	摘挂时分		备注
						本务	补机	方式	台数(台)	加补	不加补		摘	挂	
13	图佳	货	向阳—宝林	21.6	上	HXN5	HXN5/DF8	后	1	5000	4500		6	8	宝林站通过摘解
14	鹤岗	货	鹤岗—峻德	18.8	上	HXN5	HXN5	前	1	5000	4000		6	8	
15		货	大陆—峻德	11.9	上	HXN5	HXN5	前	1	5000	4000		6	8	
16		货	新华—鹤岗	27.5	下	HXN5	HXN5	前	1	5000	2500		6	8	
17	汤林	货	南岔—柳树	7.5	上	HXN5	HXN5	前	1	3100	1350		6	8	
18		货	南岔—柳树	7.5	下	HXN5	HXN5	后	1	3100	1350		6	8	柳树通过摘解
19	绥佳	货	小白—界山	9.8	上	HXN5	HXN5	后	1	5000	3200		6	8	界山通过摘解
20		货	桃山—小白	54	下	HXN5	HXN5	前	1	5000	4000		6	10	小白停车摘解

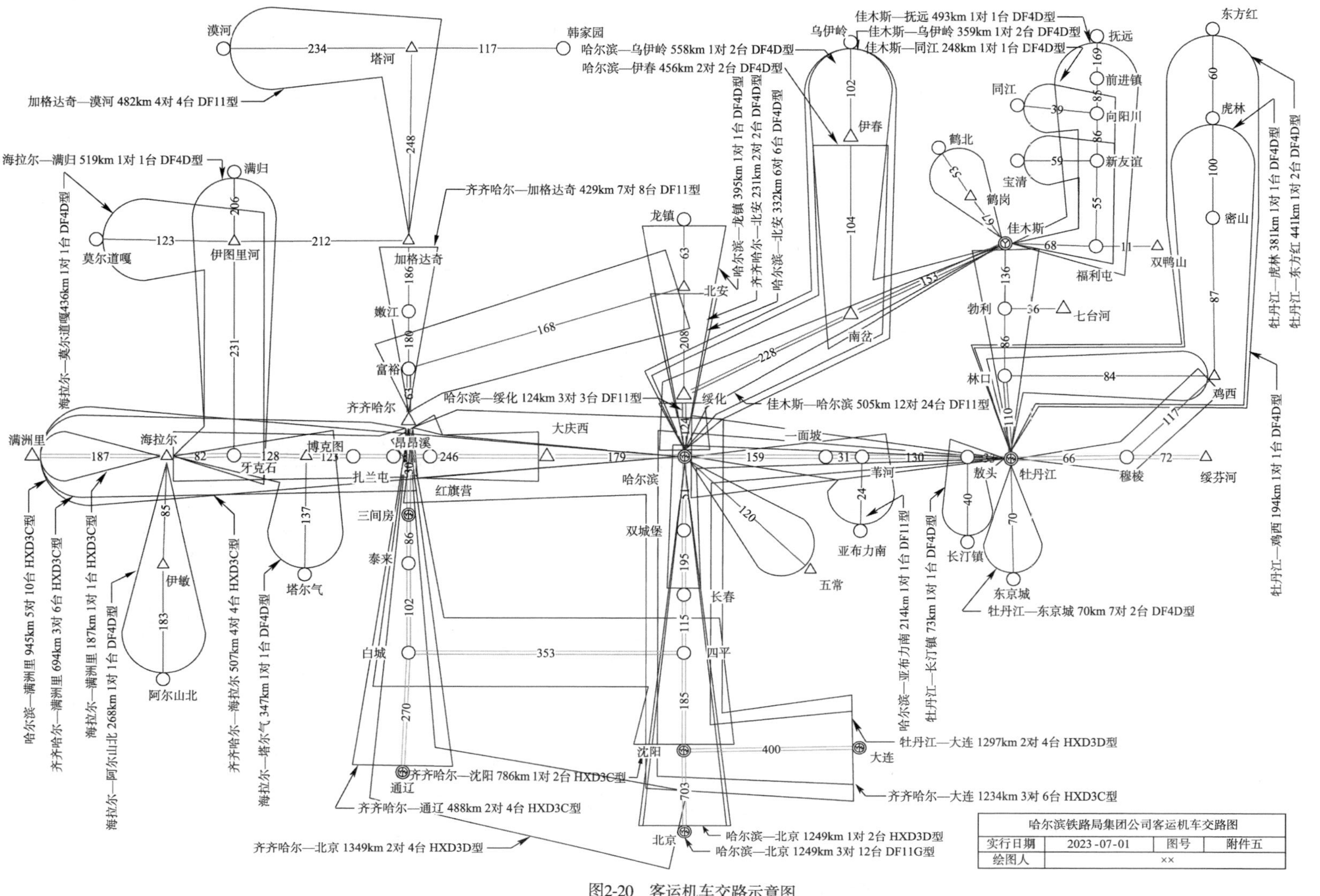

图2-20　客运机车交路示意图

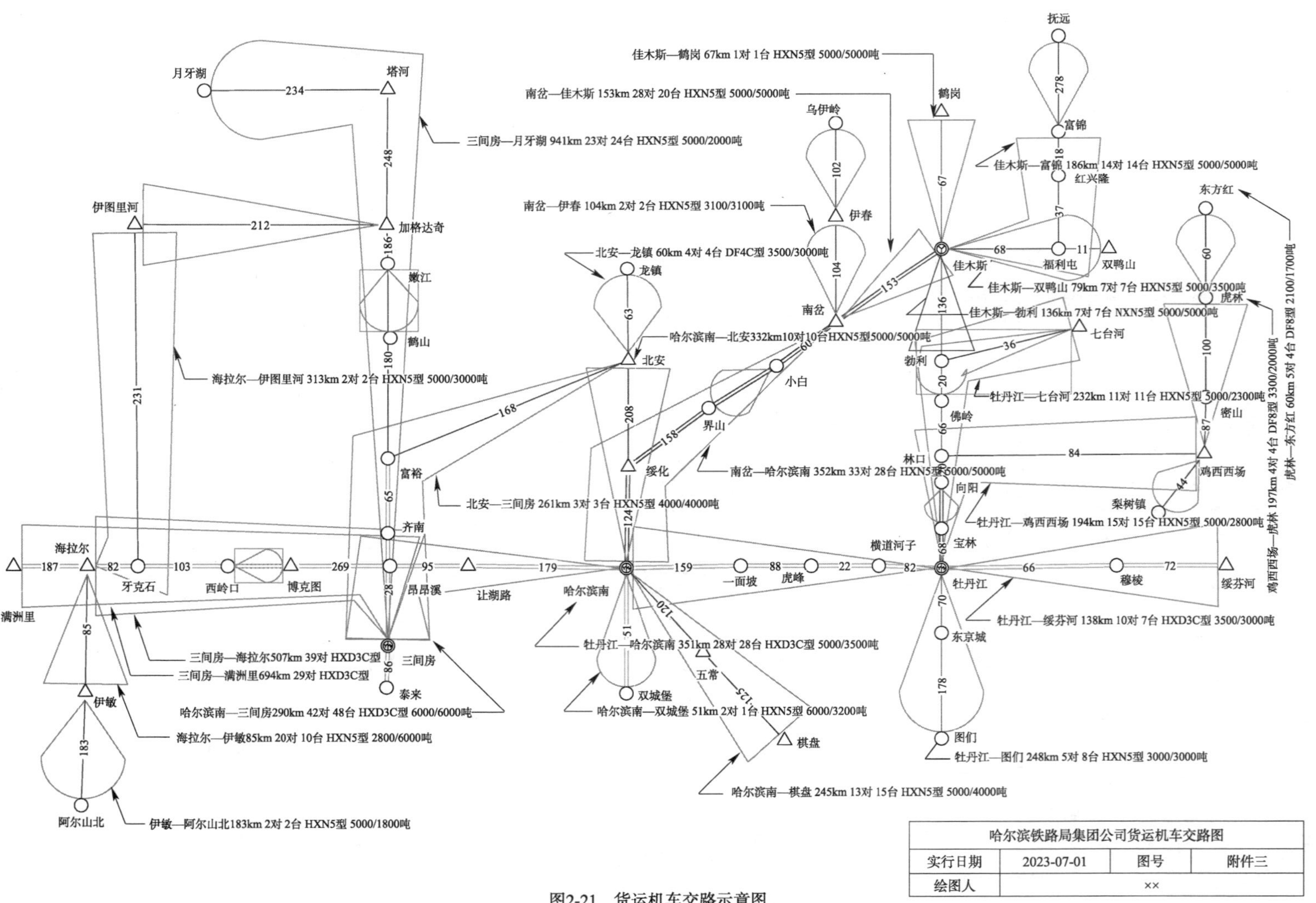

图2-21 货运机车交路示意图

LKJ 基础线路数据提交部门表　　表 2-18

序号	数据内容	提交部门	接收部门
1	LKJ 基础数据工务类	工务部	科技和信息化部
2	LKJ 基础数据电务类	电务部	科技和信息化部
3	LKJ 基础数据机务类	机务部	科技和信息化部
4	LKJ 基础数据供电类	供电部	科技和信息化部
5	LKJ 基础数据信息类	信息部	科技和信息化部
6	LKJ 基础运行组织数据运输类	运输部	科技和信息化部
7	LKJ 基础运行组织数据机务类	机务部	科技和信息化部
8	LKJ 列车参数机务类	机务部	电务部
9	LKJ 列车参数车辆(动车组)类	车辆部	电务部

其他需要纳入列车运行图技术资料文本的内容,由铁路局集团公司编图委员会确定格式和责任单位,顺序列入。

七、基本图编制、审核、批准

列车运行图的编制、审核、批准程序:

(1)中国国家铁路集团有限公司下发新图编制通知,提出本次编图的原则、任务、要求和日程安排。

(2)各铁路局集团公司根据中国国家铁路集团有限公司要求确定本铁路局集团公司编图的任务和要求,提出新图工程和项目,组织列车牵引试验,查定技术作业标准。

(3)召开全路编图准备会议,审定编图技术资料,确定跨铁路局集团公司列车开行方案、动车运用交路计划、机车交路等与编图有关的重大事项,下发新图编制纲要。

(4)编制跨铁路局集团公司旅客列车运行方案。

(5)召开全路第一阶段编图会议,铺画旅客列车(先跨铁路局集团公司后管内,先重点后一般)和行包专列运行线,编制机车周转图,预留施工天窗。

(6)各铁路局集团公司优化管内客车运行方案,预铺货物列车运行线。

(7)召开全路第二阶段编图会议,铺画货物列车运行线,选定五定班列、直达列车、重载列车运行线,编制完整机车周转图,完成基本列车运行图编制工作。

(8)各铁路局集团公司计算运行图各项指标,整理、审核列车运行图及相关资料、文件,做好编图工作总结。

(9)中国国家铁路集团有限公司于实施新图前 45 天下发实施新图文件,铁路局集团公司于实施新图前 30 天下发实施新图文件及相关资料,做好新图实施前各项准备工作,组织相关部门进行实施新图培训,召开新图实施工作会议。

(10)实施新图,做好列车运行图新旧时刻交替和新图实施值班、总结等工作。

八、列车开行方案确定

旅客列车开行方案,应根据预期客运市场需求、现行列车运行图旅客列车实际利用情况及线路通过能力确定。动车组运用交路计划,应在满足动车组开行方案和检查维修标准的基础上,努力提高运用效率。

列车运行图的货物列车编制对数,应以货物列车编组计划为基础,适当考虑货运量波动并结合现有线路通过能力确定。线路通过能力紧张区段的客货列车对数,应根据客货兼顾的原则综合平衡,合理确定。

跨铁路局集团公司和管内旅客列车开行方案、编组内容和动车组运用计划,分别由中国国家铁路集团有限公司和铁路局集团公司确定。跨铁路局集团公司旅客列车运行方案,由中国国家铁路集团有限公司组织有关人员成立方案小组具体负责编制,管内旅客列车运行方案,由铁路局集团公司在跨铁路局集团公司旅客列车运行图的基础上进行编制。

行包专列、集装箱专列、冷藏专列开行和运行方案分别由专业运输公司提出方案报中国国家铁路集团有限公司,由中国国家铁路集团有限公司组织专业运输公司和相关铁路局集团公司协商确定。

铁路局集团公司间分界站货物列车开行方案由中国国家铁路集团有限公司确定。货运五定班列和直达列车,应先确定开行方案和运行方案,在货物列车运行线铺画完之后,根据方案要求采用选线的办法确定运行线。

九、施工维修天窗铺画

为给施工创造条件,保证行车安全,维护正常运输秩序,按照运输与施工兼顾的原则,应在列车运行图上预留全天候施工天窗和适当的施工慢行附加时分。

双线区段尽可能采用V形天窗,施工天窗内同时安排维修天窗。施工天窗内维修天窗外可铺画一定数量的货物列车。

双线区段施工天窗由中国国家铁路集团有限公司在编制跨铁路局集团公司旅客列车运行方案时统一考虑,单线区段施工天窗由铁路局集团公司在跨铁路局集团公司旅客列车铺画完成后与管内旅客列车运行方案统筹考虑。在技术条件具备的区段安排天窗时允许列车反方向运行。

十、基本图审核及新图实施

铁路局集团公司要组织全面审查编制的列车运行图,并按中国国家铁路集团有限公司确定的时间要求,将编制的列车运行图、列车时刻表、列车运行图技术资料、机车周转图、运行图各项指标及分析资料、区间通过能力、旅客列车编组表及编图工作总结等一并报中国国家铁路集团有限公司。

中国国家铁路集团有限公司负责审核全路列车运行图的客车方案、重点客车旅行时间、通过能力利用指标及效率指标。

全路列车运行图的实行日期和时间，由中国国家铁路集团有限公司确定。

十一、提报列车运行图主要指标

基本图编制完毕后，应详细检查列车运行图的质量，审核相关标准并计算列车运行图指标。各铁路局集团公司应向中国国家铁路集团有限公司提报下列列车运行图指标：

(1)旅客运输能力。

(2)旅客列车对数。

(3)旅客列车走行公里。

(4)旅客列车技术速度。

(5)旅客列车旅行速度。

(6)客车车底在配属站和折返站停留时间，车底运用组数。

(7)跨铁路局集团公司旅客快车停站站名、平均停站时分。

(8)客运机车全周转时间。

(9)客运机车日车公里。

(10)客运机车在自、外段停留时间。

(11)客运机车使用台数。

(12)行包专列、五定班列运输能力。

(13)行包专列、五定班列对数。

(14)行包专列、五定班列走行公里。

(15)行包专列、五定班列技术速度。

(16)行包专列、五定班列旅行速度。

(17)行包专列车辆在配属站和各折返站停留时间。

(18)行包专列、五定班列停站次数、平均停站时分。

(19)货物列车对数和货物列车输送能力。

(20)货物列车走行公里。

(21)货物列车技术速度。

(22)货物列车旅行速度。

(23)货物列车旅行速度系数。

(24)直通和直达货物列车在技术站的接续时间。

(25)货运机车在自、外段所在站停留时间。

(26)货运机车全周转时间。

(27)货运机车日车公里。

(28)货运机车使用台数。

旅客列车、行包专列各项指标，按照列车运行区段分别按跨铁路局集团公司、管内列车进行计算。货物列车各项指标，按照列车运行区段分别按直达、直通、区段、摘挂、小运转进行计算。

任务实施与评价

请完成本任务的任务实施与评价,见教材数字资源中的电子实训工单。

任务三　调整基本图、编制分号图

学习目标

知识目标

1. 掌握调整基本图、编制分号图的理论方法;
2. 熟知应编制分号列车运行图的几种情况;
3. 熟知各类分号图的编制、执行规定。

能力目标

1. 掌握调整基本图的流程;
2. 掌握编制分号图的流程;
3. 掌握“编制”和“选线”两种编制分号图方法。

素质目标

1. 树立未雨绸缪、面向未来的忧患意识;
2. 养成按程序办事的行为习惯;
3. 树立创新思维,强化社会主义市场意识。

任务描述

2023年春节快到了,某铁路局集团公司某一区段旅客出行需求旺盛,运输情况相比常态发生较大变化,需要编制春运分号列车运行图,铁路局集团公司应着手实施春运分号列车运行图编制工作。作为一名调图工作人员,请根据给定的基础条件和运输市场要求,在给定的基本图的基础上,用“选线”的方式编制分号图。

案例导入

7月1日起南铁实施三季度列车运行图
江西省首开至青岛始发动车组列车

2023年7月1日0时起,全国铁路将实施2023年三季度列车运行图,中国铁路南昌局集团有限公司(简称南铁)根据客货运输市场需求,进一步优化客货运输产品供给,确保铁路运输平稳有序。调图后,南铁安排图定旅客列车613.5对,动车475.5对、普速138对,铁路客货运输能力、服务品质和运行效率将进一步提升。

此次调图,南铁根据客流新变化,结合青岛方向客流稳步增长需求,新增南昌西至青岛北动车组列车,这是江西省首次开行至青岛的始发动车组列车。调图后,南昌至青岛方向旅客列车增至3对。随着高考、中考结束，亲子游、毕业游等出游热潮增加，探亲、旅游等客流增加，今年三季度，南铁管内客流将呈现持续高位运行、向热门旅游城市方向集中的特点，南铁将加大武夷山、婺源、瑞金等热门旅游城市方向运力投放。据了解，2023年暑期运行图（7月1日至8月31日施行）将与三季度运行图同步启动。暑运期间，南铁预计发送旅客5300万人次，同比2019年增长8%，客流最高峰日预计发送旅客98万人次。（全媒体记者陈晖）

（资料来源：《江西日报》　责任编辑：邱烨　罗娜）

引导提示：由上述案例可知，随着运输市场变化，铁路部门应适时调整列车运行图，以便更好地满足人民群众出行需求。案例中提到了7月1日起南铁实施三季度列车运行图，这实际是分号图，在实际工作中，为什么要编制分号图？哪些情况需编制分号图？需执行哪些步骤？

知识探索

一、调整基本图

列车运行图在规定的有效期内必须严格贯彻执行，要保持列车运行图相对稳定。需要调整时，须由铁路局集团公司以书面形式上报中国国家铁路集团有限公司并得到正式书面批复。中国国家铁路集团有限公司根据相关铁路局集团公司提报的调图范围和内容，协调、确定调整图的实行日期，尽量减少调图次数。调整内容涉及铁路局集团公司间分界口时，由申请的铁路局集团公司于调整图拟实施前60天上报中国国家铁路集团有限公司，中国国家铁路集团有限公司同意后组织相关铁路局集团公司调整，中国国家铁路集团有限公司于实施调整图前30天、相关铁路局集团公司于实施调整图前20天将执行文件下发至各相关单位和部门。铁路局集团公司要将调整图相关文件上报中国国家铁路集团有限公司并抄知相关铁路局集团公司。

跨铁路局集团公司列车在本铁路局集团公司管内调整或铁路局集团公司管内列车调整时，由铁路局集团公司于调整图拟实施前30天上报中国国家铁路集团有限公司，中国国家铁路集团有限公司批复后由铁路局集团公司组织调整。调整图相关文件，由铁路局集团公司于实施调整图前20天下发至各相关单位和部门，同时上报中国国家铁路集团有限公司并抄知相关铁路局集团公司。

各铁路局集团公司应将调整后的列车运行图及相关指标报中国国家铁路集团有限公司有关业务部门。

二、编制分号图

遇下列情况时应编制分号图。

（1）春运、暑期和其他节假日运输的需要。

（2）线路施工的需要。

（3）货运量波动的需要。

（4）大批货物临时运输以及特种运输的需要。

(5)处置重大突发事件的需要。

为春运、暑期运输和线路施工编制的分号图又分别称为春运图、暑期图和施工图;根据其他运输需要编制的分号图名称可在分号图前冠以该分号图的主题,例如"五一"分号图、"十一"分号图等。

编制分号图时,原则上不变动基本图旅客列车运行线。

分号图的编制分为"编制"和"选线"两种。"编制"是在基本图以外另行编制的运行图,单独定点、定车次;"选线"是在基本图上用抽减运行线的方法制定运行图,只减少客、货列车对数,不单独定点、定车次。

春运图、暑期图的编制,由各铁路局集团公司根据客流预测提出跨铁路局集团公司临客开行建议方案并于实行前60天上报中国国家铁路集团有限公司,中国国家铁路集团有限公司综合各铁路局集团公司建议,确定跨铁路局集团公司临客开行方案,组织编制春运图、暑期图。铁路局集团公司管内临客开行方案,由铁路局集团公司确定并铺画临客运行线。春运图、暑期图的实行文件,中国国家铁路集团有限公司于实施前30天、铁路局集团公司于实行前20天下发至各相关单位和部门。

施工图的编制范围涉及跨铁路局集团公司客货列车时,由铁路局集团公司于施工图实施前45天上报中国国家铁路集团有限公司,中国国家铁路集团有限公司同意后组织或委托相关铁路局集团公司编制。实行文件由中国国家铁路集团有限公司于实行前30天,铁路局集团公司于实行前20天下发至各相关单位和部门。

施工图的编制范围仅涉及管内列车时,由铁路局集团公司组织编制。相关文件由铁路局集团公司于施工图实行前20天发到相关单位。

大批货物临时运输以及特种运输需要编制分号图时,比照施工图的编制办法进行。

采用选线方法制定的分号图,跨铁路局集团公司列车由中国国家铁路集团有限公司、管内列车由铁路局集团公司确定。实行文件由中国国家铁路集团有限公司于实行前20天、铁路局集团公司于实行前15天下发至各相关单位和部门。

为适应旅游市场的需求,应适量铺画旅游列车运行线,跨铁路局集团公司由中国国家铁路集团有限公司、铁路局集团公司管内由铁路局集团公司组织铺画并公布。

由于列车运行图的调整引起旅游专列时刻的变化,由相关铁路局集团公司在下发调整图执行文件的同时公布,并报中国国家铁路集团有限公司修改跨铁路局集团公司旅游专列简明时刻表。铁路局集团公司开行跨铁路局集团公司旅游专列,按中国国家铁路集团有限公司公布的旅游专列相关要求组织。

临时需要加开跨铁路局集团公司临时旅客列车,由铁路局集团公司于临客开行前30天报中国国家铁路集团有限公司批准后,运行线由中国国家铁路集团有限公司组织铺画。临时加开管内临时旅客列车,由铁路局集团公司确定运行时刻。因突发客流、应急等原因不能于开行前30天提报的,由调度部门确定运行时刻。

开行旅游专列和临时旅客列车影响的货物列车由调度调整。

任务实施与评价

请完成本任务的任务实施与评价,见教材数字资源中的电子实训工单。

拓展提升

一、知识巩固

(1)试述列车运行图的基本要求有哪些?
(2)简述运行图编制组织机构及职责。
(3)运行图编制资料准备内容有哪些?
(4)运行图编制资料上报内容有哪些?
(5)列车运行图技术资料修订内容有哪些?
(6)基本图编制、审核、批准程序有哪些?
(7)列车运行图主要指标有哪些?
(8)如何确定列车开行方案?
(9)试述调整基本图的基本程序。
(10)深入铁路运输部门进行调研,了解调整列车运行图的情况。
(11)利用互联网资源,了解铁路部门调整列车运行图的案例并分析该案例。

二、技能训练

(1)表2-19是某单线区段a—b站间的列车时刻表,请根据表中给定的时刻完成列车运行图(图2-22)的绘制。

某单线区段a—b站间的列车时刻表　　表2-19

车站	车次							
	10009	10011	K521	10013	10006	41004	10008	10010
a	22:55	21:48	21:06	20:07	20:47	21:45	22:52	23:35
b	23:13 23:21	— 22:05	— 21:18	20:25 20:33	20:30 —	21:26 21:13	22:35 —	23:18 —
c	— 23:37	— 22:18	— 21:28	— 20:49	20:18 —	20:58 20:42	22:21 22:13	23:06 —
d	23:51	22:32	21:39	21:03	20:58	20:21	21:52	22:46

(2)图2-23是某区段a—b站间运行图,请根据图2-23编制该区段此部分运行图的时刻表(表2-20)。

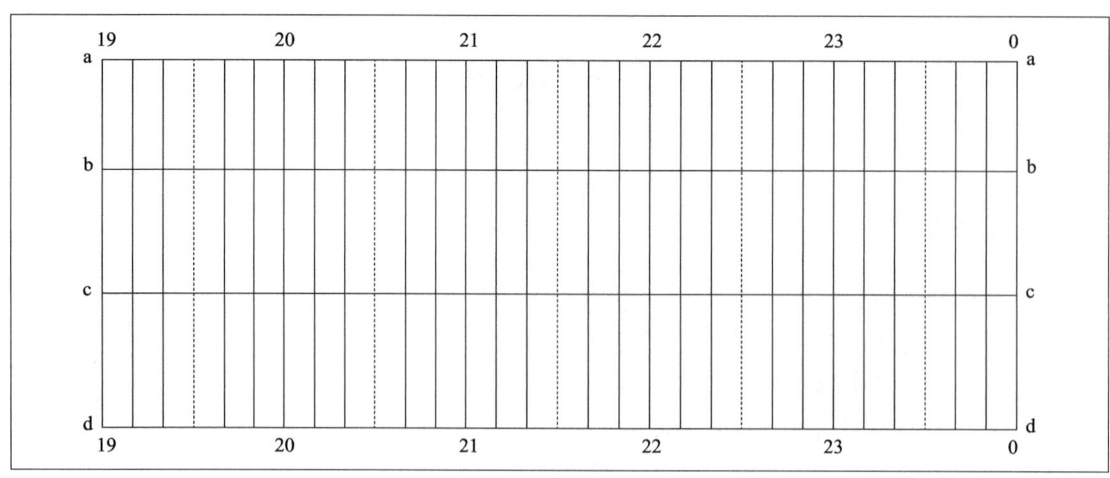

图 2-22　列车运行图

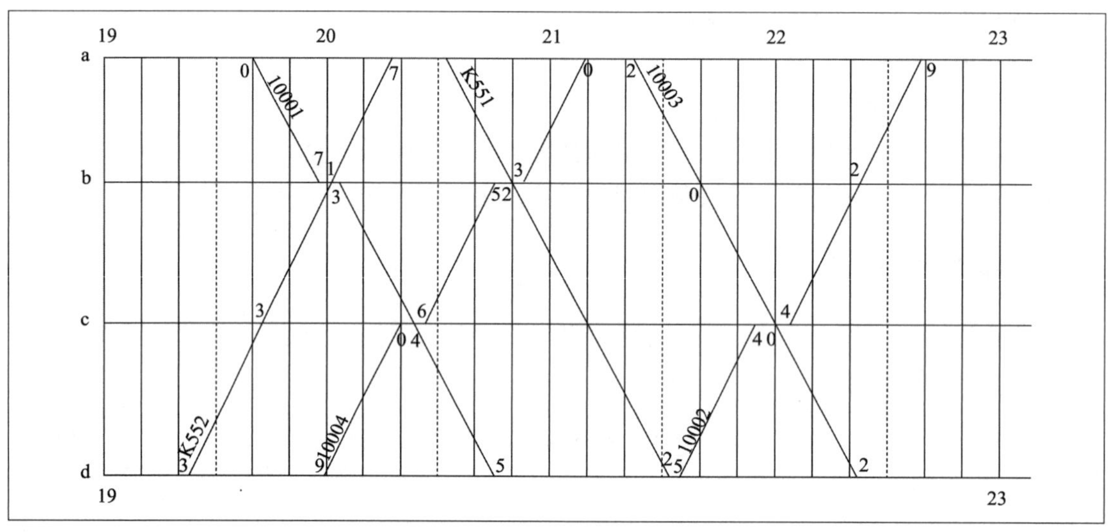

图 2-23　某区段 a—b 站间运行图

该区段此部分运行图的时刻表　　表 2-20

10001	K551	10003	车站	K552	10004	10002
			a			
			b			
			c			
			d			

三、素养培育

哈尔滨铁路局集团公司:压缩列车旅行时间,让冰雪游体验更美好

2024 年 1 月 10 日新的列车运行图实行后,中国铁路哈尔滨局集团有限公司努力实现运力投放与客流需求精准匹配，满足日常、周末、小长假、春运等客流需求。

按照新的列车运行图，牡丹江开往广州方向列车旅时压缩 8h 左右，齐齐哈尔开往深圳方向列车旅时压缩 9.5h，深圳开往齐齐哈尔方向列车旅时压缩 11.5h，黑龙江至广东旅客列车提质为“三直达一特快”，努力让旅客冰雪游更加便捷。

加大新技术、新设备投入。哈尔滨局铁路集团公司新投放 7 组复兴号高寒智能动车组，在哈尔滨至北京、上海、武汉等方向高铁上运行，不断改善旅客出行体验。目前，该铁路局集团公司配属同型动车组达到 13 组。

首次开行乡村振兴列车。哈尔滨铁路局集团公司首次开行哈尔滨至漠河乡村振兴列车，助力乡村特色旅游产业发展，为兴边富民赋能；持续开好公益性“慢火车”，服务边远山区、林区和少数民族聚居区人民群众出行。

动车组实行浮动票价。哈尔滨铁路局集团公司灵活适应市场变化，对黑龙江省内及省外直通方向运行的部分动车组列车分日期、分时段、分区段、分席别提供折扣优惠，在限价内实行票价下浮，最大折扣幅度 5.5 折。

（资料来源：中国国家铁路集团有限公司官方网站）

请对上述案例进行讨论，说出调整列车运行图的意义是什么。

素养贴士

调整列车运行图的作用在于促进国民经济发展、释放运力、服务人民。体现在以下几方面：

（1）出行更加便捷高效。旅客能够以更短时间抵达目的地，无论是商务出行还是旅游探亲，都将享受到更加高效的出行体验，有效提升了民众出行的幸福感。

（2）充分满足民生需求。铁路部门不断探索开行高品质货运班列，优化运输方案，满足客户多样化需求，助力打造快捷物流产品示范线，推动货运服务向高质量迈进，降低物流成本，为实体经济发展注入强劲动力。

（3）运输资源高效整合。新运行图为新线、新站预留了发展空间，展现出铁路部门着眼长远的战略眼光，实现运输资源的高效整合与利用，推动铁路事业持续发展。

项目三

运输生产组织

项目背景

铁路运输调度工作目标是在保证安全的前提下不断提高运输效率,要实现这一目标,做好运输组织中的调度工作就显得尤为重要,这就要求在调度生产过程中,合理配置各项运输资源,协调运输能力,让铁路运输效能得以最大程度发挥。基于此,在调度生产过程中,应该将工作重心放在组织、协调调度工作方面。

从铁路服务于国民经济发展大局及满足人民群众出行需求角度来说,铁路运输调度工作是十分重要的,通常情况下承担货物运输组织工作,也承担旅客运输组织工作,特殊情况下还承担国家重点物资运输任务。提升铁路运输服务质量与安全,对于国家来说其重要性不言而喻,这就要求铁路各级、各工种调度人员要听从指挥、服务大局、精心组织、科学决策,高质量完成调度工作。

运输生产是一个动态的过程,每日都会发生不同的变化,需要调度人员根据不同的变化进行合理的组织,使运输工作在保证安全的前提下平稳有序进行,本项目探讨如何合理进行调度工作组织,提高调度指挥水平。

建议学时

8 学时。

项目导学

调度生产组织办法1

调度生产组织办法2

调度生产组织办法3

任务一　调度日常生产组织

学习目标

知识目标

1. 掌握车流调整有关规定内容；
2. 掌握日(班)计划编制和实施组织有关规定内容；
3. 掌握3～4h列车运行调整计划编制及下达有关规定内容；
4. 掌握装车管理、卸车管理有关规定内容；
5. 掌握重点物资运输管理有关规定内容。

能力目标

1. 掌握车流调整方法；
2. 掌握日(班)计划编制和实施组织方法；
3. 掌握3～4h列车运行调整计划编制及下达组织方法；
4. 掌握装车管理、卸车管理组织办法；
5. 掌握重点物资运输管理组织办法。

素质目标

1. 树立胸怀全局、按章行事、调度无小事的观念；
2. 弘扬“在岗一分钟、尽责六十秒”的爱岗敬业精神；
3. 在学习重点物资运输管理办法过程中，树立国家利益、人民利益高于一切的大局观念。

任务描述

受客观条件影响，铁路运输情况每天都在发生变化，作为调度人员需要适应不同的变化，正确进行调度日常生产组织，假设当运输生产过程中出现了本任务中所介绍的某种情况时，作为调度人员应该学会如何正确处理，要求调度人员根据变化进行正确的组织和调整。

案例导入

铁路部门：全力做好煤炭、粮食等重点物资运输

人民网北京2023年6月1日电，记者从中国国家铁路集团有限公司获悉，今年以来，中国国家铁路集团有限公司加强调度指挥，优化运输组织，全力做好重点物资运输保障。

眼下正值迎峰度夏的准备阶段，国铁集团和各铁路局集团公司两级煤炭保供办充分发挥作用，动态掌握运输需求和电煤保供运输情况，及时协调解决运输中存在的问题。各铁路局集团公司提早着手，全力做好迎峰度夏电煤保供工作，紧盯重点线路、区域，提高线路通过能力,确保重点地区、重点企业用电需求。截至5月28日,国家铁路今年以来煤炭日均装车8.4万车,同比增加2198车。

夏粮夏油是全年粮食生产的第一季,对确保粮食安全意义重大。当前,我国夏收已拉开序幕,铁路部门加强货源营销,开辟绿色通道,加大箱、车资源保障力度,及时安排运力衔接,确保粮食运输安全畅通。5月以来,国家铁路粮食日均装车4107车,环比增长11.2%。

作为夏粮较早成熟的麦区,西南麦区已大面积开镰收割。中国铁路成都局集团有限公司积极与川渝贵两省一市地方政府沟通对接,主动了解粮食运销需求,动态做好运力供给服务,对粮食集中到达站加强运输组织,优先保证粮食运输车辆上位。

小满过后,"中原粮仓"河南的小麦进入成熟季。中国铁路郑州局集团有限公司管内各运输单位抢抓"夏收、夏种、夏管"有利时机,持续优化运输组织和作业方案,强化装运过程安全卡控,为"三夏"农业生产提供坚实的运输保障。

湖北省是我国油菜的重要主产区。中国铁路武汉局集团有限公司成立专门团队,走访管内粮油生产加工企业,对油菜成熟、收割情况开展实地调研,向企业宣传铁路运输政策,制订油菜运输专项调车计划、装车计划、装卸人力机具计划,实现随到随装、随装随走。

(资料来源:人民网　责任编辑:王连香　高雷)

引导提示:由上述案例可知,铁路运输调度工作在重点物资运输方面发挥了重要作用,国铁集团扛起"央企"的责任担当,为国民经济保驾护航。案例中提到了重点物资运输,这是调度生产组织的重点,那么日常调度工作中重点物资运输如何组织呢?

知识探索

由于铁路运输生产是一个动态的过程,生产条件每时每刻都在发生变化,要求调度人员要适应变化,适时调整调度指挥方法,这就注定日常调度生产组织是一项复杂的作业,它涉及车流调整、日(班)计划编制和实施组织、3~4h列车运行调整计划、装车管理、卸车管理、重点物资运输管理办法。

一、车流调整

车流调整是指维持运用车的正常分布,是完成货物运输计划的重要条件,对完成货物运输任务起着非常重要的作用。车流调整是调度工作的一项重要内容,在日常运输工作中,车流不可避免地会发生变化,影响运输任务完成,因此,有必要根据实际运输情况,对车流进行及时的调整。

1. 车流调整原则

秉承高度集中、统一调整的原则,做到信息掌握全面、车流推算准确、超前调整到位,最大限度地满足重点运输需求,保证重点列车开行,结合货流、车流变化规律,压缩运输成本,合理配置铁路资源,均衡利用通过能力,确保运输畅通。

2. 车流调整依据

车流调整的依据主要有《中国国家铁路集团有限公司铁路运输调度规则》、货物列车编组计划、列车运行图、月度运输生产经营计划、月度施工计划(施工日计划)、重点运输计划、货流需求、车流结构、中国国家铁路集团有限公司运输调度指挥中心命令、轮廓计划及有关要求、影响运输的突发性事故、事件等。

3. 车流推算

计划调度室具体负责调度所车流推算工作，有预见性地提供车流调整资料。计划调度员依据“技术站及区段管内日班列车工作计划表”（简称“运调 11 乙”）及实际列车确报和列车预报（到站外铁路局集团公司重车分去向别、铁路局集团公司别、限制口别，空车分车种，管重分到站）分别编制“分界站列车车流出入情况表”（简称“运调 8”）实际阶段表和预计阶段表，分阶段上报车流员。车流员依据“运调 8”和各阶段预计铁路局集团公司管内装卸车，分阶段推算铁路局集团公司管内车流（到站外铁路局集团公司重车分去向别、铁路局集团公司别、限制口别，空车分车种、管重分到站），推算铁路局集团公司管内及各区段、各区域车流情况，制订次日分界口交接轮廓计划和次日分界口交接日计划，报运输副主任（主管）审批后上报国铁集团运输调度指挥中心。国铁集团调度员对不明去向军运应依据“军运任务通知单”确定车流去向，“军运任务通知单”中没有明确去向的军运，应及时与特调联系确定去向，对迂回车流应按实际径路确定车流去向。

4. 车流调整措施

（1）运输副主任（主管）负责调度所车流调整工作，应不断摸索、总结车流调整规律，确保生产经营及重点任务的完成。负责根据运输市场需求情况准确预测远、中期车流的变化，为正确进行车流调整提供可靠的依据，同时加强与中国国家铁路集团有限公司运输调度指挥中心沟通，及时掌握重、空车调整意图。

（2）组织空车调整必须做到尽量缩短空车行程，组织车种代用，消除同车种对流，优先满足重点物资、重点企业、大客户、零散白货、路企直通的装车需要。

（3）要严格组织编组站、区段站按照列车编组计划编车，按车流径路行车，动态掌握主要编组站的保有量，动态调整、利用编组站能力，合理分配编组站、区段站工作量，大力开行超长、重载列车，提高列车平均牵引总重。

（4）对限制去向车流由车流台负责掌握，限制去向装车由日勤货运调度员负责掌握。分界口接入、交出的限制去向车流由计划调度员依据列车编组顺序表逐列、逐车核定、掌握；无中国国家铁路集团有限公司命令不准超接，对分界口交出的限制去向车流，要采取编组站、区段站集结、限量编挂、合理迂回等组织方式，确保不欠交。

（5）遇施工、铁路交通事故（行车设备故障）、自然灾害等原因，造成车流积压、枢纽堵塞时，应采取停限装、迂回运输、分界口停接及临时停运等措施，及时疏解积压车流，确保运输畅通。

（6）遇某方向车流积压或线路通过能力、机车能力、分界口能力不足以及施工、灾害、中国国家铁路集团有限公司命令要求等情况，可组织车流迂回运输（包括非经本铁路局集团公司的迂回运输）。铁路局集团公司管内迂回运输须经调度所运输副主任（主管）同意，跨铁路局集团公司迂回运输须由中国国家铁路集团有限公司运输调度指挥中心调度命令承认。接收的相关命令由值班主任交车流员，车流员负责在“迂回车流命令登记本”上登记，并布置给相关计划调度台。

二、日(班)计划编制和实施组织

日(班)计划是指调度日计划和班计划的总称。日计划是当日 18:00 至次日 18:00 的运输工作计划。日计划包含两个班计划,当日 18:00 至次日 6:00 为第一班计划,次日 6:00 至 18:00 为第二班计划。调度日班计划由货运工作计划、列车工作计划、机车工作计划、车辆工作计划、施工日计划等组成。

1. 日(班)计划的编制

货运工作计划由货运调度员负责组织编制,货运调度员要准确掌握管内车的分布状况,组织落实各站次日卸车任务,对管内各站的大点车做出重点安排,确保卸车计划的稳妥可靠。严格执行停限装命令,详细了解各主要装卸站的装卸设备及装卸劳力等情况,以卸定装,提出次日装车站的具体配空计划,编制合理次日装车计划。装车计划的编制要在保证重点物资运输的同时,对高费率、高附加值、远距离的货物做到优先安排。

列车工作日计划由车流员根据当日车流情况,组织计划调度员编制并负责审核。计划调度员准确掌握车流分布情况,提供当日 18:00 管内运用车分布状况,推定阶段车站现存车,负责组流上线组织;负责编制车站开车计划及分界口交车计划,努力做到区段平衡、阶段均衡、流线结合、点线协调、机列紧密衔接;对重点列车、重点运输及挂运有特殊运输组织要求的机车车辆,临时旅客列车的加开、停运,大中型施工等事项,必须按文电规定、运输组织要求及施工计划安排纳入全日计划,并提供可靠的车流保证。

机车工作计划由机车调度员利用机车计划周转图进行编制,编制中要尽量减少单机走行,不准编制反交路,禁止单机对流。编制紧交路时,必须制定保证实现的组织措施。确保重点、核心列车的机车供应,保证临时旅客列车的机车交路。合理安排机车检修计划,根据电报要求,及时向计划调度员提供机车试运、回送计划。

车辆工作计划由车辆调度员负责编制,车辆调度员要及时向计划调度员提供车辆段检修、扣修、修竣车数及车种,以利于车辆及时投运,加快车辆周转。对停运列车恢复运行、中间站的故障甩车处理及特殊重点装车的车辆选扣,安排车辆人员检查处理。

施工日计划根据铁路局集团公司月度施工计划、临时施工电报、施工日历方案(含维修天窗计划)编制,确保施工和运输组织协调。同时确定路用列车开行方案,科学合理地安排路料装卸作业计划。

调整计划由值班主任组织编制。有关工种调度人员根据第一班计划的实际执行情况,对第二班计划可进行部分调整,值班主任全面负责第二班计划的调整工作。调整计划应维护日计划的严肃性和连续性,要有可靠的机列能力做保障,确保完成主要生产指标。

2. 列车工作计划的下达

列车调度员向辖区内有关车站、机务段(车间)、乘务车间下达日(班)计划,内容包括列车车次(图定列车可不下达到开时分),区间装卸车计划,直通、区段列车中间站甩挂计划,路用列车、轨道车运行计划,重点列车(专特运、超限超重、军用等)注意事项,非图定车次还须下达该列车运行时刻。对于临时旅客列车、旅游列车,必须将列车车次、始发站开车时刻、分界点站交出时间(分界点接入时刻、终到站到达时刻)一并下达。

3. 日(班)计划组织实施

调度日(班)计划一经确定,不得随意变更,各岗位人员在实施组织过程中,要维护计划的严肃性和完整性,积极组织兑现。

三、3~4h列车运行调整计划

3~4h列车运行调整计划是列车调度员根据日(班)计划及管辖区段实际情况,分阶段对行车有关部门的工作进行的具体安排,是行车指挥和确保列车运行安全正点的基础。图3-1是以优先铺画旅客列车和重点列车运行线编制3~4h列车运行调整计划。

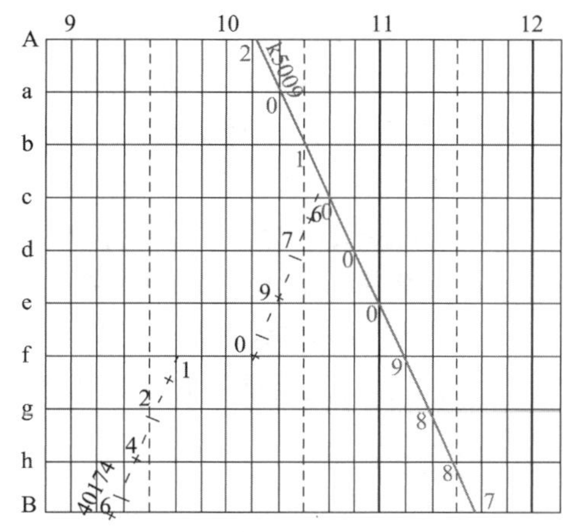

图3-1　以优先铺画旅客列车和重点列车运行线编制3~4h列车运行调整计划

1. 编制依据

有关规章、文电及领导指示;管辖区段内主要行车人员状况和机车、车辆、线路、通信信号、桥隧、牵引供电等设备情况及天气变化情况;各站到发线占用、中间站站存车及装卸车情况;重点、军特运、超限超重、限速、货物班列、货运快车等列车运行限制条件和旅客列车运行正晚点情况及临时旅客列车的运行时刻、办理业务站情况;车流接续和机车交路情况及调车机车运用情况;摘挂、小运转列车编组内容及甩挂作业情况;施工、维修作业计划及区间装卸车情况;临时列车开行计划等。

2. 主要内容

(1)管辖区段内各站(编组、区段站车场)列车始发、终到时刻,分界站列车交、接车次,机车型号。

(2)中间站列车会让计划和重点、军特运、超限超重、限速列车运行注意事项。

(3)补机区段机车摘挂计划。

(4)列车临时合并、停运、恢复运行及单机开行计划。

(5)列车在中间站甩挂作业计划和调小机车运行、作业计划。

(6)施工、维修计划及轨道车运行、区间内装卸车计划。

(7)特殊情况需要安排的其他计划。

3. 编制与下达

3~4h列车运行调整计划应在8:30(20:30)、11:30(23:30)、14:30(2:30)、17:30(5:30)前编制完成并下达各站段,必要时可下达临时调整计划和实时调整计划并确认车站签收情况。对重点、专运、超限超重、货物班列、货运快车及特殊要求的列车,按规定和要求重点安排会让、停车站等,必要时进行标注提醒,为列车运行安全创造条件。

4. 组织实施

3~4h列车运行调整计划一经下达,应积极组织各部门紧密配合、协同动作,按各项作业时分标准完成作业,确保计划兑现,除遇特殊情况,不得随意变更。对计划中的关键环节和关键列车必须重点监控,及时准确掌握旅客列车、重点列车运行情况、中间站作业情况和施工、维修作业准备情况、作业进度,确保关键任务按计划实施。要加强与邻台(铁路局集团公司)联系,及时通报相关信息,在交接车上出现分歧时,应尽量协商解决,解决不了的要逐级上报,一经裁决,必须服从。

5. 检查考核

计划调度员对所辖区段列车调度台3~4h列车运行调整计划的编制、下达及实施情况进行监督和指导,发现问题及时指出,遇有困难要协助解决。值班主任(副主任)随时抽查3~4h列车运行调整计划及重点事项的落实情况,发现问题及时批评指正。分析室日常加强3~4h列车运行调整计划的检查和指导,将编制质量及组织兑现情况纳入工作质量考核。

四、装车管理

合理进行装车管理是维持正常运输秩序,保证国计民生大宗物资运输供应的前提,也是完成运输生产任务的必要条件,各级部门、各个装车单位要有大局观念,局部服从整体。

1. 配空组织

装车配空计划的编制、执行和调整,按照岗位职责实行逐级负责、集中统一指挥,严格按货运日计划的受理车组织配空,若有追加需求可根据装车数和方向随受理随配空。遇有空车不足或车种不能满足需要时,按先重点后一般、先远后近、兼顾效益最大化的原则安排配空。

优先向边远区域调整空车,在一个调度指挥区段内应优先向较远的车站配空,空车不足时可按分管生产副主任的要求及车站受理车的方向结构,重点选择几个车站集中配空。

在排空任务得以保证的前提下,卸后空车可在本站就地配空(有重点运输任务除外)。

中间站配空时禁止挑车,同一装车线力争一次配空到位。

2. 装车组织

在装车组织过程中,货运调度员要做好以下工作:

(1)及时向各站传达领导指示、当班工作重点、停限装命令、装车计划、配空出重等情况,核实装车进度,落实货源以及装车劳力、机具作业情况。

(2)分阶段掌握重点物资、大中型企业、限制口的装车进度情况,遇有空车不足或货源发生变化时及时调整,优先安排抢险救灾、军事运输(军运后付)、快运货物班列的装车,确保按受理车组织兑现。

(3)为解决空车不足问题,认真组织管重装车,合理安排配空,尽最大可能组织当日自装卸管重装车及挂运。

(4)加强与车站联系,充分使用杂型车装车,做好车种代用。

(5)分阶段掌握作业进度、调车机运用、站存车情况,遇有问题及时协调解决并汇报。

(6)及时收取大点装卸车情况并实时跟踪,督促车站加强组织,对车站遇到的困难积极协调解决。

(7)对不服从调度指挥、装车组织不力、违反装车纪律的车站,提出批评、及时纠正,影响运输效率的通知分析室纳入互联补偿考核。

3. 补装车

遇下列情况,经主管生产副主任同意,可安排补装车:

(1)按调度命令及上级指示临时增加装车时。

(2)临时调整装车方向和装车品类时。

(3)卸后利用空车或杂型车装车时。

补装车时除上述第(1)项外,补装车必须在需求和追加需求中选择补装,同时车站必须具备货源、货位及装车能力且有确定空车来源。补装车后货运调度员应及时通知日计划人员以免影响次日装车计划兑现。

4. 落空车

掉装车时,货运调度员应及时通知计划调度员调整配空计划。遇下列情况(有选择落空需要请示主管生产副主任并获批),可安排落空车,落空车原因填记如下:

(1)设备故障。车站或专用线装卸车设备故障影响装车的。

(2)施工影响。因施工因素影响装卸作业的。

(3)机力不足。因机车机班不足等因素影响装卸作业的。

(4)车辆故障。因车辆状态不良(如车门、车底板坏,或临时被扣修)影响装车的。

(5)对货位晚。因机力不足等因素造成对货位不及时,影响装车的。

(6)空车不足。因施工、设备故障、分界口接入晚、机力不足及运输组织等因素影响空车到晚,或某种车型不足。

(7)篷布不足。管内篷布不足或调整不及时。

(8)货位紧张。因车站或专用线货位紧张,影响装车的。

(9)货主不装。因客户无货、客户取消、客户欠款、客户错报、客户挑车、客户变更、货物损坏、货质不合等原因取消装车的。

(10)口岸通关。因口岸通关、海关未放票等因素影响装车的。

(11)车流调整。根据车流变化或管内实际装车情况(如减少管内装车、装高运价号货物、满足区域运输需求,或某一方向、到站卸车积压等),按照中国国家铁路集团有限公司指示或铁路局集团公司日计划编制领导小组意见,对装车去向品类进行调整的。

(12)实货核实。车站未及时核对货源,造成装车落空的。

(13)装车能力。超过装车站(专用线)装车能力或某一品类装车能力调整的。

(14)劳力不足。装卸劳力不足影响装车的。

(15)提前装车。为满足前日装车上量需求,提前提装的。

(16)自然灾害。因自然灾害因素影响空车配空或装卸作业的。

(17)不良天气。因风雨雪雾等因素影响空车配空或装卸作业的。

(18)其他。

五、卸车管理

合理进行卸车管理是打通服务最后一公里,保证国计民生大宗物资运输供应的前提,也是保证运输畅通的必要条件,更是保证装车所需空车的主要来源。

1. 总体要求

在日常运输组织工作中,必须坚持“一卸、二排、三装”“向卸车要空车”的运输组织原则。加大第一班卸车组织力度,力争夜卸率达到50%以上,最大限度地提高全日卸车绝对值,为完成装车计划提供可靠保证。

2. 卸车计划

根据推定的管内工作车及天气情况,结合各站和收货单位卸车能力,确定铁路局集团公司及各站次日卸车计划,根据当日18:00实际管内工作车确定次日应卸车数。

3. 卸车组织

(1)加速管内工作车输送是保证卸车计划完成的基础,计划调度员在编制日(班)计划时,对管内工作车的输送重点安排,重点掌握枢纽小运转列车、摘挂列车、管内循环列车的开行计划,加速管内工作车的移动,确保及时到达卸车站。

(2)货运调度员应加强与计划调度员联系,掌握接入及在途、待挂管内工作车情况,认真确认编组,及时向卸车站、卸车单位预报到达的辆数、品名及预计到达时间,提前准备充足的动力、卸车机具、卸车劳力,减少非生产时间;对关键、大点卸车站分阶段掌握作业进度、调机取送、卸车货位、站存车等情况;遇有车站集中到达、堵塞情况,及时查找原因,并积极采取措施,协调尽快消除,必要时提出停装、限装建议方案。

(3)对管内装车充分考虑卸车能力、条件,以卸定装,及时了解和掌握管内各大电厂、卸车量较大站、收货单位卸车能力,做到装车、输送、卸车能力相匹配,达到卸车能力最大化,合理待卸。

(4)加强第一班管重装车组织工作,提高当日自装卸比重,对自装卸管重配空要落实到位,尽最大可能组织当日自装卸。

六、重点物资运输管理办法

重点物资关系到国家安全,关系到抢险救灾能否顺利开展、能否从容应对突发情况,各级调度工作人员必须高度重视,做好重点物资运输也是铁路企业应尽的社会责任。

(1)重点物资是指:国家抢险救灾等指令性应急物资;军用物资;国家有关部门、地方政府、重点企业提出的需紧急运输的煤炭、粮食、石油、棉花等关系国计民生的各类物资和涉及国家对外关系的国际联运、进出口物资;铁路建设和生产急需的路用物资;中国国家铁路集团有限公司临时指定运输的其他物资。

(2)重点物资运输要坚持集体审定、特事特办、优先运输的原则。由中国国家铁路集团有限公司、铁路局集团公司、站段分级管理,实行指令性运输。基本要求是:统一领导,逐级负责,周密部署,严格执行,全力确保,严明奖惩。

(3)重点物资运输必须坚持"优先安排空车、优先安排装车、优先安排挂运"的运输原则,使货源、车流和装车能力三者相匹配,确保完成重点物资运输任务,列车工作计划要根据去向别安排直达、直通列车运输。

(4)重点物资运输任务一经下达,必须全部执行,并在规定的时间内完成运输任务。对因能力紧张、运输组织困难等重大信息,货调室要及时向货运部上报,并按上级要求和指示办理。

(5)货调室要严格按照中国国家铁路集团有限公司重点物资运输方案、调度命令及铁路局集团公司确定的日历装车方案,逐车与装车站核实货源、货位及所需车辆、车种情况。计划调度员、列车调度员、货运调度员要严格按照重点物资运输需求,优先将状态良好的空车调配到位,组织车站优先安排货位,优先配空、优先装车,优先取送、优先挂运。货运调度员提前向车站预报列车到站时刻、品类、车次等,组织车站提前做好接卸车准备,保证调车动力及充足的卸车机具与劳力,组织车站快速卸车。涉及解编和技术检查作业时,指导车站必须优先安排,压缩在站停留时间。

(6)特运调度室指派专人对指令性应急运输进行全程跟踪监控。遇非正常情况时,应迅速采取措施,保证重点物资运输安全,并逐级上报主管部门。运输秩序恢复后,应优先安排装运重点物资的列车运行,全力组织恢复正点。

(7)货调室建立重点运输台账,实行月分析制度,掌握重点物资流通规律,为运输预测和日常决策提供可靠依据。

任务实施与评价

请完成本任务的任务实施与评价,见教材数字资源中的电子实训工单。

任务二　调度提质提效组织

学习目标

知识目标

1. 掌握挖潜提效有关规定内容;
2. 掌握成本控制有关规定内容;
3. 掌握新图实施程序有关规定内容;
4. 掌握工作联系有关规定内容;
5. 掌握临时列车开行有关规定内容;
6. 掌握中间站站存车管理范围划分有关规定内容;
7. 掌握枢纽内出入库机车运用有关规定内容;
8. 掌握货车封存(解封)有关规定内容;
9. 掌握货车备用、解除有关规定内容。

能力目标

1. 掌握挖潜提效组织办法;
2. 掌握成本控制管理组织办法;
3. 掌握新图实施程序组织办法;
4. 掌握工作联系组织办法;
5. 掌握临时列车开行组织办法;
6. 掌握中间站站存车管理范围划分组织方法;

7. 掌握枢纽内出入库机车运用组织办法;
8. 掌握货车封存(解封)组织办法;
9. 掌握货车备用、解除组织办法。

素质目标

1. 树立服务意识、进取意识;
2. 养成精益求精、追求卓越的工匠精神;
3. 树立安全第一、质量为先的思想。

任务描述

追求安全与效益的最大化是运输生产的重要目标,运输调度生产工作也要按这一目标进行调度指挥,作为调度人员应该掌握调度提质提效组织办法,主动作为,促进挖潜提效。而当日常运输生产过程中出现了本任务中所介绍的某种情况时,应合理进行调度提质提效组织,使运输生产安全、平稳、高效进行。

案例导入

广西开行春运首趟南宁—杭州临时旅客列车

人民网南宁2023年1月13日电,1月12日6时3分,K4236次列车从南宁站正点发出,途经全州南、永州、邵阳、娄底等地,将于次日13时36分抵达杭州站。这是2023年春运期间,广西节前加开的首趟普速临时旅客列车。

为做好旅客服务工作,南宁火车站设置了K4236次列车专门的候车区域,在候车区域设置了明显的指示牌,并安排工作人员宣传引导,确保旅客不会错乘、漏乘。并在进站口、服务台放置了免洗洗手液、消毒酒精等,供旅客们免费使用。

今年春运期间,中国铁路南宁局集团有限公司在往广州、成都等重点方向大量增开动车组列车、开行夜间高铁基础上,加开6对南宁至杭州、兴义至杭州、湛江至成都东、湛江至东莞等热门方向的临时普速旅客列车,为旅客出行提供更多出行选择。

图3-2 南宁—杭州临时旅客列车

铁路部门提醒,春运期间开行临客列车的具体车次、开行日期,停靠站等信息均以中国铁路客户服务中心12306网站或车站公告为准,请广大旅客关注相关车次,合理安排出行。图3-2为南宁—杭州临时旅客列车。

(资料来源:人民网—广西频道)

引导提示:由上述案例可知,南宁铁路局集团公司加开了多方向的临时旅客列车,目的是为旅客出行提供更多出行选择,体现了铁路部门的服务意识。这些举措同时也是主动适应运输市场变化,及时调整运输力,提高运输效率的有效举措。那么在实际工作中,遇有加开临时旅客列车,应该如何组织呢?

知识探索

调度生产过程中，要控制成本，提高工作效率，利用最小的投入，实现最大的产出，产生最大的效益，既要节省经济成本，也要节省时间成本，还要实现平稳运行，消除工作中的梗阻。这就需要在工作过程中，在保证安全的条件下，千方百计采用先进调度组织方法进行提质提效组织。这些方法包括挖潜提效组织办法、成本控制管理办法、新图实施办法、工作联系办法、临时列车开行组织办法、中间站站存车管理范围划分办法、枢纽内出入库机车运用办法、货车封存（解封）组织办法、货车备用（解除）组织办法等多个方面。

一、挖潜提效组织办法

对于铁路运输企业来说，挖潜提效是利用现有技术装备，不增加大量投入的条件下，采取先进的运输生产组织方法，实现多拉快跑。挖潜提效也是调度指挥工作目标之一。

1.车种代用运输组织

（1）高吨位车辆装重质货物，容积大的车辆装轻浮货物，巧装满载，最大限度地利用车辆载重能力，用足、用好货车的增载量，提高货车静载重。

（2）货运调度员在装车调整组织过程中，力争按就近、就地的原则组织装车，车型与需求不符合计划的组织顺路装车，缩短空车走行距离，提高货车使用效率。

（3）针对不同季节特点，积极组织保温车装运粮食，毒品专用车装运化肥、水泥等物资，矿石车装运铁路局集团公司管内到站的甜菜等，提高货运需求满足率。

图3-3为装车组织中的保温车代替棚车。

图3-3　装车组织中的保温车代替棚车

2.杂型车使用运输组织

（1）加大罐车装运汽柴油、散装粮食车装运粮食、矿石车装运施工用料的组织力度，尽量成组循环使用，集装箱全部使用集装箱平车和两用平车装运，全力组织普通平车挂架装箱。

（2）对适宜使用罐车、散装粮食车、毒品专用车、保温车、散装水泥车、矿石车等装车的货源应优先使用杂型车（危险品除外），积极组织杂型车装车，提升装车上量空间。

（3）货运调度员在装车调整组织过程中，需动态掌握空杂型车的分布，及时反馈信息。当班货运调度员对来不及纳入货运日计划的卸后杂型车，经运输副主任（主管）批准后，按照掉、补装车办法组织装车。

（4）杂型车装车应优先保证重点企业、重点物资装车，再兼顾一般客户。

（5）车流员、计划调度员跟踪掌握杂型车分布，对杂型车应根据货源需要优先向能装车的车站移动，优先组织装车，并向货运日计划人员或货运调度员准确提供杂型车的数量及所在站，防止杂型空车闲置。

（6）计划调度室加强对散装粮食车、矿石车等杂型车的统计分析，每天与统计室准确核对18:00杂型车的相关数据,确保准确无误。

3.异地调车机出、入库开行小运转列车运输组织

异地调车机出入库时,在不影响机车乘务员劳动时间、燃油充足的情况下,列车调度员可发布调度命令或口头指示,安排担当小运转列车牵引任务。并按如下方式组织:

(1)计划调度员必须安排小运转列车提前编组完毕。

(2)开行的小运转列车不得跨越调车机出、入库运行区段(调车机只担当由担当调车作业站或整备作业所属站至该列车终到站间的牵引任务),不得超过调车机牵引定数,运行途中原则上不再担当中间站调车作业任务。

(3)调车机跨班担当牵引任务时,交班列车调度员必须将车次、机车号、所担当调车作业站向接班列车调度员交接清楚。

(4)调车机跨调度台担当牵引任务时,列车始发列调台必须将车次、机车号、担当调车作业站等情况向接车列调台交代清楚。

(5)列车终到站所属台列车调度员向终到站车站值班员布置机车作业内容。

二、成本控制管理办法

作为交通运输类企业,国家铁路在运输生产过程中降低运输成本,实现效益最大化是企业经营时应追求的目标,调度指挥时应千方百计采取各种先进方法实现这一目标。

1.欠轴列车

计划调度员对中转接续列车要认真核实列车是否满轴,如有欠轴要及时做出补轴计划,尽量在编组站补轴,或在不超过机车乘务规定区段1/2距离内的中间站进行补轴,确保列车满轴运行;及时向车站询问列车编组情况或通过列车确报系统查阅列车编组内容,重点核实列车编组是否满足列车运行图要求,如发现欠轴,应及时处理。

列车调度员要在列车始发前及时查阅列车编组确报,发现列车欠轴时,要及时向计划调度员、值班主任汇报。

特殊情况需开行跨铁路局集团公司欠轴列车时,必须得到中国国家铁路集团有限公司调度命令承认。铁路局集团公司管内开行欠轴列车时,必须经值班主任同意后,方可下达开行欠轴列车命令组织开行。

列车在车站补、减轴作业时应按机车配置,满足运行区段牵引定数的规定,不得欠轴(甩故障车时除外)。

计划调度室建立欠轴列车登记台账,对欠轴列车逐列统计,分析原因。

2.单机走行

日(班)计划产生的单机必须经日班计划审批会或运输副主任(主管)批准后,方可放行;临时放行单机须严格执行列车调度员、机车调度员、计划调度员及值班主任“四把关”制度。

必须放行单机时,值班主任要详细了解情况,核实无误后,方可指示放行单机。放行单机应尽量安排列车附挂或多机重联,减少运行线,提高通过能力,在列车运行组织中优先放行,保证按计划接续。

计划调度员要提高列车工作计划编制质量，杜绝编制空头计划，尽量安排各区段上下行车流均衡，减少单机走行。

机车调度员要准确掌握所辖区段内机车实际运用状况及机车在机务段和异地车间的折返时间，最大限度地组织机车紧交路，不准编制反交路计划，消除单机对流，及时调整机车周转图，防止机车乘务员超劳和不必要的单机走行。

列车调度员、机车调度员对进出枢纽地区的单机重点掌握，优先放行，减少单机在枢纽内等点时间。

3. 压缩中转、装卸作业车辆停留时间

值班主任要组织合理编制日（班）计划，组织车站及时配空、加强装卸车组织、加速重空车移动，做到流线衔接紧密，最大限度组织成组、直达列车，遇停止施工、维修作业期间，积极组织利用图定天窗时间加开列车，压缩列车在站作业时间。

计划调度员要按阶段推算、核对编组站、区段站及主要装车站现在车情况，合理编制、及时调整列车工作计划，保证车流及时挂线，压缩主要装车站停留时间；根据中间站待挂车情况，及时调整安排摘挂列车留轴；根据车流疏解情况及时启动中间站停运列车；合理安排编组站的到发车流，做到均衡运输，避免产生有流无机或有机无流等问题；组织后方站为编组站创造条件，上、下行车流整列或分组到达编组站，尽量减少到达主要编组站的折角车流辆数；积极组织无调列车快速中转，加速机车快速折返，提高机列衔接效率。

列车调度员要随时掌握所辖区段各中间站站存车和作业情况，合理安排摘挂列车、小运转列车及单机的作业计划，及时向中间站预报到达重车的辆数、品名、收货单位（人），大力组织单机挂车、列车超轴，对因特殊情况无法安排挂运的车辆，应及时汇报计划调度员协调安排。

货运调度员要准确掌握车站到重、卸车、配空、装车进度，提前预报重、空车到达情况，组织车站提高装、卸车效率。

机车调度员要加强机车运用工作，提供数量充足、质量良好的货运机车，做到机列衔接，遇临时加开列车时要组织机务段安排好机车和乘务员交路，确保兑现计划。

负责口岸的调度要准确掌握口岸站进口木材熏蒸作业时间和作业进度，对作业时间超时要认真分析，并及时向有关调度员反馈相关信息。

4. 长时间滞留车辆（大点车、单站停留超过24h）

列车调度员按阶段收取管辖区段中间站站存车时，重点了解查询大点车停留时间及原因。对待卸和待装未对上货位的，及时安排调车机、摘挂及小运转机车或本务机对位；因装卸劳力等问题的应通知货运调度员；待挂车应积极组织挂运，如无轴或无机车挂运时，及时向计划调度员汇报；遇车辆问题时，应通知车辆调度员并向值班主任汇报。

计划调度员在收集编制日（班）计划资料时，应掌握所辖范围大点车情况，对中间站站存的待挂大点车，妥善安排摘挂列车、小运转列车或调车机挂运计划，优先保证大点车挂运，并重点标注；对在中间站超过24h整列停运的管内重车，要及时了解其到站卸车进度和能力，能挂运的应安排挂运计划并通知车辆调度提前检车。

货运调度员按阶段收取管内各站装卸车情况时，必须了解和掌握装卸大点车，每日分析

18:00待卸大点车报告(运货8)并查明具体原因。对大点待卸、待装车,属于装卸劳力、装卸机械问题的,应督促车站积极组织处理,并通报车务站段采取有效措施;未对上货位的应通知列车调度员,及时安排对上货位;对集中到达卸车站,超过卸车站能力的,除采取措施组织卸车外,应及时向值班主任汇报。

施工调度室应随时掌握施工路料装、卸、挂运情况,发现路料大点车时,及时与施工单位和站段联系,了解原因,通知相关调度员采取措施。

车辆调度员应加强对检修车的掌握和分析,对段修超过72h、辅修和临修超过24h的车辆,根据具体原因,分别通知车辆段调度或调度所计划调度室,及时进行处理;对中间站临时甩下的故障车辆,立即通知车辆部门就近派员处理,遇就地无法处理的车辆,依据车辆部门提供的挂运条件,汇报值班主任及时安排挂运。

对长期停留的大点车,除认真交接处理外,应逐级上报,需上报中国国家铁路集团有限公司运输调度指挥中心时必须经运输副主任(主管)审核、把关,保证上报质量。

货运调度室设立专人分析大点车停留、挂运情况,对存在装卸车组织不力、劳力不足、机具故障、货位利用不当、无计划装车、以车代库、故障检修车处理不及时等问题应及时分析,纳入对站段的考核;对情况掌握不清、采取措施不力、计划安排不当、未及时对货位及挂运等问题的责任者,纳入调度所考核。

三、新图实施办法

新旧列车运行图过渡阶段是易产生安全隐患的敏感时期,必须制定科学合理的新旧图过渡制度办法,并有序组织实施,以实现新旧列车运行图平稳过渡,保证新图实施安全。

1. 学习培训

(1)分号列车运行图与基本图交替等较大规模的运行图调整前,技术教育室组织各室学习新图文件。

(2)新图实施前,技术教育室组织各工种调度员考试。其中值班主任、值班副主任、计划调度员、列车调度员试题由技术教育室拟定,其他工种调度员试题由各工种调度室拟定,考试成绩必须合格,否则不得上岗作业。

2. 各岗位的准备工作

各科室负责核对与本室、本工种调度相关内容,完成本室相应工作,及时发布本室、本工种调度风险提示,及时反馈意见和建议,严格执行相关规定,确保列车运行图的新旧交替工作不缺不漏、不误不差。

(1)技术教育室负责调图文件、电报的管理。管理调度所网站的调图文电,对涉及运行图调整的文件、电报及时上网。负责制定调度所调图风险提示。负责维护普铁TDMS5.0系统中涉及文件、电报的旅客列车运行线。

(2)信息化室负责打印及发放纸质基本图。核对及维护普速线TDCS系统内基本图,遇运行线丢失、车次错误等情况时,负责联系相关部门进行基本图数据维护。

(3)高铁调度室负责核对及维护CTC内基本图车次、径路、时刻、股道等变化;制定及发布高速线调图风险提示,并负责收集反馈高铁线新图意见和建议;维护高铁TDMS5.0系统中涉及文件、电报的旅客列车运行线。组织站段技术科对 CTC 区段动车组固定股道信息进行维护、汇总并录入 TDMS5.0 系统。

(4)计划调度室负责核对新图文件中货物列车编组计划、车流径路变化、列检作业、机车交路变化,并及时反馈意见和建议。

(5)行车调度室负责新图文件、新旧对比图、客车交替方案、TDCS 系统数据的核对,主要核对内容包括列车车次、交替日期、运行区段、运行时刻、径路、列检作业变化等内容,并及时反馈意见。

(6)车辆调度室负责核对车体整备、列检作业变化,并及时反馈意见和建议。

(7)客运调度室负责核对客车车体交路,新旧交替变化,并及时反馈意见和建议;维护普铁、高铁 TDMS5.0 系统中涉及客调命令的旅客列车运行线。

(8)机车调度室负责核对机车交路、乘务方式变化,并及时反馈意见和建议。

各关键岗位必须做到"四个清楚":清楚新旧交替的具体方案,清楚新旧交替的时间安排,清楚新旧交替的安全风险,清楚新旧交替的控制措施。

3.新图过渡

(1)新旧图交替过渡期,各管理室及工种科室必须做好安全风险的提示,督促各工种调度员正确执行交替方案。各相关人员必须在岗在位,分工明确,落实责任,加强动态监控,畅通信息渠道,及时解决交替过程中遇到的问题。

(2)各工种和班组建立调图问题反馈机制,技术教育室专人负责,每天搜集、梳理、汇总新运行图存在的问题,及时联系相关部门解决。存在问题在未被解决之前,必须采取有效控制措施,确保安全有序可控。

(3)针对新图发生变化后运输组织中出现的问题,分析室应加强安全生产日常分析和各类专题与综合分析,深化对新图规律的认识,及时做出指导,不断提高行车指挥水平,充分发挥新图效应。车站为新图实施编制的时刻表见表 3-1。

车站为新图实施编制的时刻表　　表 3-1

序号	下行		序号	上行	
	车次	时刻		车次	时刻
1	T21	8:21 —	6	44001	— 10:50
2	32003	8:55 —	7	70011	10:11 11:01
3	K497	9:33 9:38	8	30001	— 11:12
4	10001	9:57 —	9	20005	11:20 12:03
5	80001	10:01 10:40	10	3203	12:15 12:20

续上表

序号	下行		序号	上行	
	车次	时刻		车次	时刻
11	20003	12:31 13:14	22	32002	— 9:37
12	85001	12:51 13:49	23	20004	10:03 10:42
13	30003	— 13:22	24	10002	10:55 —
14	4001	13:47 13:52	25	85002	11:04 11:51
15	32001	14:13 —	26	70012	11:23 12:10
16	43003	17:56 —	27	4002	12:14 12:21
17	30002	8:37 —	28	30004	13:00 —
18	80002	8:40 9:20	29	K498	13:01 13:08
19	43004	— 9:50	30	32004	— 16:30
20	20006	8:55 9:37	31	44002	16:55 —
21	3204	9:44 9:50	32	T22	17:55 —

四、工作联系办法

铁路调度指挥具有高度集中、统一指挥、逐级负责的特点,这就要求各级调度工作人员工作中的一言一行都要严谨,包括对内对外工作联系时注意在自己的职责权限内行事。

1. 调度所外部工作联系

调度所人员按照职责分工,可与中国国家铁路集团有限公司、铁路局集团公司机关部室、基层站段等部门、单位及其他铁路局集团公司进行正常工作联系。未经允许,任何个人不得以调度所名义对外联系工作。

(1)向中国国家铁路集团有限公司汇报制度。值班主任每日7:00前向中国国家铁路集团有限公司运输调度指挥中心值班主任汇报第一班运输安全、班计划完成及完成全日计划的措施,10:00(22:00)前,向中国国家铁路集团有限公司运输调度指挥中心调度报告接班后的管内运输情况,预计本班分界站列车交接、排空、机车运用情况,19:00(7:00)前向中国国家铁路集团有限公司运输调度指挥中心值班主任报告全日运输安全和生产任务完成情况。

各工种调度按规定向中国国家铁路集团有限公司运输调度指挥中心所属调度上报各项规定内容。

安全情况和重要事项,应及时报告(动车组发生故障,应于15min内向中国国家铁路集团有限公司运输调度指挥中心报告)。

当中国国家铁路集团有限公司运输调度指挥中心调度了解运输等相关工作情况时,有关人员应及时配合,如实回答。

(2)与基层站段等单位工作联系。运输副主任在运输站段对话会上与运输站段进行工作联系,沟通运输情况,提出工作要求。

安全室、分析室、施工管理办公室对非正常情况处置、运输效率效益、施工组织等情况与站段(单位)进行工作联系。

调度人员按要求下现场,深入站段了解、掌握情况。

倒班调度人员随时与站段进行安全、正点、作业等运输生产工作联系。

(3)与其他铁路局集团公司工作联系。值班主任随时与相邻铁路局集团公司调度所值班主任联系,交换当天分界口列车交接情况、重点列车运行情况等主要事项及有关内容。

倒班调度员班中按时与相邻铁路局集团公司对口调度交换列车运行、机车运用、重点列车、专特运、超限运输等信息及日(班)计划资料。

运输副主任主动和相邻铁路局集团公司联系,互通情况并提出需要相邻铁路局集团公司协助解决的问题。

根据调度所要求,有关人员可与其他铁路局集团公司交流工作经验。

2. 调度所内部工作联系

调度所人员应充分利用调度所网站、网络办公系统、腾讯通(飞秋)等信息平台和交接班会、行政会议、工作会议等会议进行内部工作联系,内部工作联系必须全面、到位,相关人员应及时调阅、查询信息平台,认真落实会议要求和部署,严格按时限落实并反馈信息。

3. 工种调度工作联系

工种调度对需要其他工种调度或值班主任配合、协调解决的问题和工作内容应在接班会、班中会、班组会上提出,其他工作应在班中随时联系解决,做好信息通报和联控、互控工作。

(1)计划调度员。计划调度员对所管区段内各工种调度起到组织、协调和管理的作用。

管重输送计划或配空计划变更时,应及时通知货运调度员。

日(班)计划规定的列车早开、晚开、停运,临时加开计划外列车以及变更列车始发或终到站,列车中途临时停运、保留时,均应通知机车调度员,机车临时中途换挂、折返时,须征得机车调度员的同意。

计划调度员对军用列车、超限货物列车、危险品(剧毒品)运输的运行条件、运行径路、始发(终到)站及时刻等内容,应与特运调度员仔细核对,确保正确无误,遇有变更时,变更一方

图3-4 用于运输剧毒品的铁路毒品车

应主动通报对方及有关人员。

计划调度员对所管区段大钩车的挂运及车流接续、列车运行秩序、中间站甩挂作业、抢装抢卸抢排列车组织等情况应重点掌握,根据生产任务的完成情况,及时对列车调度员提出具体要求。

图3-4为用于运输剧毒品的铁路毒品车。

(2)列车调度员。发生因非正常情况造成运行秩序不良、中间站作业计划变更、编组(区段)站堵塞、分界口交接车限制等情况,应及时向计划调度员汇报。

发生非正常情况时,除立即向值班主任(副主任)报告外,影响旅客列车晚点时应通知客运调度员,机车故障或影响机车交路时应通知机车调度员,影响施工、维修计划时应通知施工监控分析科人员,需接触网停电时应通知供电调度员。

及时向邻台传递有关调度命令,对旅客列车晚点、机车紧交路、抢装抢卸抢排列车、列尾故障(回送)等重点信息要主动通报。

(3)机车调度员。临时用货运机车担当旅客列车牵引任务时、机车回送进入铁路局集团公司管内时、临时加开的旅客列车用货运或客运机车担当时,应及时通知有关相邻机调台。

临时变更机车或机车交路时,机车乘务员接近或可能超劳时,应及时通知列车调度员。

机车在库内临时发生故障,影响列车开行时,要及时通知计划调度员并向值班主任汇报。

(4)货运调度员。抢装抢卸车流应及时通知计划调度员。

中间站存在未对货位的待调车时,应及时通知列车调度员。

主要装卸站因集中到达、机具故障、劳力不足等原因出现堵塞,无法兑现装、卸车计划时,应及时通知计划调度员并向值班主任汇报。

(5)客运调度员。发布旅客列车停运、加开命令时,须以书面命令向值班主任、机调长及相关计划调度员、列车调度员下达。

旅客列车中途甩挂车辆,必须提前通知有关台列车调度员。

接到在途旅客列车出现重患、旅客列车在外铁路局集团公司严重晚点滞留、旅客列车临时改按重点列车掌握等信息时,应及时通知列车调度员并向值班主任汇报。

(6)特运调度员。军运、超限超重运输、“D”型车、301物资、剧毒品、危险品、爆炸品、抢险救灾物资等运输,均须以书面形式向计划调度员提出,需要指派人员值乘时必须注明。

根据军运任务通知单的内容,将接入待挂、到达的不明军品以书面形式通知列车调度员和计划调度员,及时答复有关工种询问。

配空车落实后的重点军用物资及特殊重点物资、机械保温车、特种车辆等装车去向,应通知货运调度员优先安排。

(7)红外线调度员。5T设备或超偏载报警预报时,应立即向列车调度员预报,并向车辆调度员通报。

专运列车、动车组发生热轴预报后,红外线调度员向相关列车调度员预报,但不得拦停,处理情况由列车调度员反馈给红外线调度员。

每班按规定时间与列车调度员进行模拟热轴试验,列车调度员应配合。

(8)供电调度员。接触网故障(跳闸)时,供电调度员应及时向列车调度员说明故障(跳闸)情况,明确倒闸、停电范围以及电力机车运行限制条件,进行故障排查。

接触网故障抢修完毕后,供电调度员应立即通知列车调度员,并办理恢复供电行车的相关业务。

接触网发生缺陷、接触网(配合)施工检修等需要停电时,由供电调度员与列车调度员办理接触网停送电相关事宜。

电力机车牵引的列车和动车组列车停在接触网分相无电区不能继续运行时,由列车调度员、供电调度员、机车调度员(动车司机调度员)共同根据电力机车(动车组)类型、停车位置、牵引供电设备状况等确定自救方案,组织自救。

4.列车调度台间关联站管辖分工

(1)关联调度台间分界点为关联站与邻台关系区间侧进站信号机(站界标),进站信号机(站界标)外侧关系区间由邻台列车调度员管辖。

(2)对影响关联站与邻台关系区间侧接发车的施工或关联站站内连带关系区间的施工,相关调度命令发布及有关行车组织由邻台列车调度员负责,并应随时与管辖关联站列车调度员沟通情况,共同处理相关问题。

(3)相邻台列车调度员对关联站接发列车等相关作业应加强联系,协调配合,确保关联站畅通和调度指挥安全。

(4)调度命令、口头指示的发布,日常运输组织及施工组织,“安监报1”填记、上传等工作由管辖关联站列调台负责。

五、临时列车开行组织办法

临时列车一般都是在特定条件、背景下开行的,对调度指挥、列车运行提出特殊的要求,各级调度工作人员需要高度重视,确保开行安全。

1.临时列车概述

临时列车是根据指令(含文件、电报、命令、请求等)临时开行的旅客列车、试验(试运转)列车、动检列车、公务列车、军用列车、超限超重列车、路用列车等列车基本图以外的列车。临时列车开行原则上需纳入日(班)计划,因事故、自然灾害、抢险救援等原因开行的临时列车,按照实际情况办理。

2.工程列车运行计划

施工日计划编制科于14:30前将次日工程列车运行计划通过应用程序传至计划调度台。对于停运的图定旅客列车,只需填记车次和运行区段,并在“注意事项”栏填记“停运”。图3-5为铁路工程列车。

图3-5　铁路工程列车

3. 开行组织

未纳入日(班)计划的临时列车(公务列车、重点列车、抢险救灾列车等)开行时,相关台列车调度员须发布调度命令。

对未纳入日班计划的临时列车,行车、客运、机务、车辆调度等各工种调度员按照系统负责、分工负责的要求,督促车务站段、客运段、机务段、车辆段各基层站段落实临时列车计划安排,确保按计划开行。

遇临时列车跨班运行时,相关调度员须认真交接,重点掌握。

4. 施工计划调整

施工日计划编制科发现天窗时间与临时列车开行时间相抵触时,应积极组织调串或取消天窗方案,做好施工计划调整。

六、中间站站存车管理范围划分办法

为加强各中间站站存车管理,明确计划台与行车台间职责范围,根据各站始发、中转、装卸作业量及调车机运用等情况,结合在途列车中间站甩挂作业,综合行车台工作量,确定中间站站存车管理划分。

七、枢纽内出入库机车运用办法

枢纽内列车运行情况较为复杂,枢纽一般也是机务段所在地,机车出入库的情况较多,合理地进行机车出入库组织,对保证机车供应数量充足,保证列车安全正点,保证机车乘务人员的劳动时间具有重要作用。

(1)枢纽计划调度员要随时掌握接续车流、列车编组、枢纽各站到发线运用等情况,遇车体接续或编组始发晚点时,及时调整开车计划,并于原计划开车点150min前通知机车调度员调整机车;晚于上述时间临时调整、机车已出库或乘务员已叫班时,可通知列车调度员采取变更始发站、坐开下一列车或通知机车调度员改晚下一机班等方式调整,确无适合列车、迫不得已时可安排退乘。

(2)枢纽列车调度台接班前应详细了解与枢纽衔接各部线机车交路,对机车交路为无机、改线、紧交路区段列车优先放行,遇有单机交路时,放行前须执行“四把关”制度,并可适当安排捎脚。

(3)由枢纽内始发的机车及单机由枢纽台列车调度员负责掌握,相关台要详细了解管辖范围内始发列车编组情况或接续车流列车到达时刻,需要安排接运单机时,至少在预计开车时刻90min前通知枢纽台列车调度员(列车始发站、开行车次及预计开车时间)。

(4)枢纽台列车调度员应根据日班计划、“阶段列车开行计划单”、枢纽各站列车编组情况、到发线运用情况及外线车流变化情况灵活调整出库机车使用,严禁仅根据出库机车车次安排机车使用,防止同一时段、同一方向的始发列车“有流无机、有机无流”等问题出现。

(5)枢纽台列车调度员发现因计划不合理、列车编组、车流接续等原因造成始发列车晚点落入施工维修天窗(含落入外线天窗)时,应立即或不迟于列车始发前(外线始发列车需在接运机车枢纽开车前)通知相关计划调度员,根据计划调度员指示进行调整。

(6)枢纽内各站因满线等原因造成列车等线时,枢纽列车调度员必须立即通知相关计划调度员,对枢纽内接续车流,应根据各站到发线实际运用情况,灵活调整换挂、列检作业站。

(7)枢纽台列车调度员安排枢纽内出入库机车捎脚、过轨、担当补机等作业时,必须综合考虑下列因素:

①所挂车体已具备开车条件、列车终到站具备接车能力(须与车站调度员、车站值班员核对、预报到达车次及时刻,防止预留到发线被占用)。

②安排入库机车担当作业前,须与机车调度员或通过车站值班员核对确认机车乘务员不能超劳,并且不致影响机车折返交路。

③安排出库机车作业前,必须确定因临时作业造成枢纽内附加运行时间不超过90min且原计划始发列车不致落入天窗、客车群,必要时可通知机车调度员安排机车提前出库。

④对出库后枢纽内担当作业的机车,枢纽列车调度员应重点组织、优先放行,并通知衔接区段列车调度员重点掌握。

⑤尽量不安排机车交路为无机、改线、紧交路的机车交路。

⑥安排机车作业时,需要考虑单端操纵机车转向因素。

八、货车封存(解封)组织办法

货车封存(解封)是铁路企业根据运输市场波动,合理调整现在车保有量的重要举措,也是控制经营成本的重要手段,有关调度工作人员应严格依规办理。

1. 货车封存基本原则

(1)货车封存(解封)依据中国国家铁路集团有限公司文电、命令确定开始及结束时间,拟封存(解封)车辆基础数据以AEI系统内提供的数据或中国国家铁路集团有限公司文电、命令公布的号码、号段为准。

(2)需封存的货车应为空车,如在备用状态,应先解除备用,再办理封存,保留状态的重车不得办理封存。封存货车集结期间,严禁利用封存货车装车。

(3)封存车辆采用编组站、区段站集结,封存站停留的方式,个别边远车站可指示直接按回送方案向停留站回送。

2. 货车封存组织分工

(1)计划调度室。组织发布指令、命令等。封存初始,每日定期提取基础数据,组织人员核对、发布停留位置信息;后期每日核实、发布新增信息。基础信息包括:车种、车号、当前停留地点、预计扣车站段、区域(重车预计扣车站为卸车站、空车须注明在途车次)。

①按区域别确定封存货车集结、停留计划方案。

②布置各区计划调度员按管辖区域分工组织相关站段核实封存货车信息,拟封存空车在现车系统记事栏标注“封存车”字样,到达铁路局集团公司管内重车中拟封存车辆在现车系统记事栏标注“卸后封存”字样。确定封存车编挂车次、位置、回送站,组织车站在编组顺序表中到站填写回送到站、品名填记“回送”、记事栏内标注“封存车”。

③收集防洪储备车、工程车中拟封存车辆信息,安排同车种货车进行替换,与工务调度

室商定替换方案并组织实施。

④按封存车集结、停留计划方案组织已确认的拟封存空车集结、回送至停留站指定停留位置后,向车流员书面提供封存车停留信息,同时提供电子版,以列车编组顺序表形式留存封存货车基础信息。

⑤车流员依据计划室提供的封存车信息,与分析室提供的基础数据进校核,确认无误后向中国国家铁路集团有限公司上报封存车信息、申请调度命令。

⑥车流员依据中国国家铁路集团有限公司货车封存调度命令向车辆调度、相关站段下达铁路局集团公司货车封存调度命令。

⑦车流员须建立封存货车台账,向分析室、行车室、计划室、车辆调度室、统计室及班子成员通告。

⑧车流员负责将每日实际封存货车及累计数字以电子表格形式,按车种、车型、车号、存放地点,上报中国国家铁路集团有限公司运输调度指挥中心口岸车流台邮箱。

(2)行车调度室。

①按照"封存车停留线路与正线均有隔开设备"的原则,核实确认停留方案,核实停留线路有效长及坡道,对初选方案中不适合停留地点提出替代方案。

②按计划调度室制定的回送方案、计划向指定车站回送、集结。

③组织封存车按回送方案向停留站回送,组织停留站到达后成组连挂,提示做好防溜、防火、防盗、防破坏工作。

④组织列车调度员将管辖区域的整列封存货车,按停留站、股道、辆数及编组内容分别填记在"交接班簿"和"列车甩挂作业表"内。

(3)车辆调度室。向计划调度室提供拟封存车辆基础信息,协调车辆段及时向车站提供后续接入车辆中拟封存货车信息。依据货车封存调度命令,组织车辆部门安设封存标识,填写封存记录表,组织车辆部门在系统中利用"封存/解封"模块进行操作,将货车转入封存。

(4)统计室。根据铁路局集团公司货车封存调度命令,每日将已封存货车统计在"现在车报表"(运报二)、"封存货车"栏内。现在车报表见表3-2。

(5)工务调度室。负责协调工务部门确定防洪储备车、工程车中拟封存货车替换方案,掌握替换进度。

3. 货车解封组织分工

(1)计划调度室。

①车流员依据中国国家铁路集团有限公司通知,以调度命令形式通知车辆、车务部门解封货车停留地点、数量等相关信息,更新封存货车台账。并向有关室及班子成员通报。

②将解封货车挂运纳入日(班)计划,来不及纳入时,提前通知机车调度员和列车调度员。

③组织挂有解封货车的列车,在管内途经第一个列检作业站进行列检作业。如解封货车整列恢复运行后直接由铁路局集团公司间分界口交出时,向相邻铁路局集团公司计划调度员重点预报。

④解封货车分部挂运时,计划调度员要及时修整列车编组顺序表,并注明时间,以便准确掌握现车。

现在车报表

表 3-2

局名或月日	昨日结存	现在车								现在车计	运用车合计	运用车																																			
		入				出						重车																		空车																	
		到达	新购货车	新许可加入	其他	出发	报废车	退出企业自备车	其他			计	棚车	敞车	普通平车	两用平车	轻油罐车	粘油罐车	其他罐车	冷藏车	集装箱车	矿石车	长大货物车	毒品专用车	家畜车	散装水泥车	散装粮食车	特种车	其他	计	棚车	敞车	普通平车	两用平车	轻油罐车	粘油罐车	其他罐车	冷藏车	集装箱车	矿石车	长大货物车	毒品专用车	家畜车	散装水泥车	散装粮食车	特种车	其他
													P	C	N	NX	GQ	GN	GT	B	X	K	D	W	J	U	L	T			P	C	N	NX	GQ	GN	GT	B	X	K	D	W	J	U	L	T	
	1	2	3	4	5	6	7	8	9	10	11	12	13	14	15	16	17	18	19	20	21	22	23	24	25	26	27	28	29	30	31	32	33	34	35	36	37	38	39	40	41	42	43	44	45	46	47

运用车合计	非运用车																																											
	备用车																		检修车																		代客货车	行包专用货车	路用车	洗罐车	整备罐车	租出空车	在企业内货车	军方特殊用途空车	封存货车
	计	棚车	敞车	普通平车	两用平车	轻油罐车	粘油罐车	其他罐车	冷藏车	集装箱车	矿石车	长大货物车	毒品专用车	家畜车	散装水泥车	散装粮食车	特种车	其他	计	棚车	敞车	普通平车	两用平车	轻油罐车	粘油罐车	其他罐车	冷藏车	集装箱车	矿石车	长大货物车	毒品专用车	家畜车	散装水泥车	散装粮食车	特种车	其他									
		P	C	N	NX	GQ	GN	GT	B	X	K	D	W	J	U	L	T			P	C	N	NX	GQ	GN	GT	B	X	K	D	W	J	U	L	T										
48	49	50	51	52	53	54	55	56	57	58	59	60	61	62	63	64	65	66	67	68	69	70	71	72	73	74	75	76	77	78	79	80	81	82	83	84	85	86	87	88	89	90	91	92	93

(2)车辆调度室。将解封调度命令转达至所在地货车车辆段,组织车辆部门在系统中利用“封存/解封”模块进行操作。组织对车辆技术状态进行检查,对解封货车进行整备作业,“撤除铁路车辆送往修理专用线”(车统16)标识,填记“解封铁路货车登记表”,同时向计划调度员通报预计整备作业结束时间。

(3)行车调度室。解封货车挂运前应与车站确认列检作业完毕、符合运行条件,同时将列检作业人员的单位和姓名填记在列车运行图“记事栏”内。长期封存货车造成轨道电路分路不良时要及时配合设备管理单位进行整治。

(4)统计室。根据铁路局集团公司货车解封调度命令,修订封存货车相关数据。

(5)电务调度室。组织电务部门及时对货车封存解除后遗留的轨道电路分路不良进行测试,对分路不良区段进行登记。

九、货车备用(解除)组织办法

备用车是指为了完成临时紧急任务的需要所储备的技术状态良好的部属空货车,对保证重点物资运输顺利完成具有重要意义,有关调度工作人员应严格依规办理。

1. 基本要求

(1)值班主任接到中国国家铁路集团有限公司运输调度指挥中心货车备用(解除)调度命令后,须在铁路局集团公司“备用车命令登记簿”(简称“备用车登记簿”)内登记,及时向相关站段转达,并将调度命令转交统计室、计划调度室。

(2)“备用车登记簿”应包含备用(解除)日期、时分、命令号码、地点、车种、辆数等内容。

(3)车流员负责建立备用车台账掌握备用车在铁路局集团公司管内的具体分布情况。

2. 组织原则

(1)按照满足运输需求的原则,根据货运部公布的货车周转时间、工作量及货车运用车需求,每旬由车流员向中国国家铁路集团有限公司提报铁路局集团公司每旬运用车计划。

(2)备用货车解除应遵循“需求车型先解除,装车站附近车流先解除”的原则。

(3)中国国家铁路集团有限公司已下达调度命令的备用货车变更备用地点时,须先解除备用。计划调度员要提前5h以上通知车辆调度员,由车辆调度员安排有关部门进行检查。

(4)备用货车在车站停留地点原则与停运列车停放地点相同,也可停留在符合条件的专用线内。以不影响旅客列车的到发、会让、待避、装卸为原则,并尽量安排在没有站台的线路上,禁止停放在相邻区间有长大下坡道的车站,禁止停放在线路坡度超过6‰的线路上,相邻车站禁止连续停放停运列车,双线区段停运列车原则上应停放于与停运车流同方向线路上。

3. 货车备用

(1)车流员以中国国家铁路集团有限公司旬计划会议下达的计划为基础,根据管内现在车保有情况及装车需求,核算闲置中国国家铁路集团有限公司所属敞、平、棚车数量。向计划调度员下达备用车停留区域、数量、车种计划。

(2)车流员布置各区计划调度员按区域分工确定备用车停留地点,组织闲置车辆向适宜停留地点回送,并向车流员提供闲置空车停留地点和车种、车号。对集结完毕的备用货车,计划调度员按股道别打印编组顺序表汇总保管,并作为交接班内容。

(3)列车调度员需将管辖区域的整列备用货车,按停留站、股道、辆数及编组内容分别填记在“交接班簿”和列车运行图记事栏内。

(4)车流员利用现车系统核对计划调度员提供的备用车信息,核对无误后向运输副主任汇报并向中国国家铁路集团有限公司提出书面备用申请,内容包括备用车站、股道和车号,由中国国家铁路集团有限公司发布备用调度命令,中国国家铁路集团有限公司调度命令下达后转停留站。

4.货车解备

(1)根据需求和运输形势变化,对确需投入运用的备用车辆,由车流员依据计划调度员提供的解备货车需求确定解备车辆车种、数量、停留位置,向中国国家铁路集团有限公司上报解除备用车信息,书面申请解备货车的调度命令,也可依据中国国家铁路集团有限公司发布的调度命令直接解除备用。解备铁路货车登记表见表3-3。

解备铁路货车登记表　　表3-3

________车辆段________运用车间________作业场　　制表时间:________年________月________日

序号	铁路局集团公司	备用车站	备用线路	车种车型	车号	备用命令号	备用日期	解备命令号	解备日期	定检延期时间	解备作业日期	备注
1	2	3	4	5	6	7	8	9	10	11	12	13

(2)解备整列备用货车原则上应纳入日(班)计划。特殊情况下临时解备货车时,计划调度员应提前通知机车调度员和列车调度员,并提前5h通知车辆调度员向相关车辆段下达技术检查的调度命令。

(3)列车调度员根据接运机车情况,不迟于计划发车前1h向相关车站及列车司机下达调度命令。发车前应与车站确认列检作业完毕、符合条件后方可安排发车,同时将列检作业人员的单位和姓名填记在列车运行图记事栏内。长期备用货车造成轨道电路分路不良时要及时配合设备管理单位进行整治。

(4)解备货车分部挂运时,计划调度员要及时修整列车编组顺序表,并注明时间,以便准确掌握现车。

(5)中间站解备货车时,在途经第一个列检作业站必须进行列检作业。如解备货车整列恢复运行后直接由铁路局集团公司间分界口交出时,计划调度员、列车调度员须分别向相邻铁路局集团公司计划调度员、列车调度员重点预报。如解备列车恢复运行后在铁路局集团公司管内运行,且途经第一个列检作业站非终到站时,计划调度员、列车调度员须分别向途经第一个列检作业站站调(区长)、值班员重点预报。

任务实施与评价

请完成本任务的任务实施与评价，见教材数字资源中的电子实训工单。

拓 展 提 升

一、知识巩固

(1)简述3～4h列车运行调整计划编制及下达方法。

(2)装车管理内容有哪些?

(3)简述重点物资运输管理办法。

(4)简述挖潜提效组织办法。

(5)简述成本控制管理办法。

(6)新图实施程序内容有哪些?

(7)简述工种调度工作联系办法。

(8)简述货车封存(解封)组织办法。

(9)简述货车备用(解除)组织办法。

二、技能训练

如图3-6所示，A—B之间是单线区段，该区段不同时到达间隔时间为5min，会车间隔时间为3min，列车区间运行时分及启、停车附加时分如左侧标尺所示。按列车运行图规定，22001次要在B站停车，会T304次，实际工作中T304因故晚点10min，影响22001次正点运行，请根据实际情况制订3～4h列车运行调整计划。

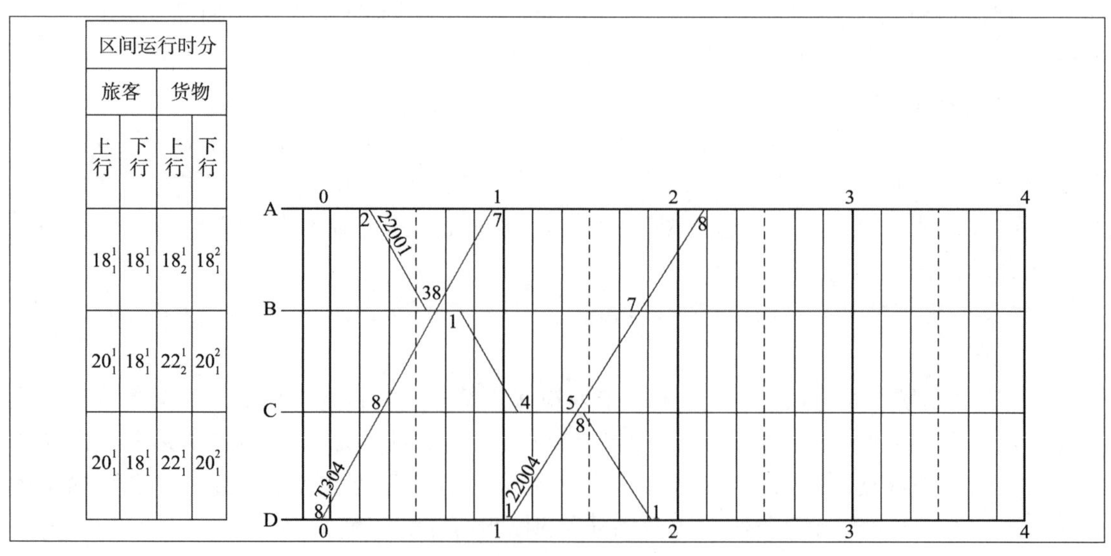

图3-6 技能训练图

三、素养培育

铁路加大粮棉油等重点物资运输保障力度

近期，中国国家铁路集团有限公司紧盯天气变化和市场需求，科学调整运力安排，充分发挥行业优势，加大粮棉油等重点物资运输保障力度，为经济社会发展和居民生产生活贡献铁路力量。

针对东北地区粮食外运需求，国铁集团及时发布调度命令，采取整列排空棚车、车种代用等措施，加大向东北地区的运力调配力度，畅通山海关等分界口车流，确保东北粮食快速入关、南下。中国铁路哈尔滨局集团有限公司加开福利屯至前进镇、绥化至佳木斯等重点粮运通道货物班列，在富锦、双龙山、新友谊、建三江等粮源重点地区实现货车开行“客车化”，将粮食进港入关的运到时间压缩近10h。2023年11月1日至2024年1月4日，国家铁路累计运送粮食2451万t、同比增长9.6%，呈现良好发展势头。

2023年，新疆库尔勒、阿克苏、喀什等国家重要商品棉产地迎来丰收。为保证新棉尽快出疆、助力当地农民增加收入，中国铁路乌鲁木齐局集团有限公司在棉花主产区设置装车点，开辟运输绿色通道，采取零星拼车、成组装车等方式，在运力运能方面给予重点倾斜。他们还与全国棉花交易市场、棉花生产销售企业开展疆棉出疆“公转铁”运输战略合作，提供一站式“门到门”公铁联运综合服务，打造棉花运输快捷通道。

成品油堪称工业的“血液”，对经济社会运转至关重要。中国铁路呼和浩特局集团有限公司心系“国之大者”，与内蒙古东乌铁路有限责任公司等单位合作开行运油专列，有效服务地方能源保供；大力畅通柴油出口蒙古国通道，助力当地经济社会发展。2023年11月1日至2024年1月4日，国家铁路累计运送石油2014万t，同比增长4.4%。

（资料来源：中国国家铁路集团有限公司官方网站）

请对上述案例进行讨论，思考铁路运输对国民经济和社会发展发挥的作用是什么？

素养贴士

铁路调度工作如同“铁路神经中枢”，以运行图为核心工具，通过安全监控、资源调配、应急协同、数据优化四大职能，确保列车“按图行车”的安全性与高效性。其价值不仅体现在日常运输秩序维护，更体现在关键时刻（如灾害响应）能保障公众生命财产安全。

项目四

高速铁路调度指挥

项目背景

高速铁路调度指挥担负着组织高速铁路列车运行和日常生产活动的重要任务，在高速铁路日常运输生产中处于核心地位，是保证高速铁路安全、正点、高效运行的现代铁路控制与管理系统，它涉及铁路运输组织、通信信号、牵引供电、安全监控、综合维护等诸多专业技术，并具备计划制订、计划调整、行车指挥、设备控制、设备监测、设备维护等功能。高速铁路调度指挥工作沿袭于普速铁路调度指挥工作，但情况又有所不同。

根据《铁路工程术语标准》（GB/T 50262—2024），高速铁路为设计速度250km/h（含预留）及以上动车组列车，且初期运营速度不小于200km/h的客运专线铁路。《铁路技术管理规程》（简称《技规》）（高速铁路部分）的适用范围不仅包含GB/T 50262—2024定义的高速铁路，还包括设计速度200km/h客货共线铁路、200km/h客运专线铁路、200km/h以下仅运行动车组列车的铁路。上述铁路的调度指挥工作均纳入高铁管理。

本项目所涉及高铁调度指挥内容所依据的规章为《技规》（高速铁路部分）、《中国国家铁路集团有限公司铁路运输调度规则》（铁调〔2022〕106号）、各铁路局集团公司《高速铁路行车组织细则》等技术规章以及相关文电。

建议学时

8学时。

项目导学

高铁调度指挥方法1

高铁调度指挥方法2

高铁调度指挥方法3

任务一　编制调度日计划

学习目标

知识目标

1. 掌握列车开行计划主要内容；
2. 掌握施工计划主要内容；
3. 掌握维修计划主要内容。

能力目标

1. 掌握列车开行计划编制流程；
2. 掌握施工计划编制流程；
3. 掌握维修计划编制流程。

素质目标

1. 坚持工作有计划、运输有秩序的工作标准；
2. 养成不怕困难、勇挑重担、直面挑战、追求卓越的工作精神；
3. 合理运用铁路技术设备，增强岗位安全意识。

任务描述

以铁路局集团公司某日运输生产为背景，以编制某一区段的列车开行计划为目标，收集编制调度日计划基础资料，完成列车开行计划编制。

案例导入

台风影响减弱，7 月 18 日 11 时起环岛高铁恢复开行

据海南铁路海口车务段消息，随着台风“泰利”对铁路运输影响逐步减弱，铁路部门根据中央气象台预报台风运行路径和影响范围变化，组织专业技术人员检查确认安全后，从 2023 年 7 月 18 日 11 时起环岛高铁恢复开行，可满足旅客基本出行需求。

铁路部门提示，受台风路径、风力、范围等诸多不可控因素影响，列车开行方案将实时动态调整，最新停运及晚点车次、开行时间等信息，请以车站公告为准，也可关注中国铁路客户服务中心 12306 网站公告，查询列车停运及正晚点动态，若有疑问可致电 12306 垂询，以便合理安排行程。因台风影响造成的列车停运、晚点，敬请谅解。

（资料来源：人民网）

引导提示：高铁停运后如果恢复开行，需要铁路部门根据中央气象台预报台风运行路径和影响范围变化，组织专业技术人员检查确认安全后才可进行，这体现了铁路部门对人民群众人身安全的负责态度。案例中出现的“列车开行方案”内容，这里所提到的开行方案就是计划的基础，那么如何在这个基础上编制日计划呢？

知识探索

一、调度日计划

调度日计划是一日内的运输工作计划,包括列车开行计划和施工、维修计划。调度日计划是0:00—24:00一日内的运输工作计划。

二、调度日计划主要内容

1. 列车开行计划主要内容

(1)列车开行车次。

(2)临时定点列车始发站、终到站、沿途客运业务办理站及其到(发)时分、动车组股道运用计划。

(3)开行动车组列车所对应的车组(型号、重联)、动车组车底运用方案及路用列车开行计划。

(4)重点事项。

2. 施工计划主要内容

(1)施工编号、等级、项目。

(2)施工日期、施工类型、地点(含区间、车站等)和时间等。

(3)施工限速、影响范围、设备变化等。

(4)施工单位(含配合单位)、负责人。

(5)路用列车进、出区间方案。

(6)区间及站内装、卸路料计划。

施工日计划表(部分)见表4-1。

3. 维修计划主要内容

维修计划主要包括作业项目,地点,时间,作业单位,配合作业单位,作业负责人,影响范围,路用列车进、出区间方案等。

三、调度日计划编制主要依据

调度日计划主要依据基本列车运行图(包括分号列车运行图),有关文件、电报、调度命令,动车组运用(车型、组数)、检修计划及回送申请,月度施工计划(含临时文电批复的)及主管业务处提报的施工计划、路用列车开行、设备维修作业计划申请进行编制。

四、列车日计划编制的流程

1. 列车开行计划编制的流程

计划调度员每日9:00前根据基本列车运行图(包括分号列车运行图)及相关文件、电报、调度命令确定次日动车组开行方案,转交动车调度员、相关调度所和相关机务段、动车基地(段)、客运段。

表 4-1

施工日计划表(部分)

序号	月计划号	日计划号	日期	等级	流程跟踪	线别	地点	行别	施工类型	施工里程	施工项目	时间	施工内容及影响范围	限速及行车方式	行车限速卡	路用列车信息	设备变化	运输组织	施工单位	负责人	电话	审核流程	审核处室	配合单位	备注
1	801	78724	2020 0917	Ⅲ(B)	正式日计划	哈佳线	太平桥哈佳场—宾西北	下行	封锁	下行35km 329m 至 35km 829m	平台及边坡冻胀整治	00:30—5:00(270 min)	登记站:宾西北 1. 在施工地点须封锁作业。 2. 作业内容:平台及边坡冻胀整治。 3. 不需要接触网停电配合。 4. 备注:硬隔离网外作业、挖掘机、运输车、发电车配合;35km585m 通道门进出 30 人。 5. 线下作业不影响工程车运行及捣固作业						中铁上海工程局集团有限公司哈佳项目经理部	项目副经理刘××	××××××××××××	哈佳客专公司【哈佳客专公司 2020-08-27 17:57:34】→建设处【建设处 2020-09-08 15:16:25】	建设处	哈尔滨工务段	建设处
2	803	78731	2020 0917	Ⅲ(B)	正式日计划	哈佳线	宾西北—太平桥哈佳场	上行	封锁	上行41km 209m 至 40km 039m	平台及边坡冻胀整治	00:30—5:00(270 min)	登记站:宾西北 1. 在施工地点须封锁作业。 2. 作业内容:平台及边坡冻胀整治。 3. 不需要接触网停电配合。 4. 备注:硬隔离网外作业、挖掘机、运输车、发电车配合;41km 663m 通道门进出 30 人。 5. 线下作业不影响工程车运行及捣固作业						中铁上海工程局集团有限公司哈佳项目经理部	项目副经理周××	××××××××××××	哈佳客专公司【哈佳客专公司 2020-08-27 17:57:34】→建设处【建设处 2020-09-08 15:16:25】	建设处	哈尔滨工务段	建设处

动车调度员12:00前将已落实司乘计划的动车组车底运用方案(含热备车)及重点事项,转交计划调度员。

施工维修调度员12:00前将路用列车运行计划,转交计划调度员纳入日计划。

计划调度员13:00前与相关调度所交换动车组开行计划。14:00前形成全日列车开行计划及重点事项。

2.施工维修计划编制的流程

(1)施工计划编制的流程。

①施工单位于施工前3日将施工计划申请报所在铁路局集团公司主管业务处,经所在铁路局集团公司主管业务处审核(盖章)后,于施工前2日9:00前向调度管辖权的调度所施工调度台提报施工日计划申请。

②施工调度台将施工日计划申请与月度施工计划进行核对,同时将Ⅰ级施工和中国国家铁路集团有限公司管理施工项目的施工计划申请于施工前2日15:00前报中国国家铁路集团有限公司运输调度指挥中心。中国国家铁路集团有限公司核准后于施工前2日18:00前反馈调度所,施工调度台据此编制施工日计划。

③因运输原因不能安排施工计划时,须经调度管辖权的铁路局集团公司主管运输副总经理(总调度长)同意。

④编制的施工日计划经调度管辖权的调度所主任(副主任)审核后,纳入调度日计划。

⑤施工调度员于施工前1日12:00前将施工日计划传(交)计划调度台、列车调度台、供电调度台及设备管辖铁路局集团公司主管业务处,有关机务段、车务段(直属站)。设备管辖铁路局集团公司主管业务处负责通知施工单位(含配合单位、设备管理单位),车务段(直属站)负责通知相关车站。

⑥Ⅰ级施工和中国国家铁路集团有限公司管理施工项目的施工日计划,施工调度台于施工前1日15:00前报中国国家铁路集团有限公司运输调度指挥中心。

⑦施工日计划下达后,不得随意取消施工日计划(项目)。因特殊原因临时取消时,须经调度所管辖铁路局集团公司主管运输副总经理(总调度长)批准(Ⅰ级施工和中国国家铁路集团有限公司管理施工项目还须报中国国家铁路集团有限公司批准),并制定确保行车安全的具体办法和措施后,以调度命令办理取消(含取消或重新发布运行揭示调度命令)。

(2)维修计划编制的流程。

①设备管理单位于施工作业前2日向本铁路局集团公司主管业务处申报计划,主管业务处审核后于施工作业前1日9:00前报有调度管辖权的调度所施工调度台,施工调度台负责编制维修作业日计划。

②施工调度台于维修作业前1日12:00前将维修计划传(交)计划调度台、列车调度台、供电调度台及设备管辖铁路局集团公司主管业务处、车务段(直属站)。设备管辖铁路局集团公司主管业务处负责通知作业单位(含配合单位),车务段(直属站)负责通知相关车站。

③维修日计划下达后,不得随意取消维修日计划(项目)。因特殊原因临时取消时,须经主管运输副总经理(总调度长)批准,以调度命令办理取消。

④因特殊原因需临时增加维修作业时,由设备管理单位申报、主管业务处审核,经主管运

输副总经理(总调度长)批准后,交调度管辖权的调度所临时纳入维修作业计划,并组织实施。

五、日计划的下达和执行

(1)计划调度于14:00前将日计划报调度所主任(副主任)。调度所主任(副主任)审核并报中国国家铁路集团有限公司审批后,于15:00前下达给有关单位、调度台。

(2)各单位接到日计划后,根据计划认真组织好本部门的工作,确保计划的兑现。

任务实施与评价

请完成本任务的任务实施与评价,见教材数字资源中的电子实训工单。

任务二　发布调度命令

学习目标

知识目标

1. 掌握行车调度命令基本内容;
2. 掌握发布调度命令的基本规定;
3. 掌握发布行车调度命令的基本规定;
4. 熟悉发布其他调度命令的基本规定。

能力目标

1. 能够根据不同情况撰写相应调度命令;
2. 能够利用CTC调度终端编辑和发布调度命令;
3. 能够正确执行调度命令发布、交递流程。

素质目标

1. 树立高度集中、统一指挥的大局观念及逐级负责的纪律意识;
2. 弘扬“一丝不苟、精益求精”“精于一技、专于一业”的精神;
3. 弘扬吃苦耐劳,踏实肯干的岗位奉献精神。

任务描述

某班工作过程中,A—B区段b、c站间上行线因信号设备发生故障,停用基本闭塞法改电话闭塞法行车,现由c站向b站发出D6928次列车,请列车调度员拟写并利用CTC调度终端编辑和发布调度命令。

案例导入

揭秘高铁调度员45分钟默画全国铁路营业站示意图

2015年春运,京沪高铁执行高峰运行图,每天106对的密集开行,每一分钟的计算都不能失误。在铁路线上飞驰的高铁背后,高铁调度就是总导演,方尺之间的调度台上,列车行驶千里,全在调度运筹帷幄。

12h 点击鼠标 1500 次

一名高铁调度员,春运每天要按高峰运行图指挥高铁列车安全运行、进路盯控 900 多列次,拟发和发布调度命令 100 多条,点击鼠标 1500 次,接听和拨打调度电话 300 余次,部署、确认、下达各种运行计划 200 多次。同时,还要不间断地实时监控 16 块调度监视显屏……这就是 32 岁的北京铁路局集团公司京沪高铁调度台调度员张博一个班 12h 的总工作量。

京沪高铁是当时世界上一次建成里程最长、标准最高的高速铁路,其在北京铁路局集团公司管段,线路全长 316km。张博所在的京沪高铁调度台负责指挥京沪高铁北京南至德州东区段、津秦高铁天津西枢纽,管辖三个车场、四个车站、五个线路所、两个动车所,其中有六个大型客运站,平均每 5min 一趟高铁列车在该线运行。

"如果说列车、车站、设备部门、接触网等等是演员、场务的话,那我们调度就是导演,我们的作用就是把铁路运行效率发挥到最佳,把组织调节到最好。"张博用一个形象的比喻解释了自己的工作。作为京沪高铁调度台的主班调度员,张博除了负责日常列车运行调整、调度命令发布、进路盯控等工作外,还要随时应对各类突发应急处置。

在外人看来调度员坐在屋里,看着屏幕,点点鼠标,接接电话,是件很轻松的活儿。殊不知,调度员只要一上岗,精神处于高度紧张状态,是超强快速运行模式。脑子里储备着各类应急预案及快速处置流程,通过小小的鼠标点击、调整、发布。对于自己的工作,张博笑称:"旅客在车上感受不到我们,但列车正点、安全与否与我们在后台的运作有着直接的关系。"

稳坐调度台　天气变化随时知晓

昨天,张博坐在全亚洲最大的北京铁路局集团公司调度指挥大厅内,眼睛紧紧盯着防灾安全监控系统,北京铁路局集团公司管辖区内每个行车段此刻的风速、雨量、雾霾程度通过系统都能看到。一旦遇到超过列车正常运行要求的恶劣天气,系统就会自动弹出对话框报警。

张博回忆,2014 年 6 月,北京迎来一场罕见的暴风雨,瞬时风力超过 20m/s,高铁防灾安全监控系统开始频繁报警,张博并没有慌张,早早关注天气预报的他,已经提前预见性地拟好了调度命令,在报警开始后的 3s 以内,就将"动车组列车限速 200km/h 运行"的调度命令发至即将进入风区的 6 列动车组列车上,提示司机注意运行,确保了动车组列车运行绝对安全,平稳地应对了暴风雨极端天气。

张博工作的调度台的右手边就是一部综合电话呼叫器,这是一部卫星电话,只需要按下一个键就可以和列车上的司机直接通话下达命令。

大风、大雨、大雪,为了高铁的安全运行,都要进行降速行驶,列车自然会晚点。很多旅客在车站着急,在调度大厅里的高铁调度员们更是万分紧张。"一趟列车晚点,后续列车都要晚点,事先做好的行车计划图就要全部推翻重做,每一天列车的安排都不能出错,我们比旅客更着急。"张博说。

据统计,张博近一年来带领本班成功地处置非正常行车 60 余起,是荣获铁路局集团公司调度所"小额快奖"次数最多的人,也是连续荣获调度所"百条调度命令无差错"的调度员。其所在的京沪高铁调度台先后被调度所命名为“党员示范岗”和“列车调度标准岗”。

45 分钟默画全国铁路营业站示意图

张博说，自己选择进铁路工作，是因为自己是个铁路迷。“我上小学时买的第一本铁路时刻表到现在还留着呢，书皮都烂了！”

2009 年，张博通过笔试和面试，在 5∶1 的招聘比例中，凭借自己的经验和知识脱颖而出，如愿进入调度所。进了调度所的张博，先是被分配到京九线调度台工作。随着 2011 年 6 月 30 日京沪高铁开通，京沪高铁台也正式成立，张博在 600 多名调度员中又一次脱颖而出，被选拔到京沪高铁调度台工作。

调度技术比武一般分实操和理论两个部分。张博除了出色地完成“规定动作”外还为自己添加了一项默画全国铁路营业站示意图和全路高铁路网图“硬性指标”。

图 4-1 为张博在默画全国铁路营业站示意图。

图 4-1　张博在默画全国铁路营业站示意图

（资料来源：《北京青年报》，文/本报记者王薇，摄影/本报记者郝羿）

引导提示：从上述案例得知，高铁调度员在工作中精神处于高度紧张状态，还要随时应对各类突发应急处置，所以，要求高铁调度员既要工作细致，又要具备随机应变的能力。案例中出现“拟发和发布调度命令 100 多条”的内容，这里提到的调度命令包括哪些呢？

知识探索

一、需要发布调度命令的情况

中国国家铁路集团有限公司、铁路局集团公司调度在组织指挥日常运输工作中，应及时正确发布与运输有关的调度命令，下级调度以及行车有关单位、人员必须执行。指挥列车运行的命令（运行揭示调度命令除外）和口头指示只能由列车调度员发布。遇表 4-2 所列情况，需要发布调度命令。

行车调度命令项目表　　表 4-2

序号	命令项目	受令者	
		司机	车站值班员
1	封锁、开通区间		○
2	向封锁区间开行救援列车、路用列车	○	○
3	临时变更或恢复原行车闭塞法		○
4	停止使用基本闭塞法发出列车	○	○
5	双线反方向行车、由双线改为单线或恢复双线行车	○	○

续上表

序号	命令项目	受令者	
		司机	车站值班员
6	变更列车径路	○	○
7	动车组列车在区间被迫停车后返回(退回)后方站	○	○
8	向区间发出停车作业的列车	○	○
9	在车站、区间临时停车上、下人员	○	○
10	列车需临时降弓运行	○	○
11	因行车设备故障、灾害或施工,以及列车中挂有限速的机车车辆等,需要使列车临时限速运行(纳入运行揭示调度命令或本务机车、动车组自身设备原因限速时除外)	○	○
12	动车组列车空调失效需打开部分车门限速运行	○	○
13	车站使用总辅助按钮		○
14	准许列车越过故障的进站、出站、进路信号机或线路所通过信号机(能开放引导信号时除外)	○	○
15	调度日计划以外,临时加开或停运列车(单机除外)	○	○
16	按地面信号显示运行的列车改按天气恶劣难以辨认信号的办法行车或恢复正常行车	○	○
17	动车组列车转入或退出隔离模式(被救援时除外)	○	○
18	动车组列车在列控车载设备控车和 LKJ 控车之间人工转换	○	○
19	越出站界调车	○	○
20	利用天窗施工、维修作业		○
21	施工、维修作业较指定时间延迟结束		○
22	运行揭示调度命令与实际限速、行车方式或设备不符	○	○
23	正线、到发线接触网停电或送电(接触网倒闸、跳闸后试送电、向中性区送电或弓网故障排查除外)		○
24	正线、到发线接触网停电后准许登顶作业	○	○
25	动车组列车按隔离模式运行需以不超过 80km/h 的速度越过接触网分相	○	
26	双管供风旅客列车运行途中改为单管供风	○	○
27	列车调度员认为有必要记录的上述以外的命令	有关人员	

注:1. 画○者为受令者(受令人员)。

2. 受令者为车站值班员的调度命令,不发给集控站车务应急值守人员;集控站转为车站控制由车站值班员指挥行车时应发给车站值班员,并须将前发有关调度命令一并发给车站值班员。

3. 动车组列车改按 LKJ 方式运行需将列控车载设备隔离时,列车调度员仅发布改按 LKJ 方式行车的调度命令。

4. 仅发给车站值班员的命令只涉及集控站时不发布(转为车站控制时除外)。因调车作业动车组控车模式转换,不发布调度命令。

上述调度命令如涉及其他单位和人员时，应同时发给。

二、发布调度命令的基本规定

(1)调度命令发布前，应详细了解现场情况，听取有关人员的意见，命令内容、受令处所必须正确、完整、清晰。

(2)使用计算机、传真机发布调度命令时，命令接收人员确认无误后应及时反馈回执。

(3)使用电话发、收调度命令时，应填记“调度命令登记簿”，指定受令人员中一人复诵，并记明发、收人员姓名及时刻，如图 4-2 所示。

调度命令登记簿

月日	发出时刻	号码	受令及抄知处所	内容	复诵人姓名	接收命令人姓名	调度员姓名	阅读时刻
7 月 6 日	7:55	30102	××—××站×站转×次司机	××—××站间，因××站临时停电，自 7 时 55 分起基本闭塞停用，改用电话闭塞法行车	张×	王×	李×	7:56 邵× 7:57 李×
7 月 6 日	9:55	30103	××—××站	××—××站间，自接令时起恢复基本闭塞法行车	李×	李×	李×	9:57 邵×
7 月 6 日	9:58	30105	××—××站	根据××站请求，现查明××站—××站间区间空闲、准××站使用故障按钮办理闭塞机复原	李××	李×	李×	10:00 邵×
7 月 9 日	16:10	30188	××间各站	10 日(第一班)列车计划 上行:40258(33116)84836 84838(33102)　86090　33106 下行:84301(33101)86015 33103(33105) 超限:40196　35201 超长:86303	金×	李×	李×	18:00 王× 1:00 邵×

图 4-2　调度命令登记簿

(4)列车调度员应使用调度命令无线传送系统向司机发布书面调度命令，司机应及时签认接收，不再与列车调度员核对，有疑问时，须立即询问列车调度员。调度命令无线传送系统故障时，可按规定使用语音记录装置良好的列车无线调度通信设备发布，司机接到命令后，须与列车调度员核对。由车站交付的调度命令，车站值班员可使用调度命令无线传送系统或按规定使用语音记录装置良好的列车无线调度通信设备向司机转达。

(5)已发布的调度命令，遇有错、漏或变化时，必须取消前发命令，重新发布全部内容的调度命令。调度命令书写不正确时，应重新书写。

(6)遇调度命令需跨调度所(台)执行时，发布调度命令的列车调度员须发布给列车运行全区段的调度命令，需要列车运行前方各调度指挥区段掌握和执行的调度命令，还应将调度命令抄知相关调度台。

(7)使用调度命令无线传送系统向司机发布书面调度命令时,司机应及时签认接收。确认签收后,对内容无疑问时,司机不再与列车调度员核对,但对其内容有疑问时,须立即向列车调度员询问。

(8)发布有关线路、道岔限速的调度命令,必须注明具体地点(包括站内线别、道岔号码)、起止里程及时间。发布事故救援命令中有关线路、道岔必须注明里程。

(9)指定时间段内的维修作业,在维修作业完毕销记后,列车调度员不再发布维修作业结束恢复行车的命令。如需延长作业时间须列车调度员发布调度命令批准。

三、发布行车调度命令的规定

(1)行车调度命令必须在列车进入关系区间(站)前交付;在未确认司机已收到调度命令(得到回执)前,不得开放发、接该次列车的出站或进站信号。

(2)作为行车凭证的调度命令,在接发列车进路准备妥当后,方可向司机发布(转达)。

(3)使用调度命令无线传送系统传送行车凭证,列车调度员办理接发列车时,由列车调度员传送,车站值班员办理接发列车时,由车站值班员传送。

(4)对跨铁路局集团公司(调度台)的列车,接车铁路局集团公司(调度台)列车调度员可委托相邻铁路局集团公司(调度台)列车调度员转发调度命令,接车铁路局集团公司(调度台)要将需转发的调度命令号码和内容发给相邻铁路局集团公司(调度台),相邻铁路局集团公司(调度台)将受令情况向接车铁路局集团公司(调度台)列车调度员通报。

(5)更换机车或变更限速条件时,应由有关铁路局集团公司列车调度员重新发布相关调度命令。途中乘务人员换班时,应将调度命令内容交接清楚。

(6)当动车组(电力机车)处理故障需接触网停电配合时,列车调度员及时调整列车运行,向供电调度员提出停电申请并办理签认手续。供电调度员完成停电操作后,由列车调度员向司机发布准许登顶作业的调度命令。

(7)遇大风,列车调度员按防灾安全监控系统报警提示发布限速调度命令,遇某一时段风速不稳或某一地段多处风速报警,造成频繁发布限速调度命令和设置、取消列控限速时,经值班(副)主任批准,列车调度员在某一时段或地段按最低限速值发布限速调度命令,并及时设置列控限速。

(8)在同一处所(地段),当多个部门、防灾安全监控系统提出的限速要求不一致时,列车调度员按最低限速值发布限速调度命令、设置列控限速。

(9)来不及发布限速调度命令、设置列控限速时,发布口头指示通知司机限速,司机按列车调度员通知的限速要求运行。

四、发布施工、维修作业调度命令的规定

(1)列车调度员根据施工、维修日计划及开始作业的请求,发布准许进行施工、维修作业调度命令。凡涉及接触网停电的作业,必须有供电调度台发布的作业命令,方准进行作业。送电时,供电调度员在确认所有作业组已消除作业命令后,方可恢复送电。

(2)施工作业结束并销记后,列车调度员应及时发布施工作业结束的调度命令。天窗维

修作业在指定时间内完成销记时，列车调度员不再发布维修作业结束的调度命令。

(3)施工开通后有第1、2、3…列限速要求的列车，由列车调度员单独发布限速调度命令，可不设置列控限速。

(4)因施工提前、延迟或其他原因造成运行揭示调度命令与实际限速、行车方式或设备不符时，列车调度员应取消前发运行揭示调度命令，向有关司机、车站值班员、施工负责人重新发布全部内容的调度命令；相符时仍按前发运行揭示调度命令执行。

五、发布运行揭示调度命令的规定

(1)运行揭示调度命令是指由调度所施工调度发布的涉及限速、行车方式发生变化和设备变化的调度命令，如图4-3所示。

调度命令

_______年_______月_______日_______时_______分　　　　第_______号

受令处所		调度员姓名	
内容	___月___日___时___分至___月___日___时___分(另有命令时)，___线___站(含___道___号道岔)至___站(含___道___号道岔)间___行线___ km ___ m至___ km ___ m处施工(灾害、故障)，限速___ km/h		

(规格110mm×160mm)　　　　受令车站_______车站值班员

图4-3　运行揭示调度命令

(2)运行揭示调度命令应包括时间、地点、因由、速度、行车方式变化、设备变化等内容，机务部门应根据运行揭示调度命令及时将有关内容写入IC卡。

(3)发布运行揭示调度命令，不得含有与受令处所无关的内容和命令。

六、发布供电调度命令的有关规定

(1)供电调度员发布命令后，受令人应复诵，供电调度员确认无误后，方可给予命令编号、批准时间。

(2)供电调度员向一个受令人同时只能发布一个命令，该命令完成后方可发布第二个命令。

七、临时限速调度命令的管理

(1)发生灾害、设备故障等影响行车的突发情况(含施工开通后未达到规定的放行列车条件)，列车调度员应立即采取应急处置措施，发布限速调度命令，设置列控限速，通知综合维修调度台，并向值班副主任汇报。

(2)登记限速单位对于当日天窗结束未取消或登记限速单位不能答复预计取消(变更限速条件)时间的临时限速，应向主管业务处提报限速申请，主管业务处审核后提报给综合维修调度台，综合维修调度台发布运行揭示调度命令。

(3)列车调度员确认在途司机均已收到运行揭示调度命令后，方可不再向司机发布限速调度命令。

(4)经整治需要变更已纳入运行揭示管理的限速时，设备管理部门应及时登记，同时向本铁路局集团公司主管业务处提出新的限速条件(或恢复常速)申请,综合维修调度台根据主管业务处提出的申请,重新发布运行揭示调度命令。列车调度员确认司机仍持有原限速运行揭示调度命令后,向在途列车发布取消原运行揭示调度命令、按新的限速条件(或恢复常速)运行的调度命令。

八、列控限速管理

1. 列控限速概述

(1)用于列车运行控制系统的限速设置(数据格式)称为列控限速。列控限速由列车调度员通过 CTC 进行设置或取消,并采用双重口令,由列控系统执行。

(2)列控限速数据包括线路号、相关受令车站、限速位置、限速值、限速执行方式、限速开始和结束时间等,侧线列控限速应增加车站号信息。

(3)列控中心控制的每个有源应答器只管辖一定范围内的限速,限速区可以设置在区间、站内正线、站内侧线或区间跨站内正线,有源应答器设置位置如图 4-4 所示。

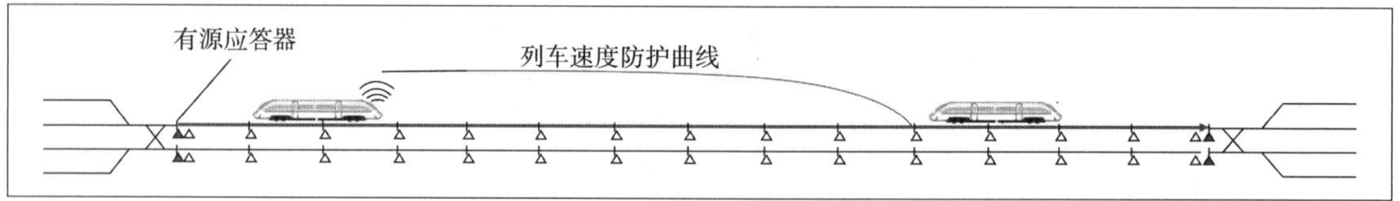

图 4-4　有源应答器设置位置

2. 列控限速设置

(1)列控限速按挡分为不同的限速等级,最低为 45km/h。

(2)设置列控限速时,应按照不高于限速值的原则选择相应限速等级进行设置,但低于 45km/h 的限速按 45km/h 设置。

(3)设置列控限速时,限速区段长度不足 21m,按 21m 设置;相邻两处限速区段首尾间隔须 10m 以上;限速命令起、终点不得设置在短链点及内部。

(4)如调度命令的限速值低于列控车载设备显示的目标速度时,动车组列车司机应按调度命令控制列车运行。遇实际限速与运行揭示调度命令(临时限速调度命令)限速相符,而列控限速归挡造成列控限速与运行揭示调度命令(临时限速调度命令)限速不符时,列车调度员不再向动车组列车司机发布临时限速调度命令。

(5)对低于 45km/h 的限速,装备 LKJ 的动车组列车,限速命令已写入 IC 卡时,动车组列车司机应根据调度命令在限速地段前一站停车改按 LKJ 方式运行,司机按限速调度命令和 LKJ 设置控制列车通过限速地段;未写入 IC 卡时,动车组列车司机应根据限速调度命令人工控制列车通过限速地段。未装备 LKJ 的动车组列车,动车组列车司机应根据限速调度命令人工控制列车通过限速地段。

(6)列控限速的设置和取消按规定流程办理。

3. 列控限速设置不成功时的处理

(1)对装备 LKJ 的动车组列车,列控限速设置不成功时,列车调度员应关闭(车站控制时未通知车站值班员关闭)进入该限速地段前一站的出站信号,发布动车组列车改按 LKJ 方

式行车的调度命令。司机在该站停车转换为 LKJ 方式,按以下方式运行:

①动车组列车司机在出乘前已收到该限速的运行揭示调度命令时,列车调度员与司机核对限速的运行揭示调度命令无误后,方可放行列车,司机按运行揭示调度命令和 LKJ 设置控制列车运行速度,通过限速地段。

②动车组列车司机在出乘前未收到该限速的运行揭示调度命令时,列车调度员应向司机发布限速调度命令(最高不超过 40km/h),核对无误后,方可放行列车。司机按限速调度命令人工控制列车通过限速地段。

(2)对未装备 LKJ 的动车组列车,列控限速设置不成功时,列车调度员应关闭(车站控制时未通知车站值班员关闭)进入该限速地段前一站的出站信号,向司机发布限速调度命令(最高不超过 40km/h),核对无误后,方可放行列车。司机按限速调度命令人工控制列车通过限速地段。

九、下列调度命令须经值班主任(副主任)批准

(1)列车反方向运行。

(2)临时抢修作业。

(3)出动轨道车临时处理故障。

(4)动车组列车因特殊情况需在不停车站或在区间(抢险、抢修)临时停车上下人员。

(5)启用热备动车组。

十、遇下列情况,高铁列车调度员不发布调度命令

(1)中国列车运行控制系统第三级(CTCS-3 级)方式人工转换为中国列车运行控制系统第二级(CTCS-2 级)方式行车时。

(2)对司机报告或司机转报的因动车组自身车辆设备故障需限速时。

(3)在分散自律控制模式下,不涉及衔接既有线车站及区间的封锁、开通线路。

(4)旅客列车在技术停车站(不办理客运业务和技术作业)临时变更通过。

任务实施与评价

请完成本任务的任务实施与评价,见教材数字资源中的电子实训工单。

任务三　日常运输组织

学习目标

知识目标

1. 掌握行车工作的基本要求;

2. 掌握列车按运输性质的分类和运行等级顺序分类规定;

3. 掌握影响高铁正常行车信息的通报要求。

能力目标

1. 能够依据车次区分旅客列车等级;
2. 能够确定合理的运行调整方案;
3. 能够正确执行影响高铁正常行车信息的通报程序。

素质目标

1. 建立以客观实际为依据、理论联系实际的思维;
2. 树立遵章守纪,严格执行作业标准意识。

任务描述

某日工作过程中,A—B 区段因暴风雨影响,列车大面积晚点,列车运行秩序发生较大变化,该调度区段开行不同等级的旅客列车,作为当班调度人员,请按规定要求对列车运行秩序进行调整。

案例导入

因京广高铁接触网故障 北京西站部分列车停运

新华社北京 2021 年 5 月 1 日电,记者丁静 1 日从北京西站获悉,受大风天气影响,京广高铁接触网挂异物影响铁路供电,北京西站部分列车停运。

目前,北京西站 5 月 1 日始发 G6735、G6717、G6745、G8953、G6715、G6713、G6709、G8907 次列车停运,5 月 2 日始发 G9961、G9963、G9965 次列车停运。

目前,北京西站已经滞留部分旅客,滞留人数暂无法估计。铁路部门建议旅客出行前,关注北京西站官方微博公布的最新消息。

据介绍,车站已经第一时间启动应急预案,一是加强宣传提示,积极与列车联系并根据列车晚点情况加强广播宣传;二是加强组织协调,组织休班的干部职工返回岗位,增加作业力量,进站口实行限时进站措施,并做好对候车旅客的解释、引导工作;三是售票厅备足窗口和人员,为旅客办理改签、退票业务,受此次故障影响未能如期乘车的旅客可以办理全额退票手续。

(资料来源:新华社　责任编辑:鲍聪颖　高星)

引导提示:从上述案例得知,高铁运营是受天气等客观条件影响的,本着以人为本的思想,当出现停运的情况时,需加强宣传、组织协调,将对旅客的影响减小到最低。上述案例说明,每日的情况是不一样的,调度人员应随机应变,具体问题具体分析,根据当日实际情况制订切实可行的计划。

知识探索

一、行车工作的基本要求

行车工作必须严格执行单一指挥的原则。列车调度员是一个调度区段行车的统一指挥

者,有关行车人员必须执行列车调度员的命令、指示,不得违反。列车调度员负责组织实现列车运行图、调度日计划,应做到:

(1)检查列车运行图和调度日计划的执行情况,及时发布有关调度命令和口头指示。

(2)严格按列车运行图指挥行车,遇列车发生晚点时,应积极采取措施,组织有关人员恢复正点。

(3)注意列车运行情况,正确、及时地处理临时发生的问题。

二、列车按运输性质的分类和运行等级顺序的分类

1. 按运输性质分类

(1)旅客列车(动车组列车,特快、快速、普通旅客列车)。

(2)路用列车。

2. 列车运行等级顺序分类

(1)动车组列车。

(2)特快旅客列车。

(3)快速旅客列车。

(4)普通旅客列车。

(5)路用列车。

开往事故现场救援、抢修、抢救的列车,应优先办理。特殊指定的列车,其等级应在指定时确定。

三、影响高铁正常行车信息的通报要求

影响高铁列车安全和正常运行的信息必须按下列规定汇报:

1. 基层单位向调度所的信息报告

(1)集控站有关行车工作由列车调度台负责,相关人员直接向列车调度员报告有关行车工作。列车运行途中,随车机械师、列车长遇影响列车运行的有关事项,通过司机向列车调度员汇报。

(2)高铁发生铁路交通事故、设备故障及其他影响行车安全的突发情况时,有关单位(人员)立即向有调度指挥权的调度所列车调度台汇报。

(3)当施工维修作业不能按计划结束时,作业负责人应提前30min向列车调度员汇报。

(4)发生影响旅客服务的突发情况,车站由站长、客运值班员及综控室值班员,列车由列车长及时向客运调度员汇报。

(5)客运段每3h向客运调度员汇报客运乘务计划和库内保洁计划落实情况,发生变化,及时汇报。

(6)动车基地(段)、动车所、机务段调度员每3h向动车调度员汇报车底运用、备用、检修、乘务计划落实情况,发生变化,及时汇报。

2. 调度所向中国国家铁路集团有限公司的信息报告

(1)每日9:00(21:00)前,值班主任(副主任)报告接班后的管辖范围内运输情况,日计

划开行列车对数、重点事项。

(2)调度所高铁各工种调度每3h向中国国家铁路集团有限公司所属各工种调度上报各项规定的内容。

(3)动车组列车需临时停车,上、下人员应立即上报。

(4)安全情况和重要事项应随时报告。

当上级调度向下级调度和站段了解有关运输情况时,有关人员应及时认真汇报。

四、动车组列车调整

1.临时计划

临时有计划加开、停运、定员变化或变更客运业务停站时:

(1)有关铁路局集团公司客运、车辆、机务部门确定方案,于客票预售期前2日(加开或对已发售客票不影响时,须在列车开行前2日)向调度所高铁计划调度台提出申请。

(2)调度所计划调度台审核后,向有关单位发布调度命令,并抄送相关铁路局集团公司客运处(客票管理所)、客货统计所、调度台;跨调度所时,须经中国国家铁路集团有限公司高铁计划调度台与客营部门协商同意后以调度命令批准。

2.突发情况

遇突发情况需临时加开、停运、定员变化、途中折返、变更客运业务停站时:

(1)调度所根据运输需要,会同相关部门确定方案,由计划调度台向相关铁路局集团公司客运处(客票管理所)和客运段发布调度命令,并抄送动车、客运调度台,客货统计所。

(2)动车调度台依据计划调度台的调度命令向相关动车基地(段)、机务段发布动车组车底运用调度命令。

(3)涉及反编组、席别顺位变化等影响旅客乘降组织的,客运调度台还应转发至相关车站。

(4)跨调度所时,须经中国国家铁路集团有限公司高铁计划调度台同意后以调度命令批准。

3.变更车底

(1)动车基地(段)向调度所动车调度台提出申请。

(2)动车调度台审核并与计划调度台协商后,向动车基地(段)、机务段等单位发布调度命令,并抄送客运调度台;客运调度台负责转发至相关客运段和客票管理所,涉及反编组、席别顺位变化等影响旅客乘降组织的,客运调度台还应转发至相关车站。

(3)跨调度所或使用外属动车组担当交路时,须经中国国家铁路集团有限公司动车调度台批准。

4.动车组列车的回送

(1)动车组回送径路、运行条件有特定要求时,相关专业部门以电文形式明确。

(2)调度所动车调度台根据动车基地(段)、造修单位提交的书面回送申请,依据相关电文、检修计划、运用交路调整及检修方案,审核后提交值班副主任批准(跨调度所回送时向中国国家铁路集团有限公司申请),计划调度台负责纳入日计划。

(3)调度管辖权管理的动车组在担当区段内运用交路调整、检修(故障时)调整产生的空载运行来不及纳入日计划时,经动车调度台确认、值班副主任审核后,由列车调度台发布调度命令。

(4)跨调度所时,动车调度台向中国国家铁路集团有限公司动车调度台申请,中国国家铁路集团有限公司动车调度台审核(无动力回送时须经机车调度台会签),交中国国家铁路集团有限公司行车调度台发布调度命令。沿途各调度所值班主任(副主任)根据中国国家铁路集团有限公司调度命令组织相关工种调度纳入日计划交接。

5.试验列车的开行

(1)试验单位根据有关文电,会同相关部门确定方案,向调度所值班副主任提出申请,涉及跨调度所试验列车开行时,由调度所值班副主任向中国国家铁路集团有限公司行车调度台提出申请。

(2)中国国家铁路集团有限公司行车调度台根据试验单位或调度所提报申请,经领导批准后,发布跨调度所试验列车运行命令。

(3)调度所管辖范围内开行试验列车时,调度所值班副主任根据有关文电及试验单位提报的申请,报调度所副主任批准后,交计划调度台纳入日计划。

(4)遇特殊情况,需临时调整动车组综合检测车运行时:

①动车组综合检测车主管单位确定方案,向中国国家铁路集团有限公司提出书面申请。

②中国国家铁路集团有限公司行车调度台根据领导批示,发布动车组综合检测车运行调整(2 日内)的调度命令。

③动车组综合检测车主管单位及时发布动车组综合检测车后续开行调整方案的电报。

任务实施与评价

请完成本任务的任务实施与评价,见教材数字资源中的电子实训工单。

任务四　列车运行组织

学习目标

知识目标

1.掌握行车闭塞基本知识;

2.掌握接发列车有关规定内容;

3.掌握列车运行有关规定内容。

能力目标

1.能够根据 CTCS-2、CTCS-3 不同条件、不同特殊情况正确使用行车凭证;

2.能够正确执行接发列车有关规定;

3.能够正确执行列车运行有关规定。

素质目标

1. 树立“一点也不能差、差一点也不行”的细致严谨工作态度;

2. 在列车运行组织过程中,体现“以人为本、生命为上”理念。

任务描述

A—B 区段信号设备为 CTCS-3 级,信号机常态灭灯,某日工作过程中,f3 道下行出站信号机发生故障,f 站计划 3 道发出下行列车,请叙述此种情况下的控车方式、行车凭证、发给行车凭证的依据、附带条件。

案例导入

为救旅客,北京西开往重庆北这趟高铁临停两分钟

人民网北京 2023 年 5 月 8 日电 ,5 月 7 日,在北京西开往重庆北的 G51 次列车上,一名旅客在突发身体不适,在列车上多次寻医无果的情况下,列车长在征得旅客同意后立即申请中途临时停车。最终,患病旅客得到了救治,转危为安。

据悉,G51 次高铁列车从石家庄站开出后,列车长元青巡视至 7 号车厢时,发现一名男旅客正站在车厢走廊处手捂胸口,呼吸困难,便上前询问,并小心翼翼地把旅客搀扶到腾空的一排座位上缓缓坐下。此时旅客面色苍白,言语不清,瘫坐在座椅上已经没有力气。

元青马上组织乘务员广播寻找医生,并让乘务员拿来急救药箱。当时多次寻医无果,并且该次列车从石家庄站出发后将直达郑州站,期间需要一小时的时间。在了解到旅客是独自出行时,为防止其病情加重,元青果断决定向铁路调度部门申请在前方最近车站临时停车送医。

在短短 20min 内,在站车工作人员和热心旅客的共同努力下,高铁临时停车 2min,患病旅客得到了及时救治。据了解,目前该患病旅客已住院治疗,身体状况已经好转。

(资料来源:人民网　责任编辑:尹星云　高星)

引导提示:从上述案例得知,计划是可以合理调整的,抢救旅客体现了人民铁路为人民这一宗旨,也体现了以人为本的理念。同时也说明调度指挥人员日常工作时应随机应变,秉持临机处置、灵活处理的原则。

知识探索

一、行车闭塞

1. 区间及闭塞分区的划分

列车运行是以车站、线路所划分的区间及自动闭塞区间的通过信号机或区间信号标志牌所划分的闭塞分区作间隔。区间及闭塞分区的界限,按下列规定划分:

(1)站间区间。

①在单线上,车站与车站间以进站信号机柱的中心线为车站与区间的分界线。

②在双线或多线上,车站与车站间分别以各线的进站信号机柱或站界标的中心线为车

站与区间的分界线。

(2)所间区间。两线路所间或线路所与车站间,以该线上的通过信号机柱的中心线为所间区间的分界线。设有进站信号机的线路所,所间区间的分界方法与站间区间相同。

(3)闭塞分区。自动闭塞区间同方向相邻的两架色灯信号机或区间信号标志牌间,以该线上的通过信号机或区间信号标志牌机柱的中心线为闭塞分区的分界线。

2. 行车闭塞法的种类

行车基本闭塞法采用自动闭塞和自动站间闭塞两种。电话闭塞法是当基本闭塞法不能使用时所采用的代用闭塞法,当基本闭塞法不能使用时,应根据列车调度员的命令采用电话闭塞法行车。

(1)自动闭塞。

①自动闭塞区段,正方向行车,列车按自动闭塞运行;反方向行车,列车按自动站间闭塞运行。

使用自动闭塞法行车,动车组列车在完全监控、引导或部分监控模式下运行时,行车凭证为列控车载设备显示的允许运行的速度值。动车组列车按 LKJ 方式运行及动车组以外的列车,在信号机常态点灯的区段,进入闭塞分区的行车凭证为出站或通过信号机显示的允许运行的信号;在信号机常态灭灯的区段,进入区间的行车凭证为出站信号机或线路所通过信号机显示的允许运行的信号,信号机应点灯。

调度集中区段,一个调度区段内可不办理发车预告手续。两相邻调度集中的调度区段间或调度集中区段车站(线路所)向非调度集中区段车站(线路所)发车时,由系统自动办理发车预告,遇设备故障无法自动办理时,人工办理发车预告(相邻调度区段列车运行调整计划一致时可不办理发车预告)。非调度集中区段车站(线路所)向调度集中区段车站(线路所)发车时,车站值班员应向列车调度员(车站控制时为车站值班员)办理发车预告。

②中国列车运行控制系统分为 CTCS-0、CTCS-1、CTCS-2、CTCS-3、CTCS-4 五级,如图 4-5 所示。在信号机常态点灯的 CTCS-2 级自动闭塞区段,特殊情况下办理发车的行车凭证规定见表 4-3;CTCS-3 级以及信号机常态灭灯的 CTCS-2 级自动闭塞区段,特殊情况下办理发车的行车凭证规定见表 4-4。

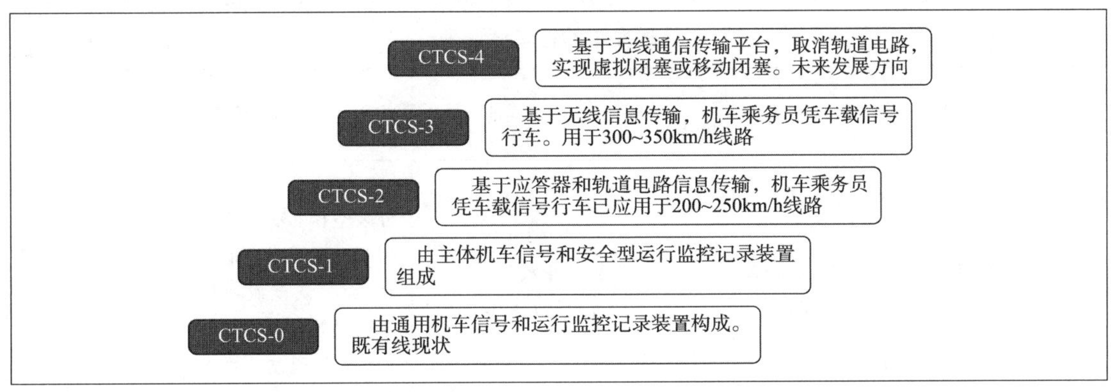

图 4-5 中国列车运行控制系统分级

信号机常态点灯的CTCS-2级自动闭塞区段特殊情况下办理发车的行车凭证表　表4-3

序号	特殊情况	控车方式	行车凭证	发给行车凭证的依据	附带条件
1	出站信号机(线路所通过信号机)故障时发出列车	LKJ(GYK)控车	调度命令	1. 确认第一个闭塞分区空闲。 2. 确认道岔位置正确及进路空闲	以不超过20km/h(动车组列车不超过40km/h)速度运行至第一架通过信号机,按其显示的要求执行
2		隔离模式运行		1. 确认区间空闲。 2. 确认道岔位置正确及进路空闲	以不超过40km/h速度运行至前方站进站信号机(线路所通过信号机)
3	发车进路信号机故障时发出列车	LKJ(GYK)控车	调度命令	1. 确认发车进路空闲。 2. 确认道岔位置正确	以不超过20km/h(动车组列车不超过40km/h)速度运行至次一信号机
4	发车进路信号机故障时发出列车	隔离模式运行	调度命令	1. 确认发车进路空闲。 2. 确认道岔位置正确	以不超过40km/h速度运行至次一信号机
5	区间一架及以上通过信号机故障时发出列车	CTCS-2级控车	列控车载设备显示的允许运行的速度值	确认区间空闲	
6		LKJ(GYK)控车	出站信号机(线路所通过信号机)显示的允许运行的信号		
7	反方向发出列车	CTCS-2级控车	列控车载设备显示的允许运行的速度值	1. 确认区间空闲。 2. 反方向行车的调度命令	
8		LKJ(GYK)控车	出站信号机(线路所通过信号机)显示的允许运行的信号		

CTCS-3级以及信号机常态灭灯的CTCS-2级自动闭塞区段特殊情况下办理发车的行车凭证表　表4-4

序号	特殊情况	控车方式	地面信号机状态	行车凭证	发给行车凭证的依据	附带条件
1	开放引导信号发出列车	CTCS-3级控车 CTCS-2级控车	灭灯	列控车载设备显示的允许运行的速度值	1. 确认第一个闭塞分区空闲(发车进路信号机开放引导信号时,为确认至次一信号机间空闲)。 2. 确认道岔位置正确及进路空闲	

续上表

序号	特殊情况	控车方式	地面信号机状态	行车凭证	发给行车凭证的依据	附带条件
2	开放引导信号发出列车	LKJ(GYK)控车	点灯	出站信号机(发车进路信号机、线路所通过信号机)显示的允许运行的信号	1. 确认区间空闲(发车进路信号机开放引导信号时,为确认至次一信号机间空闲)。 2. 确认道岔位置正确及进路空闲	
3	出站信号机(线路所通过信号机)故障且引导信号不能开放时发出列车	LKJ(GYK)控车	点灯	调度命令	1. 确认区间空闲。 2. 确认道岔位置正确及进路空闲	
4		隔离模式运行				以不超过40km/h速度运行至前方站进站信号机(线路所通过信号机)
5	发车进路信号机故障且引导信号不能开放时发出列车	LKJ(GYK)控车	点灯	调度命令	1. 确认发车进路空闲。 2. 确认道岔位置正确	以不超过20km/h(动车组列车不超过40km/h)速度运行至次一信号机
6		隔离模式运行				以不超过40km/h速度运行至次一信号机
7	区间一个及以上闭塞分区轨道电路红光带时发出列车	CTCS-3级控车 CTCS-2级控车	灭灯	列控车载设备显示的允许运行的速度值	确认区间空闲	
8		LKJ(GYK)控车	点灯	调度命令	1. 确认区间空闲。 2. 确认道岔位置正确及进路空闲	
9	反方向发出列车	CTCS-3级控车 CTCS-2级控车	灭灯	列控车载设备显示的允许运行的速度值	1. 确认区间空闲。 2. 反方向行车的调度命令	
10		LKJ(GYK)控车	点灯	出站信号机(线路所通过信号机)显示的允许运行的信号		

(2)自动站间闭塞。

①使用自动站间闭塞法行车,动车组列车在完全监控、引导或部分监控模式下运行时,行车凭证为列控车载设备显示的允许运行的速度值。动车组列车按LKJ方式运行及动车组以外的列车,进入区间的行车凭证为出站信号机或线路所通过信号机显示的允许运行的信号(在信号机常态灭灯的区段,信号机应点灯)。

自动站间闭塞须与集中联锁设备结合使用,自动检查区间空闲,发车站(线路所)办理发车进路后即自动构成站间闭塞。列车到达接车站(线路所)或返回发车站(线路所)并出清区间后,自动解除闭塞。

人工办理发车进路前,须确认区间空闲、接车站(线路所)未办理同一区间的发车进路。

一个调度区段内可不办理发车预告手续。两相邻调度集中的调度区段间或调度集中区段车站(线路所)向非调度集中区段车站(线路所)发车时,应由系统自动办理发车预告,遇设备故障无法自动办理时,人工办理发车预告(相邻调度区段列车运行调整计划一致时可不办理发车预告)。非调度集中区段车站(线路所)向调度集中区段车站(线路所)发车时,车站值班员应向列车调度员(车站控制时为车站值班员)办理发车预告。

②在信号机常态点灯的 CTCS-2 级自动站间闭塞区段,特殊情况下办理发车的行车凭证规定见表 4-5;CTCS-3 级以及信号机常态灭灯的 CTCS-2 级自动站间闭塞区段,特殊情况下办理发车的行车凭证规定见表 4-6。

信号机常态点灯的 CTCS-2 级自动站间闭塞区段特殊情况下办理发车的行车凭证表 表 4-5

<table>
<tr><th>序号</th><th>特殊情况</th><th>控车方式</th><th>行车凭证</th><th>发给行车凭证的依据</th><th>附带条件</th></tr>
<tr><td>1</td><td rowspan="2">出站信号机(线路所通过信号机)故障时发出列车</td><td>LKJ(GYK)控车</td><td rowspan="2">调度命令</td><td rowspan="2">1. 确认区间空闲。
2. 确认道岔位置正确及进路空闲</td><td></td></tr>
<tr><td>2</td><td>隔离模式运行</td><td>以不超过 40km/h 速度运行至前方站进站信号机(线路所通过信号机)</td></tr>
<tr><td>3</td><td rowspan="2">发车进路信号机故障时发出列车</td><td>LKJ(GYK)控车</td><td rowspan="2">调度命令</td><td rowspan="2">1. 确认发车进路空闲。
2. 确认道岔位置正确</td><td>以不超过 20km/h(动车组列车不超过 40km/h)速度运行至次一信号机</td></tr>
<tr><td>4</td><td>隔离模式运行</td><td>以不超过 40km/h 速度运行至次一信号机</td></tr>
<tr><td>5</td><td rowspan="2">反方向发出列车</td><td>CTCS-2 级控车</td><td>列控车载设备显示的允许运行的速度值</td><td rowspan="2">1. 确认区间空闲。
2. 反方向行车的调度命令</td><td rowspan="2"></td></tr>
<tr><td>6</td><td>LKJ(GYK)控车</td><td>出站信号机(线路所通过信号机)显示的允许运行的信号</td></tr>
</table>

CTCS-3 级以及信号机常态灭灯的 CTCS-2 级自动站间闭塞区段特殊情况下办理发车的行车凭证表 表 4-6

<table>
<tr><th>序号</th><th>特殊情况</th><th>控车方式</th><th>地面信号机状态</th><th>行车凭证</th><th>发给行车凭证的依据</th><th>附带条件</th></tr>
<tr><td>1</td><td rowspan="2">开放引导信号发出列车</td><td>CTCS-3 级控车
CTCS-2 级控车</td><td>灭灯</td><td>列控车载设备显示的允许运行的速度值</td><td rowspan="2">1. 确认区间空闲(发车进路信号机开放引导信号时,为确认至次一信号机间空闲)。
2. 确认道岔位置正确及进路空闲</td><td rowspan="2"></td></tr>
<tr><td>2</td><td>LKJ(GYK)控车</td><td>点灯</td><td>出站信号机(发车进路信号机、线路所通过信号机)显示的允许运行的信号</td></tr>
</table>

续上表

序号	特殊情况	控车方式	地面信号机状态	行车凭证	发给行车凭证的依据	附带条件
3	出站信号机(线路所通过信号机)故障且引导信号不能开放时发出列车	LKJ(GYK)控车	点灯	调度命令	1. 确认区间空闲。 2. 确认道岔位置正确及进路空闲	
4		隔离模式运行				以不超过40km/h速度运行至前方站进站信号机(线路所通过信号机)
5	发车进路信号机故障且引导信号不能开放时发出列车	LKJ(GYK)控车	点灯	调度命令	1. 确认发车进路空闲。 2. 确认道岔位置正确	以不超过20km/h(动车组列车不超过40km/h)速度运行至次一信号机
6		隔离模式运行				以不超过40km/h速度运行至次一信号机
7	反方向发出列车	CTCS-3级控车 CTCS-2级控车	灭灯	列控车载设备显示的允许运行的速度值	1. 确认区间空闲。 2. 反方向行车的调度命令	
8		LKJ(GYK)控车	点灯	出站信号机(线路所通过信号机)显示的允许运行的信号		

(3)电话闭塞。

①遇下列情况,应停止使用基本闭塞法,改用电话闭塞法行车。

a. 基本闭塞设备发生故障导致基本闭塞法不能使用时。

b. 自动站间闭塞区间,出站信号机故障且引导信号不能开放时发车。

②使用电话闭塞法行车时,列车占用区间的行车凭证为调度命令。基本闭塞法停用按电话闭塞法行车时,动车组列车司机应根据调度命令将列控车载设备转为LKJ方式运行,未装备LKJ的动车组列车转为隔离模式运行。

列车调度员办理发车时,应查明区间空闲,接车站(线路所)为车站控制或邻台列车调度员控制时,还应取得其承认的电话记录号码(双线正方向首列后发车为取得前次列车到达的电话记录号码);在发车进路准备妥当后,方可发布作为行车凭证的调度命令。

车站值班员办理发车时,应查明区间空闲,并取得接车站(线路所)承认的电话记录号码,但双线正方向首列后发车取得前次列车到达的电话记录号码(办理发车及接车的车站、线路所为同一车站值班员指挥时不办理电话记录号码),在发车进路准备妥当后,方可向列车调度员报告,请求发布作为行车凭证的调度命令。

③办理电话闭塞时,下列各项应发出电话记录号码(办理发车及接车的车站、线路所为

同一车站值班员或列车调度员指挥时除外),并做好记录。

a. 承认闭塞。

b. 列车到达。

c. 取消闭塞。

d. 电话记录号码自每日 0:00 起—24:00 止,按日循环编号,编号办法由铁路局集团公司规定。

二、接发列车

(1)动车组列车由列车长确认旅客上下完毕后,通知司机关闭车门;列车进站停车时,司机按动车组停车位置标停车,确认列车停稳、对准停车位置后开启车门。按钮不在司机操作台上的,由列车长通知随车机械师关闭车门;列车到站停稳后,由随车机械师开启车门。如自动开关门装置故障或特殊情况需单独开关车门时,由司机通知列车工作人员手动开关车门。

动车组列车从车站出发,动车组列车司机在确认行车凭证和开车时间,车门关闭后,即可启动列车。

动车组以外的其他列车在车站出发,司机确认行车凭证正确,发车条件完备后,直接启动列车;办理客运业务时,车站客运人员确认旅客乘降、上水、行包装卸完毕后,通过无线对讲设备通知司机,司机须得到车站客运人员的报告后,方可启动列车。

(2)车站应不间断地接发列车,严格按列车运行图行车。车站值班员办理接发列车(列车调度员人工办理接发列车)时,应亲自办理闭塞、布置进路(包括听取进路准备妥当的报告)、开闭信号、交接凭证。由于设备或业务量关系,车站值班员除布置进路(包括听取进路准备妥当的报告)外,其他各项工作可指派信号员或其他人员办理;列车调度员人工办理接发列车时,除办理闭塞、布置进路(包括听取进路准备妥当的报告)外,其他各项工作可指派车务应急值守人员或其他人员办理。

(3)人工办理进路接车前,必须亲自或通过有关人员确认接车进路空闲、影响进路的调车作业已经停止后,方可准备进路、开放信号,准备接车;人工办理进路发车前,确认影响进路的调车作业已经停止后,方可准备进路、开放信号,交付凭证,如图 4-6 所示。

下达准备接发车进路命令时,必须简明清楚,正确及时,讲清车次和占用线路(一端有两个及以上列车运行方向或双线反方向行车时,应讲清方向、线别),并要受令人复诵,核对无误。

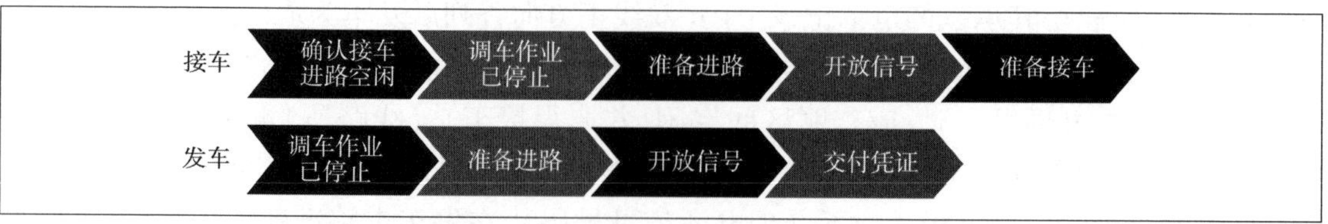

图 4-6 人工办理进路接车与发车程序

(4)人工准备进路时,应严格按照接发列车命令、调车作业计划执行。

在扳动道岔、操纵信号时，认真执行“一看、二扳（按）、三确认、四显示（呼唤）”制度；对进路上不该扳动的道岔，也应认真进行确认。

其他人员接发列车进路准备完毕后，应及时报告车站值班员或列车调度员（能从设备上确认的除外）。

（5）进站信号机外制动距离内，进站方向为超过6‰的下坡道，而接车线末端无隔开设备时，禁止办理相对方向同时接车和同方向同时发接列车（仅运行动车组列车的区段除外）。

在接发列车的同时，接入列控车载设备及列车运行监控装置均故障的动车组列车、制动力部分切除的动车组列车、列车运行监控装置或轨道车运行控制设备故障的其他列车，而接车线末端无隔开设备时，禁止办理相对方向同时接车和同方向同时发接列车。

相对方向不能同时接车时，应先接不适于在站外停车的列车、停车后启动困难的列车或后面有续行列车的列车。

遇两列车不能同时接发时，原则上应按列车运行计划顺序接发。

（6）人工办理时，开放信号机的时机在《高速铁路行车组织细则》中规定。出站信号机已开放或行车凭证已交付，如需取消发车进路，列车调度员（车站控制时为车站值班员）应与司机联系，确认列车尚未启动，收回行车凭证后，再取消发车进路。

（7）接发列车应在正线或到发线上办理，并应遵守下列原则。

①旅客列车应接入规定线路。

②动车组列车在车站办理客运业务时，须固定股道、固定站台、固定停车位置。动车组列车遇特殊情况需变更办理客运业务的固定股道时，须经调度所值班主任（副主任）准许。

③通过列车原则上应在正线办理。原规定为通过的旅客列车由正线变更为到发线接车及动车组列车、特快旅客列车遇特殊情况必须变更基本进路时，须经列车调度员准许，并预告司机。如来不及预告时，应使列车在站外停车后，开放信号机，再接入站内。列车通过线路要求如图4-7所示。

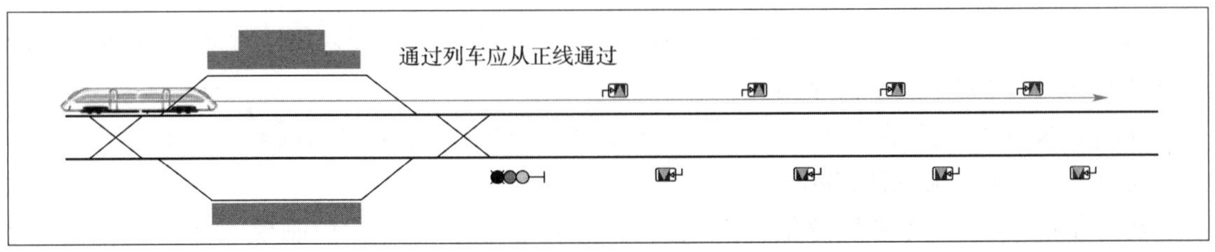

图4-7 列车通过线路要求

④动车组列车按列控车载设备方式行车时，禁止在未设置列控信息的股道及进路上接发。

（8）在动车组列车运行时段内，特殊情况需开行路用、救援列车（利用动车组、单机担当救援时除外）时，列车调度员口头通知邻线会车范围内运行的动车组列车司机限速160km/h运行。

（9）列车调度员（车站控制时为车站值班员）应保证有不间断接车的空闲线路。

在站内无空闲线路的特殊情况下,只准许接入为排除故障、事故救援、疏解车辆等所需要的救援列车、不挂车的单机及重型轨道车。上述列车均应在进站信号机外停车,由列车调度员(车站控制时为车站值班员)指定的胜任人员向司机通知事由后,以调车手信号旗(灯)将列车领入站内。

(10)列车进站后,应停于接车线警冲标内方。在设有出站(进路)信号机的线路,列车头部不得越过出站(进路)信号机。

如列车尾部停在警冲标外方或压到轨道绝缘时,列车调度员(车站控制时为车站值班员)应使用列车无线调度通信设备等通知司机,将列车向前移动。

(11)进站、接车进路信号机不能使用时,应使用引导信号。引导信号无法使用时,列车调度员应向司机发布调度命令,司机根据调度命令越过该信号机。

引导接车时,列车以不超过20km/h(动车组列车不超过40km/h)速度进站,并做好随时停车的准备。

在无联锁的线路上接发列车时,除严格按接发列车手续办理外,还应将进路上无联锁的道岔及邻线上防护道岔加锁。进路上无联锁的分动外锁闭道岔无论对向或顺向,均应对密贴尖轨、斥离尖轨和可动心轨加锁。具体加锁办法,由铁路局集团公司规定。

(12)列车在站内临时停车,待停车原因消除且继续运行时,应按下列规定办理。

①司机主动停车时,自行启动列车。

②其他列车乘务人员使用紧急制动装置(紧急制动阀)停车时,由随车机械师(车辆乘务员)通知司机开车。

③列车调度员(车站值班员)使列车在站内临时停车时,由列车调度员(车站值班员)通知司机开车。

④其他原因的临时停车,列车调度员(车站值班员)应组织司机、随车机械师(车辆乘务员)等查明停车原因,在列车具备运行条件后,由列车调度员(车站值班员)通知司机开车。

上述第①、②、④项列车停车后,司机应立即报告列车调度员(车站值班员),并说明停车原因。

(13)在非正常情况下,集控站转为车站控制时,车务应急值守人员应报告站段指派胜任人员赶赴现场,协助做好非正常行车工作。

除因危及行车安全必须立即转换为非常站控外,列车调度员提出需转为非常站控时,须经调度所值班主任(副主任)准许。

转为非常站控时,车务应急值守人员和列车调度员须在“CTC控制模式转换登记簿”的附件3内登记,记明转换的原因;车务应急值守人员与列车调度员核对设备状况、站内停留车情况、列车运行计划、邻站(线路所)控制模式及与本站(线路所)有关的调度命令等情况。转为非常站控后,应通知司机、车站(线路所)转为非常站控。

转为非常站控的原因消除后,双方在“CTC控制模式转换登记簿”的附件3内登记,并及时转回。

(14)动车组列车按隔离模式由车站(线路所)开往区间时,须按站间组织行车,列车按地面信号显示运行,待该列车到达前方站(线路所)后方可放行后续列车。

(15)自动闭塞区间,遇轨道电路发生故障等情况,需使用总辅助按钮改变闭塞方向,由车站办理接发列车时,车站值班员确认区间空闲后,根据列车调度员命令,使用总辅助按钮改变闭塞方向,并在“行车设备检查登记簿”内登记;由列车调度员办理接发列车时,列车调度员确认区间空闲后,使用总辅助按钮改变闭塞方向,并在“行车设备检查登记簿”内登记。

三、列车运行

(1)列车在区间停车需下车处理时,列车调度员发布邻线列车限速160km/h及以下的调度命令,限速位置按停车列车位置前后各1km确定;司机在接到列车调度员已发布相关调度命令的口头指示后,通知有关作业人员办理。需组织旅客疏散时,必须扣停邻线列车,司机在接到列车调度员已扣停邻线列车的口头指示后,通知有关作业人员办理。列车在区间停车需下车处理要求如图4-8所示。

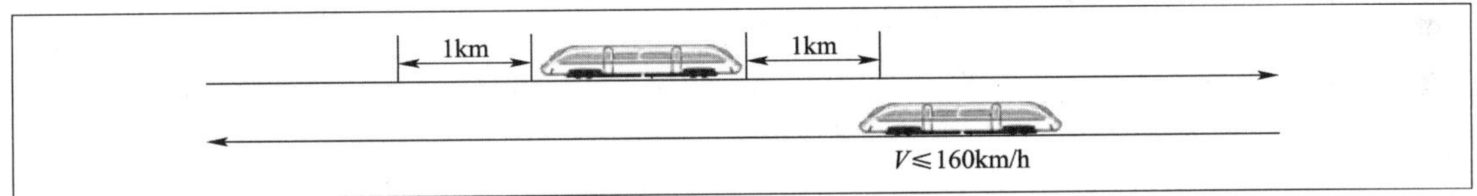

图4-8　列车在区间停车需下车处理要求

(2)列车(动车组列车按列控车载设备方式行车时除外)运行限制速度规定见表4-7。

列车运行限制速度表　　表4-7

项目	速度(km/h)
四显示自动闭塞区段通过显示绿黄色灯光的信号机	在前方第三架信号机前能停车的速度
通过显示黄色灯光的信号机	在次一架信号机前能停车的速度
通过显示一个黄色闪光灯光和一个黄色灯光的信号机	该信号机防护进路上道岔侧向的允许通过速度
通过减速地点标	标明的速度,未标明时为25
推进	30
退行	15
接入站内尽头线,自进入该线起	30

(3)动车组列车按隔离模式运行时,运行速度不超过40km/h。在越过接触网分相有困难的特殊情况下,列车调度员可根据司机请求发布调度命令,列车以不超过80km/h的速度越过接触网分相。

(4)动车组一般情况下不得通过半径小于250m的曲线,通过曲线半径为250m曲线时,限速15km/h;不得侧向通过小于9号的单开道岔和小于6号的对称双开道岔。

(5)当未装备LKJ的动车组列车在CTCS-0/1级区段按机车信号模式运行时,列车按地面信号机显示运行,最高运行速度不超过80km/h。低于80km/h的限速按调度命令执行,线路允许速度低于80km/h的区段由司机控制列车运行速度。

(6)动车组列车在 CTCS-2 级区段与 CTCS-0/1 级区段级间自动转换失败时,司机应立即报告列车调度员(车站值班员),并按下述规定办理。

①由 CTCS-2 级区段向 CTCS-0/1 级区段运行时,停车后根据调度命令手动转换。

②由 CTCS-0/1 级区段向 CTCS-2 级区段运行时,可维持按 LKJ 方式继续运行。

(7)动车组列车在 CTCS-3 级区段与 CTCS-2 级区段级间自动转换失败时,司机应立即报告列车调度员(车站值班员),并按下述规定办理。

①由 CTCS-3 级区段向 CTCS-2 级区段运行时,停车后手动转换。

②由 CTCS-2 级区段向 CTCS-3 级区段运行时,维持 CTCS-2 级方式继续运行。

CTCS-3 级区段与 CTCS-2 级区段级间自动转换失败运行方式如图 4-9 所示。

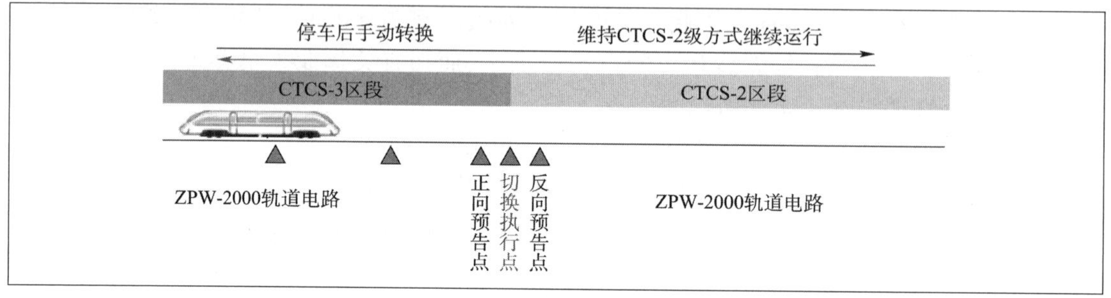

图 4-9　CTCS-3 级区段与 CTCS-2 级区段级间自动转换失败运行方式

(8)高速铁路车站(线路所)向衔接的其他线路车站(线路所)发出列车时,有关行车凭证按高速铁路规定执行;高速铁路衔接的其他线路车站(线路所)向高速铁路车站(线路所)发出列车时,有关行车凭证按其他线路规定执行。

(9)动车组回送要求。

①动车组回送按旅客列车办理,原则上采用自走行方式。无动力回送时可根据回送技术条件加挂回送过渡车,使用客运机车牵引,回送过渡车须挂于机后第一位。8 辆编组的动车组可两列重联回送。未装备 LKJ 的动车组需在 CTCS-0/1 级区段回送时,应采取无动力回送方式。

②动车组回送运行时,须安排动车组司机及随车机械师值乘。有动力回送时,非担当区段应指派带道人员。

③动车组回送不进行客列检作业。

④动车组安装过渡车钩回送时,按规定限速运行,尽可能避免实施紧急制动。发生紧急制动后,本务司机必须通知随车机械师,经随车机械师检查过渡车钩状态良好后方可继续运行。

⑤动车组回送时,相关动车段(所)、造修单位应提出限速、回送方式(有动力、无动力)、可否折角运行等注意事项。

任务实施与评价

请完成本任务的任务实施与评价,见教材数字资源中的电子实训工单。

拓 展 提 升

一、知识巩固

(1)调度日计划主要包括哪些计划?

(2)列车开行计划的主要内容是什么?

(3)已发布的调度命令,遇有错、漏或变化时,应如何处理?

(4)使用调度命令无线传送系统传送行车凭证时,应如何办理?

(5)列控限速设置有哪些规定?

(6)哪些调度命令须经值班主任(副主任)批准?

(7)列车运行等级顺序是如何规定的?

(8)使用自动闭塞法行车时,动车组列车的行车凭证是什么?

(9)CTCS-3 级以及信号机常态灭灯的 CTCS-2 级自动闭塞区段特殊情况下办理发车的行车凭证是什么?

(10)动车组列车在 CTCS-2 级区段与 CTCS-0/1 级区段级间自动转换失败时,应如何办理?

二、技能训练

2023 年 5 月 9 日 10:00,H 铁路局集团公司 H-Q 台列车调度员张 × 当班中接到 D5003 次列控车载设备发生故障的报告,要求 ZD 站开车后转换为 LKJ 方式行车,到达 AD 站后列控车载设备恢复正常使用,请模拟铁路局集团公司列车调度员编制、发布调度命令。

实训要求:

(1)按照调度命令填写规则将调度命令填写在以下空白调度命令卷上;

(2)使用系统下达调度命令。

调度命令

______年______月______日______时______分　　　　第______号

受令处所		调度员姓名	
内容			

注:使用项内不用字句划掉,不用项圈掉该项号码。　　　　受令车站______车站值班员

三、素养培育

人民日报:在万里铁道线上书写奋斗芳华

【人物】2022年“最美铁路人”

【故事】“最美铁路人”是践行劳模精神、劳动精神、工匠精神的典范榜样,他们奉献在一线、成长在基层、建功在岗位,是新时代铁路人的优秀代表。不久前,中宣部、国铁集团向全社会公开发布2022年“最美铁路人”先进事迹,激励广大铁路人立足岗位,建功立业,共同推动中国铁路迈向高质量发展。

【点评】

中国铁路路徽,总能唤起人们乘坐火车出行的记忆。“人在钢轨上”的精巧构思,既庄严宣示着“人民铁路为人民”的热忱初心,也见证着一代代铁路人在铁道线上书写奋斗芳华的坚实足迹。随着新时代铁路事业的迅猛发展,一大批“最美铁路人”涌现出来。他们在自己的岗位上发光发热,用精湛精良的技艺、贴心周到的服务,为交通强国建设添砖加瓦。

“最美铁路人”是敬业奉献的楷模。中国铁路的发展历程,闪耀着他们“一心在一艺”的执着追求,凝结着他们不舍昼夜、不辞辛苦的辛勤付出。接触网工杜赫在沙漠腹地一干就是10多年,无论数九寒天还是烈日当空,都会爬电杆训练;探伤工黄涛苦心钻研专业知识,光学习笔记就记了30万字;竞标雅万高铁项目,项目总体设计负责人夏健带领团队在雨林里进行“地毯式”勘察,400多页的可行性研究报告为业主量身定制,推动中国高铁赢得海外第一单……“最美铁路人”立足岗位拼搏奉献,用行动擦亮“最美”底色,传递平凡而又伟大的力量。

(资料来源:中国国家铁路集团有限公司官方网站)

请对上述案例进行讨论,说出中国高铁CTCS-3级列控系统全套技术的自主可控意义是什么。

素养贴士

高速铁路给经济繁荣和社会进步带来了积极作用。

(1)从经济发展角度看。高速铁路的建设对推动地区经济的融合与发展发挥了积极作用。以高速铁路作为骨干的交通网能提升地区间的相互连通,让人员流动和物资运输变得更方便,给各个地区的经济活动创造了更多机遇,带动了产业升级和经济发展。

(2)从提升运输效率看。高速铁路又快又稳还准点,这让人们出行更高效了,不管是出差办事还是出门旅行,高速铁路的方便都给人们带来了更多的选择和便利。这不但加快了人流和物流的移动速度,还减轻了社会交通的拥堵状况,提升了整个交通运输的效率。

项目五

施工调度指挥

项目背景

铁路营业线施工是运输组织的重要组成部分,铁路营业线施工与铁路运输之间的关系密切。铁路运输无法离开精心设计和施工的铁路交通基础设施,同时铁路营业线施工的存在也是为了服务铁路运输需求。铁路运输和铁路营业线施工都需要专业的人员对其进行维护和管理,以确保运输的效率和安全性。

铁路营业线施工是行车设备保持良好运用状态的必要措施。铁路营业线施工必须把确保安全放在首位,坚持“安全第一、预防为主、综合治理”的方针。要坚持运输、施工兼顾的原则,加强施工计划管理,加强施工组织和施工期间的运输组织,按计划、有组织地进行各项施工,提高施工作业效率和质量。

本项目依据《铁路营业线施工安全管理办法》《××铁路局集团公司普速铁路营业线施工安全管理实施细则》编写。选取工作中常用部分,整合归纳为四个任务,即营业线施工基础知识、编制营业线施工计划、施工组织实施、邻近营业线施工组织。

建议学时

8 学时。

项目导学

施工调度指挥方法1

施工调度指挥方法2

施工调度指挥方法3

任务一　营业线施工基础知识

学习目标

知识目标

1. 掌握天窗和慢行的有关规定;
2. 掌握施工项目和维修项目的区别;
3. 掌握施工等级划分;
4. 了解施工(维修)计划审批权限。

能力目标

1. 能够根据有关规定正确确定施工项目;
2. 能够根据有关规定正确确定施工等级;
3. 能够根据有关规定正确确定施工审批权限。

素质目标

1. 把握铁路运输设备"劳""逸"结合的辩证关系,深刻理解施工与行车都要抓的重要意义;
2. 学习施工人员"舍小家、为大家"的无私奉献精神;
3. 学习"逐级负责、逐级尽责"的管理经验。

任务描述

现有某工务机械段申请施工,施工地点为京哈线兰棱站D3信号机至SⅠ信号机间线路、D15信号机至11号道岔间线路(下行1176km575m至1176km756m),施工时间210min,请根据掌握的施工基础知识,正确确定该项施工所属的施工项目,正确确定该施工所属的施工等级,正确确定对该项施工进行审批的权限部门。

案例导入

铁路"工务人"春节前的最后一个"天窗点"

人民网长沙2022年1月25日电,临近春节,众多游子开始踏上归途。对于他们来说,春运是车站外熙熙攘攘的购票人群,是人潮涌动的车厢,也是远方家人的守候。

温暖车厢外,一个个"黄色身影"默默守护在车窗旁,保障着列车的安全出行——他们就是铁路"工务人"。

寒风阵阵,空中还飘着毛毛细雨。岳阳南工务线路维修工区又开始了一天的工作,只是今天因为是春节前最后一个"天窗点",时间格外宝贵。据了解,"天窗点"是指列车的间隔时间,由调度员对某个区间实行封闭,不安排列车运行线,尽可能不对旅客的出行造成任何影响,为维修和施工预留一段时间。此次岳阳线路车间的"天窗点"施工时间为120min。

在工长赵岳林点名并安排当日的工作计划后,张卫东、谢彬、防护员康文按照调查情况,前往京广线下行岳阳南21号道岔，操作仿形打磨机对钢轨进行打磨。

据悉，钢轨打磨是将钢轨上细小的伤损、鱼鳞伤、钢轨接头不平顺、钢轨磨耗异常等各种故障，以毫米计算的误差进行修整，使钢轨保持最佳状态，确保列车平稳运行，将所有旅客安全送回家。

随着打磨机发出轰隆隆的刺耳声，打磨机底部砂轮紧贴钢轨，瞬时火花四溅，将钢轨不平顺的位置一点点磨平，再测量，再打磨……打磨工作除了操作技巧，还需要耐心、细心，只能一边打磨、一边测量，误差有时就是一两毫米，稍不注意就会打磨过头。

工作量大、时间紧，三人一刻也不能耽误，120min“天窗点”成功打磨了2个接头、1个岔心。

汗水伴随着细雨滴落，在细雨中，张卫东、谢彬和康文始终践行着“工务人”的精神，为全力实现“平安春运、有序春运、温馨春运，让旅客体验更美好”的春运工作目标默默奉献。

（资料来源：人民网—湖南频道）

引导提示：从上述案例得知，钢轨打磨需以毫米计算的误差进行修整，这体现了铁路工务人对待工作精益求精的精神。案例中出现了施工中经常提到的名词“天窗”，那么如何正确理解“天窗”这个名词呢？

知识探索

“铁路营业线”是指参加铁路运输营业的国有铁路线路（还包括国家控股的股份铁路）。营业线又分为正式营业线和临时营业线，正式营业线是指经国家正式验收合格的参加铁路运输营业的国有铁路线路，临时营业线是指未经国家正式验收（一般指新线），但已经达到行车条件已经通车并且参加铁路运输营业的国有铁路线路。铁路营业线施工是指影响营业线设备稳定、使用和行车安全的各种施工作业，按组织方式、影响程度分为施工和维修两类。

一、天窗和慢行的规定

天窗是指列车运行图中不铺画列车运行线或调整、抽减列车运行线为施工和维修作业预留的时间，按用途分为施工天窗（表5-1）和维修天窗。各项施工、维修作业要采用平行作业的方式，综合利用天窗，提高天窗的利用率。

运行图预留施工天窗表　　表5-1

线名	区段	下行				上行				备注
		预留地点	起止地点	封锁时间（min）	天窗用途	预留地点	起止地点	封锁时间（min）	天窗用途	
哈长线	兰棱—王岗	兰棱—双城堡	9:00—12:00	180	大修	兰棱—双城堡	9:10—10:40	90	维修	下行大修施工时6203、1489、1471次反方向运行，11101、21005、86011、11003次停运
		双城堡—安西	9:00—12:00	180	大修	双城堡—安西	9:00—10:30	90	维修	
		安西—五家	9:00—12:00	180	大修	安西—五家	9:00—10:30	90	维修	
		五家—王岗	9:00—12:00	180	大修	五家—王岗	9:00—10:30	90	维修	

1.天窗规定

(1)高速铁路天窗原则上不应少于240min。

(2)普速铁路施工天窗,技改工程、线桥大中修及大型养路机械作业、接触网大修及改造时,不应少于180min。

(3)普速铁路维修天窗双线不应少于120min,单线不应少于90min。

维修天窗在时间安排上应与施工天窗重叠套用,除节假日及中国国家铁路集团有限公司调度命令停止外,原则上每月每区间不应少于20次(双线为单方向)。维修单位不需要时,经主管业务部室主任(副主任)批准,可不申请或减少天窗次数、时间,不计入天窗维修考核。不影响正线及区段通过能力的到发线维修天窗时段,由铁路局集团公司具体规定。

(4)各条线路天窗时间和位置在编制列车运行图时确定。铁路局集团公司因施工、维修需要临时调整高速铁路、繁忙干线和影响跨铁路局集团公司运输的干线天窗时,必须报中国国家铁路集团有限公司批准。

(5)普速铁路双线车站同时影响上下行正线的渡线道岔或影响全站信号设备正常使用的电务为主、工务综合利用的设备检修,每月应保证2次垂直天窗,每次不少于30min。编组、区段站,可按接发列车方向划分联锁区,联锁区每月应保证1次不少于30min天窗。

(6)编组、区段站每个供电臂每月应保证1次不少于30min封锁停电时间。电气化双线区段每月应适当安排垂直检修天窗。

(7)不影响跨铁路局集团公司运输的干线和其他线路,根据施工和维修需要,铁路局集团公司可适当增加天窗时间和次数或对天窗时段进行调整。

2.天窗安排

施工天窗和维修天窗的安排,按以下规定办理。

(1)施工天窗的安排:

①繁忙干线集中安排施工天窗、高速铁路、图定货物列车对数小于12对的普速铁路施工时可连续安排施工天窗。

②其余各线周六、周日不安排施工天窗。

(2)维修天窗的安排:

①高速铁路每日安排维修天窗。

②普速铁路轨道结构为新Ⅱ型或Ⅲ型轨枕、Ⅰ级以上道砟、无缝线路区段,周一至周四安排维修天窗,周五、周六、周日不安排维修天窗;其他区段周一至周五安排维修天窗,周六、周日不安排维修天窗。

3.慢行规定

(1)要严格按照运行图预留的慢行附加时分控制线路慢行处所,繁忙干线和干线原则上单线1个区段慢行处所不超过2处,双线1个区段每个方向慢行处所不超过2处,同一区间内慢行处所不超过1处(包括施工慢行处所)。各项施工要按规定控制慢行速度和慢行距离。

(2)针对施工需要,编制施工分号列车运行图时,可依据慢行附加时分,适当增加施工慢行处所。滚动施工阶梯提速,按1处慢行处所掌握。施工后产生的慢行在12h以内恢复常速时,可不统计慢行处所,旅客列车施工慢行附加时分表见表 5-2。

旅客列车施工慢行附加时分表 表 5-2

<table>
<tr><th rowspan="3">线名</th><th rowspan="3">区段</th><th rowspan="3">距离
(km)</th><th colspan="4">慢行附加时分</th><th rowspan="3">备注</th></tr>
<tr><th colspan="2">上行</th><th colspan="2">下行</th></tr>
<tr><th>区间</th><th>时分
(min)</th><th>区间</th><th>时分
(min)</th></tr>
<tr><td rowspan="4">长滨线</td><td rowspan="4">兰棱—哈尔滨</td><td rowspan="3">72</td><td>兰棱—双城堡</td><td>2</td><td>王岗—夏家</td><td>1</td><td rowspan="4">上行 K266 次在双城堡—兰棱间慢行附加为 1 分</td></tr>
<tr><td>双城堡—安西</td><td>1</td><td>夏家—顾乡屯</td><td>1</td></tr>
<tr><td></td><td></td><td>顾乡屯—哈尔滨</td><td>1</td></tr>
<tr><td>小计</td><td></td><td>3</td><td></td><td>3</td></tr>
<tr><td rowspan="4">通让线</td><td rowspan="4">让湖路—太阳升</td><td rowspan="3">88</td><td>太阳升—立志</td><td>2</td><td></td><td></td><td rowspan="4"></td></tr>
<tr><td>立志—向阳村</td><td>2</td><td></td><td></td></tr>
<tr><td>向阳村—新华屯</td><td>2</td><td></td><td></td></tr>
<tr><td>小计</td><td></td><td>6</td><td></td><td></td></tr>
</table>

(3)各项施工作业,施工点前不得安排慢行。大机清筛、换轨、更换道岔、路基处理车施工时,在运行图条件允许的情况下,应适当增加天窗时间。增加天窗时间影响图定跨铁路局集团公司旅客列车开行时,必须报中国国家铁路集团有限公司批准。

4. 繁忙干线及干线划分

(1)繁忙干线:京哈、京沪、京广、京九、陇海(徐州—兰州北)、沪昆(上海—株洲)、津山、沈山、大秦、石太、侯月、新焦、焦柳(焦作—襄阳北)、新菏、兖菏、兰新(兰州北—乌西)线等。

(2)干线:滨洲、滨北(哈尔滨—绥化)、齐北(齐齐哈尔—富裕)、绥佳、牡佳(牡丹江—勃利)、滨绥、长图、沈吉、沈大、沈丹、平齐、长白、通让、大郑、丰沙大、集包、京通、京承、京原、京包、石德、北同蒲、南同蒲、集通、包兰、胶济、蓝烟、兖石、胶新、陇海(徐州—连云港)、阜淮、淮南、宁芜、皖赣、宣杭、萧甬、鹰厦、峰福、太焦、焦柳(襄阳北—柳州)、孟宝、宁西、汉丹、武九、侯西、宝中、宝成、西康、襄渝、阳安、沪昆(株洲—昆明)、湘桂、黔桂、黎湛、益湛、河茂、广茂、广深(广州—东莞)、南昆、渝怀、川黔、成昆、成渝、内六、达成、太中银、包西、张集、兰青、兰新(乌西—阿拉山口)、干武、南疆(吐鲁番—喀什)、青藏线等。

二、营业线施工项目

(1)线路及站场设备技术改造,增建双线、新线引入、电气化改造等施工。

(2)跨越、穿越线路、站场的桥梁、涵洞、管道、渡槽和电力线路、通信线路、油气管线以及铺设道口、平过道等设备设施的施工,跨越线路的桥梁施工如图 5-1 所示。

(3)在铁路安全保护区内架设、铺设管道、渡槽和电力线路、通信线路、杆塔、油气管线等设施的施工。

(4)在规定的安全区域内实施爆破作业,在线路隐蔽工程(含通信、信号、电力电缆径路)上作业,影响路基稳定的各种施工。

(5)在信号、联锁、闭塞、CTC/TDCS、列控等行车设备上的大中修、改造施工。

(6)影响营业线正常运营的铁路重要信息系统运行环境改造、软硬件平台更新、应用软件变更等施工。

(7)设置在线路上的安全检测、监控设备的新建、技术改造、大中修及 TPDS 设备标定施工。

(8)承载行车通信业务的通信网络调整施工和中断行车通信业务的通信设备施工。行车通信业务是指列车调度语音通信、无线调度命令信息、无线车次号校核信息以及列控数据等与列车运行相关的信息传送业务和承载列车控制、CTC/TDCS、信号闭塞、5T、牵引供电远动、防灾监控等系统的网络通道。

(9)线路大中修,路基、桥隧涵大修及大型养路机械施工。

(10)成段破底清筛、更换钢轨或轨枕施工,成组更换道岔施工(图 5-2)(含钢轨伸缩调节器),更换轨枕板施工。

图 5-1　跨越线路的桥梁施工

图 5-2　成组更换道岔施工

(11)无缝线路应力放散。

(12)牵引供电变配电设备施工、电力、接触网技术改造及大修施工。

图 5-3　整锚段更换接触线施工

(13)车站站台、雨棚、天桥等建筑物及客运上水和吸污设备、站场供水设施技术改造及大中修施工。

(14)高速铁路线路、路基、桥隧涵病害整治,冻害整治,更换轨枕(板)及道岔主要部件等施工。

(15)高速铁路整锚段更换接触线(图 5-3)、承力索,更换接触网支柱,隧道内接触网预埋件整治等施工。

(16)其他影响营业线设备稳定、使用和行车安全的施工。

三、营业线施工等级划分

1.高速铁路施工等级

(1)Ⅰ级施工。

①超出图定天窗时间且需要调整图定跨铁路局集团公司旅客列车开行(含确认列车)的大型站场改造、新线引入、全站信联闭改造、CTC中心系统设备及列控系统设备改造、换梁、上跨铁路结构物等施工,上跨高铁的桥梁转体施工如图5-4所示。

②中断跨铁路局集团公司行车通信业务且影响范围内有图定列车运行的GSM-R核心网络设备施工。

图5-4　上跨高铁的桥梁转体施工

(2)Ⅱ级施工。

①不需要调整图定跨铁路局集团公司旅客列车开行(含确认列车)的站场改造、新线引入、全站信联闭改造、CTC中心系统设备及列控系统设备改造、整锚段更换接触线或承力索、换梁、上跨铁路结构物施工。

②中断跨铁路局集团公司行车通信业务且影响范围内没有图定列车运行,以及中断本铁路局集团公司行车通信业务且影响范围内有图定列车运行的通信网络设备施工。

(3)Ⅲ级施工。除Ⅰ级、Ⅱ级施工以外的各类施工。

2.普速铁路施工等级

(1)Ⅰ级施工。

①繁忙干线封锁5h及以上、干线封锁6h及以上或繁忙干线和干线影响信联闭8h及以上的大型站场改造、新线引入、信联闭改造、电气化改造、CTC中心系统设备改造施工。

②繁忙干线和干线大型换梁施工。

③繁忙干线和干线封锁2h及以上的大型上跨铁路结构物施工。

④中断繁忙干线6h及以上或干线7h及以上且同时中断两站以上行车通信业务的通信网络设备施工。

(2)Ⅱ级施工。

①繁忙干线封锁正线3h及以上或影响全站(全场)信联闭4h及以上的施工。

②干线封锁正线4h及以上或影响全站(全场)信联闭6h及以上的施工。

③繁忙干线和干线其他换梁施工。

④繁忙干线和干线封锁2h以内的大型上跨铁路结构物施工。

⑤中断繁忙干线4h以上或干线5h以上且同时中断两站以上行车通信业务的通信网络设备施工。

大型养路机械维修、清筛,人工处理路基基床,成段更换钢轨和轨枕以及不影响邻线正线行车的更换道岔施工除外。

(3)Ⅲ级施工。除Ⅰ级、Ⅱ级施工以外的各类施工。

四、营业线维修项目和等级划分

维修项目是指作业开始前无须限速,结束后须达到正常放行列车条件,并且在维修天窗时间内能完成的项目。高速铁路和普速铁路按照作业复杂程度和设备影响范围,维修项目分为Ⅰ级维修和Ⅱ级维修。

(一)高速铁路维修天窗作业项目

1.工务维修天窗作业项目

(1)Ⅰ级维修项目。

①钢轨、道岔大型养路机械打磨。

②开行路用列车运送作业人员,装卸机具、材料。

(2)Ⅱ级维修项目。

①工务设备上线检查、检测。

②轨道精调。

③采用改道、垫板方式处理零小线路病害。

④整理外观及修理、油刷线路标志。

⑤螺栓扣件涂油。

⑥栅栏内各种排水设备、加固设备的整修及清淤。

⑦整修栅栏。

⑧防灾安全监控系统的维修与更换。

⑨可能影响行车安全的清理危石。

⑩在天窗内可以完成的其他作业项目。

2.电务维修天窗作业项目

(1)信号Ⅰ级维修项目。

①年度信号联锁关系检查试验。

②室内、外单套设备更换。

(2)信号Ⅱ级维修项目。

①道岔转辙设备检修。

②信号机设备检修及显示调整。

③区间、站内轨道电路设备检修。

④信号机械室、中继站、箱式机房内设备检修。

⑤列控地面设备、CTC/TDCS设备检修。

⑥各种箱盒、贯通地线、光电缆等设备检修。

⑦室内、外设备整治及零小器材更换。

⑧在天窗内可以完成的其他作业项目。

(3)通信Ⅰ级维修项目。

①影响行车通信业务的光电缆、网络设备整治和网络调整。

②影响行车通信业务的GSM-R网络设备检修、整治。

③影响行车通信业务的通信电源设备检修、整治。

(4)通信Ⅱ级维修项目。

①影响行车通信业务的设备、光缆、电路测试及主备用倒换、试验。

②影响行车通信业务的传输、接入设备检修。

③影响行车通信业务的数据通信网设备检修。

④影响行车通信业务的调度通信设备检修。

⑤影响行车通信业务的直放站设备及天馈线、漏缆等设施的检修、整治。

⑥行车通信业务停用、调整作业。

⑦在道床坡脚以内进行的通信设备、设施的日常检查、维修作业项目。

⑧在天窗内可以完成的其他作业项目。

3. 供电维修天窗作业项目

(1)Ⅰ级维修项目。

①更换接触网支撑装置、补偿装置。

②更换接触网隔离开关、电缆及电缆头等设备。

③两辆以上接触网作业车进行的接触网维修作业。

④两个以上接触网工区进行的联合作业。

(2)Ⅱ级维修项目。

①更换接触网零部件。

②接触网检查测量作业。

③接触网悬挂、分相、分段、线岔等检查调整。

④接触网设备标识,分相、分断、合标等行车标志检查维护。

⑤接触网绝缘部件清扫维护。

⑥栏栅内电力贯通线电缆检修。

⑦在天窗内可以完成的其他作业项目。

4. 房建维修天窗作业项目

(1)Ⅰ级维修项目。

①雨棚及跨越线路站房的屋面、檐口板维修。

②雨棚吊顶板维修。

③线路上方的玻璃设施、幕墙维修。

④线路上方的装饰板维修。

(2)Ⅱ级维修项目。

①站台、雨棚限界测量。

②雨棚落水管路疏通、维修。

③雨棚天沟杂物清理、维修。

④站台墙吸音板检查维修。

⑤雨棚照明线路维修、灯具更换。

⑥站台帽石维修。

⑦在天窗内可以完成的其他作业项目。

5. 车辆维修天窗作业项目

(1)Ⅰ级维修项目。

①更换TFDS、TEDS、TVDS沉箱、侧箱。

②踏面诊断及受电弓检测装置、动车组外皮清洗机等设备的安装、拆除、更换大型部件。

(2)Ⅱ级维修项目。

①5T、AEI设备的半月检、月检、春秋季整修。

②更换THDS探头箱、大门电机、轴温探测器。

③调整或更换TFDS、TVDS和TEDS轨边设备大门电机。

④踏面诊断及受电弓检测装置、动车组外皮清洗机等设备的定期校验、标定。

⑤调整、紧固卡轨器,更换磁钢、车号天线及卡具。

⑥更换、校对或焊接轨边电缆。

⑦在天窗内可以完成的其他作业项目。

(二)普速铁路维修天窗作业项目

1. 工务维修天窗作业项目

(1)Ⅰ级维修项目。

①更换道岔尖轨、辙叉、基本轨;更换道岔扳道器下长岔枕、可动心轨道岔钢枕及两侧相邻岔枕或辙叉短心轨转向轴处轨枕。

②开行路用列车运送作业人员、装卸机具、材料。

③利用小型爆破开挖侧沟或基坑(限于不影响路基稳定的范围)。

(2)Ⅱ级维修项目。

①利用小型养路机械整治线路病害,对轨道(道岔)伤损零部件进行更换或修理。

②胶结、焊接钢轨。

③一次起道量、拨道量不超过40mm的起道、拨道作业。

④螺栓扣件涂油。

⑤桥梁施工进行试顶需要启动梁身并回落原位。拨正支座,支座垫砂浆厚度在50mm及以下时。

⑥移动桥枕进行钢梁上盖板涂装。

⑦隧道拱顶漏水整治、衬砌裂损加固。

⑧防灾安全监控系统的维修与更换。

⑨整修道口铺面。

⑩不破底处理道床翻浆冒泥,清筛道床。

⑪可能影响行车安全的清理危石、砍伐危树及隧道内刨冰作业。

⑫在天窗内可以完成的其他作业项目。

2. 电务维修天窗作业项目

(1)信号Ⅰ级维修项目。

①年度信号联锁关系检查试验。

②室内、外单套设备更换。

(2)信号Ⅱ级维修项目。

①道岔转辙设备、轨道电路、信号机、光电缆、贯通地线、各种箱盒等室外信号设备检修。

②信号机械室、箱式机房内设备检修。

③影响道口及车站设备正常运用的设备检修。

④影响驼峰信号设备使用的检修作业。

⑤室内、外设备整治及零小器材更换。

⑥CTC/TDCS 设备、CTCS-2 级列控地面设备检修。

⑦在天窗内可以完成的其他作业项目。

(3)通信Ⅰ级维修项目。

①影响行车通信业务的光电缆整治、网络结构调整。

②影响两个车站以上行车通信业务的通信网络设备整治。

③影响行车通信业务的通信电源设备检修、整治。

(4)通信Ⅱ级维修项目。

①影响行车通信业务的设备、光电缆、电路测试及主、备用倒换、试验。

②影响行车通信业务的传输、接入设备检修、整治。

③影响行车通信业务的数据通信网设备检修、整治。

④影响行车通信业务的调度通信设备检修、整治。

⑤影响行车通信业务的 GSM-R 基站、无线列调车站设备、区间无线中继设备及天馈线、漏缆等设施的检修、整治。

⑥涉及行车通信业务停用、调整的 GSM-R、调度通信网络数据制作。

⑦在天窗内可以完成的其他作业项目。

3.供电维修天窗作业项目

(1)Ⅰ级维修项目。

①更换或拆除支柱、软横跨、硬横梁及隧道吊柱。

②更换两跨以上接触线、承力索及附加导线。

③两辆以上接触网作业车进行的接触网维修作业。

④两个以上接触网工区进行的联合作业。

(2)Ⅱ级维修项目。

①更换接触网零部件。

②接触网设备全面检查监测作业。

③更换接触网腕臂支撑、补偿装置、器件式分相绝缘器、分段绝缘器、线岔、隔离开关等。

④接触网悬挂、分相、分段、线岔等检查调整。

⑤接触网吸上、回流线,上部地线、附加悬挂检查维护。

⑥接触网绝缘部件清扫维护。

⑦在天窗内可以完成的其他作业项目。

4. 房建维修天窗作业项目

(1) Ⅰ级维修项目。

①雨棚及跨越线路站房的屋面、檐口板维修。

②雨棚吊顶板维修。

③线路上方的玻璃设施、幕墙维修。

④线路上方的装饰板维修。

(2) Ⅱ级维修项目。

①站台、雨棚限界测量。

②雨棚落水管路疏通、维修。

③雨棚天沟杂物清理、维修。

④站台墙吸音板检查维修。

⑤雨棚照明线路维修、灯具更换。

⑥站台帽石维修。

⑦在天窗内可以完成的其他作业项目。

5. 车辆维修天窗作业项目

(1) Ⅰ级维修项目。

①更换 TPDS 压力、剪力传感器。

②更换 TFDS、TVDS、TEDS 沉箱、侧箱。

③更换 TADS 麦克风阵列箱。

④固定脱轨器、列车车辆制动试验装置、踏面诊断及受电弓检测装置、动车组外皮清洗机等设备的安装、拆除,更换大型部件。

(2) Ⅱ级维修项目。

①5T、AEI 设备的半月检、月检、春秋季整修。

②更换 THDS 探头箱、大门电机、轴温探测器。

③调整或更换 TFDS、TVDS 和 TEDS 轨边设备大门电机。

④更换 TADS 麦克风。

⑤TPDS、TADS 静态标定。

⑥调整、紧固卡轨器,更换磁钢、车号天线及卡具。

⑦更换、校对或焊接轨边电缆。

⑧固定脱轨器、列车车辆制动试验装置、踏面诊断及受电弓检测装置、动车组外皮清洗机等设备的定期校验、标定等。

⑨在天窗内可以完成的其他作业项目。

6. 货运维修天窗作业项目

(1) Ⅰ级维修项目。

①超偏载检测装置、动态轨道衡更换压力、剪力传感器。

②超偏载检测装置、动态轨道衡更换配套车号识别设备的天线、磁钢及磁钢卡具等。

③超偏载检测装置、动态轨道衡小修和月检。

④在天窗内可以完成的其他作业项目。

(2)无Ⅱ级维修项目。

五、营业线施工组织领导

1.成立施工协调小组

铁路局集团公司、站段应分别成立施工协调小组。

(1)Ⅰ级施工由铁路局集团公司分管运输副总经理、有关分管副总经理担任施工协调小组正、副组长,成员由行车组织、设备管理、建设、设计、施工、监理、安监等有关部门和单位负责人组成。

(2)Ⅱ级施工由铁路局集团公司调度所(施工办)、施工主体项目业务部室分管副主任担任施工协调小组正、副组长,成员由行车组织、设备管理、建设、设计、施工、监理、安监等有关部门和单位主管人员组成。

(3)Ⅲ级施工。

①普速铁路Ⅲ级施工和高速铁路在车站登记的Ⅲ级施工由车务段(直属站)分管副段长(副站长)担任施工协调小组组长、设备管理单位分管副段长担任施工协调小组副组长(建设项目由建设项目管理机构分管负责人担任施工协调小组副组长),成员由行车组织、设备管理、建设、施工等有关单位成员组成。

②高速铁路在调度所登记的Ⅲ级施工,按照施工主体项目专业,由设备管理单位分管副段长担任施工协调小组组长(建设项目由建设项目管理机构分管负责人担任施工协调小组组长、设备管理单位分管副段长担任施工协调小组副组长),成员由行车组织、设备管理、建设、施工等有关单位成员组成。

③施工协调小组组长(副组长)因Ⅲ级施工较多等原因不能亲自到现场组织时,可委托车间副主任及以上级别胜任人员。

2.施工协调小组的主要职责

(1)负责组织相关部门和单位协调解决营业线施工、运输、安全等问题,做到运输、施工统筹兼顾,确保行车、人身和施工安全。

(2)负责施工现场的组织协调工作。检查施工前的准备工作,检查各项安全措施的落实,掌握施工进度,维护施工期间的运输秩序,协调解决施工各部门临时发生的问题。

(3)负责组织召开施工预备会和总结会。

(4)Ⅰ、Ⅱ级施工协调小组负责审定相应施工等级的施工方案、施工过渡方案、施工安全措施等。

3.施工负责人

施工负责人由施工单位按照施工等级安排相应人员担当。

(1)建设项目Ⅰ级施工由标段项目负责人担当,Ⅱ级施工由标段副职担当,Ⅲ级施工由分项目负责人(项目副职)担当。

(2)技术改造、大中修项目Ⅰ级施工由施工单位负责人担当,Ⅱ级施工由施工单位分管副职担当,Ⅲ级施工由施工单位段领导或车间主任(副主任)担当。

(3)配合人员资格由铁路局集团公司规定。

4. 施工负责人的主要职责

(1)负责施工现场的组织指挥工作。检查施工和开通前的各项准备工作,指挥现场施工,安排施工防护,确认放行列车条件等。

(2)负责协调解决施工中发生的问题,协调各单位施工作业,掌握施工进度,反馈现场信息,及时向施工协调小组汇报施工情况。

(3)负责总结分析施工组织、进度和安全等情况,对施工现场的安全负责。

5. 维修组织领导

维修的组织领导工作由设备管理单位负责。Ⅰ级维修负责人由车间主任(副主任)担当(Ⅰ级维修较多时,车间主任可委托车间干部担当),Ⅱ级维修负责人由工(班)长担当。

6. 综合利用天窗组织

施工现场为两个及以上施工单位综合利用天窗在同一区间作业时,由运输部门指定施工(维修)主体单位,明确主体施工(维修)负责人。主体施工(维修)负责人负责协调各单位施工组织,各单位必须服从主体施工(维修)负责人指挥,按时完成施工和维修任务,确保达到规定的列车放行条件。

两个及以上单位作业车进入同一个区间移动作业时,由主体施工(维修)负责人统一划分各单位作业车作业范围及分界点,作业单位必须按规定分别进行防护。

7. 强化管理

为强化天窗修的管理,各铁路局集团公司要成立天窗修领导小组,下设天窗修管理办公室。其主要职责:加强天窗修管理和考核工作,检查指导有关单位实施天窗修基础管理、现场作业及安全措施的制定和落实,协调、解决天窗修出现的问题,负责考核天窗兑现率和利用率,定期总结工作,不断提高天窗修质量。

铁路局集团公司运输、工务、电务、供电、车辆、房建等部门是实施天窗修的主要责任部门,要确定专(兼)职管理人员,在天窗修领导小组的领导下,负责本部门天窗修的日常管理工作。

六、营业线施工(维修)计划审批权限

营业线施工实行中国国家铁路集团有限公司、铁路局集团公司、车务段(直属站)三级管理,逐级审批制度;维修作业实行铁路局集团公司、车务段(直属站)二级管理审批制度。

1. 中国国家铁路集团有限公司负责审批的施工计划

(1)影响高速铁路和普速铁路跨铁路局集团公司旅客列车(含高速铁路确认列车)停运、变更运行区段、改变始发终到时刻和铁路局集团公司间分界站运行时刻的施工。

(2)影响繁忙干线和干线跨铁路局集团公司货物列车停运的施工。

(3)调整繁忙干线和干线跨铁路局集团公司货物列车编组计划的施工。

(4)调整繁忙干线和干线跨铁路局集团公司车流运行径路,实行迂回运输的施工。

(5)变更繁忙干线和干线跨铁路局集团公司货物列车牵引定数的施工。

(6)编制跨铁路局集团公司施工分号列车运行图的施工。

(7)繁忙干线封锁正线180min及以上、影响全站(全场)信联闭240min及以上的施工。

(8)因特殊原因,繁忙干线(大秦线、石太线、侯月线、新焦线、新菏线、兖菏线除外)慢行处所超过规定时。

(9)中断跨铁路局集团公司行车通信业务的施工。

(10)中断繁忙干线6h及以上或干线7h及以上且同时中断两站以上行车通信业务的通信网络设备施工。

中国国家铁路集团有限公司审批的施工,由铁路局集团公司进行施工方案审核和施工计划编制,并制定运输调整方案和安全措施。中国国家铁路集团有限公司组织相关部门进行审批,运输调整由运输部门负责,施工方案由各专业部门对口负责。铁路局集团公司依据中国国家铁路集团有限公司批复,编制具体施工计划并组织实施。

2.铁路局集团公司负责审批的施工计划

维修计划和除中国国家铁路集团有限公司、站段审批以外的施工计划,均由铁路局集团公司负责审批,主要包括以下项目:

(1)影响营业线设备稳定、使用和行车安全的施工。

(2)影响列车运行、机车出入库、客车底推拉、车流编解导致列车不能正常运行的施工。

3.站(段)负责审批的施工(维修)计划

(1)车站不影响接发列车的行车设备[包括调车场(线)、牵出线、专用线、货物线及站内指定用途的其他线路等],施工(维修)作业由车站负责安排。

(2)车站不办理接发列车(含到达场、出发场不办理接发列车一端)的行车设备,维修作业由车站负责安排。

(3)机务、车辆、供电段等段管线的施工(维修)作业,不影响车站调车、机车(动车组)出入、车辆取送的前提下,经设备管理单位、配合单位会签后,由机务、车辆、供电段负责安排。影响车站调车、机车(动车组)出入、车辆取送的,经设备管理单位、配合单位、机务、车辆段会签后,由车务段(直属站)负责安排。设备管理单位在段管范围内进行不影响车站取送作业的施工(维修)作业,由其自行组织。

七、营业线施工方案审核

(1)施工方案由施工单位制定,经相关设备管理单位会签后,上报铁路局集团公司主管业务部室,其中建设项目施工方案应先报项目管理机构预审,再报铁路局集团公司主管业务部室。提报的施工方案应包括:施工项目及负责人、作业内容、地点和时间、影响及限速范围、设备变化、施工方式及流程、施工过渡方案、施工组织、施工安全和质量的保障措施、施工防护办法、列车运行条件、验收安排等基本内容。

(2)施工方案由铁路局集团公司主管业务部室负责组织审查,初步确定施工等级,Ⅰ、Ⅱ级施工分别报Ⅰ、Ⅱ级施工协调小组审定,Ⅲ级施工由有关业务部室共同审定。

(3)施工方案审核通过后,施工单位应与设备管理单位和行车组织单位按施工项目分别签订施工安全协议。

①设备管理单位在自管范围内进行的维修作业,不需签订施工安全协议,涉及非自管设备时应与相关单位签订施工安全协议。

②施工安全协议书的基本内容应包括:

a. 工程概况(施工项目、作业内容、地点和时间、影响范围)。

b. 施工责任地段和期限。

c. 双方所遵循的技术标准、规程和规范。

d. 安全防护内容、措施及专业结合部安全分工(根据工点、专业实际情况,由双方制定具体条款)。

e. 双方安全责任、权利和义务(包括共同安全职责和双方各自安全职责)。

f. 违约责任和经济赔偿办法(包括发生铁路交通责任事故时双方所承担的法律责任)。

g. 安全监督检查和基建、更新改造项目配合费用。

h. 法律法规规定的其他内容。

③施工单位在提报施工计划申请时,必须同时提报施工安全协议。未签订施工安全协议的施工计划申请,铁路局集团公司主管业务部室不予审核,严禁施工。

任务实施与评价

请完成本任务的任务实施与评价,见教材数字资源中的电子实训工单。

任务二 编制营业线施工计划

学习目标

知识目标

1. 掌握编制年度轮廓施工计划有关规定;
2. 掌握编制月度施工计划有关规定;
3. 掌握编制施工日计划有关规定;
4. 掌握编制维修计划有关规定;
5. 掌握进行施工计划变更有关规定;
6. 掌握增加临时施工计划有关规定。

能力目标

1. 能够正确合理编制年度轮廓施工计划;
2. 能够正确合理编制月度施工计划;
3. 能够正确合理编制施工日计划;
4. 能够正确合理编制维修计划;
5. 能够正确进行施工计划变更;
6. 能够正确增加临时施工计划。

素质目标

1. 深刻认识施工计划的重要性，树立按计划施工、服务运输大局的责任意识；
2. 培养科学严谨、认真细致的工作态度；
3. 培养“安全第一”的安全意识。

任务描述

S站是H局滨北线（哈尔滨—绥化）间的普速铁路车站，S站计划于20××年11月进行信联闭改造施工，更换信号楼电源屏、6502控制台、全站联锁区道岔转辙机，施工时间预计72h，请根据施工单位施工需求及运输情况，编制各类施工计划。要求：判定该施工项目由哪级机构编制年度轮廓施工计划；以流程图的形式展现该施工在铁路局集团公司的编制流程；以流程图的形式展现该施工在国铁集团的编制流程；以流程图的形式展现该施工在铁路局集团公司调度所的编制流程。

案例导入

大秦铁路集中修施工结束

2022年5月20日10时，全长653km的大秦铁路上，在沿线不同区段停轮等待的25列2万t重载列车同时启轮恢复运行。为期20天的大秦铁路集中修施工结束，线路设备状态全面提升，运能运力得到充分释放，日运量将升至130万t，为保障能源供应、促进产业链供应链稳定提供运力支撑。

“这次集中修施工时间紧、任务重、参加人员机具多。”中国铁路太原局集团有限公司施工办副主任刘恩说。集中修施工是首创于大秦铁路的一种设施设备维修模式，在同一时间集中各方人力物力对全线进行立体式全方位养护维修，极大提升了施工效率和质量。“这次施工天数由往常的25天压缩至20天，施工项目日均增加36.9项。”刘恩说，“参加人数也达到2万多人，创下了近年来最高纪录。”

为实现施工集约高效，太原铁路局集团公司在茶坞站、大同站设立了区域集中修协调指挥部，组织调度、运输与工务等施工部门单位共同制订计划、及时解决结合部问题，让施工与运输组织衔接更加科学紧密，实现施工计划精准兑现，最高兑现率达到99.7%。施工期间，累计成段更换钢轨203.8km，成段更换轨枕23708根，成组更换道岔、线路捣固、线路打磨等项目均高标完成，供电、电务、通信设备全面升级，使冬春两季因保供电煤而长期高位运行的线路设备迅速恢复性能状态。

作为能源保供稳价的重要通道，大秦铁路集中修施工期间紧盯日运量100万t目标，以分钟为单位精确组织运输，共拟写4320条施工调度命令，合理安排列车运行。每天施工结束后，为尽快恢复运输秩序，调度人员合理安排列车停放区段，大秦铁路湖东站至茶坞站间，27个停车标实际利用率达到80%。

“集中修施工结束后，线路设备的提质为运输增量夯实了基础。”太原铁路局集团公司调度所值班主任张启说，大秦铁路的日运量将很快恢复至130万t以上，全力满足全国26个省（自治区、直辖市）生产生活用煤需要。

（资料来源：《山西日报》 记者：张毅 责任编辑：麻潞 张临山）

引导提示:中国铁路太原局集团有限公司采用集中修设施设备维修模式,提高了生产效率,体现了创新精神。上述案例是大秦铁路成功组织集中修施工案例,这个案例中提到了哪些施工组织措施呢?

知识探索

为保证铁路技术装备能够以良好的状态为运输服务,进行设备的更换和检修是必不可少的,这就需要安排施工计划,而安排施工必会对运输生产会产生不同程度影响,科学合理地编制施工计划,既能保证施工作业顺利进行,又对运输生产影响最小,这也是编制营业线施工计划的目标。营业线施工计划按执行日期分为年度轮廓施工计划、月度施工计划、施工日计划和维修计划。

一、年度轮廓施工计划

(1)中国国家铁路集团有限公司负责全路繁忙干线集中修年度轮廓施工计划的编制;铁路局集团公司调度所(施工办)负责组织编制本铁路局集团公司年度轮廓施工计划。

(2)凡属中国国家铁路集团有限公司、铁路局集团公司管理的铁路营业线施工项目及邻近营业线A类和B类需纳入营业线施工管理的项目,均须编制铁路局集团公司年度轮廓施工计划。年度轮廓施工计划包括:站场、线路、桥隧、信联闭、通信、接触网等行车设备大、中修及技术改造等主要施工。

(3)铁路局集团公司各业务部室于每年11月末提出次年繁忙干线年度轮廓施工计划,铁路局集团公司调度所(施工办)于每年12月初组织有关业务部室编制铁路局集团公司次年繁忙干线年度轮廓施工计划,各业务部室应提前提出部门繁忙干线年度轮廓施工计划,并参加中国国家铁路集团有限公司组织召开的次年繁忙干线集中修年度轮廓施工计划协调会。协调会协调铁路局集团公司繁忙干线集中修年度轮廓施工计划,确定铁路局集团公司繁忙干线集中修年度轮廓施工计划。

(4)每年2月中旬结合中国国家铁路集团有限公司下达的繁忙干线年度轮廓计划安排,铁路局集团公司调度所(施工办)组织编制铁路局集团公司年度轮廓施工计划,各业务部、工程项目管理机构应于每年1月末向铁路局集团公司调度所(施工办)提报全年站场、线路、桥隧、信联闭、接触网等行车设备大、中修及技术改造的年度轮廓施工计划。未确定施工单位的项目由建设部门提报,已确定施工单位的项目由主体施工单位提报年度轮廓施工计划。

二、月度施工计划

1.铁路局集团公司月度施工计划

铁路局集团公司调度所(施工办)负责编制铁路局集团公司月度施工计划。凡属中国国家铁路集团有限公司、铁路局集团公司管理的铁路营业线施工项目及邻近营业线A类和B类需纳入营业线施工管理的项目,均须列入铁路局集团公司月度施工计划管理。

(1)施工单位应于每月9日前将次月施工计划申请上报铁路局集团公司主管业务部室

(建设项目施工计划申请应先报项目管理机构预审,再报主管业务部室)。各业务部室对施工计划申请进行审查汇总,由主管主任批准后,于 11 日前向调度所(施工办)提出月度施工计划申请表。

(2)调度所(施工办)每月组织相关业务部室和主要施工单位审查编制月度施工计划,主要内容报分管运输副总经理决定。月度施工计划经分管运输副总经理批准后,以铁路局集团公司文件下发各站段和有关施工单位。

(3)双线车站电务为主、工务综合利用的每月每站 2 次、每次不少于 30min 的设备检修垂直天窗,分站别在月度施工计划中公布(或在运行图文件中公布)。

(4)超出维修天窗时间的区间装卸路料计划应纳入月度施工计划;未纳入月度施工计划的临时区间装卸路料,有关业务部室提前 3 日向调度所提出计划,由调度所负责协调安排。防洪、抢险区间装卸路料由调度所及时安排。

2. 中国国家铁路集团有限公司月度施工计划

中国国家铁路集团有限公司负责审批中国国家铁路集团有限公司管理施工项目月度施工计划及繁忙干线和干线分界口停运计划。

(1)每月 13 日前,铁路局集团公司调度所(施工办)与相关部室及施工单位协调编制次月高速铁路、繁忙干线和干线,中国国家铁路集团有限公司管理施工项目申请计划及繁忙干线和干线分界口停运申请计划,经分管运输副总经理批准后,繁忙干线施工申请计划经中国国家铁路集团有限公司施工计划管理系统、其余以文电形式上报铁路局集团公司调度所,同时抄送中国国家铁路集团有限公司相关专业部门。

对于繁忙干线和干线以外的其他线路影响跨铁路局集团公司运输的施工,施工计划可由施工铁路局集团公司与相邻铁路局集团公司商定后报中国国家铁路集团有限公司备案。

(2)中国国家铁路集团有限公司每月 17 日左右组织相关部门研究确定次月中国国家铁路集团有限公司管理施工项目月度施工计划。

(3)中国国家铁路集团有限公司管理施工项目月度施工计划及繁忙干线和干线分界口停运计划,经中国国家铁路集团有限公司运输调度指挥中心主任(副主任)批准后,于每月 20 日前以中国国家铁路集团有限公司文电形式下达有关铁路局集团公司,纳入铁路局集团公司月度施工计划。

3. 涉及 LKJ 数据变化的施工

(1)LKJ 数据换装日在月度施工计划编制会议上确定,LKJ 数据换装日期间隔原则上不少于 10 天。凡施工后行车设备发生变化,施工单位必须到电务部单独逐项审核,电务部根据施工计划原提附表设备变化栏内行车设备变化情况,书面界定是否需要换装 LKJ 数据。

(2)对设备变化不需要修改 LKJ 数据的施工,注明"该设备变化不涉及 LKJ 数据"。

(3)涉及 LKJ 基础数据变化,但通过制定保安全措施,LKJ 数据不会对安全性产生影响的施工,注明"涉及 LKJ 基础数据变化,通过采取安全措施,施工日期可不受换装日限制"。相关单位必须在施工日 10 天前发布变化的 LKJ 基础数据。

(4)对因设备变化须在施工当日修改 LKJ 数据的施工,注明"涉及 LKJ 基础数据变化,须换装日施工,未发布数据换装电报,不准进行该项施工"。相关单位必须在施工日 10 天前发布变化的 LKJ 基础数据。

4. 临时缩小限界的施工

(1)对需临时缩小限界的施工,或施工设备、机具需要侵入限界的施工(指开通后施工设备、机具仍需继续安设并侵入线路限界的施工,如架设 D 梁等,不含仅在施工时间内施工机具作业侵限的施工,如线路大机整理等),施工单位均须编制、提报“施工临时缩小限界申请表”。

(2)“施工临时缩小限界申请表”的审核由施工项目主管部门负责,有铁路建设项目管理机构的由铁路建设项目管理机构预审。“施工临时缩小限界申请表”经货运部审批后,由施工项目主管部门组织统一报送,各侵限设备管理单位及其主管业务部室、安监部门、调度所均应送达,侵限设备在车站内时,还应送交车务站段及运输部。

(3)施工项目主管部门提报施工计划申请时,应将“施工临时缩小限界申请表”随施工计划申请、安全协议一并提报。

三、施工日计划

铁路局集团公司调度所(施工办)负责铁路局集团公司施工日计划及运行揭示调度命令的编制、下达。

1. 施工日计划

施工日计划是由调度所(施工办)施工调度根据月度施工计划(含临时施工批复文电)及铁路局集团公司主管业务部提报的施工日计划申请,编制次日 0:00—24:00 时的施工计划,具体要求如下:

(1)施工单位于施工前 3 日将施工日计划申请报铁路局集团公司主管业务部,涉及限速施工时,应根据月度施工计划确定的限速要求,准确推算并提报持续慢行的起止时间点,即“自×时×分至×时×分限速×km/h”形式。其中,建设项目施工日计划须先报项目管理机构预审,再报主管业务部(对于需要电务或供电部门配合的施工,配合业务部需核对影响范围)。主管业务部审核(盖章)后,于施工前 2 日 9:00 前向调度所(施工办)施工调度提报施工日计划申请(对滚动的施工应明确施工和慢行起止里程)。

(2)Ⅰ级施工和繁忙干线中国国家铁路集团有限公司管理施工项目,调度所(施工办)施工调度于施工前 2 日 15:00 时前将施工日计划报中国国家铁路集团有限公司运输调度指挥中心,由其根据中国国家铁路集团有限公司月度施工计划和批准的施工文电进行审核后,于施工前 2 日 18:00 前将施工日计划反馈相关铁路局集团公司调度所(施工办)施工调度。

(3)设备管理单位所管设备越过铁路局集团公司间分界站延伸至相邻铁路局集团公司调度指挥区段时,延伸段的施工,由施工单位于施工前 3 日将施工日计划报本铁路局集团公司主管业务部,经主管业务部审核(盖章)后,于施工前 2 日 9:00 时前向相邻铁路局集团公司调度所(施工办)提报施工日计划申请,由相邻铁路局集团公司调度所(施工办)编制、下达施工日计划,发布相关运行指示和施工调度命令。施工现场组织实施工作由本铁路局集团公司负责。

(4)施工日计划的编制应以月度施工计划或临时施工批复文电为依据,调度所(施工办)施工调度应将主管业务部提报的施工日计划申请与月度施工计划或临时施工批复文电进行核对,将核对无误的施工日计划申请编辑成施工日计划,调度所(施工办)主任(副主任)审批后,纳入调度日计划。

Ⅰ级施工和繁忙干线中国国家铁路集团有限公司管施工项目的施工日计划按上述审批程序由调度所(施工办)施工调度于施工前1日15:00前报中国国家铁路集团有限公司运输调度指挥中心。

(5)批准后的施工日计划,由调度所(施工办)施工调度于施工前1日12:00前(0:00—4:00执行的于前1日8:00前)下达有关机务段、动车段所属单位和车务段(直属站),传(交)主管业务部室、相关列车调度和计划调度台。主管业务部室负责通知施工单位、配合单位,车务段(直属站)负责通知相关车站。

(6)涉及铁路局集团公司间分界站的施工日计划,由调度所(施工办)施工调度委托相邻铁路局集团公司调度所(施工办)向本铁路局集团公司相关主管业务部、车务段(直属站)、列车调度员转达;相邻铁路局集团公司调度所(施工办)向发令铁路局集团公司调度所(施工办)施工调度反馈施工日计划转达情况。

(7)调度所(施工办)在下达施工日计划前,对因设备变化须在施工当日修改LKJ数据的施工,须确认该项引起LKJ数据变化施工的LKJ数据换装电报已发出,否则不得下达该项施工日计划。

2.运行揭示调度命令

运行揭示调度命令是指由调度所(施工办)施工调度编制的涉及限速、行车方式变化和设备变化的调度命令,具体要求如下:

(1)运行揭示调度命令内容应包括“时间、地点、因由、速度、行车方式变化、设备变化”六要素。

(2)施工调度依据施工日计划和铁路局集团公司主管业务部提报的关于灾害、故障涉及限速、行车方式变化的申请及常用运行揭示调度命令基本用语编制运行揭示调度命令。

(3)运行揭示调度命令的编制须施工调度员一人拟写、另一人核对,调度所(施工办)主任(副主任)批准后,于施工前1日12:00前(其中0:00—4:00执行的运行揭示调度命令为前1日8:00前)下达至有关机务段、车务段(直属站)、主管业务部、传(交)调度所列车调度台。施工项目主管业务部负责通知施工单位、配合单位,车务段(直属站)负责通知相关车站。

(4)涉及铁路局集团公司间分界站的运行揭示调度命令,由调度所(施工办)施工调度委托相邻铁路局集团公司调度所(施工办)向本铁路局集团公司相关车务段(直属站)下达,车务段(直属站)负责向相关车站下达,并转交本铁路局集团公司相关列车调度员;相邻铁路局集团公司调度所(施工办)向发令铁路局集团公司调度所(施工办)反馈运行揭示调度命令交递情况。

(5)邻接地方铁路调度指挥区段的运行揭示调度命令,由调度所(施工办)施工调度向地方铁路调度所列车调度台下达,地方铁路调度所列车调度员负责核对无误后向所属机务段下达,并向调度所(施工办)反馈运行揭示调度命令交递情况。

(6)因施工提前、延迟或其他原因造成与运行揭示调度命令不符时,列车调度员须向有关车站值班员、司机、施工负责人重新发布全部内容的调度命令。

3. 施工调度命令

施工调度命令是指施工当日由列车调度员发布的准许施工开始、确认施工结束等与实际施工有关的调度命令,具体要求如下:

(1)施工调度负责拟写次日施工调度命令,一人拟写、一人核对后,传相关列车调度台。

(2)施工调度命令下达前,列车调度员根据施工日计划与车站值班员的施工请求核对无误后拟定调度命令,施工调度命令下达前,须经监控人员审核后方可下达。

(3)施工结束后,列车调度员根据车站值班员请求,发布施工开通(结束)的调度命令。

(4)施工开通后有第1、2、3…列限速要求的列车(含第×列开始持续慢行的列车),由列车调度员发布调度命令。

四、维修计划

1. 高速铁路维修计划实行日计划

编制程序如下:

(1)设备管理单位于维修作业前3日向本铁路局集团公司主管业务部室提报计划申请,铁路局集团公司主管业务部室根据设备管理单位的提报,与其他主管业务部室沟通协调后编制本专业维修计划,于维修作业前2日9:00前报铁路局集团公司调度所施工调度室(施工办),施工调度室(施工办)负责审核维修日计划。

(2)施工办于维修作业前1日12:00前将维修日计划传(交)有关调度台及主管业务部室、相关车务段(直属站)。主管业务部室负责通知作业单位、配合单位,车务段(直属站)负责通知相关车站。

(3)综合利用天窗时,由铁路局集团公司调度所(施工办)指定维修主体单位,维修主体单位的确定方法由铁路局集团公司规定。

2. 普速铁路维修计划实行周计划

维修天窗时间由调度所(施工办)在月度施工计划文件中公布,具体维修作业计划由设备管理单位向有关车务段(直属站)提报,由车务段(直属站)负责审核、编制后,报调度所(施工办)安排实施。各设备管理单位提报维修天窗计划时,要注明作业项目、地点、作业负责人、配合单位、影响范围等。普速铁路维修计划编制程序由铁路局集团公司制定。

五、施工计划变更

施工计划编制完成后,发生变更的情况在所难免。同时,因设备抢修等原因,增加临时施工的情况也是客观存在的。考虑到施工影响范围较广、影响因素较多,变更施工计划、增加临时施工时一定要按程序审批,依规进行,不留安全隐患。

1. 计划变更

(1)月度施工计划原则上不准变更。特殊情况必须进行调整时,由施工单位提前5天向铁路局集团公司主管业务部室和调度所(施工办)提出书面申请,由调度所(施工办)调整施工计划。涉及LKJ基础数据变化的施工日期不得提前。

(2)纳入月度施工计划的施工项目原则上不准停止施工,因专特运及调整车流等原因需停止施工时,须经分管运输副总经理(总调度长)批准并于前日14:00前以调度命令通知有关单位。

(3)已批准的中国国家铁路集团有限公司管理施工项目需停止施工时,须经中国国家铁路集团有限公司运输调度指挥中心值班主任(副主任)批准。

(4)对于停止的施工,中国国家铁路集团有限公司运输调度指挥中心和铁路局集团公司调度所(施工办)应尽快重新安排,因停止施工引起的本月未按月计划完成的连续性施工可顺延至下月。

2.临时施工

(1)未纳入月度施工计划的施工项目原则上不准进行施工。特殊情况必须施工时,由施工单位提出施工申请,并签订安全协议,制定安全措施,通过主管业务部室审查(建设项目施工计划应先报项目管理机构预审),经分管运输副总经理(总调度长)批准,由调度所(施工办)安排施工。需增加中国国家铁路集团有限公司管理施工项目时,铁路局集团公司提前10天向中国国家铁路集团有限公司提出申请电报(涉及快运货物班列提前开车和装卸车组织站变化的须提前15天),经中国国家铁路集团有限公司批准后方可安排施工。

(2)临时增加施工计划申请提报要求:

①施工单位必须保证手续齐全。配合单位提供的影响范围必须准确无误,提报施工计划申请必须经相关配合单位、行车组织单位逐项审核会签,计划应确定准确的影响范围、行车方式等。

涉及有慢行、行车方式变化的施工项目,还需相关机务段进行会签并确定是否减轴。

②对施工涉及慢行、需要减轴、行车方式变化、申请施工时间超出图定天窗时间等影响较大的施工,由施工单位组织配合、行车、机务等单位,到铁路局集团公司进行集中编制。

③临时紧急性施工,施工单位提报申请日期与要求施工日期间隔不足,不具备发布临时施工电报时间条件且施工性质或要求又不能延迟的,经铁路局集团公司主管业务部室审核,报分管运输副总经理(总调度长)同意签字后,由调度所(施工办)及时安排。施工单位在提报施工申请前须周知相关单位。

④对涉及LKJ数据变化、旅客列车提前开车和停站变化的施工项目,必须纳入月度施工计划,各主管业务部室、项目管理机构要严格控制,不准临时请求施工。

六、维修计划变更

(1)维修计划下达后,因特殊原因需临时增加维修作业时,在不与其他施工及维修作业产生冲突的前提下,高速铁路由设备管理单位报主管业务部室、普速铁路由设备管理单位报车务段(直属站)审核同意后,报铁路局集团公司调度所实施。铁路局集团公司所管设备越过铁路局集团公司间分界站延伸至相邻铁路局集团公司调度指挥区段时,高速铁路由调度管辖铁路局集团公司业务部室、普速铁路由调度管辖铁路局集团公司车务段(直属站)审核同意后,报铁路局集团公司调度所实施,工务人员进行的临时维修作业如图5-5所示。

图5-5　工务人员正在进行临时维修作业

(2)综合检测列车及设备管理单位发现160km/h以上区段行车设备需要临时维修时,由设备管理单位向铁路局集团公司主管业务部室提出申请,经主管业务部室审核后会同调度所向分管运输副总经理(总调度长)汇报并同意后,由调度所及时安排。

(3)对突发性设备故障和灾害的紧急抢修及轨道状态超过临时补修标准和重伤设备处理等需临时封锁要点的规定:

①需临时封锁要点时,由设备管理单位向铁路局集团公司主管业务部室提出申请,主管业务部室审查,经分管运输副总经理(总调度长)批准后,由调度所安排施工。

②危及行车安全需立即抢修时,设备管理单位按规定采取措施,在"行车设备检查登记簿"内登记,高速铁路经调度所值班主任(副主任)批准,普速铁路通过车站值班员报告铁路局集团公司列车调度员经调度所值班主任批准,发布调度命令进行抢修,设备管理单位同时通知配合单位和铁路局集团公司主管业务部室。

③电力设备故障影响行车的紧急修、地方供电系统故障临时改变供电运行方式的电力倒闸作业及恢复正常供电方式的电力倒闸作业,由供电段配电值班员(驻站联络员)向列车调度员请求并获同意后可进行倒闸作业,倒闸时机由列车调度员掌握。

(4)紧急修临时限速的规定。需临时限速时,设备管理单位在车站"行车设备检查登记簿"内登记,并将限速慢行情况立即通知到铁路局集团公司业务主管部门,列车调度员根据请求及时向有关列车及相关单位发布限速命令。

如影响相邻铁路局集团公司时,设备管理单位还应通知相关铁路局集团公司,铁路局集团公司设备管理单位主管部门应将上述情况及时通知中国国家铁路集团有限公司及其相关部门。

任务实施与评价

请完成本任务的任务实施与评价,见教材数字资源中的电子实训工单。

任务三　施工组织实施

学习目标

知识目标

1. 掌握营业线施工有关会议程序及内容;
2. 掌握路料卸车组织、工程车辆组织程序;

3. 掌握维修组织有关规定。

能力目标

1. 掌握施工组织程序；
2. 能正确完成高速铁路维修组织程序；
3. 能正确完成普速铁路维修组织程序。

素质目标

1. 树立“按章施工、依规作业”的严谨工作态度；
2. 培养“吃苦耐劳、甘于奉献”的职业精神；
3. 养成“严谨细致、分毫不差”的科学严谨工作作风。

任务描述

O 站是 H 铁路局集团公司某线的普速铁路车站，该站示意图如图 5-6 所示，工务段线路车间计划于 2021 年 10 月 11 日更换货 1 道岔施工，施工需要 1.5h，该道岔是非联锁区道岔，施工时只影响站内与货场、车辆段间的取送车作业，但不影响正线与到发线的接发车作业。请判定该施工组织实施办法归属管理权限，制定该施工组织实施办法。

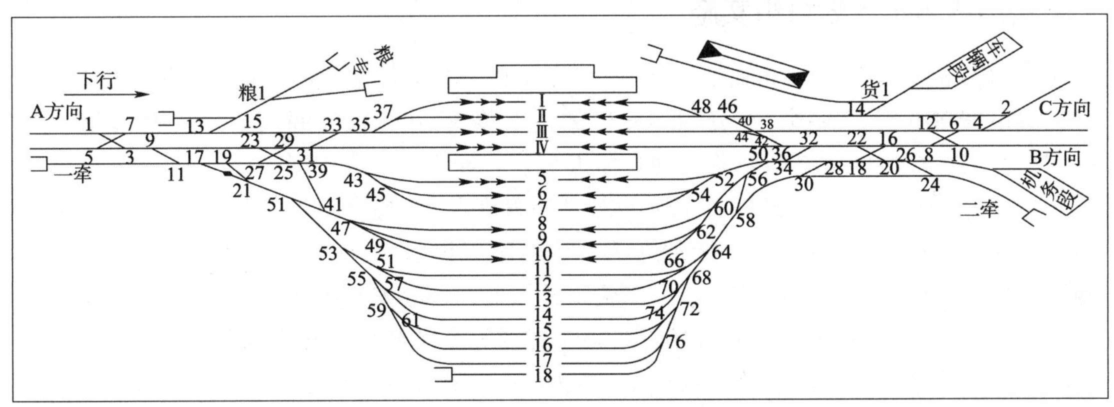

图 5-6　O 站平面示意图

案例导入

兰新线突发列车人员碰撞事故致 9 人遇难

2021 年 6 月 4 日早晨 5 时 18 分，铁路施工作业人员在兰新线上行线 K361 +402m 处，与运行通过的 K596 次列车发生碰撞，致 9 人遇难。

K596 次列车是从乌鲁木齐开往杭州方向。

记者从中国铁路兰州局集团有限公司了解到，6 月 4 日，按照兰新线天窗施工计划，兰州铁路局集团公司工作人员在兰新线封闭下行线进行大机维修作业，天窗计划时间 4 时 6 分至 7 时 6 分。

普通铁路施工天窗：技改工程、线桥大中修及大型养路机械作业、接触网大修及改造时，不应少于 180min。

接到事故报告后，铁路部门启动突发事件应急预案，全力开展救援善后工作，开展事故原因调查。

(资料来源:央视网　记者:王小英　编辑:谢博韬　责任编辑:刘亮)

注:国家铁路局官方网站7月29日发布《"6·4"兰新线K596次旅客列车与作业人员相撞铁路交通事故调查处理情况公告》显示,维修作业过程中,捣固稳定车发生故障,作业人员在转场跨线过程中,有关人员盲目指挥、联控不彻底、现场防护失效、违章跨越线路是事故发生的直接原因。

引导提示:从上述案例得知,施工中的一点微小疏忽都有可能酿成大祸,所以必须树立安全无小事思想,此案例是一起典型的因施工组织不当而导致的人身死亡事故,事故惨痛,教训深刻,作为调度人员在日常指挥中如何才能避免发生这样的事故呢?

知识探索

施工组织是落实施工计划的具体行动,再完美的施工计划如没有切实可行的施工组织办法来落实,施工目标也是不容易实现的,所以要立足于执行,从制度层面对施工进行细致的规定。

一、月度施工计划组织实施

(1)铁路局集团公司月度施工计划下达后,各有关单位要进一步细化本单位的施工实施计划,提前安排好人力、物力,充分利用先进的技术装备,在天窗时间内集中进行作业,各项施工计划实施方案、安全措施要落实到具体人员。

(2)施工单位至少在正式施工72h前向设备管理单位、配合单位等提出施工计划、施工地点及影响范围。设备管理单位接到施工单位的施工请求后,应对施工计划及影响范围进行认真核对。施工当日,设备管理单位在施工开始前60min安排熟悉设备、业务水平较高的工程技术人员和安全管理人员到现场进行施工配合和安全监督。配合监督人员对施工单位违章作业、安全措施不落实以及危及行车安全的施工,有权停止作业。

二、营业线施工协调、预备会制度

营业线施工应不迟于施工前日按程序召开施工协调、预备会。

1.铁路局集团公司日间施工协调会制度

(1)每日9:00前由调度所(施工办)主任(副主任)主持,各有关业务部室和有关施工单位胜任人员参加。

(2)各部门、各单位要以安全和效率为前提,对前1日的施工情况进行总结,对施工中存在的问题进行分析,查找自身存在的问题,突出结合部方面存在的问题,制定防范整改措施。

(3)根据次日施工计划,对次日的施工进行预测分析,对重点施工关键环节、关键部位制定有效的卡控措施。按照系统负责、逐级负责、岗位负责的原则合理分工,责任落实到具体部门和个人。

(4)各业务部、各单位应建立"日间施工协调会记录簿",主要记载施工协调会的要求,前日施工中出现的问题及整改措施,次日重点施工的主要事项等。按系统负责的范围,做好记录和传达。

(5)有关业务部室、单位对日间施工协调会必须高度重视。施工资料会前收集齐全,包括各基层单位按照月度施工计划内容审核责任划分标准进行核对的情况和意见,做到会前有准备、有预想,会中有安排、有措施;将协调会中明确的问题、整改措施、次日施工重点事项等内容及时传达到相关单位的有关人员,直至作业层,并抓好落实。

2.营业线Ⅰ、Ⅱ级施工预备会制度

(1)召开时间与地点:原则上不迟于施工前1日9:00前在施工登记站召开,由调度所(施工办)提前明确时间、地点和参会单位等。

(2)主持人:Ⅰ级施工由分管运输(或工电)副总经理(总工程师)主持,Ⅱ级施工由调度所(施工办)主任(副主任)或施工项目主管业务部室主任(副主任)主持。

(3)参加人:行车组织、设备管理、建设、设计、施工、监理、安监等有关部门和单位主管人员。

(4)预备会有关要求:

①相关车务站段(直属站)要在施工登记站设立会议记录簿和签到簿,会议记录应留存三个月。

②对预备会确定的急需铁路局集团公司调度所(施工办)协调解决的事项,须经会议主持人签字后,由车务站段向铁路局集团公司调度所(施工办)提报。调度所(施工办)要认真掌握、核实施工预备会确定的施工内容及影响范围等变化情况,将调整后的施工计划按规定时间下达至有关单位。

(5)施工总结会:施工主体单位、配合单位和行车组织单位针对本次施工,对各自在施工过程中出现的问题和原因进行分析。

3.营业线Ⅲ级施工预备会制度

(1)召开时间与地点:原则上于施工前1日9:00前在施工登记站召开。施工单位提前3日与车务段(直属站)联系,确定会议时间、地点和参会单位。并由预备会组织单位负责通知铁路局集团公司内各参会单位。涉及外铁路局集团公司机务、车务、电务、工务等系统需参会时,由铁路局集团公司所属站段对口负责通知。涉及设计、监理等单位需参会时,由施工主体单位负责通知。

(2)主持人:车务站段主管副站段长或指定的协调小组组长担当主持人。

(3)参加人员:行车组织、设备管理、建设、施工等有关单位成员组成。

(4)施工总结会:施工主体单位、配合单位和行车组织单位针对本次施工,对各自在施工过程中出现的问题和原因进行分析。

(5)预备会有关要求:

①中间站与车务段间有视频会议设备的,可由主管副段长及施工协调小组组长在车务段(直属站)视频会议室组织召开。

②车务站段(直属站)要在施工登记站设立会议记录簿和签到簿,会议记录应留存三个月。使用视频系统或录音设备的语音,可对重点事项进行摘录并保存好录音。特别是需要向铁路局集团公司汇报或向有关单位传达的重点事项,要跟踪落实执行情况,不断总结经

验,提高预备会质量。

③对施工预备会中确定的内容与月度施工计划(电报等)不符的情况以及其他急需铁路局集团公司解决的问题,必须经预备会主持人签字后,于施工前1日10:00前由车务站段向铁路局集团公司调度所(施工办)报告,其他单位分别向本单位的主管部门汇报,并须得到许可后方准按预备会确定的内容组织施工,否则不准施工。

④因特殊原因不能按期执行施工计划时,施工单位、配合单位必须互相通报。取消施工时,按有关规定办理。

⑤同一施工单位在同一区间或同一车站进行同一项目的连续性或滚动性施工,原则上施工开始前召开一次预备会,跨月施工、滚动性跨站区施工及增加施工配合单位时应再次召开预备会。

⑥维修天窗作业不召开施工预备会,但多个单位利用同一天窗在同一区间(地点)进行维修作业或利用施工天窗进行维修作业时,须召开预备会,维修天窗作业配合单位由维修作业主体单位通知。

⑦站内信联闭停用施工,需安设数调电话时,由行车组织单位通知通信段和相关电务段派通信专业人员参加预备会,并按行车组织单位要求安设数调电话。

⑧对于月度安排的连续性或滚动性施工计划中确定的配合单位,当施工日不需配合施工时,配合单位可不参加预备会及到现场配合施工,由施工单位提前通知会议组织单位。

施工单位与配合单位共同确认,不需施工配合单位到场配合施工时,由施工单位在提报施工日计划时核定配合单位,铁路局集团公司调度所(施工办)根据施工单位请求在施工日计划中明确配合单位。

三、施工现场组织实施

1.组织实施现场施工

各施工单位、配合单位、行车组织单位,必须按铁路局集团公司下达的施工日计划,组织实施现场施工。

(1)施工前,调度所要调整好施工前运行秩序,重点掌握封锁前旅客列车运行,为施工创造条件。要按天窗时间,按规定向车站和相关单位发布调度命令。调度所和车站发布、转达调度命令时,必须严格执行核对制度。

因旅客列车晚点等原因,须调整施工起止时间时,须征得施工单位同意,列车调度员应提前通知有关车站值班员,车站值班员及时通知施工负责人及相关列车司机。

(2)车站值班员核对登记内容无误后,报告列车调度员。列车调度员根据施工日计划和车站值班员的施工请求核对一致后,方可按规定向有关车站和单位发布施工调度命令。

(3)车站值班员接收施工命令并核对命令内容无误后,在"行车设备施工登记簿"上登记命令号,将调度命令交施工、设备管理和配合单位,经施工、设备管理、配合单位负责人(驻站联络员)签认后,方可准许各单位按命令要求进行施工。

(4)施工中,列车调度员要加强与车站值班员的联系,随时掌握施工进度情况,对运行中的列车要重点布置停车、会让事项。

(5)施工单位须按规定在车站行车室设驻站联络员,施工地点设现场防护员,驻站联络员和现场防护员必须由经过考试合格的人员担当。驻站联络员与现场防护员要随时保持联系,掌握施工现场和列车运行情况,做好邻线通过列车时的安全防护,发现异常及时通知车站值班员和施工负责人。

(6)施工作业结束后,经施工、设备管理、配合单位检查,确认达到放行列车条件(接触网施工或配合停电作业时,还必须确认具备送电条件)后,方可办理开通手续(施工销记)。

如遇特殊情况不能按时开通时,施工负责人(驻站联络员)应提前30min通知车站值班员,提出延时申请(在“行车设备施工登记簿”记事栏内注明延时原因、时间),车站值班员报告列车调度员并办理延迟手续。

(7)车站值班员核对销记内容无误后,及时向列车调度员报告,请求施工开通,列车调度员核对施工销记内容无误后,发布施工开通命令。

2.施工作业的配合、协调及防护

(1)凡施工作业需要其他单位配合时,在提报计划前,必须征得所有配合单位同意。

(2)施工作业及配合单位均须在作业前40min到达现场。其中一方未到,另一方不得作业,影响作业时,由影响方承担相应责任。

(3)施工作业单位及配合作业单位须分别在车站设驻站联络员,作业地点设现场防护员(现场电话员),驻站联络员和现场防护员(现场电话员)应由经过考试合格的人员担当。驻站联络员与现场防护员(现场电话员)、施工负责人要保持不间断通信联系,掌握作业进度和列车运行情况,通知现场做好邻线通过列车时的安全防护,发现异常及时通知车站值班员和施工负责人。现场与驻站联络员联系中断,立即停止作业。驻站联络员与现场联系时不得影响车站值班员(调车区长、调度员)正常作业。

(4)电力停电施工作业,凡涉及信联闭设备、通信设备停电或转换电源时,由电务单位在车站配合。影响其他(信联闭设备、通信设备以外)设备停电或转换电源时,以供电单位停电或转换电源通知为准,收到通知各单位在设备使用地点注意监视停送电或掌握转换电源情况。

(5)电气化区段施工需要接触网倒闸时,可在天窗时间外进行,倒闸时机由列车调度员确定。

(6)施工作业单位在电气化区段进行需要接触网停电作业时,必须同时对列车调度员发布的施工调度命令和供电调度员发布的停电调度命令进行核对,确认停电后方可作业。

3.施工路料装卸车组织

(1)未列入施工、维修作业计划的整车或整批路料装卸车,由施工单位提前3日向调度所提报路料装卸车计划,明确装、卸车所需时间和地点,车种、车数、品名,卸车负责人、配合单位及其他重点要求,调度所安排路料装卸车计划。在装卸车过程需要其他单位配合作业时,由作业单位提前通知配合单位。

(2)临时到达路料卸车,由车站立即通知卸车单位(卸车单位应提前提供有效联系方式),卸车单位负责通知工、电、供电和车辆等有关单位。通知内容应包括卸车具体位置,卸车种类和方式。卸车单位必须向车站反馈卸车准备情况。在卸车准备工作全部做好后,车站值班员向列车调度员申请安排卸车时间,列车调度员充分利用区段、车站的天窗时间或对相关列车调整后临时安排天窗,将卸车组织计划在3~4h列车运行调整计划中下达给有关车站,有关站负责组织卸车单位卸车。

4. 工程车辆停留、转移及运行组织

为满足施工需要,各相关单位要按施工单位提报的计划,及时组织安排工程车辆停留、转移及运行等事项。

图5-7 铁路工程车辆

(1)工程车辆种类。工程宿营车、运送路料车、长钢轨运输车、龙门架轨排车、自轮运转设备(轨道车、轨道吊车、大型养路施工机械)等,统称为工程车辆(图5-7)。

(2)工程车辆停留。

①工程车辆需固定在车站长期停留(指48h及以上)时,工程车辆所属单位必须与车务段(直属站)签订工程车辆停留安全协议,未签安全协议,车站不准安排停留。

②工程车辆在车站临时停留时(不足48h),由车站安排,原则上不得占用到发线,特殊情况必须占用时,车站要取得列车调度员的同意。

③工程车辆需在车站到发线长期停留时,工程车辆所属单位报调度所签批同意后,方可与车务站段签订工程车辆停留安全协议。工程车辆到达车站后,将占用的股道及停留时间报铁路局集团公司调度所。

④工程车辆由所属单位按规定进行止轮。

(3)工程车辆转移。

①工程车辆转移时,需车辆部门进行检查时,应提前3日向工程车辆所在地的车辆段发出车辆转移申请电报,保证车辆部门作业人员在开车前24h内到达现场对工程车辆进行技术检查。车辆部门要在接到请求电报24h之内,对需转移工程车辆进行全面技术检查,保证状态良好,确定运行条件和运行速度,并出具“工程车辆检修证明书”。

“工程车辆检修证明书”自填发之日起,有效期为10日。超过有效期工程车辆还未转移时,应按本条规定重新办理。

②纳入铁路局集团公司月度施工计划的工程车辆转移方案,工程车辆所属单位要提前2日报铁路局集团公司调度所,由铁路局集团公司调度所纳入调度日班计划组织实施。

因施工提前、滞后或调整等特殊情况影响,工程车辆需变更转移日期时,调度所根据工程车辆所属单位提前2日发出运行计划请求,纳入调度日班计划组织实施。

③工程车辆临时转移时,除按①款办理外,工程车辆所属单位在车辆转移前5日拟定工程车辆转移方案(内容包括:转移日期、运行径路、编组内容、运行条件、到达地点、停留处所等),由主管业务部拟稿、审核(有超限车辆时,须经货运部确定运行条件、运行径路),经相关业务部会签后,由主管业务部以电报形式下发相关单位,调度所按电报要求纳入调度日班计划。

④工程车辆运行前的检查。

a. 工程车辆上线运行时，所属单位必须安排具备资质的随乘检车员。

b. 有列检作业的车站，车站值班员在发车前通知列检，对需转移工程车辆进行技术检查，并进行制动机试验。没有列检作业的车站，在发车前，由随乘检车员按规定对需转移的工程车辆进行技术检查，并进行制动机试验。

(4)工程车辆运行。

①工程车辆运行途经各站、列检作业所(场)，要高度重视工程车辆运行安全，对工程车辆的运行条件在交接班会中重点传达部署。

②工程车辆经过列检作业站时，列车调度员根据工程车辆所属单位的请求，应安排技术检查。

③循环使用的工程车辆，在循环运行径路上无列检作业站时，工程车辆所属单位根据技术检查需要，须提前 3 天向相关的车辆段提出工程车辆技术检查申请，保证车辆部门作业人员在开车前 24h 内到达现场对工程车辆进行技术检查。车辆部门应在接到申请电报后 24h 内对相关车辆进行技术检查，并向工程车辆所属单位出具“工程车辆检修证明书”。

④工程单位根据实际需要，安排专业资质人员(检车员)担当随乘，同时安排胜任人员担任押运负责人。涉及龙门架轨排等超限车辆转移运行时，施工单位还须指派段级安全监控人员随车监控。

⑤施工单位自轮运转设备及利用租用机车牵引的大型养路机械、运送路料车辆的运行计划，由施工单位在开行前 1 日向调度所(施工办)提报，纳入调度日班计划。

⑥列车调度员对接送施工作业人员的轨道车、路料运输及大型养路机械要按施工单位请求重点掌握，按计划组织兑现，满足施工作业需要。

(5)出铁路局集团公司的工程车辆运行。

①铁路局集团公司有关单位和部门根据中国国家铁路集团有限公司的电报或命令安排工程车辆出铁路局集团公司组织工作。

②出铁路局集团公司工程车辆所属单位在接到中国国家铁路集团有限公司调拨电报或命令后，按规定办理工程车辆技术检查。

③出铁路局集团公司工程车辆所属单位提前 2 日直接向调度所提报转移申请，由调度所纳入日班计划安排。

④出铁路局集团公司工程车辆所属单位要提前做好出铁路局集团公司工程车辆的集结和整备工作，安排好押车、随乘人员。

(6)外铁路局集团公司工程车辆。外铁路局集团公司工程车辆运行，由铁路局集团公司内主管业务部组织按规定办理停留、转移和运行工作。

四、施工地点放行旅客列车条件

(1)扰动道床不能预先轧道的线路、道岔施工，开通后第一趟列车不准为旅客列车，具备下列条件之一时可视为轧道：

①大型养路机械施工经过稳定车作业。

②开通后经过重型轨道车牵引的施工列车。

③开通后经过单机。

速度160km/h以上区段,线路、接触网封锁施工开通后,第一趟列车不准为载客动车组列车。

(2)凡开通后第一趟列车不准放行旅客列车的施工,施工单位须在提报施工计划申请时提出,调度所(施工办)在月度施工计划(电报)中注明。

五、维修组织办法

维修组织也需要认真对待,而且维修作业具有次数多、日常化的特点,制定维修组织办法一定要考虑到这样的特点。

1.高速铁路

(1)高速铁路维修作业按照统筹安排、综合利用的原则组织实施。设备管理部门在制订维修作业计划涉及其他部门时要主动联系其他设备管理部门,减小或避免维修作业时相互干扰。

(2)高速铁路维修作业需开行路用列车时,路用列车开行方案必须纳入维修计划。路用列车开行方案必须明确发站、到站、编组、运行径路、作业地点、作业防护地点及转线计划,明确路用列车司机和随车的施工负责人的联系电话(包括GSM-R电话号码)。维修计划下达后,设备管理单位不得随意变更路用列车开行方案。

(3)高速铁路固定设备上线检查、检测、维修工作都必须在天窗时间内进行,天窗时间外不得进入桥面、隧道和路基地段栅栏范围内。

(4)高速铁路维修天窗结束后开行动车组列车前,应开行确认列车,确认列车的开行应纳入列车运行图。

2.普速铁路

(1)普速铁路维修作业,双线V形天窗区段一线作业时不得影响另一线行车设备的正常使用。同一区间当日安排有施工天窗时,维修作业应在施工天窗内套用,不再单独安排维修天窗。

(2)车站不办理接发列车(含到达场、出发场不办理接发列车一端)的行车设备,在确保安全的前提下,维修作业由车站负责安排。车站驼峰设备检修实行“停轮修”,检修应利用交接班、调车作业间休等时间进行,原则上每次不少于40min。

机务、车辆、动车(所)段内有关行车设备的维修作业,在确保安全和不影响机车(动车组)出入、车辆取送的前提下,由机务、车辆、动车(所)段负责安排。

(3)下列维修作业可在天窗点外进行,但严禁利用速度160km/h及以上的列车与前一趟列车之间的间隔时间作业。其他维修项目必须纳入天窗,严禁利用列车间隔时间作业。

①工务部门:

a.使用探伤小车、轨检小车等随时能撤出线路的便携设备进行上线检查、检测作业;预卸路料的加固;线路标志涂刷;整理道床;清理垃圾或弃物。其他在道床坡脚以外栅栏以内不影响线桥设备正常使用的作业。

b. 线路限速或允许速度小于或等于60km/h的区段，允许使用撬棍、洋镐、小型液压起拨道器、螺栓扳手等小型工具进行螺栓涂油、捣固、改道、补充或紧固轨道连接零件、撤垫板作业，但严禁利用旅客列车与前一趟列车之间的间隔时间作业。

②信号部门：光电缆径路检查、室内外设备巡视检查及道岔转换试验等不影响电务设备机械强度、电气特性的作业。

③通信部门：在道床坡脚以外进行不影响行车通信业务正常使用的通信设备、线路及附属设施的日常维修、业务办理和保护试验等作业。

④供电部门：接触网步行巡视、静态测量、测温等设备检查作业；接触网打冰，处理鸟窝、异物；在道床坡脚以外栅栏以内的标志安装及整修、基础整修、接地装置整修、支柱基坑开挖等不影响设备正常运行的作业。

⑤车辆部门：设备巡视、检查、油润、紧固和清除异物的作业。

⑥货运部门：货运计量安全检测设备巡视、检查和外部清扫、油润，清除影响正常工作的异物作业。

⑦房建部门：在站台安全线以内进行日常设备巡视。

上述作业必须制订天窗点外维修作业计划，天窗点外维修作业计划由设备管理单位车间或段一级批准。上线作业时必须在车站"行车设备检查登记簿"内登记，车站值班员签认，必须按规定设置驻站联络员、现场防护员，联系中断时必须停止作业。非设备管理单位天窗点外作业时，按相应设备管理单位的规定执行。

(4)运输部门要加强运输组织和调度指挥工作，确保天窗次数及时间兑现。因旅客列车晚点等原因，准许变更天窗起止时间，列车调度员应提前通知有关车站值班员，由车站值班员通知施工负责人。

任务实施与评价

请完成本任务的任务实施与评价，见教材数字资源中的电子实训工单。

任务四　邻近营业线施工组织

学习目标

知识目标

1. 掌握邻近营业线施工分类知识；
2. 掌握邻近营业线施工安全监督计划编制有关规定；
3. 掌握邻近营业线施工组织实施有关规定。

能力目标

1. 能够按规定正确确定纳入月度施工计划的邻近营业线施工项目；
2. 能够正确执行邻近营业线施工安全监督计划编制程序；

3. 能够正确执行邻近营业线施工组织实施程序。

素质目标

1. 树立“防患于未然、安全第一”的意识;
2. 树立“施工无小事”的责任意识;
3. 树立对规章制度的敬畏思想。

任务描述

Q站是H铁路局集团公司平齐线的普速铁路特等站,中铁二十三局集团有限公司计划于2022年6月21日晚、6月22日凌晨进行民航路立交桥主桥转体施工,施工需要4h,施工地点位置于Q站南侧咽喉,横跨Q站与QN站联络线、调车场牵出线等21条线路,施工时影响途经21条线路的行车作业,21条线路停止接发车和调车作业。请确定该施工所属类别(A、B、C之一),确定该施工是否列入铁路局集团公司月度施工计划。

案例导入

邻近营业线施工作业车吊臂侵限与旅客列车相撞,中铁十九局一公司被罚12万

(国家铁路局政府信息公开,沈阳铁路监督管理局7月26日发布行政处罚公开信息〔2021〕第003号)

2020年10月28日,中铁十九局集团第二工程有限公司在京哈线进行邻近营业线施工过程中,作业车吊臂违法侵入国家规定的铁路建筑限界,导致与旅客列车相撞,构成一般铁路交通事故。2021年7月22日,沈阳铁路监督管理局根据《铁路安全管理条例》第九十条、《违反〈铁路安全管理条例〉行政处罚实施办法》第二十六条第二项规定,对中铁十九局集团第二工程有限公司作出责令改正,处罚款人民币12万元的行政处罚。

引导提示:从上述案例可知,作业车吊臂违法侵入国家规定的铁路建筑限界,导致与旅客列车相撞,透露出施工单位对安全的漠视,给铁路运输安全带来的威胁是非常可怕的,所以,要树立对规章制度的敬畏思想。案例中提到的“作业车吊臂违法侵入国家规定的铁路建筑限界”是一种典型的邻近营业线施工违章事件,那么调度人员在日常指挥中如何避免呢?

知识探索

邻近营业线施工虽未直接改变营业线本体设备,但很多施工作业需下穿、上跨营业线或者在营业线旁进行,一旦施工过程出现异常问题,极易产生机械设备及人员侵入铁路护网、铁路限界、导致营业线本体设备变化等情况,导致铁路营业线存在安全隐患或直接危及铁路行车和人身安全。基于此,在邻近营业线施工中必须坚持“安全第一、预防为主、综合治理”的方针,将行车行人安全放在首位,编制邻近营业线施工组织办法也要科学合理。

一、邻近营业线施工分类

(1)邻近营业线施工分为A、B、C三类。电气化铁路接触网支柱外侧2m(接触网支柱外侧附加悬挂外2m,有下锚拉线地段时在下锚拉线外2m)、非电气化铁路信号机立柱外侧1m

范围称为营业线设备安全限界。

①邻近铁路营业线进行以下影响营业线设备稳定、使用和行车安全的工程施工,列为A类施工,必须纳入铁路局集团公司月度施工计划。

a.吊装作业时侵入营业线设备安全限界的施工。

b.架设或拆除各类铁塔、支柱及接触网杆等在作业过程中侵入营业线设备安全限界的施工。

c.开挖路基、路基注浆、基桩施工等影响路基稳定的施工。

d.需要对邻近的营业线进行限速的施工。

②邻近营业线进行以下可能因翻塌、坠落等意外而危及营业线行车安全的工程施工,列为B类施工。B类施工应设置防护设施并经铁路局集团公司有关部门审批,确定不能设置防护设施时应纳入铁路局集团公司月度施工计划。影响营业线设备稳定、使用和行车安全的防护设施设置必须纳入铁路局集团公司月度施工计划。

a.使用高度或作业半径大于吊车至营业线设备安全限界之间距离的吊车吊装作业。

b.影响铁路通信杆塔、通信基站、信号中继站、箱式机房及供电铁塔、支柱等基础稳定的各类施工。

c.邻近营业线进行现浇梁、钢板桩、钢管桩、搭设脚手架、膺架等施工设备和材料翻落后侵入营业线设备安全限界的施工。

d.营业线路堑地段有可能发生物体坠落,翻落侵入营业线设备安全限界的施工。

③邻近营业线进行以下可能影响铁路路基稳定、行车设备使用安全的施工,列为C类施工。

a.铲车、挖掘机、推土机等施工机械作业。

b.开挖基坑、降水和挖孔桩施工。

c.邻近供电、通信、信号电(光)缆沟槽及供电支柱、通信信号杆塔(箱盒、通话柱)10m范围内的挖沟、取土、路基碾压等施工。

d.绑扎钢筋、安装拆除模板等未侵入营业线设备安全限界的施工。

e.路基填筑或弃土等施工。

④其他影响或可能影响营业线设备稳定、使用和行车安全的邻近营业线施工,由铁路局集团公司按上述原则界定类别。

(2)邻近营业线A类及B类纳入铁路局集团公司月度施工计划的施工,按营业线施工有关规定执行。邻近营业线B类不纳入铁路局集团公司月度施工计划的施工以及C类施工,由铁路局集团公司负责编制邻近营业线施工安全监督计划。

(3)邻近营业线施工的现场检查和监督工作由铁路局集团公司施工安全监督队伍负责。铁路局集团公司要建立施工安全监督队伍工作制度,明确检查范围、职责和权限,制定管理考核办法,加强工作绩效考核。

二、邻近营业线施工安全监督计划的审批

施工单位提报的邻近营业线施工安全监督计划申请,由铁路局集团公司各主管业务部

室负责审批。其中,有工程项目管理机构的需由其预审后,报铁路局集团公司建设部审批。

铁路局集团公司主管业务部室对邻近营业线施工方案、安全措施、影响范围、施工组织等要严格审查。对未按规定程序、格式和时限上报的邻近营业线施工安全监督计划,铁路局集团公司主管部门不予受理。

三、邻近营业线施工安全监督计划编制程序

(1)在提报施工安全监督计划前必须征得配合单位同意,并按规定双方签订“作业配合单”。

(2)施工单位提报邻近营业线施工安全监督计划,应初步判定类别,并报铁路局集团公司主管部门预审,核定施工项目类别,属于A类及B类纳入铁路局集团公司月度施工计划的施工项目,按照营业线施工有关规定执行。

(3)邻近营业线B类不纳入铁路局集团公司月度施工计划的施工以及C类施工项目,由铁路局集团公司主管业务部室负责编制邻近营业线施工安全监督计划。

编制程序如下:施工单位(或建设项目管理机构)于每月15日前将经相关站段会签的次月邻近营业线施工安全监督计划申请上报铁路局集团公司主管业务部室,铁路局集团公司主管业务部室审核后,于每月20日前,将本系统邻近营业线施工安全监督计划报调度所(施工办),汇总后作为铁路局集团公司月度施工计划附件下发。

四、临时增加施工办理流程

(1)施工单位提报邻近营业线施工安全监督计划,应初步判定类别,并报铁路局集团公司主管部门预审,核定施工项目类别,属于A类及B类纳入铁路局集团公司月度施工计划的施工项目,按照营业线施工有关规定执行。

(2)属于B类不纳入铁路局集团公司月度施工计划的施工以及C类施工,由施工单位编制邻近营业线施工安全监督计划,经设备管理单位、施工配合单位会签,提前5日报铁路局集团公司主管部门审查(属于工程项目管理机构管辖的项目应报工程项目管理机构预审)后,由铁路局集团公司主管业务部室负责编制施工安全监督计划并经有关部室会签后,经主管业务部主任(副主任)批准,以电报形式于施工开始前不少于72h下达。

五、邻近营业线施工组织实施

(1)属于A类及B类纳入铁路局集团公司月度施工计划的施工项目,按照营业线施工有关规定执行。

(2)属于B类不纳入月度施工计划和C类邻近营业线施工实施程序如下:

①施工单位在施工前2h组织设备管理单位、配合单位召开施工预备会,商定有关安全监督和配合事项,做好记录并签字。

②特殊情况,施工计划需要变更时,施工单位必须在作业开始3h前,通知配合、设备管理单位。

③设备管理单位做好现场检查监督。

任务实施与评价

请完成本任务的任务实施与评价,见教材数字资源中的电子实训工单。

拓展提升

一、知识巩固

(1)何谓铁路营业线施工?
(2)营业线施工的方针是什么?
(3)天窗的定义是什么?
(4)营业线施工计划包括哪些?
(5)中国铁路哈尔滨局集团有限公司繁忙干线、干线有哪些?
(6)营业线施工、维修各分哪几级?
(7)何谓施工日计划?
(8)何谓运行揭示调度命令?
(9)施工地点放行旅客列车条件有哪些?
(10)哪些邻近营业线施工必须纳入月度施工计划?

二、技能训练

TL站是H铁路局集团公司绥佳线间的普速铁路车站,TL站计划于2023年11月进行信联闭改造施工,更换信号楼电源屏,更换全站联锁区道岔转辙机,施工时间预计72h,请根据以上条件完成以下任务:
(1)判定该施工项目的等级;
(2)确定该施工协调小组,说出施工协调小组职责;
(3)确定该施工负责人,说出施工负责人职责;
(4)确定该施工的审批权限;
(5)确定该施工方案的审批部门;
(6)叙述施工案例协议书的基本内容。

三、素养培育

铁路部门统筹抓好施工和运输组织,推动增运上量

2023年10月以来,京沪、陇海、焦柳、大秦、石德、京哈、兰新等多条线路第二阶段集中修陆续展开。铁路部门统筹抓好施工和运输组织,及时调整装车去向和结构,统筹用好路网能力,加强卸车盯控,全力组织货运增运上量。

截至26日,国家铁路10月日均发送货物1097.3万t,环比增长2.3%;日均装车18.24

万车,环比增长1.7%。各铁路局集团公司聚焦提质增能创效,加大货源营销组织力度,强化电煤等重点物资运输保障,努力提升运输效率效益。

日前,大秦线集中修施工已经结束。施工期间,大秦线日均运量100.11万t。中国铁路太原局集团有限公司紧盯重载列车运行秩序,及时调整装车结构,加速车辆周转,确保施工运输"两不误"。中国铁路兰州局集团有限公司提前全面摸排确认集中修工作量,做到集中修"天窗"和施工任务相匹配;优化调整施工区间内的列车到发时间,停运部分管内客运列车,为兰新铁路通道释放运能运力。中国铁路乌鲁木齐局集团有限公司提前介入、踏勘施工现场,结合作业环境,优化缩小施工单元,实施"一日一案";将施工"天窗"大部分安排在夜间进行,最大限度减小对客货列车正常通行的影响。

铁路部门加强施工方案制订、审批和落实,强化施工过程控制,严把施工防护、放行列车条件等关键环节;细化分类制定施工管控措施,严格高铁作业计划审批、过程控制、质量验收等全流程管控。各单位持续加强涉铁工程管理,增强主体意识,落实管理责任,加强施工过程监控及运营设备监测,加大对上跨下穿、影响路基等邻近营业线施工的检查监督力度,增强防范意识,及时发现并制止各类非法施工。

(资料来源:中国国家铁路集团有限公司官方网站)

请对上述案例进行讨论,说出铁路营业线施工与运输的关系是什么。营业线施工过程中有哪些关键环节?有何收获?

素养贴士

坚持安全第一的思想,正确处理安全与效率的关系。

(1)坚持"安全第一、预防为主、综合治理"的方针。铁路设备维修就是对铁路基础设施进行定期检查、维护和修复的工作。其领域包括但不限于轨道、桥梁、隧道、信号设备、电力设备等。设施的安全性和稳定性直接关系到列车的运行安全和效率。因此,铁路设备维修工作的重要性不言而喻。

(2)坚持"行车不施工、施工不行车"的原则,是为了确保铁路运输安全与作业人员生命安全。该原则通过时空隔离方式,避免列车运行与设备检修作业同时进行,防止因设备带电、移动或人员误入线路引发安全事故。

CTC在调度指挥中的运用

项目背景

CTC是调度中心(调度员)对某一区段内的信号设备进行集中控制、对列车运行直接指挥、管理的技术装备。

现阶段分散自律调度集中系统,已经广泛应用在我国的普速铁路、高速铁路、城际客专以及相应的厂矿铁路运输上,为提高运输组织工作效率、减轻调度及车务人员工作量、保证运输安全发挥了重要的作用。

分散自律调度集中系统采用计算机分布式网络控制技术、信息化处理技术,采用智能化分散自律设计原则,以列车运行调整计划控制为中心,是一种兼顾列车与调车作业的高度自动化的调度指挥系统。其工作原理是:将列车运行调整计划下传到各个车站自律机自主自动执行;在列车运行调整计划的基础上,解决列车作业与调车作业在时间与空间上的冲突,实现列车和调车作业的统一控制。

CTC包含了TDCS系统的所有功能,如列车运行监视,车次号自动跟踪,到发点自动采集,实际运行图自动生成、调度命令的网络下达,车站行车日志自动生成等,在此基础上进一步实现了车站信号设备的集中控制,列车进路的按图排路和调车控制。

本项目编写时重点突出了CTC基本功能介绍和在调度指挥过程中的应用,共分为三个任务,即CTC基本功能、CTC调度终端操作、CTC故障处置和行车指挥。

建议学时

10学时。

项目导学

CTC调度指挥

任务一　CTC 基本功能

学习目标

知识目标

1. 了解 CTC 的构成;
2. 熟悉 CTC 的功能及特点;
3. 掌握 CTC 的控制模式内容。

能力目标

1. 能够正确使用 CTC;
2. 能够正确使用 CTC 的控制模式转换。

素质目标

1. 感受我国铁路新技术、新工艺、新装备发展,增强爱国情感;
2. 树立接受新生事物、终身学习的观念。

任务描述

H 铁路局集团公司,HQ 客运专线调度指挥方式采用调度集中系统(CTC),作为该区段的调度工作人员需熟悉 CTC 的有关知识。请了解 CTC 的两级结构,掌握 CTC 的功能和特点,掌握 CTC 的控制模式。

案例导入

254 趟列车的“领航玫瑰”

“G266,合肥站拐道停车!”“1237,九道发车,执行!”“开放信号,执行!”……

2020 年春运中普通的一天,合肥火车站运转车间值班室内,女车站值班员张明莉略带沙哑的嗓音,配合标准的“剑指”手势,快速传达着联控命令。一墙之隔的站内,12 条轨道上一条条“银龙”在她的指挥下,有条不紊地载着旅客踏上归途。

26 岁的张明莉是安徽首批女车站值班员之一,也是包括合宁、合武、合福、合蚌以及京港高铁在内的铁路线上的首批女车站值班员。

“车站值班员跟旅客们在候车室见到的值班人员职责不同,是整个车站的‘大脑’,负责为站内所有列车及相关作业单位‘领航’,确保列车安全运行,维持全站秩序。”张明莉自豪地说。

这个只有大约 $10m^2$ 的值班室有着严格的工作纪律。两排桌面上摆满了 14 块显示屏,电话、对讲机、水杯一律放在指定位置。值班员一旦到岗,除了上卫生间以外就不能再离开,值班期间所有“言行举止”都被全程录音录像,“容不得一丝松懈”。

根据铁路相关运行规范,车站由车站值班员统一指挥。同意列车进站、安排开放轨道、布置接发列车等,全部由车站值班员发出指令。车站与调度员、信号员、司机、施工检修人员之间的联控工作,以及各种机头、列车、轨道车、施工组的有序进出,也由车站值班员“调兵遣将”。

“类似民航塔台管制员的工作,车站值班员要确保铁路每一辆列车始终在‘正轨’上运行,每条指令、每个动作都要严格遵守规章制度,零错误、零延时。”张明莉说,连续的白班、夜班交替下来,她的脸上又新冒出了几颗“痘痘”。

正常情况下,合肥火车站每天需要办理的列车有 184 趟,春运期间每天增开 70 趟。数十个方向上同时开展行车业务,站场单线和复线同时使用,既开行高铁列车和动车组列车,也办理普速列车接发、机车调度、列车编组和解体等工作,涉及道岔几百组、供电单元数十个,从半自动闭塞设备、自动闭塞设备,到 CTC 调度集中控制设备样样齐全。

“是装备和科技的进步,让我们这一代车站值班员能够集中全部精力‘动脑子’,唯一不变的,是对安全的极致追求。”张明莉说。今年 40 天的春运中,她要承担 20 个连续 10h 的值班,除夕当天也不例外。

“每一次上夜班的时候,大家都睡了,而值班室依旧灯火通明,我们还在指挥列车,或是利用‘窗口时间’和施工单位一起检修、维护……在无边夜色里守护着旅客,心中充满了自豪感。”张明莉动情地说。

(资料来源:新华网　记者:马姝瑞)

引导提示:从上述案例得知 26 岁的张明莉是安徽首批女车站值班员之一,她特别热爱这个岗位,非常珍惜这份荣誉,她不畏困难、敢于挑战。案例中出现“半自动闭塞设备、自动闭塞设备,到 CTC 调度集中控制设备”内容,你是否熟悉这几种设备呢?

知识探索

一、CTC 的构成

CTC 由铁路局集团公司调度中心和车站两级组成,如图 6-1 所示。

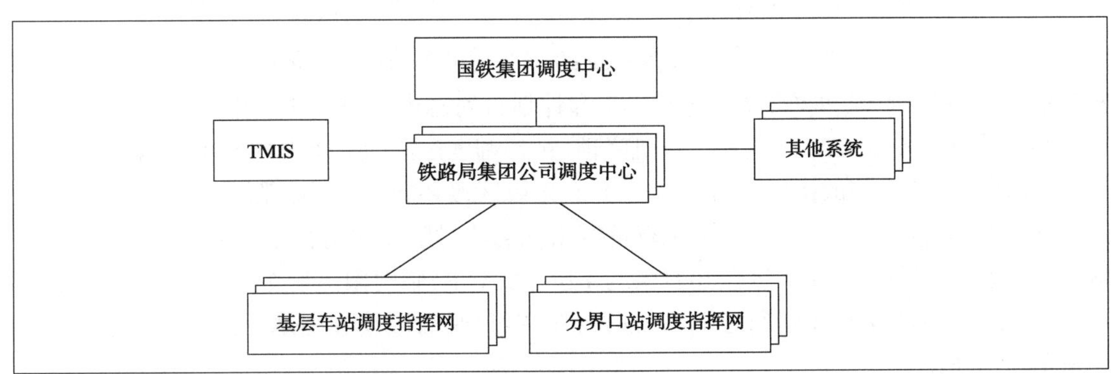

图 6-1　CTC 结构

(1)调度中心系统主要包括数据库服务器、应用服务器、通信前置服务器、接口服务器、大屏幕投影系统(或表示墙系统)、网络设备、网络安全设备、电源设备、防雷设备、网管工作站、系统维护工作站、调度员工作站、助理调度员工作站、值班主任工作站、控制工作站、计划调度员工作站、施工工作站等,根据需要也可为其他调度台设置相应显示终端。

(2)车站系统主要设备包括车站自律机、车务终端、施工终端、电务维护终端、网络设备、网络安全设备、电源设备、防雷设备,以及 CTC 与联锁、列控、信号集中监测系统的接口设备和无线系统接口设备等。

二、CTC 控制区段的划分原则

CTC 控制区段的划分,应根据行车调度区域确定。系统宜将同一调度区段内、同一联锁控制范围内车站(车场、线路所)的信号、联锁、闭塞设备纳入控制范围。

调度集中区段的两端站、区段站以及调车作业较多的中间站,因车站作业较忙,如仍由列车调度员远距离操纵,需要和车站值班员电话联系,既浪费时间,又影响运输效率;有去往区间岔线的列车或中途返回补机的中间站,作业组织较为复杂,这些车站可根据实际情况不列入调度所中心控制。但为了使列车调度员能掌握本区段的行车工作,确保行车安全,系统将这些车站通过调度集中车站终端进行自动或人工控制。图 6-2 为车站分散式调度集中系统体系结构。

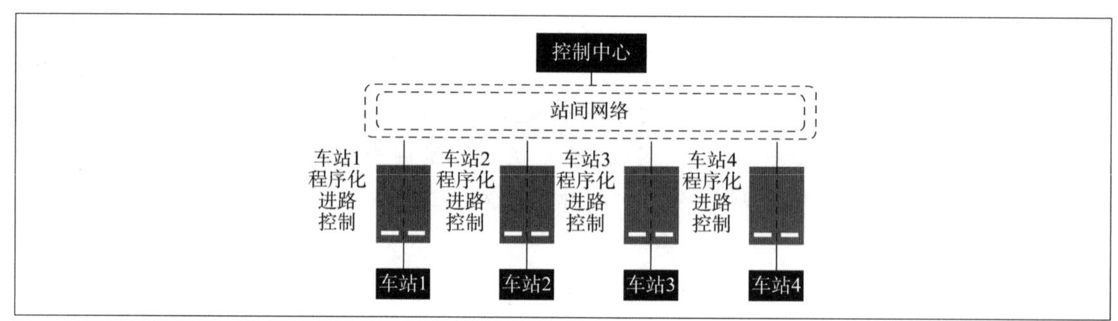

图 6-2　车站分散式调度集中系统体系结构

三、CTC 的功能及特点

调度集中系统除实现列车调度指挥系统的全部功能外,还可实现列车编组信息管理、调车作业管理、施工管理、列车/调车进路人工和计划自动选排、分散自律控制功能。

高速铁路区段的 CTC 除具备计算机联锁、相邻调度区段的 CTC/TDCS、信号集中监测系统、运输调度管理系统的接口能力外,在 CTCS-2 级区段还具备与临时限速服务器和列控中心的接口能力,满足 CTCS-2 级列车运行控制系统的临时限速和闭塞分区状态等信息可靠传输的运用要求;在 CTCS-3 级区段还具备与 RBC、GSM-R、临时限速服务器、列控中心的接口能力,满足 CTCS-3 级列车运行控制系统的行车许可、临时限速和闭塞分区状态等信息可靠传输的运用要求。

CTC 与 GSM-R 结合,能够实现调度命令、接车进路预告信息、调车作业通知单等向司机的传送,并能通过无线通信系统获取车次号校核、调车请求及签收回执等信息,CTC 与 GSM-R 系统连接图如图 6-3 所示。

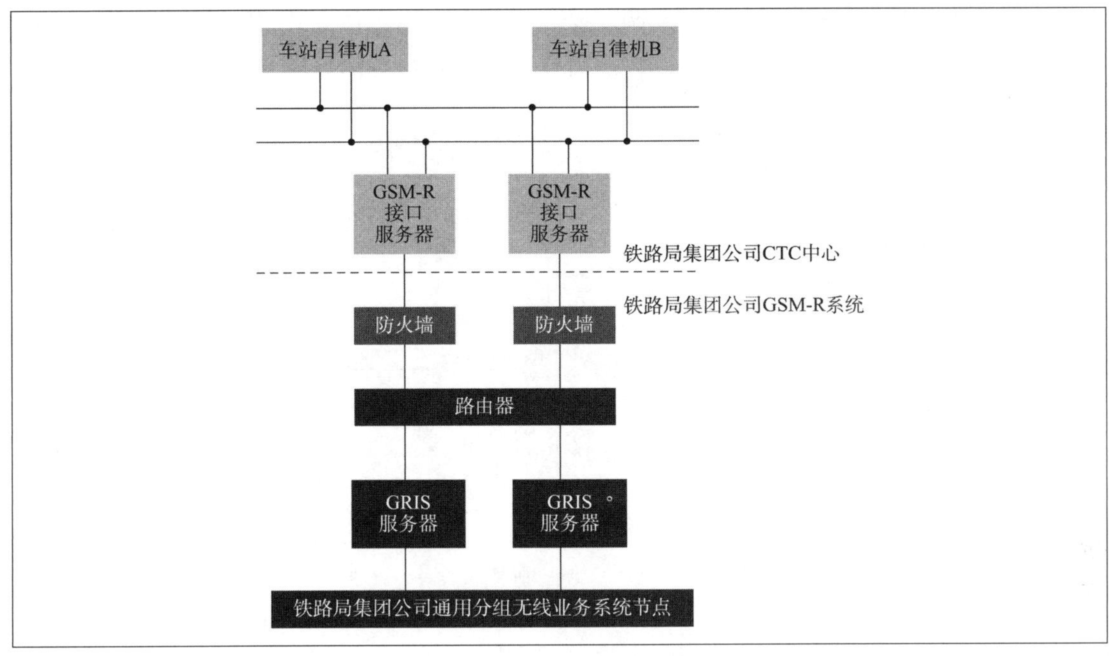

图 6-3　CTC 与 GSM-R 系统连接图

系统具体功能和特点：

(1)CTC 具备列车运行计划人工、自动调整，实际运行图自动描绘，行车日志自动生成、储存、打印，车次号校核等功能。

(2)调度中心具备向车站、临时限速服务器发布调度命令以及经调度命令无线传送系统向司机下达调度命令(含“许可证”“调车作业通知单”等)的功能。

(3)CTC 依据列车运行调整计划以及相关联锁技术条件对列车、调车作业进行分散自律安全控制(含分散自律控制模式下的中心、车站人工直接操作)。对违反分散自律安全条件的人工操作，系统能进行安全提示。

(4)系统对于影响正常运用的行车设备故障，如信号故障关闭(或灭灯及灯丝断丝)时具有报警、提示、记录等功能。

(5)与调度命令无线传送系统配合具有接车进路信息自动预告功能。

(6)进行调车作业时不需要控制权转换。

(7)具有本站及相邻两个车站的列车运行调整计划显示、站间透明功能。

(8)具有人工办理试排进路功能，为进路指令的执行做好准备。

(9)具有自我诊断，运行日志保存、查询、回放和打印功能，停电时能自动保存列车、调车作业等重要信息。

四、CTC 的控制模式

CTC 具有分散自律控制模式和非常站控模式。

1. 分散自律控制模式

分散自律控制模式是通过调度集中设备，实现进路自动和人工办理的模式。CTC 分散自律控制模式分为中心操作方式、车站调车操作方式和车站操作方式,用户可以在这三种控制方式间转换,但必须符合转换条件。分散自律控制模式示意图如图6-4所示。

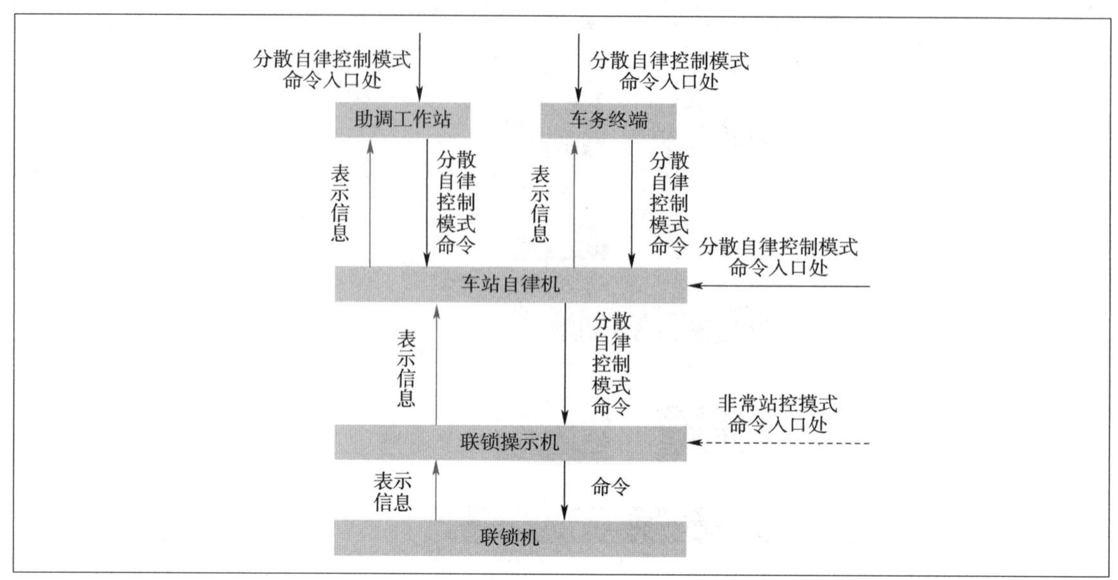

图6-4 分散自律控制模式示意图

(1)在中心操作方式下,调度终端具有信号设备的全部控制权,列车调度员对列车及调车进路均有操作权,车站对列车及调车进路均无操作权。中心控制操作方式适用于较小的中间站或者无人站。

(2)在车站调车操作方式下,列车调度员对列车进路有操作权,对调车进路无操作权。而车站对调车进路有操作权,对列车进路无操作权。车站调车操作方式适用于大多数CTC控制车站。

道岔的单操、单锁、单解、单封中心和车站均可操作;坡道按钮、上电解锁按钮、允许改方、总取消按钮等功能按钮,中心和车站均可操作;对于封锁操作,在该操作方式下遵循"谁封锁,谁解锁"的原则,即调度员封锁的设备,车站无法解锁;车站封锁的设备,调度员无法解锁。

(3)在车站操作方式下,车务终端具有信号设备的全部控制权,车站对列车及调车进路均有操作权,列车调度员对列车及调车进路均无操作权。车站操作方式适用于较大型车站。

2. 非常站控模式

非常站控模式是遇行车设备故障及施工、维修需要时,脱离调度集中系统控制转为车站联锁控制台人工控制的模式。遇下列情况可转为非常站控模式:

(1)调度集中设备故障。遇调度集中设备故障或通信中断等情况导致列车调度员(车站值班员)不能通过调度集中设备办理进路时,应将调度集中设备转为非常站控模式,使用联锁设备办理进路。

(2)行车设备施工、维修需要时。遇更换CTC设备软件、开行轨道车等行车设备施工、维修,可根据需要转入非常站控模式,使用联锁设备或现场人工方式办理进路。

(3)发生危及行车安全的情况需要时。车务应急值守人员发现或接到列车线路上有障碍物等危及行车安全的报告,来不及报告列车调度员须立即对信号设备进行应急处置操作时,可直接按下非常站控按钮转入非常站控模式。

在非常站控控制模式下,CTC 不再发出进路控制命令,所有的列车进路和调车进路均由车站值班员在原有的计算机联锁设备或 6502 控制台上手工操作。CTC 仅用来接收调度命令和阶段计划,并显示站间透明信息等(降级为 TDCS 使用)。

3. CTC 非常站控和分散自律控制模式的转换

CTC 非常站控和分散自律控制两种模式之间的转换,均需要在联锁的控显机上操作完成,CTC 上无相关转换操作。由分散自律控制进入非常站控只要在联锁控显机上操作后,即可无条件完成转换;由非常站控进入分散自律控制则需要检查当前是否有非常站控按钮被按下,如有按钮按下则无法完成转换,需将按钮抬起后方可进行转换。

分散自律控制模式转向非常站控模式不检查任何条件,但向列车调度员进行提示报警。非常站控模式转回分散自律控制模式时系统检查以下条件:

(1)分散自律系统设备正常。

(2)非常站控模式下没有正在执行的按钮操作。

在满足上述条件时,系统给出"允许转回分散自律控制模式"的表示后,转回分散自律控制模式,否则操作无效。在联锁终端和 CTC 终端上均设有控制模式状态表示灯,其显示含义为:

①红灯。非常站控模式。

②绿灯。分散自律控制模式。

③黄灯。允许转回分散自律控制模式。

在控制模式转换时系统不影响已办理的列车进路和调车进路并防止形成预排进路。转换控制模式后,车站值班员(或车务应急值守人员)应与列车调度员核对线路、道岔或信号的封锁条件。

任务实施与评价

请完成本任务的任务实施与评价,见教材数字资源中的电子实训工单。

任务二　CTC 调度终端操作

学习目标

知识目标

1. 掌握列车运行图操作界面内容;
2. 掌握站场图操作图界面内容。

能力目标

1. 掌握 CTC 调度终端工具条的使用;
2. 掌握 CTC 调度终端按钮的操作方法;
3. 熟知列车运行图终端子菜单的功能,并熟练使用。

素质目标

1. 树立“精准操作、细心严谨”的工作态度;
2. 感受我国铁路装备的进步,增强民族自豪感;
3. 培育“攻坚克难、突破自我、挑战极限”的精神。

任务描述

通过相关内容的学习,利用 CTC 分散自律调度集中演练系统独立完成列车运行线的铺画、列车运行计划调整,独立完成接发车进路人工排列等相关按钮的使用和操作,向车站和司机发送调度命令、红色许可证、绿色许可证、路票。

案例导入

百年石太换新装

2014 年 11 月,历时 8 个月的石太铁路自动闭塞系统升级改造工程完成。这是百年石太第七次大型升级扩能改造,石太线的运输能力得到再次提升。

始建于 1903 年的石太铁路原名正太铁路,是山西通往京津沪和江南各地以及晋煤外运的重要通道。随着时间流逝,石太线设备老化等问题日益显现。

为改善线路状况、提高运输能力,自 2014 年年初开始,太原局对石太铁路管内 87 公里线路的电气集中系统进行了升级扩能改造,将过去落后的 6502 电气集中联锁改为先进的计算机联锁,将 3 显示 8 信息移频自动闭塞设备改为 4 显示 18 信息移频自动闭塞设备,将 TDCS 改为 CTC。

换装后的石太铁路呈现出微机化、网络化、智能化、人性化和高效化特征,设备抗干扰能力得到增强,安全保障能力得到大幅提升。CTC 的使用,使电脑可以自动排列列车进路,减少了作业人员的工作量,提高了工作效率。

(资料来源:中国国家铁路集团有限公司官方网站)

引导提示:由上述案例得知,随着 CTC 的使用,电脑可以自动排列列车进路,减少了作业人员的工作量,提高了工作效率,也使百年老线焕发了活力,铁路装备技术的快速发展也是我国科学技术不断取得进步的缩影,我们为此而自豪。与传统技术相比, CTC 的先进性体现在哪些方面呢?

知识探索

CTC 调度终端主要包括列车运行图操作界面、站场图操作界面等。列车运行图操作界面由列车调度员负责操作使用,站场图操作界面由助理调度员负责操作使用。调监界面能够实时反映调度管辖区段内的道岔、线路等设备状况,反映通信状态,列车调度员和助理调度员可以通过调监界面监视车站进路准备、列车运行、线路道岔故障等情况。下面简要介绍列车运行图操作界面和站场图操作界面。

一、列车运行图操作界面

列车调度员可通过 CTC 调度终端列车运行图操作界面铺画列车运行图,进行列车运行调整,下达调整计划,编辑和下达调度命令等。列车运行图操作界面如图 6-5 所示,整个界面分为菜单栏、工具栏、主画布和鼠标右键菜单四部分。

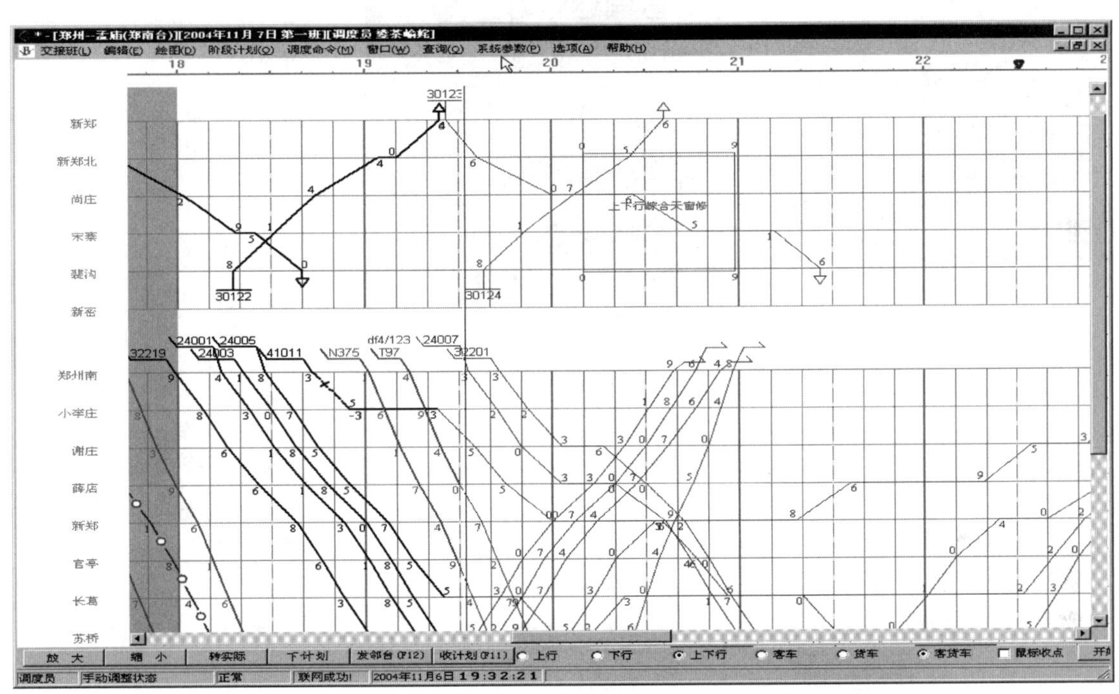

图 6-5　列车运行图操作界面

1. 菜单栏

菜单栏由交接班、编辑、绘图、阶段计划、调度命令、窗口、查询、系统参数、选项、限速命令、帮助十一项菜单组成,如图 6-6 所示。每一项菜单下面包含若干子菜单,通过操作子菜单,就可以实现列车运行图的相关功能。

交接班(L)　编辑(E)　绘图(D)　阶段计划(Q)　调度命令(M)　窗口(W)　查询(Q)　系统参数(P)　选项(A)　限速命令(L)　帮助

图 6-6　菜单栏界面

(1)交接班子菜单如图 6-7 所示。

(2)编辑子菜单如图 6-8 所示。

(3)绘图子菜单如图 6-9 所示。

(4)阶段计划子菜单如图 6-10 所示。

(5)调度命令子菜单如图 6-11 所示。

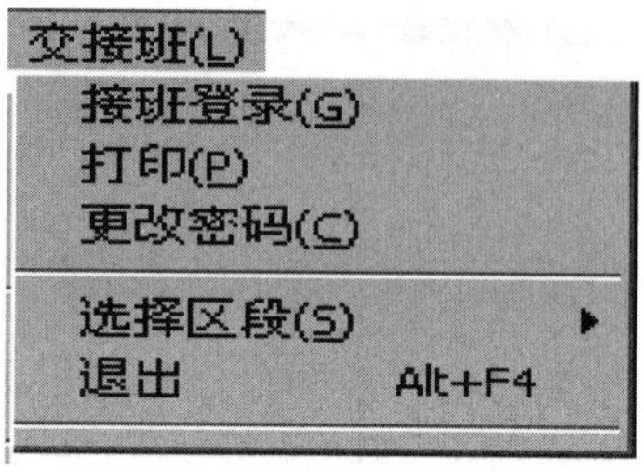

交接班(L)
接班登录(G)
打印(P)
更改密码(C)
选择区段(S)
退出 Alt+F4

图 6-7 交接班子菜单

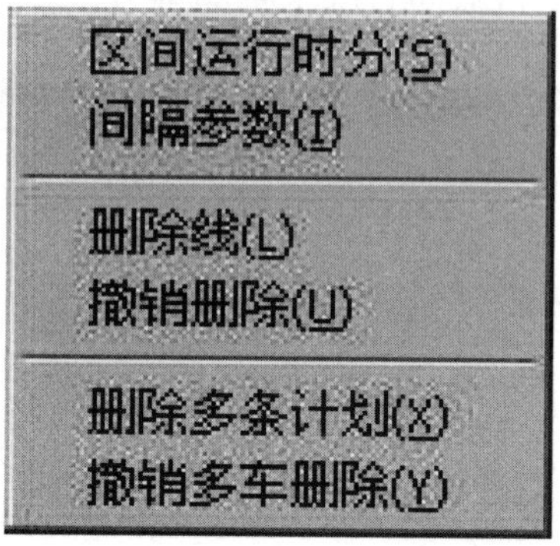

区间运行时分(S)
间隔参数(I)
删除线(L)
撤销删除(U)
删除多条计划(X)
撤销多车删除(Y)

图 6-8 编辑子菜单

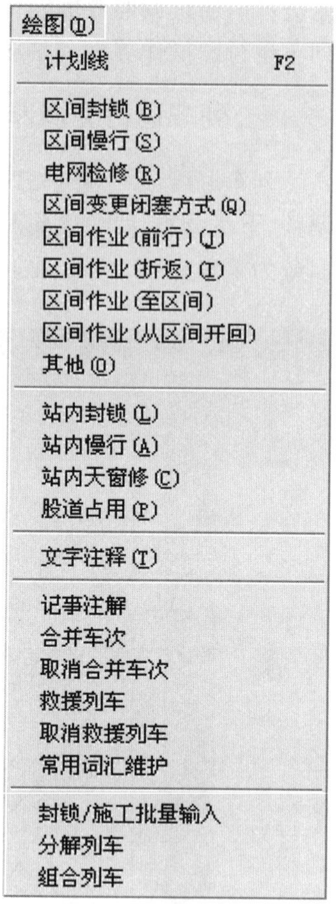

绘图(D)
计划线 F2
区间封锁(B)
区间慢行(S)
电网检修(R)
区间变更闭塞方式(Q)
区间作业(前行)(J)
区间作业(折返)(I)
区间作业(至区间)
区间作业(从区间开回)
其他(O)
站内封锁(L)
站内慢行(A)
站内天窗修(C)
股道占用(P)
文字注释(T)
记事注解
合并车次
取消合并车次
救援列车
取消救援列车
常用词汇维护
封锁/施工批量输入
分解列车
组合列车

图 6-9 绘图子菜单

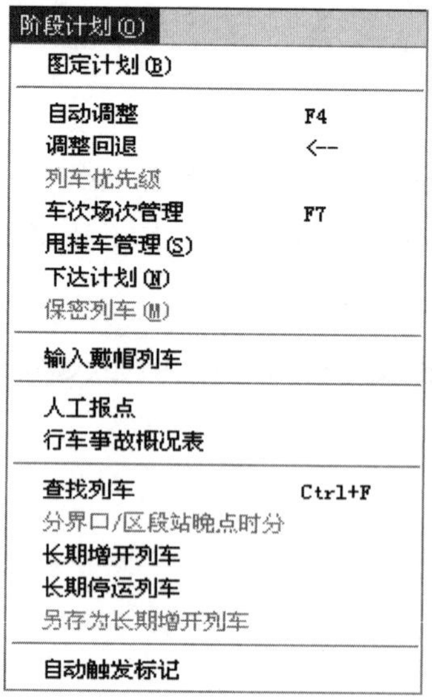

阶段计划(Q)
图定计划(B)
自动调整 F4
调整回退 <--
列车优先级
车次场次管理 F7
甩挂车管理(S)
下达计划(N)
保密列车(M)
输入戴帽列车
人工报点
行车事故概况表
查找列车 Ctrl+F
分界口/区段站晚点时分
长期增开列车
长期停运列车
另存为长期增开列车
自动触发标记

图 6-10 阶段计划子菜单

调度命令(M)
调度命令 F3
调度命令管理(M)
甩挂车(T)
现在车(S)
调度命令模板管理(N)
超级模板管理(O)

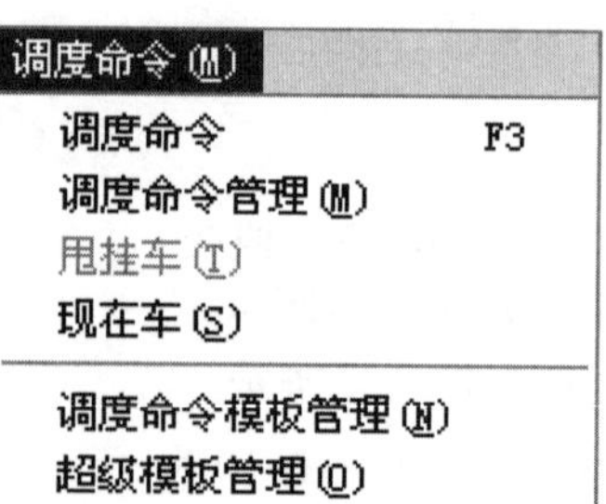

图 6-11 调度命令子菜单

CTC 调度终端除了能够向相关车站下达调度命令外，还可以向动车组、机车发布无线调度命令，向临时限速服务器发布列控限速调度命令，如图 6-12 所示。

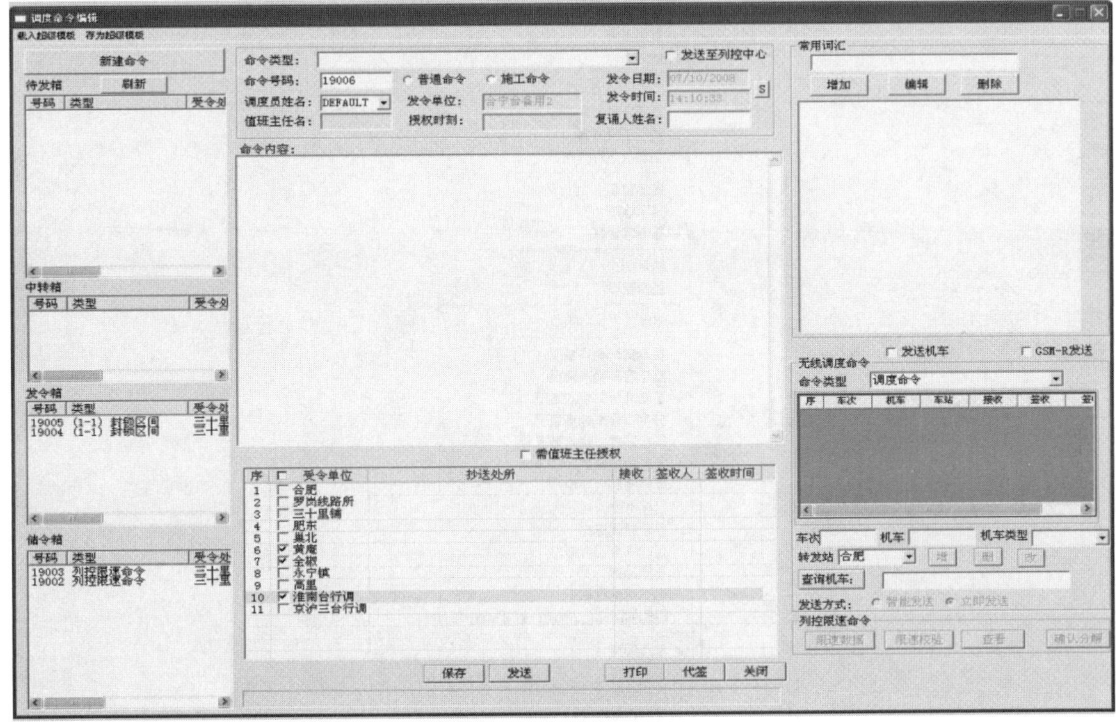

图 6-12 列控限速调度命令界面

(6) 窗口子菜单如图 6-13 所示。

(7) 查询子菜单如图 6-14 所示。

(8) 系统参数子菜单如图 6-15 所示。

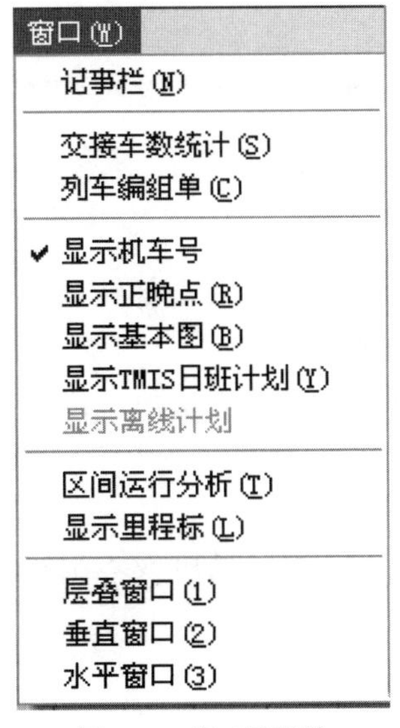

图 6-13 窗口子菜单

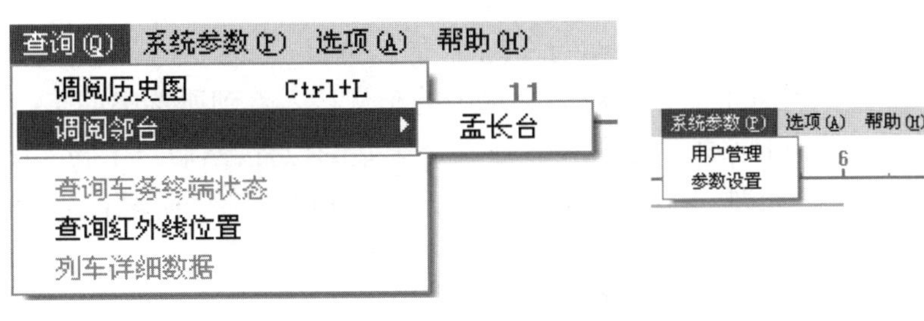

图 6-14 查询子菜单

图 6-15 系统参数子菜单

(9)选项子菜单如图 6-16 所示。

图 6-16　选项子菜单

2. 工具栏

工具栏(部分)如图 6-17 所示。

图 6-17　工具栏(部分)

(1)放大:点击可将运行图放大。

(2)缩小:点击可将运行图缩小。

(3)转实际:点击可将你所选中的车从接入点到所选中的车站之间的运行线全部转为实际点。使用时必须选中某列车在某个车站的位置,然后点击转实际按钮。

(4)下计划:下达班计划至车站。该按钮和菜单“阶段计划”中“下达计划”菜单项的功能相同。

(5)发邻台:将本台的计划发送到邻台。

(6)收计划:接收邻台发来的计划。当某邻台将计划发送到本台后,本台的机器会弹出如图 6-18的对话框,此时即可点击接收计划按钮接收该邻台计划。

(7)上行:点击此处运行图中只显示上行的运行线。

(8)下行:点击此处运行图中只显示下行的运行线。

(9)上下行:点击此处运行图中将显示上下行的运行线。

(10)货车:点击此处运行图中只显示货车的运行线。

图 6-18　收计划对话框

(11)客车:点击此处运行图中只显示客车的运行线。

(12)客货车:点击此处运行图中将显示客货车的运行线。

(13)鼠标收点:先选中该按钮,然后用鼠标左键点击计划线上的点,该点将被转实际,再点击一次又由实际转为计划,如是循环。两个连续的实际点之间的线形成实际线。使用完"鼠标收点"后将按钮恢复到未选中状态。

(14)多点调整:功能与菜单选项中的多点调整相同。

(15)开始画线:开始手工绘制计划线。

(16)结束画线:结束通过点击"开始画线"绘制列车的操作。

(17)调度命令:新建一条调度命令。该按钮与菜单"调度命令"中"调度命令"菜单项的功能相同。

(18)命令管理:管理历史调度命令。该按钮与菜单"调度命令"中"调度命令管理"菜单项的功能相同。

(19)图定计划:生成图定计划线。该按钮与菜单"阶段计划"中"图定计划"菜单项的功能相同。

(20)图标注释:该按钮与"绘图"菜单中的"文字注释"功能相同。

3. 主画布

主画布包含了调度台管辖的车站,列车车次、计划时刻、实际时刻等列车运行信息。

(1)查看股道使用情况。双击屏幕左边的车站,就可以显示该车站的股道占用信息。

(2)显示站名信息。运行图左侧的站名为列车经过的车站的名称,站名文字为绿色,表示该站的车务终端目前是正常联机的,如是红色,表示该站车务终端故障,行车计划、调度命令等将无法下发给该车务终端,需联系维护人员处理。

站名文字左侧的文字用于表示该站的分散自律分机的状态和控制模式,如表 6-1 所示。

站名文字左侧文字的含义　　　　表 6-1

其中第一个文字表示:		
名称	自律机状态	进路控制模式
断	不活或通信中断	—
图	正常	按图排路
人	正常	人工排路

续上表

第二个文字表示：		
名称	自律机状态	控制模式
断	不活或通信中断	—
分	正常	分散自律控制
站	正常	车站优先控制
中	正常	中心优先控制
非	正常	非常站控

4. 鼠标右键菜单

左键单击运行线与站线的交点,在出现的小方框上单击右键,系统弹出子菜单如图6-19所示。

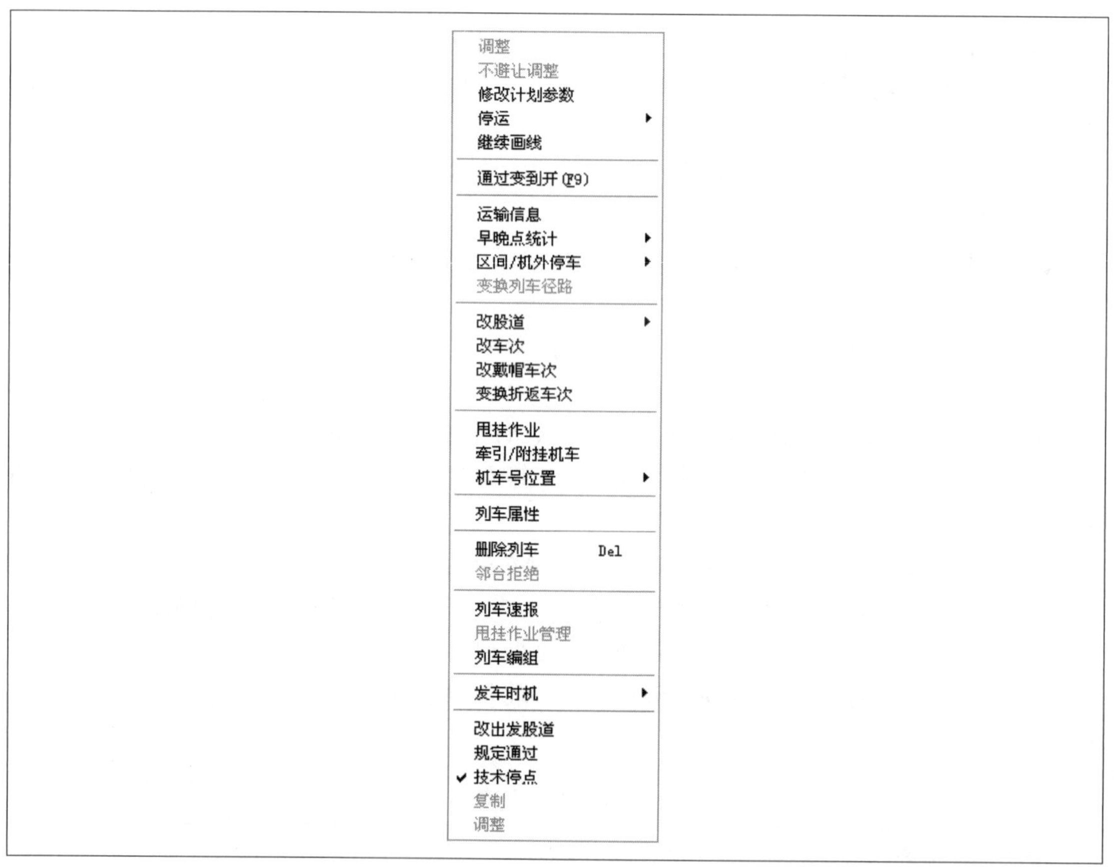

图6-19　鼠标右键菜单

二、站场图操作界面

CTC站场图操作界面主要分为区段画面(图6-20)和单站画面(图6-21)。

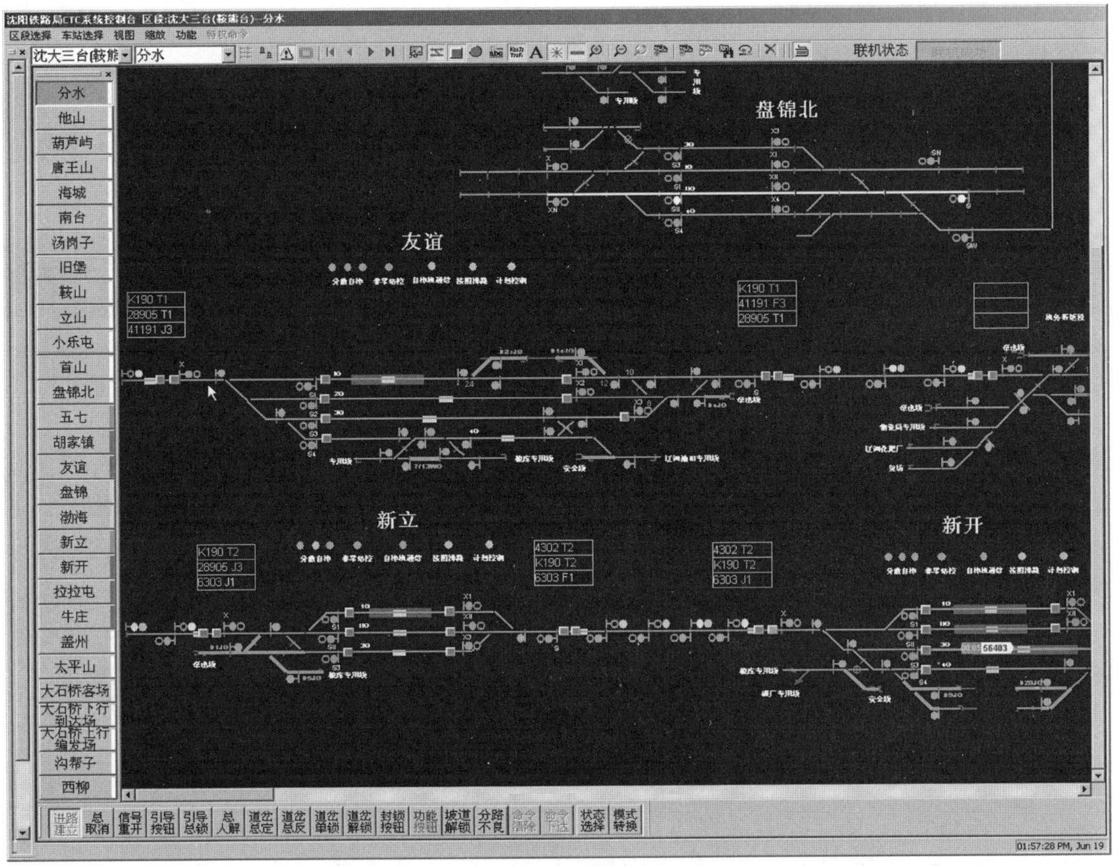

图 6-20　CTC 站场图操作界面(区段画面)

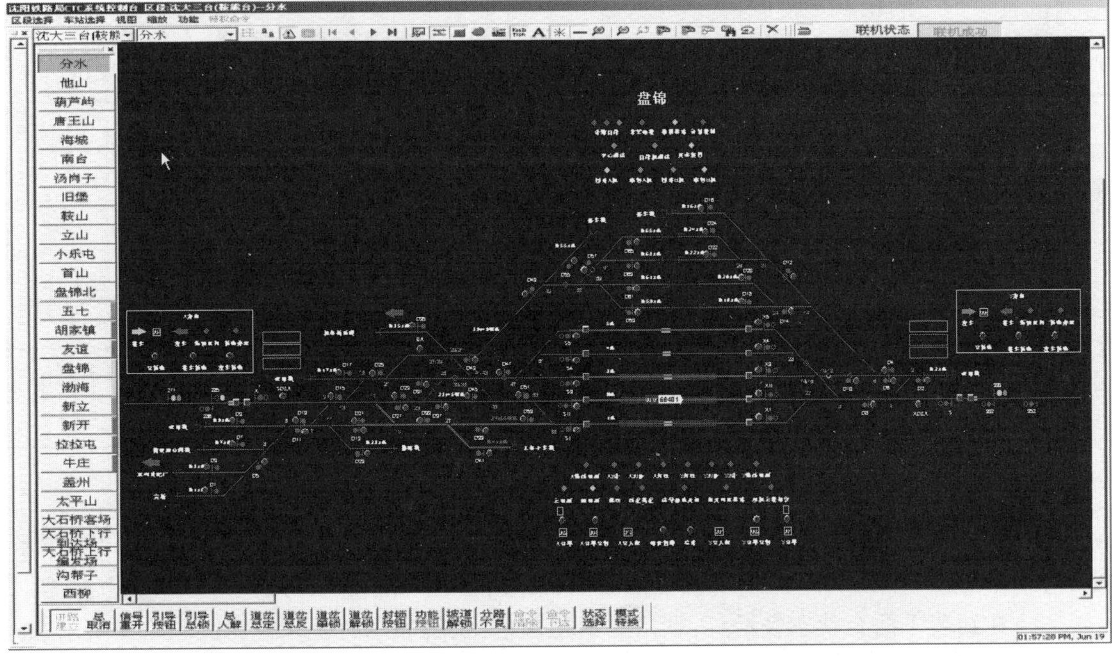

图 6-21　CTC 站场图操作界面(单站画面)

无论是区段画面还是单站画面,都由标题栏与菜单栏、主工具条、站选条、站场图显示、CTC 操作按钮条、进路序列调整窗 6 个部分组成。

1. 标题栏与菜单栏

站场图顶部为标题栏,显示此站场图的一个标题,下面是一个菜单选择栏,包括区段选择、车站选择、视图、缩放、功能等菜单选项,如图 6-22 所示。

图 6-22 标题栏与菜单栏

2. 主工具条

在菜单栏的下面有一个主工具条,如图 6-23 所示。此工具条是作为菜单选项的快捷方式,通过点击相应的按钮,可以实现区段选择、画面切换、相关功能的显示和隐藏等操作。

图 6-23 主工具条

3. 站选条

在站场图的左面有一个站选条,此条上显示的是当前区段中的所有车站,点击某个车站的按钮,站场图即会显示所选车站的画面,同时选中车站的按钮变为浅蓝色。按钮右面竖条的颜色表示车站的状态和控制模式,见表 6-2。

站选条 表 6-2

颜色	控制模式
红	站死
绿	分散自律(车站调车方式)
蓝	中心控制(集控站方式)
黄	车站控制(大站方式)
灰	非常站控(联锁控显机控制)
白	TDCS 车站或状态无权获取

4. 站场图显示

图 6-24 所示为单站场图画面,区间未设置通过信号机。站内进路锁闭时,用白光带来显示。区段或区间被占用时,用红光带来显示,信号机开放用绿灯来表示。

(1)在站名下面有状态表示灯,默认显示是灰色,状态表示时是绿色,如图 6-25 所示。

分散自律文字上面的三个灯分别表示中心控制、分散自律(车站调车)、车站控制,灯亮为绿色时表示车站处在相应的控制模式下。

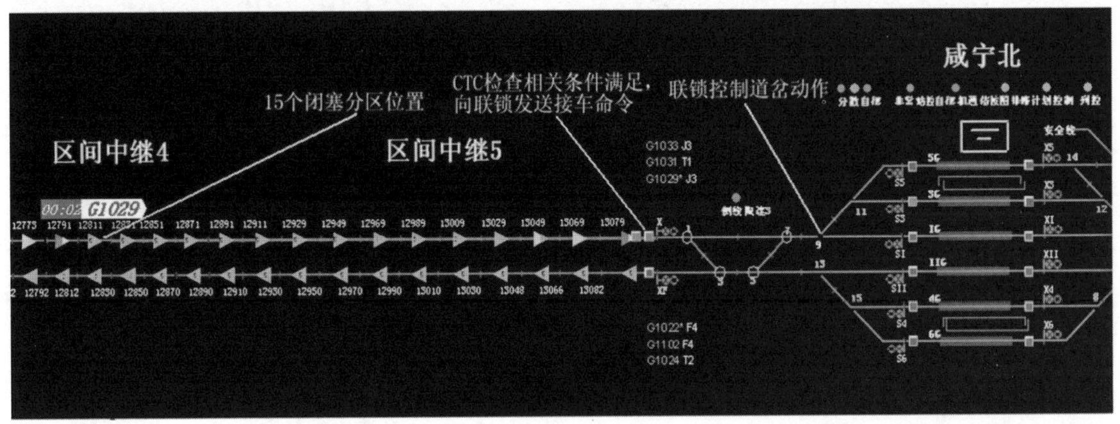

图 6-24　站场图显示

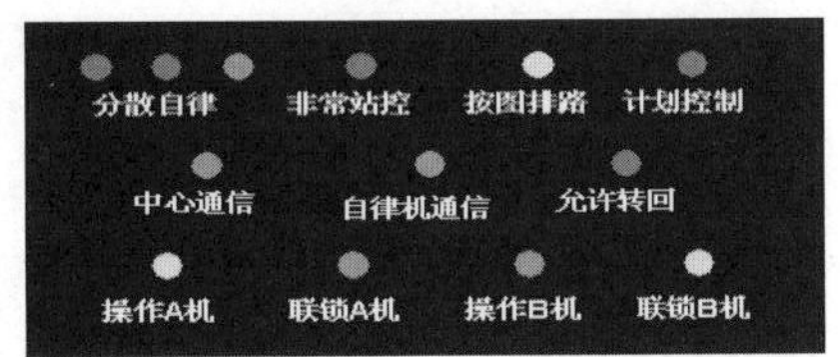

图 6-25　状态表示灯界面

非常站控灯亮为红色时表示当前站处于非常站控状态。同一时刻，控制模式灯最多只能一个灯亮。

自律机通信灯表示自律机本身的状态，当自律机状态良好时，此灯会规律性闪烁（每隔一秒亮一次绿灯）。当此灯长时间不闪烁或不规律闪烁时，表明系统存在故障，请及时与维护人员联系。

计划控制灯为绿色时表示计划控制有效，调车进路需要与列车进路检查冲突，为灰色时表示不检查。

按图排路灯为绿色时表示按图排路功能有效，为黄色时表示手工排路。

其中“按图排路”和“计划控制”功能可以通过 CTC 工具条上的“状态选择”按钮来选择是否需要此功能。

列控表示灯亮为绿色灯时表示 CTC 与列控通信正常且列控初始化完成，亮黄色灯时表示列控未初始化，亮红色灯时表示与列控通信故障。

允许转回灯亮为黄色时表示车站可从非常站控转到分散自律。

(2)在车站的出入口有四个进路窗，分别表示即将要办理的上下行方向的进路序列，如图 6-26 所示。

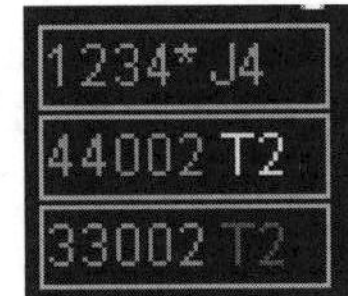

图 6-26　进路窗

其中左侧数字为车次号，进路窗中计划第一趟办理的列车车次号右上角有“ * ”标识，其排列的顺序由进路序列的“开始时间”决定。车次号右侧表示到开标记和接发车股道，其中 J（接车）、T（通过）、F（发车），J4 代表接入股道号为 4 的股道。如果是自触，则后面的接发车股道为黄色（如 44002 次）；如果没有自触，则接发车股道为红色（如 33002 次），进路已经触发的列车接发车股道为绿色（如 1234 次）。

(3)当车站状态处于站死状态时，站名下的状态表示灯均不亮（暗灰色），同时股道、道岔、信号机等均为暗灰色，如图 6-27 所示。

(4)在单站画面的出入口处有如图 6-28 所示的方框。

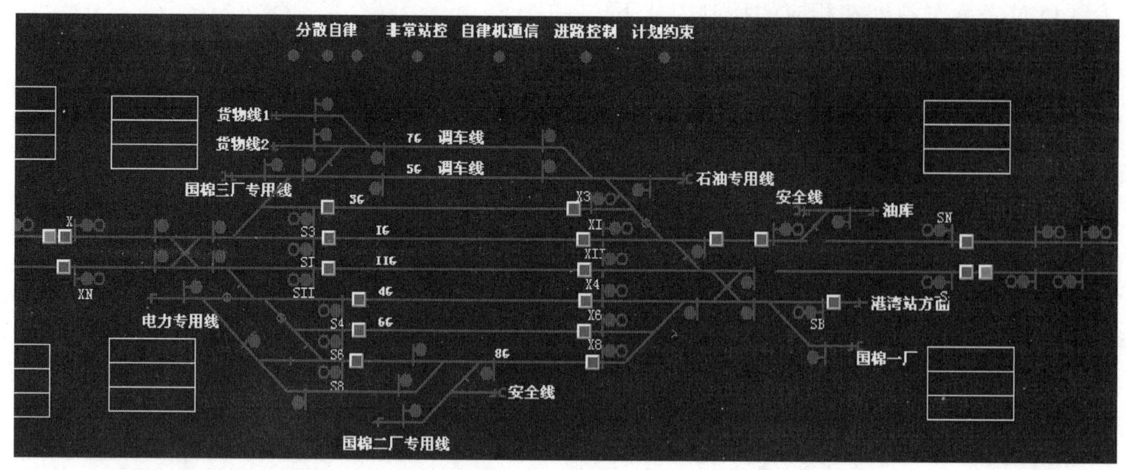

图 6-27　站死状态

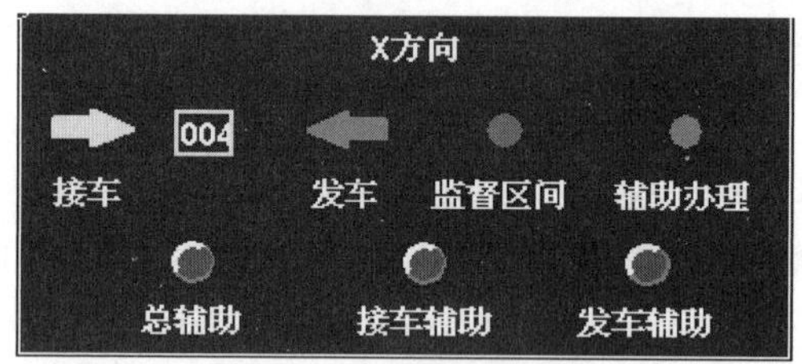

图 6-28　单站画面的出入口

其中的 S 方向、SF 方向、X 方向、XF 方向分别表示上行方向、上发方向、下行方向、下发方向。下面第一排的各个■为状态表示灯,第二排的"总辅助"为计数标志,是对后面两个"接车辅助"和"发车辅助"按钮操作的计数。图 6-29 所示是各类报警灯和特殊按钮。

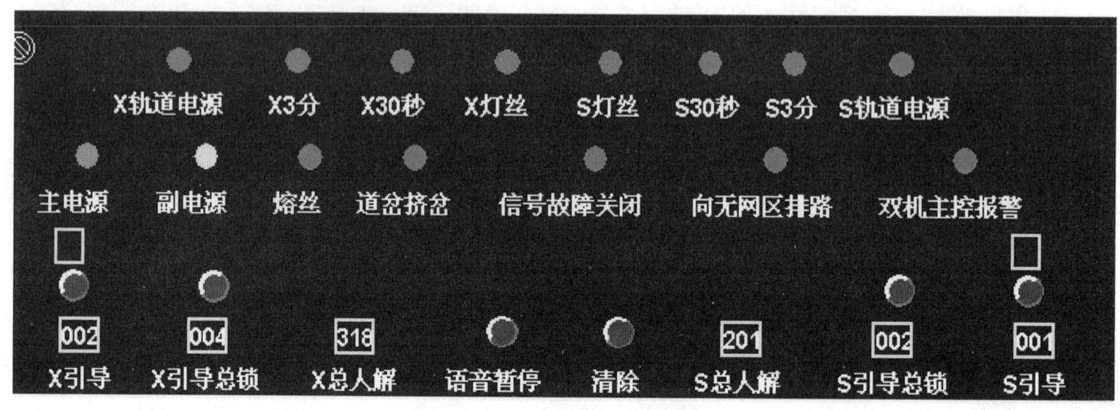

图 6-29　各类报警灯和特殊按钮

引导按钮上面黄框为定时器,下面黄框为计数器。总人解和引导总锁只有计数器。

(5)在站场图股道的两侧,若是办客站有站台,则用如下标记高低站台的表示,如图 6-30 所示。

(6)无论是在单站画面下,还是在区段画面下,均可以对站场图中的车次号进行操作。当将鼠标移动到任何一个车次窗位置时,鼠标变为■,这时单击鼠标右键,出现如图 6-31 所示的菜单选项,可以对当前车次号进行操作。

(7)在高速铁路 CTC 中,区间闭塞分区除了具有占用空闲状态显示之外,还具备显示闭塞分区低频码的功能,在区间闭塞分区上采用三角的显示方式,如图 6-32 所示。

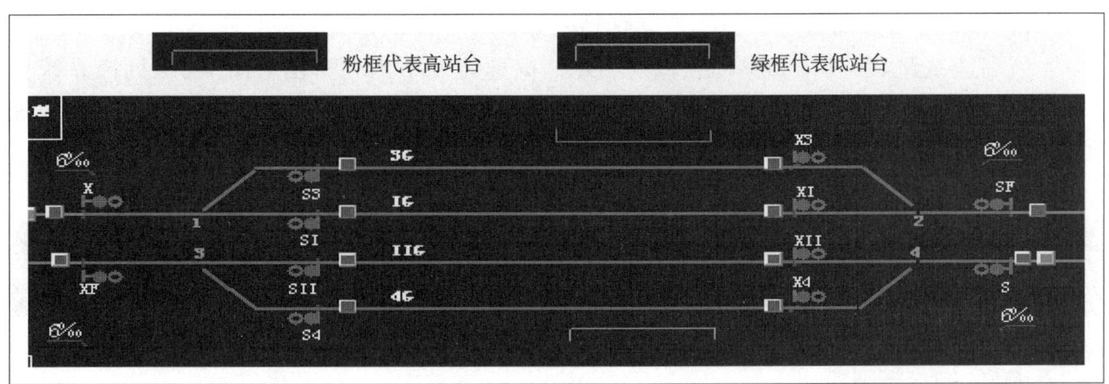

图 6-30　高低站台表示

如果将鼠标移至相应的三角上即有区间闭塞分区低频码的显示，具体含义如下：

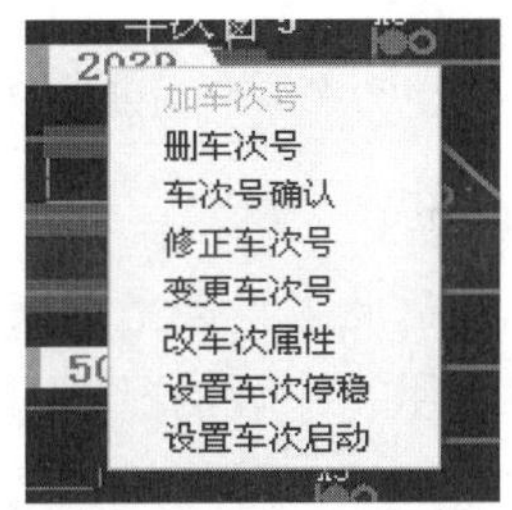

图 6-31　车次号操作

▶红黄：鼠标移上去显示“HU”，表示此闭塞分区发码为 HU 码。

▶红：鼠标移上去显示“H”，表示此闭塞分区发码为 H 码。

▷黄：鼠标移上去显示“U”，表示此闭塞分区发码为 U 码。

▷黄 + 数字 2：鼠标移上去显示“U2”，表示此闭塞分区发码为 U2 码。

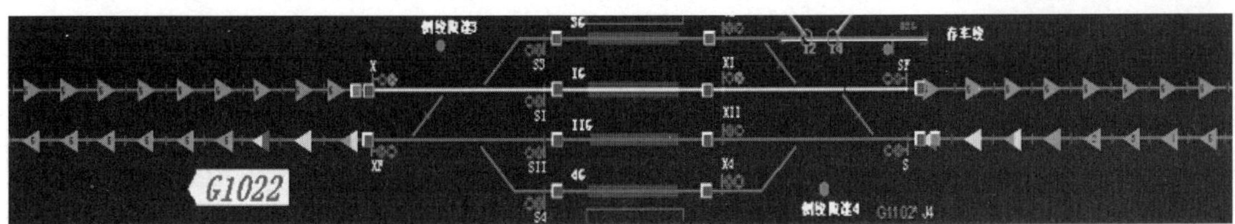

图 6-32　闭塞分区低频码显示

黄 + 数字 2 + 整体闪烁：鼠标移上去显示“U2S”，表示此闭塞分区发码为 U2S 码。

▶黄 + 绿：鼠标移上去显示“LU”，表示此闭塞分区发码为 LU 码。

▷黄：鼠标移上去显示“LU2”，表示此闭塞分区发码为 LU2 码。

▶绿：鼠标移上去显示“L”，表示此闭塞分区发码为 L 码。

▶绿 + 数字 2：鼠标移上去显示“L2”，表示此闭塞分区发码为 L2 码。

▶绿 + 数字 3：鼠标移上去显示“L3”，表示此闭塞分区发码为 L3 码。

▶绿 + 数字 4：鼠标移上去显示“L4”，表示此闭塞分区发码为 L4 码。

▶绿 + 数字 5：鼠标移上去显示“L5”，表示此闭塞分区发码为 L5 码。

▶绿 + 数字 6：鼠标移上去显示“L6”，表示此闭塞分区发码为 L6 码。

红 + 白 + 整体闪烁：鼠标移上去显示“HB”，表示此闭塞分区发码为 HB 码。

▷双黄：鼠标移上去显示为“UU”，表示此闭塞分区发码为 UU 码。

双黄闪：鼠标移上去显示“UUS”，表示此闭塞分区发码为 UUS 码。

▶灰：鼠标移上去显示“占用检查”，表示此轨道区段发码为占用检查码。

▶灰：鼠标移上去显示“载频切换”，表示此轨道区段发码为载频切换码。

三角形的箭头方向与区间行车方向保持一致。

(8)高速铁路 C3 列车和移动授权的表示。高速客专下当列车由 CTCS-3 级列控系统控车时,在站场图上此列车车次为斜体字显示,如图 6-33 所示的 G1001 次,同时可显示对应该列车的移动授权 MA 信息,移动授权在轨道区段外侧以灰色外包线绘制。

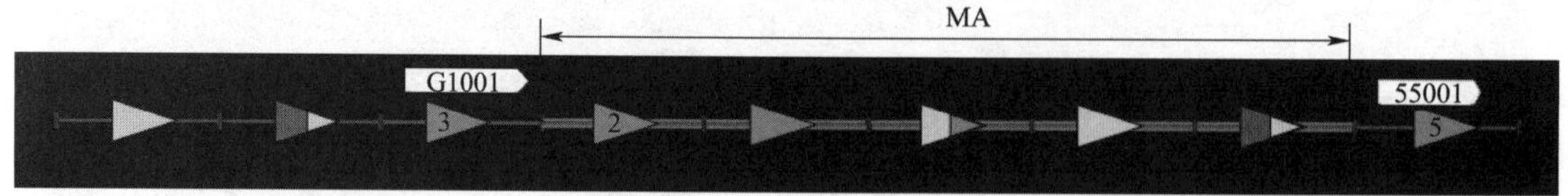

图 6-33　C3 列车和移动授权表示

5. CTC 操作按钮条

在站场图下面有一个工具条,如图 6-34 所示。

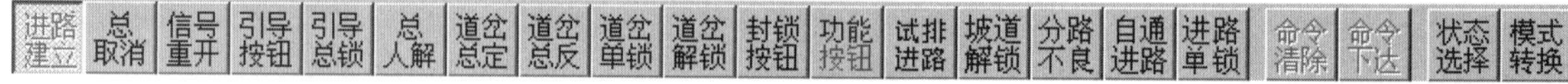

图 6-34　CTC 工具条

此工具条是用来进行 CTC 按钮操作的,无论在区段画面还是单站画面中,此工具条都能使用。一般情况下,具备 CTC 操作权限时,此工具条就显示在站场图下方。

CTC 总是处在某种操作命令状态下,这可以通过观察工具条上按钮的状态来分辨。灰色且凹下去的按钮就是当前的操作命令。用鼠标点击不同的按钮,将会改变当前的操作命令。缺省情况下,CTC 处在“进路建立”命令下,这与 6502 控制台保持一致。一条操作命令完成或取消后,CTC 自动回到缺省的“进路建立”命令状态下。

CTC 具备两种命令操作方式:左键操作方式和右键操作方式。

左键操作方式与 6502 控制台完全相同,通过鼠标左键来完成命令。先用左键在 CTC 工具条上选择操作命令,如“总取消”,然后在站场图上选择相应的设备,鼠标左键点一下设备,如该设备被成功点中,设备将以明显不同的方式显示。最后点击 CTC 工具条上的“命令下达”按钮来下发操作命令。“命令清除”是对操作命令进行清除,重新回到缺省的“进路建立”命令状态下。对于左键方式,“命令下达”和“命令清除”还可以通过在站场图上(任何位置)点击鼠标右键弹出一个菜单来实现,如图 6-35 所示。

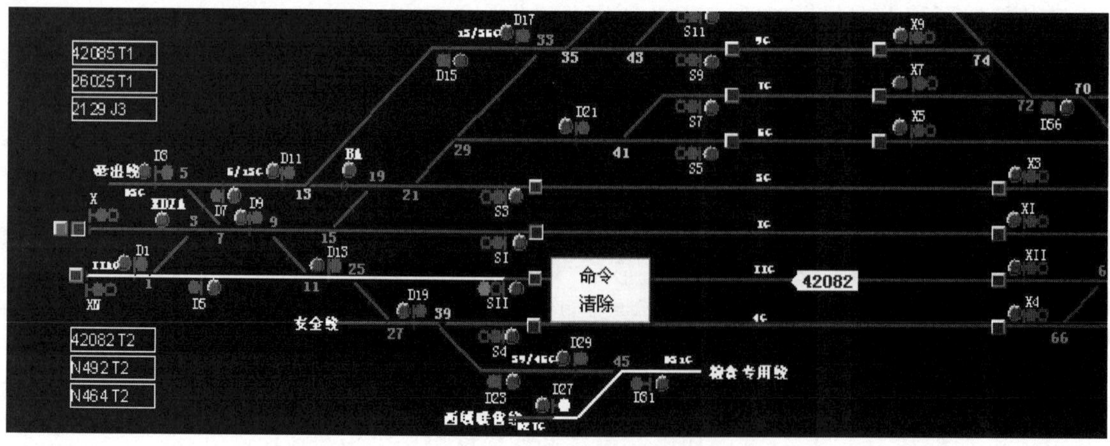

图 6-35　左键操作方式

“命令”指的是命令下达,“清除”指的是命令清除。

右键操作方式是对左键操作方式的改进,避免了鼠标左键“选择命令→选择设备→命令下达”操作方式的大范围鼠标移动。右键方式下,操作者可以直接在站场图上找到要操作的设备,点击鼠标右键,弹出一个命令菜单,它罗列了可以对该设备进行操作的所有命令。在菜单上选择需要的命令,左键点击,就会完成该设备的命令下发。需要注意的是:只有当鼠标移到设备上,设备颜色变为高亮(青色)时,才能有右键操作菜单。如图 6-36 所示,当鼠标移到道岔上时,道岔变为青色,此时点击右键就会有操作菜单。

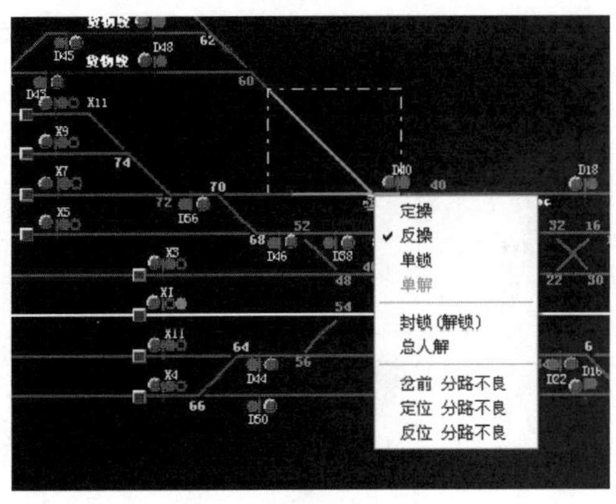

图 6-36 右键操作方式

6. 进路序列调整窗

进路序列调整窗在站场图下方(一般在单站画面的下方),进路序列调整窗主要分为“列车进路序列”和“调车进路序列”两部分,同时左边为操作窗口,右边为进路序列操作的报警提示窗口。图 6-37 所示就是进路序列调整窗口。

刷新 | 下行 | 德州东 | 京沪高铁调度台

列车进路 | 调车进路(只读)

顺序	车次	股道	自触	类型	状态	开始时间	计划时间	方向	进路序列描述
3	G181	6道	✔	接车	等待	11:28	11:28	沧州西-->	X-S6
4	G181	6道	✔	发车	等待	11:30	11:30	-->济南西	X6-SN
5	D33	7道	✔	接车	等待	11:36	11:36	沧州西-->	X-S7
7	D33	7道	✔	发车	等待	11:37	11:37	-->济南西	X7-SN
11	G119	V道	✔	接车	等待	11:46	11:46	沧州西-->	X-SV
12	G119	V道	✔	发车	等待	11:46	11:46	-->济南西	XV-SN
15	D65	7道	✔	接车	等待	11:58	11:58	沧州西-->	X-S7
19	G121	V道	✔	接车	等待	12:03	12:03	沧州西-->	X-SV
20	G121	V道	✔	发车	等待	12:03	12:03	-->济南西	XV-SN
23	G15	V道	✔	接车	等待	12:10	12:10	沧州西-->	X-SV

[11:32:04]: 德州东[1808]模式:中心控制,列车进路权限,调车进路权限,列车按钮
[11:30:17]: 设置 车次 G133, X-SN[LISTID=3337115333] 进路的触发标志为 自动
[11:30:15]: 设置 车次 D35, X-SN[LISTID=3324131461] 进路的触发标志为 自动
[11:30:14]: 设置 车次 G135, X-SN[LISTID=3339221765] 进路的触发标志为 自动
[11:30:12]: 设置 车次 G137, X-SN[LISTID=3341328069] 进路的触发标志为 自动
[11:30:07]: 设置 车次 G137, X-SN[LISTID=3341328069] 进路的触发标志为 手动
[11:30:05]: 设置 车次 G135, X-SN[LISTID=3339221765] 进路的触发标志为 手动
[11:30:02]: 设置 车次 D35, X-SN[LISTID=3324131461] 进路的触发标志为 手动
[11:29:59]: 设置 车次 G133, X-SN[LISTID=3337115333] 进路的触发标志为 手动
[11:29:54]: 设置 车次 G119, X-SN[LISTID=3301414853] 进路的触发标志为 自动
[11:29:50]: 设置 车次 D35, X-SN[LISTID=3324131461] 进路的触发标志为 自动
[11:29:48]: 设置 车次 G135, X-SN[LISTID=3339221765] 进路的触发标志为 自动
[11:29:41]: 设置 车次 G139, X-SN[LISTID=3347629317] 进路的触发标志为 自动
[11:29:38]: 设置 车次 G139, X-SN[LISTID=3347629317] 进路的触发标志为 手动
[11:29:32]: 设置 车次 G135, X-SN[LISTID=3339221765] 进路的触发标志为 手动
[11:29:28]: 设置 车次 D35, X-SN[LISTID=3324131461] 进路的触发标志为 手动
[11:29:21]: 设置 车次 G119, X-SN[LISTID=3301414853] 进路的触发标志为 手动
[11:29:06]: 列车进路更新失败(找不到组合进路)
[11:29:05]: [ROUTE] 下发MsgRouteGroupUpdate. 车站 北京南高速场[1801] 车

图 6-37 进路序列调整窗口

(1)列车进路调整窗主要接收运行图下发到自律机的计划进路,如图 6-38 所示。

方向 上下行 | 车站 巢北 | 区段 合宁台

列车进路序列 | 调车进路序列

列车进路(可修改)

序	车次	股道	自触	类型	状态	开始时间	计划时间	方向	进路序列描述
1	K518	II道	✔	接车	出清	9:37	9:37	肥东-->	S-XII
2	K518	II道	✔	发车	出清	9:37	9:37	-->黄庵	SII-XN
3	D122	II道	✔	接车	触发完	9:32	9:34	肥东-->	S-XII
4	D122	II道	✔	发车	触发完	9:32	9:34	-->黄庵	SII-XN
5	K190	II道	✔	接车	等待	9:32	9:34	肥东-->	S-XII
6	K190	II道	✔	发车	等待	9:32	9:34	-->黄庵	SII-XN

图 6-38 列车进路调整窗

“自触”表明进路是自动触发的还是需要人工触发,“类型”表明进路是接车进路、发车进路还是通过进路。“状态”表明进路是等待触发还是已触发完成。进路的状态用不同的颜色表示,其中:计划进路用黄色,正在办理和已经办理好的进路用绿色,已经出清的进路用

灰色。

一般情况下,车站的所有列车进路都会列出,可通过选择进路的上下行方向,可只列出上行进路、下行进路或上下行进路,如图6-39所示。

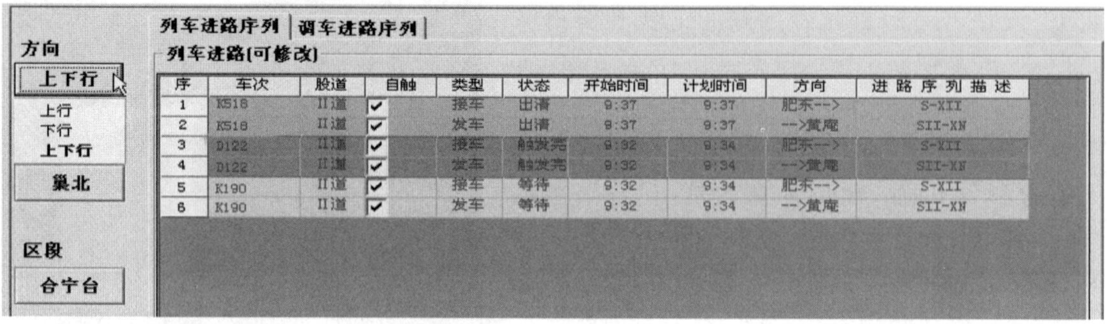

方向
上下行
上行
下行
上下行
巢北
区段
合宁台

列车进路序列 | 调车进路序列
列车进路(可修改)

序	车次	股道	自触	类型	状态	开始时间	计划时间	方向	进路序列描述
1	K518	II道	✓	接车	出清	9:37	9:37	肥东-->	S-XII
2	K518	II道	✓	发车	出清	9:37	9:37	-->黄庵	SII-XN
3	D122	II道	✓	接车	触发完	9:32	9:34	肥东-->	S-XII
4	D122	II道	✓	发车	触发完	9:32	9:34	-->黄庵	SII-XN
5	K190	II道	✓	接车	等待	9:32	9:34	肥东-->	S-XII
6	K190	II道	✓	发车	等待	9:32	9:34	-->黄庵	SII-XN

图6-39　上下行方向

单击区段和车站按钮则可以选择相应车站的进路列表。选择区段如图6-40所示。

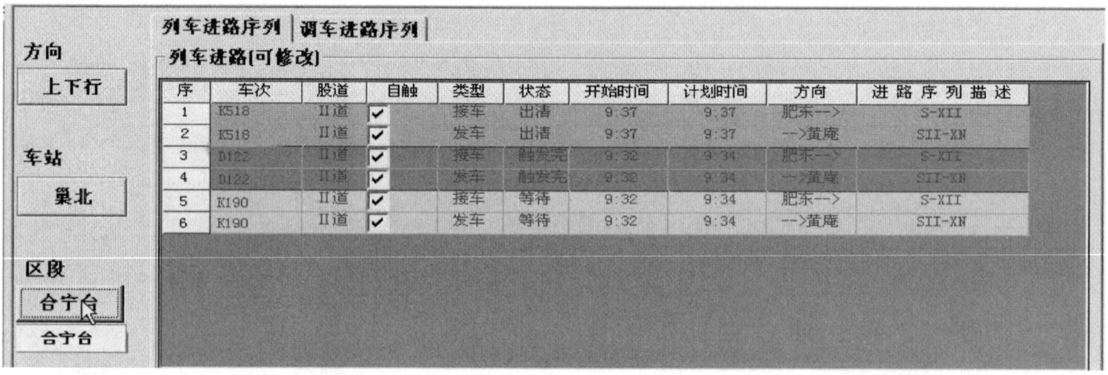

方向
上下行
车站
巢北
区段
合宁台
合宁台

列车进路序列 | 调车进路序列
列车进路(可修改)

序	车次	股道	自触	类型	状态	开始时间	计划时间	方向	进路序列描述
1	K518	II道	✓	接车	出清	9:37	9:37	肥东-->	S-XII
2	K518	II道	✓	发车	出清	9:37	9:37	-->黄庵	SII-XN
3	D122	II道	✓	接车	触发完	9:32	9:34	肥东-->	S-XII
4	D122	II道	✓	发车	触发完	9:32	9:34	-->黄庵	SII-XN
5	K190	II道	✓	接车	等待	9:32	9:34	肥东-->	S-XII
6	K190	II道	✓	发车	等待	9:32	9:34	-->黄庵	SII-XN

图6-40　选择区段

单击车站按钮选择车站,如图6-41所示。

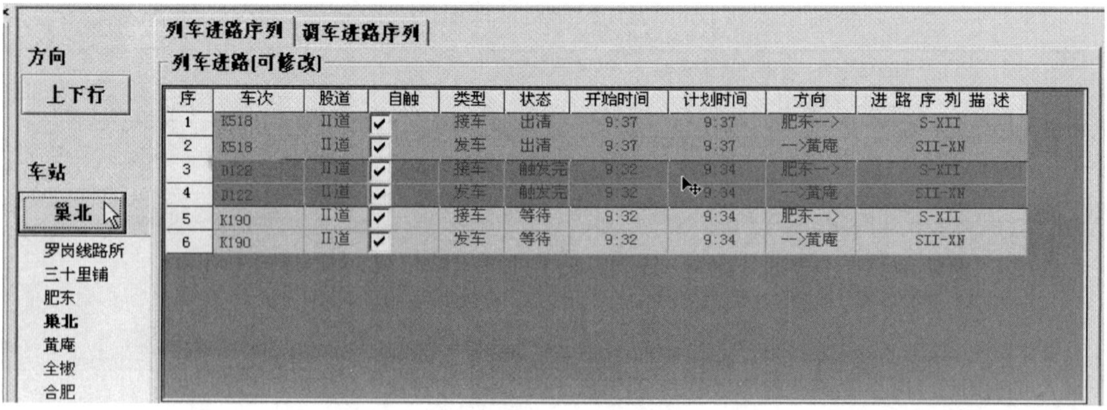

方向
上下行
车站
巢北
罗岗线路所
三十里铺
肥东
巢北
黄庵
全椒
合肥

列车进路序列 | 调车进路序列
列车进路(可修改)

序	车次	股道	自触	类型	状态	开始时间	计划时间	方向	进路序列描述
1	K518	II道	✓	接车	出清	9:37	9:37	肥东-->	S-XII
2	K518	II道	✓	发车	出清	9:37	9:37	-->黄庵	SII-XN
3	D122	II道	✓	接车	触发完	9:32	9:34	肥东-->	S-XII
4	D122	II道	✓	发车	触发完	9:32	9:34	-->黄庵	SII-XN
5	K190	II道	✓	接车	等待	9:32	9:34	肥东-->	S-XII
6	K190	II道	✓	发车	等待	9:32	9:34	-->黄庵	SII-XN

图6-41　单击车站

(2)修改列车进路的自触标记。鼠标左键点击某条进路的“自触”列选择框,在弹出的菜单中可以选择“自动触发”或“手工触发”,如图6-42所示。若选择了手工触发则进路的触发由人工掌握，重新下达计划后仍保持原来的手工触发标记。

顺序	车次	股道	自触	类型	状态	开始时间	计划时间	方向	进路序列描述
1	D53	7道	✓	接车	等待	10:44	10:44	沧州西-->	X-S7
2	G192	3道	✓		等待	10:46	10:46	济南西-->	S-X3
3	D53	7道	✓		等待	10:47	10:47	-->济南西	X7-SN
4	G192	3道	✓	发车	等待	10:48	10:48	-->沧州西	S3-XN
5	G33	6道	✓	接车	等待	10:53	10:53	沧州西-->	X-S6
6	G206	IV道	✓	接车	等待	10:55	10:55	济南西-->	S-XIV
7	G206	IV道	✓	发车	等待	10:55	10:55	-->沧州西	SIV-XN
8	G33	6道	✓	发车	等待	10:55	10:55	-->济南西	X6-SN
9	G102	IV道	✓	接车	等待	11:03	11:03	济南西-->	S-XIV
10	G102	IV道	✓	发车	等待	11:03	11:03	-->沧州西	SIV-XN

图 6-42　修改列车进路的自触标记

（3）修改列车进路的股道。鼠标左键点击某条进路的“股道”列选择框，在弹出的菜单中可以更改接发车进路的股道，如图 6-43 所示。进路序列中的股道更改后，运行图的股道也同步变更。

顺序	车次	股道	自触	类型	状态	开始时间	计划时间	方向	进路序列描述
1	D53	7道	✓	接车	等待	10:44	10:44	沧州西-->	X-S7
2	G192	3道	✓	接车	等待	10:46	10:46	济南西-->	S-X3
3	D53	7		发车	等待	10:47	10:47	-->济南西	X7-SN
4	G192	3		发车	等待	10:48	10:48	-->沧州西	S3-XN
5	G33	6		接车	等待	10:53	10:53	沧州西-->	X-S6
6	G206	I		接车	等待	10:55	10:55	济南西-->	S-XIV
7	G206	I		发车	等待	10:55	10:55	-->沧州西	SIV-XN
8	G33	6		发车	等待	10:55	10:55	-->济南西	X6-SN
9	G102	IV道	✓	接车	等待	11:03	11:03	济南西-->	S-XIV
10	G102	IV道	✓	发车	等待	11:03	11:03	-->沧州西	SIV-XN

图 6-43　修改列车进路的股道

（4）变更进路序列的进路。鼠标左键点击某条进路的“进路序列描述”列选择框，若通过此出入口到接发车股道存在多条进路时，则弹出“变更进路”的菜单，如图 6-44 所示。

顺序	车次	股道	自触	类型	状态	开始时间	计划时间	方向	进路序列描述
20	G202	18道	□	接车	等待	11:21	11:21	廊坊-->	
21	D57	16道		发车		11:25	11:25	-->廊坊	X16-SN
22	D57	16道	□	发车	等待	11:25	11:25	-->廊坊	X16-SL8
23	D57	16道	□	发车	等待	11:25	11:25	-->廊坊	XZ6-SN
24	G253	XII道		发车		11:40	11:40	-->廊坊	XXII-SN
25	G253	XII道	□	发车	等待	11:40	11:40	-->廊坊	XXII-SL
26	G253	XII道	□	发车	等待	11:40	11:40	-->廊坊	XZ8-SN
27	G127	9道		发车		11:45	11:45	-->廊坊	X9-SN
28	G127	9道	✓	发车	等待	11:45	11:45	-->廊坊	X9-SL6
29	G127	9道	✓	发车	等待	11:45	11:45	-->廊坊	XZ2-SN

图 6-44　变更进路

(5)列车进路序列的右键菜单。选中某条进路序列后点击鼠标右键,弹出“人工触发”“删除”“明细”右键菜单,如图6-45所示。

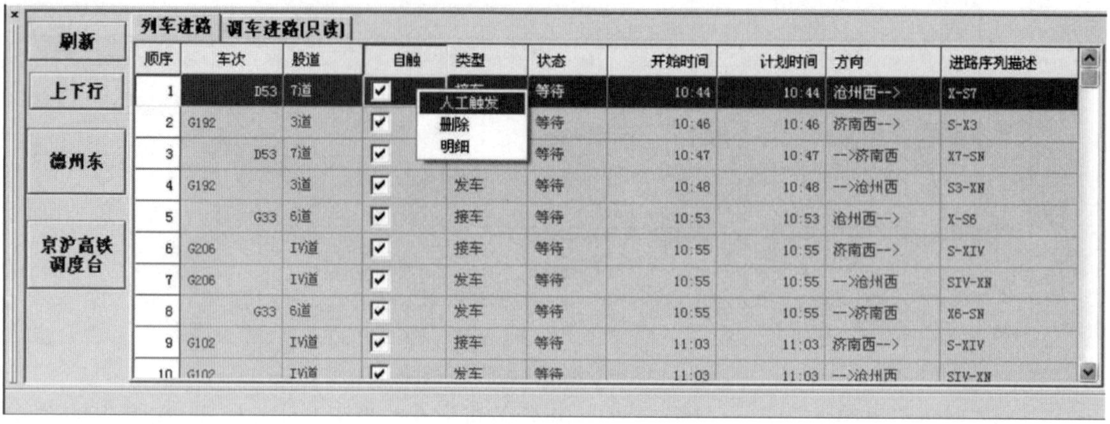

刷新
上下行
德州东
京沪高铁调度台

列车进路 | 调车进路[只读]

顺序	车次	股道	自触	类型	状态	开始时间	计划时间	方向	进路序列描述
1	D53	7道	☑	接车	等待	10:44	10:44	沧州西-->	X-S7
2	G192	3道	☑		等待	10:46	10:46	济南西-->	S-X3
3	D53	7道	☑		等待	10:47	10:47	-->济南西	X7-SN
4	G192	3道	☑	发车	等待	10:48	10:48	-->沧州西	S3-XN
5	G33	6道	☑	接车	等待	10:53	10:53	沧州西-->	X-S6
6	G206	IV道	☑	接车	等待	10:55	10:55	济南西-->	S-XIV
7	G206	IV道	☑	发车	等待	10:55	10:55	-->沧州西	SIV-XN
8	G33	6道	☑	发车	等待	10:55	10:55	-->济南西	X6-SN
9	G102	IV道	☑	接车	等待	11:03	11:03	济南西-->	S-XIV
10	G102	IV道	☑	发车	等待	11:03	11:03	-->沧州西	SIV-XN

人工触发
删除
明细

图6-45 列车进路序列的右键菜单

任务实施与评价

请完成本任务的任务实施与评价,见教材数字资源中的电子实训工单。

任务三 CTC故障处置和行车指挥

学习目标

知识目标

1. 了解CTC故障现象的几种表现;
2. 掌握CTC故障情况下的调度指挥要求。

能力目标

1. 能够在CTC设备故障时,正确在“行车设备检查登记簿”内登记,并通知电务人员处理;
2. 能够在故障暂时无法恢复时,正确按电务部门销记的行车条件组织行车;
3. 能够正确对在途列车进行处置。

素质目标

1. 树立“练在平时,用在战时”的安全忧患意识;
2. 培养“发现故障,随机应变”的应急处置能力;
3. 吸取事故教训,树立安全意识。

任务描述

CTC调度终端无法下达列车运行调整计划、无法下达调度命令,CTC不能正确显示列车占用状态等情况下，组织故障处置和行车应急处理。

案例导入

《中国青年报》：她们守护着中原高铁“超强大脑”

春运期间，一列列动车组承载着旅客风驰电掣般地驶向不同的方向。在动车组高速运行的背后，有一个“超强大脑”在精准地指挥着它们，这个“超强大脑”就是高铁调度指挥中心。

在位于铁路网中心枢纽的河南郑州，中国铁路郑州局集团有限公司郑州电务段高铁调度维护工区的 9 名年轻女工作人员承担着高铁调度集中系统设备的养护维修任务，被称为中原高铁“超强大脑”的“守护者”。她们的平均年龄不到 30 岁，却个个都是身经百战的高铁人，参与和见证了河南“米”字形高铁网的建设和开通，班组也连续多年被评为郑州铁路局集团公司“青年安全生产示范岗”。

中国铁路郑州局集团有限公司管内有近 2000km 的高铁线路，车流密度居全国前列。2023 年春运是河南省建成全国第一个“米”字形高铁网的首个春运，旅客量大幅度增加。春节和元宵节后，务工流、学生流叠加，铁路客流将大幅增长，河南等部分地区客流高峰超过 2019 年。精准调度指挥这些动车组安全高效运行，让广大旅客安全、便捷地到达目的地，对“超强大脑”来说，是个巨大考验。

春运期间，高铁调度维护工区的女工作人员每天要在 600 多 m^2 的机房内全覆盖巡检设备 4 次，查看确认 107 个机柜内的服务器显示灯是否异常、线缆接口是否松动。同时，还要对 248 个软件程序的运行状态进行逐一确认，确保每一条行车指令被准确无误地汇总、运算、处理。她们一方面要将巡检发现的异常情况一一记录下来，并在夜间天窗点内处理，同时还要随时和高铁调度员保持联系，第一时间对调度员在操作使用过程中发现的问题进行原因分析，下载服务器中运行的数据日志，通过反复对比、认真核对，从 5000 多行代码中找出原因并处理，为高铁调度员指挥行车提供可靠的设备保障。

“今年我们的春运保障任务更为艰巨。一是春运期间我们铁路部门增开了很多临时动车组。二是我们的系统软件要根据动车组增开数量不断进行升级优化，维修任务量比去年增加了一倍以上。针对这种情况，2023 年春运期间，我们增加了双倍人手，值班人员 24h 密切关注机房数据库、网络运行和软硬件情况，随时调看分析各类维护终端报警信息，设备有异常情况时会全员上岗，立即组织处理，保障设备运行良好。”该工区工长齐婷婷告诉记者。

她们最怕的是下雪天，调度员需要对管内高铁多区段下达限速命令，控制区段列车运行速度，确保列车平稳安全运行。但调度员频繁操作限速程序后，可能会引起软件卡顿等情况，对限速下达功能造成影响。针对这种情况，工区动员休班职工在调度台进行全程盯控，配合高铁调度员做好限速下达公里标核对，直至各条高铁限速功能正常。春运期间，她们处理了因恶劣天气影响造成的 13 起设备隐患，为中原高铁的安全畅通运行展现了应有的担当。

（资料来源：中国国家铁路集团有限公司官方网站
通讯员：于培培　靳浩　中青报·中青网记者：张均斌）

引导提示:文中提到了郑州电务段高铁调度维护工区的9名年轻女工作人员承担着高铁调度集中系统设备的养护维修任务,这里所说的调度集中系统就是CTC,文中还提到她们一方面要将巡检发现的异常情况一一记录下来,并在夜间天窗点内处理,同时还要随时和高铁调度员保持联系,第一时间对调度员在操作使用过程中发现的问题进行原因分析,那么调度员在操作使用过程中发现的问题具体包括哪些呢?当我们在工作中遇到同样问题应该如何正确处理呢?

知识探索

一、列车车次号错误或丢失

(1)列车调度员发现CTC终端列车车次号错误或丢失时,应进行核对确认,重新输入正确的车次号。

(2)车站值班员发现CTC终端列车车次号错误或丢失时,应报告列车调度员,与列车调度员核对确认后,重新输入正确的车次号。

二、CTC不能下达列车运行计划

(1)CTC不能下达列车运行计划时,列车调度员应通知电务部门进行检查处理,并在"行车设备检查登记簿"内登记。

(2)通知车站转为非常站控。

(3)采取电话等方式下达列车运行计划。

三、CTC不能自动触发进路时

列车调度员(车站控制时为车站值班员)应采取人工触发进路或人工排列进路方式办理,并通知电务部门进行处理,在"行车设备检查登记簿"内登记。

四、CTC设备登记停用

当CTC设备登记停用或全站表示信息中断未及时恢复时,应转为非常站控。

五、调度所及车站CTC设备均不能正确显示列车占用状态

(1)调度所及车站CTC设备均不能正确显示列车占用状态时,列车调度员应立即通知已进入区间的列车司机立即停车,并通知电务部门进行处理。

(2)CTC设备不能正确显示列车占用状态,且故障暂时无法修复,具备放行列车条件时,列车调度员根据电务部门登记的行车限制条件放行列车,通知车站转为非常站控。对已进入区间的列车,列车调度员确认列车至前方站(线路所)间空闲后,通知列车司机逐列恢复运行,指示后列恢复运行前必须确认前列已完整到达前方站(线路所)。司机按信号显示运行,逐列运行至前方站(线路所)。区间空闲后,按站间组织行车。

(3)CTC设备不能正确显示列车占用状态故障修复,列车调度员根据电务部门的销记,

通知有关列车司机恢复正常行车。

六、调度所 CTC 设备不能正确显示列车占用状态，而车站 CTC 设备能正确显示

(1)当调度所 CTC 设备不能正确显示列车占用状态，而车站 CTC 设备能正确显示时，列车调度员应立即向高铁值班副主任报告，通知电务人员进行处理。并采取以下措施：

①列车调度员立即通知相关车站转为非常站控模式。

②列车调度员手工铺画运行图，及时收集车站进路准备、列车到开时分等信息，并使用 FAS 下达调度命令及列车运行调整计划。

③车站值班员应及时向列车调度员报告列车到、开等信息，正确及时向司机交递调度命令。

(2)当调度所 CTC 设备不能正确显示列车占用状态时，如管辖区段又无法取消或尚未设置列控限速，列车调度员应立即通知司机按调度命令限速运行。

(3)CTC 设备恢复正常，电务驻所联络员销记后，列车调度员须核对列控限速与实际相符，按规定布置相关车站恢复到原规定控制模式，并逐列确认列车运行状态和所处位置，根据列车运行图和当时列车运行的实际情况，人工修改列车车次号等相关信息，并将故障时段缺失的运行线补齐。

任务实施与评价

请完成本任务的任务实施与评价，见教材数字资源中的电子实训工单。

拓 展 提 升

一、知识巩固

(1)CTC 的控制模式分为哪几种？

(2)CTC 分散自律控制模式有哪几种控制方式？

(3)中心操作方式下，操作权限是如何界定的？

(4)车站调车操作方式下，操作权限是如何界定的？

(5)车站操作方式下，操作权限是如何界定的？

(6)遇到哪些情况可以转为非常站控模式？

(7)非常站控模式转回分散自律控制模式时需检查什么条件？

(8)CTC 终端上控制模式状态表示灯的显示含义是什么？

(9)列车运行图操作界面由哪几部分构成？

(10)列车运行图主画布包含了哪些信息？

(11)CTC 终端列车车次号错误或丢失时，如何处置？

(12)CTC 调度终端不能下达列车运行计划时,如何处置?

(13)调度所及车站 CTC 设备均不能正确显示列车占用状态时,如何处置?

二、技能训练

利用 CTC 仿真实训系统完成以下项目操作:

(1)CTC 控制模式转换;

(2)绘图操作;

(3)阶段计划编制下达;

(4)调度命令编制下达;

(5)车务终端操作。

三、素养培育

《人民日报》:主导研发多项技术和设备

——“解决实际问题,是我们工作的意义所在”

皮肤黝黑,气质老练,90 后高级工程师张超凡刚停稳轮胎沾满泥浆的汽车,便匆匆走向南宁动车所电务车载设备车间。身为中国铁路南宁局集团有限公司(简称南宁铁路局集团公司)电务部信号科科长,张超凡在车载设备车间工作时主导研发多项技术、设备。只要工作上遇到问题,动车所职工总会不自觉地想到他。

2013 年,信号与信息处理专业硕士毕业的张超凡进入南宁铁路局集团公司南宁电务段工作。那一年,广西同时开通多条高铁线路,高铁营业里程从 0 公里跃升至 1000 多公里。10 年间,伴随着中国铁路高速发展,张超凡收获颇多。

“2826 车的应答器信息传输单元有点问题。”接到问题报告,工作人员来到试验室开始进行模拟测验。现场的车载 ATP(列车自动保护系统)设备模拟测试系统模拟还原了动车驾驶室操作台。车载 ATP 设备是动车组控制系统指令得以传达给司机的重要载体,能够研判列车运行中可能出现的问题,保护行车安全。通过几番测试,工作人员很快明确了列车的维修优化方向。

眼前的这套车载 ATP 设备模拟测试系统,是张超凡的发明创造之一。2017 年,为了解决车载 ATP 设备测试台测试效率不高、测试内容不全的问题,张超凡带领团队花了 4 个多月时间研发出了这套模拟测试系统,有效降低了设备故障率。

“解决实际问题,是我们工作的意义所在,也是我们不断创新的动力。”张超凡说。

除了执着钻研技术,张超凡也注重解决实操工作中的难题。过去,号称铁路运行“心脏”的机房线路杂乱,布局不合理。在张超凡和团队工作人员的努力下,如今的机房已升级为 CTC 客专中心,布线高效合理、整洁美观,连线走向明了,甚至每一条电线都标注了接头位置。

为什么想到“美化”机房?“我刚到网管中心工作的时候去机房维修,面对繁杂的线路无处下手。”于是,张超凡和同事对机房线路进行了梳理,并拟定了接线标准,从源头方便了日后的维修工作。2015 年,机房升级 CTC 客专中心工程开始实施,张超凡带头梳理的接线标准派上了用场，机房线路得以优化，硬件设备也得到了升级。

这些年，张超凡带领团队完成获奖课题 10 余项，获国家专利 3 项，本人荣获全国铁路“尼红”奖章、广西科学技术奖一等奖……“这几年铁路的发展非常快，我们还参与编写了国铁集团主导编制的海外高铁维修标准，作为铁路人我非常骄傲。未来，我还会继续带领团队做务实有效的工作，解决更多实际问题。”张超凡说。

（资料来源：中国国家铁路集团有限公司官方网站）

请对上述案例进行讨论，说出以 CTC 为代表的新装备、新技术在铁路发展中的地位和作用是什么。

素养贴士

CTC 系统通过集中控制、自动化调度和实时监控，实现铁路运输的高效管理与安全运行，其作用涵盖指挥集中化、资源优化、安全保障、状态可视化四大核心维度。

（1）集中指挥与统一管理。统一调度列车运行，由调度中心集中监控管辖区域内所有车站的信号设备（道岔、信号机等），实现列车运行的统一指挥和实时调整，优化运行计划与资源分配。

（2）提升行车安全与效率。减小人为干预风险，通过自动化控制列车进路（如道岔转换、信号开放），降低人工操作失误概率，保障行车安全。提高列车准点率与通过能力，实时调整运行计划可缩短列车停站时间，增强枢纽和区间的通过能力，提升准点率。

（3）强化状态监控与智能分析。全流程可视化追踪，实时显示列车位置、车次信息、线路占用状态等，支持车次自动追踪与运行状态可视化。支持综合维修与应急管理，集成临时限速设置、设备故障告警等功能，辅助调度员快速响应突发情况。

（4）技术架构与扩展功能。分散自律控制模式，在调度中心集中指挥下，允许车站自主执行调车作业，实现集中化与本地化的灵活协同。多系统协同与数据整合，与列车调度指挥系统、信号系统等深度联动，为智能运维与调度决策提供数据支撑。

项目七

超限货物运输调度指挥

项目背景

超限货物运输是铁路货物运输的重要组成部分，是铁路特种货物运输的主要内容之一，超限货物多是国家重点工程或国防建设的关键设备、核心设备，在国家重点工程、国防建设和国民经济发展中发挥重要作用。近年来，我国军事、化工、电力、石油冶炼等工业不断发展，同时铁路大规模的路网建设不断展开，执行军事运输任务增多，大型的超级超限军事装备和机械设备在铁路运输中运量不断增长，大型车辆、桥梁、道路等建设，发电设备、化工机械、石油冶炼设备、桥梁构件等大型机械设备的运输需求也不断增加，铁路预制梁、架桥机、铺轨等超限机械运输任务频繁。

由于超限货物对邻线、对铁路两侧接近限界有严格要求，稍有不慎，就会酿成事故。因此，确保超限货物运输安全是铁路运输安全重点之一，科学组织超限货物运输，正确进行超限货物运输调度指挥是确保超限货物运输安全的关键。

本项目着重介绍超限货物、超限货物等级、编发超限货物运输电报的流程、调度所如何组织超限货物运输等内容，充分认识超限货物运输调度指挥的特殊性和重要性，以便列车调度员准确掌握超限货物列车会车技术条件，确保日常运输组织中超限货物运输安全。

建议学时

6 学时。

项目导学

超限货物运输调度指挥方法1

超限货物运输调度指挥方法2

任务一　超限货物基本知识

学习目标

知识目标

1. 掌握超限货物的定义、等级有关规定；

2. 掌握机车车辆限界、铁路建筑限界的定义。

能力目标

1. 能够准确理解超限货物的一、二级和超级三个等级，超限货物上部、中部、下部三类超限；

2. 能够准确理解超限货物的等级，通过《铁路超限超重货物运输规则》（铁总运〔2016〕260号）（简称《超规》）中的"机车车辆限界基本轮廓、各级超限限界与建筑限界距离线路中心线所在垂直平面尺寸表"明确超限货物基本几何图形。

素质目标

1. 树立"爱上一行、干好一行"的爱岗敬业精神，养成"精于一技、专于一业"的精神；

2. 树立"特殊货物运输无小事"的敏感意识。

任务描述

现有长方形塔式起重机座货物一件，重45t，长9000mm，宽3800mm，高1400mm，使用N_{17}型60t平车装运，货物底部选用高度为140mm横垫木2根。装载方法如图7-1所示。N_{17}型车数据：$l=9000mm$，$h_{地}=1209mm$，试计算确定超限等级。

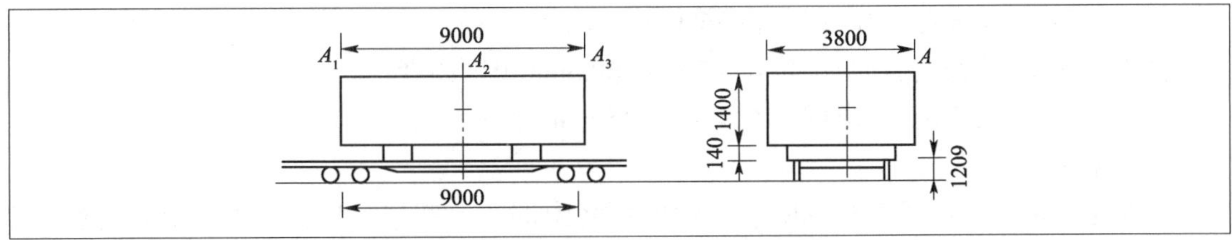

图7-1　装载方法简图（尺寸单位：mm）

A-货物端视图上最高点处的最宽点（即计算点）；A_1、A_2、A_3-A点对应在正视图上的一条直线

案例导入

新疆首发双联超级超限专列安全抵达上街站

2018年9月15日19时40分，由中铁特货大件运输有限责任公司承运的新疆首发双联超级超限专列安全走行5350公里，穿过沙漠、戈壁、高山和平原后，顺利抵达中国铁路郑州局集团有限公司管内上街站。

此次双联超级超限专列运输的是国家重点工程变电设备，单台设备重328t，采用双车联挂方式。据悉,这是中铁特货大件运输有限责任公司超级超限货物运输距离最长的一次。该公司高度重视,在装车前组织参与人员召开项目技术对接和多方联劳安全座谈会,制定安全应急防控措施;在装车过程中,严格、科学地按照装载加固方案进行装车作业;在专列运输途中,利用应变片测试车辆应力,并加强对车辆、货物的安全巡查。

(资料来源:中国国家铁路集团有限公司官方网站)

引导提示:由上述案例得知超限货物往往都是涉及国计民生的重要物资,所以,开展超限货物运输意义重大,作为超限货物运输调度工作人员更是肩负重要责任,要增强责任感、使命感。案例中出现"双联超级超限"内容,那么什么是超级超限呢?

知识探索

超限超重货物运输对保障国家重点工程建设和国防建设需要,促进国民经济又好又快发展具有重要意义,铁路各级部门必须高度重视,确保运输安全。

一、超限货物定义、种类及等级划分

1.超限货物定义

货物装车后,车辆停留在水平直线上,车辆纵中心线与线路中心线处于同一垂直平面上(简称处于理想状态)时,货物的任何部位超出机车车辆限界基本轮廓时(简称超限),称为超限货物。

货物装车后,车辆行经半径为300m的曲线时,货物任何部位的计算宽度超限时,亦为超限货物。

2.超限货物种类

(1)根据货物的结构,其左右是否对称,可以分为一侧超限和两侧超限。

(2)根据货物超限部位从钢轨面起算的高度,又分为上部超限、中部超限和下部超限。

①上部超限:轨面起,超限部位在3600mm以上者。

②中部超限:轨面起,超限部位在1250~3600mm范围内者。

③下部超限:轨面起,超限部位在150~1250mm之间者。

3.超限货物等级

根据超限部位超出机车车辆限界的程度可将中部和上部超限划为一级、二级和超级三个等级;下部超限只划分为二级和超级两个等级,如图7-2所示。

二、铁路机车车辆限界及建筑限界

1.机车车辆限界

机车车辆限界,就是机车车辆横断面的最大极限,如图7-3所示。具体来说,就是当机车车辆停留在平直铁道上,车体的纵向中心线和线路的纵向中心线重合时,其任何部分不得超出规定的极限轮廓线。它规定了机车车辆不同部位的宽度、高度的最大尺寸和底部零件至轨面的最小距离。

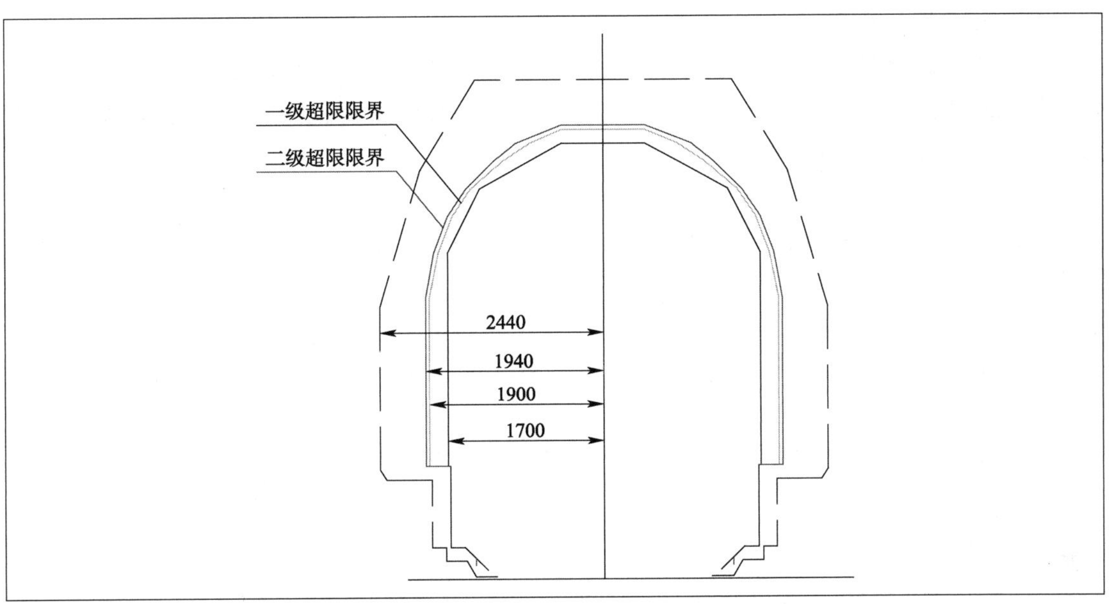

图 7-2 超限等级示意图(尺寸单位:mm)

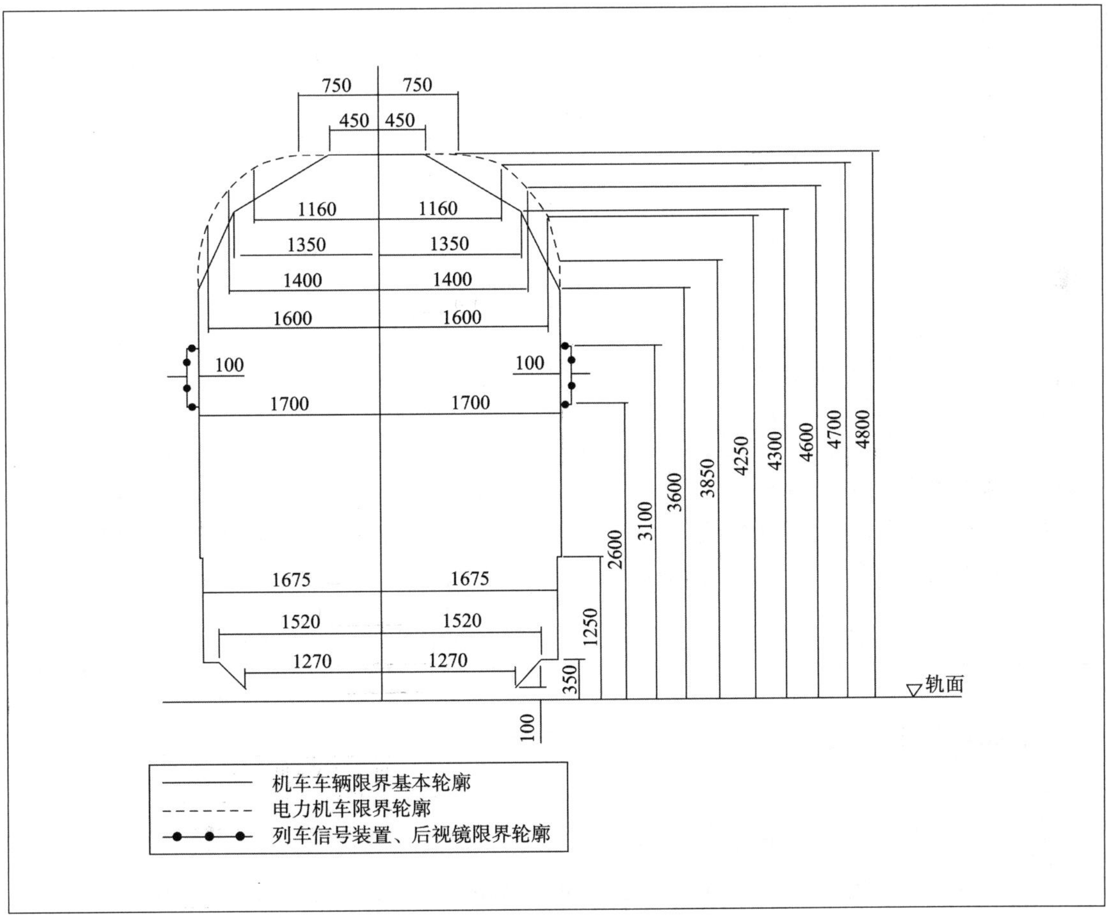

机车车辆限界基本轮廓
电力机车限界轮廓
列车信号装置、后视镜限界轮廓

图 7-3 机车车辆限界图(尺寸单位:mm)

2. 建筑接近限界

建筑接近限界是一个和线路中心线垂直的横断面,它规定了保证机车车辆安全通行所必需的横断面的最小尺寸。凡靠近铁路站场和沿线各种建筑物、设备不得侵入的极限轮廓线(和机车车辆有相互作用的设备除外)。

3. 超限

当机车车辆(无论是具有最大公差的新车或具有最大公差和磨耗限度的旧车)停留在水平直线上,其纵中心线和线路中心线处于同一垂直平面上时,机车(除电力机车的受电弓外)、车辆任何部分均不得超出该极限轮廓。

机车车辆限界、各级超限限界与建筑限界距离线路中心线所在垂直平面的距离见表 7-1。

限界距离线路中心线所在垂直平面尺寸表 表 7-1

自轨面起算的高度(mm)	限界距线路中心线所在垂直平面的距离(mm)			
	机车车辆限界基本轮廓	一级超限限界	二级超限限界	建筑限界
			1400	
150	1320		1400	1471
160	1330		1400	1477
170	1340		1400	1482
180	1350		1400	1488
190	1360		1400	1494
200	1370		1400	1500
210	1380		1400	1725
220	1390			1725
230	1400			1725
240	1410			1725
…				
350(不含)	1520			1725
350~1100(不含)	1675			1875
1110	1675			2376
…				
1210~1250(不含)	1675			2440
1250~3000	1700			2440
…	…			…
		1900	1940	
		…	…	

三、超限货物尺寸的测量(图 7-4)和表述

1. 装车前

装车前,按计划的装载加固方案测量。

(1)长度:测量最大长度、支重面长度、重心至端部的距离、检定断面至重心的距离。

(2)高度:自支重面起,测量其中心高度、侧高度和重心高度。

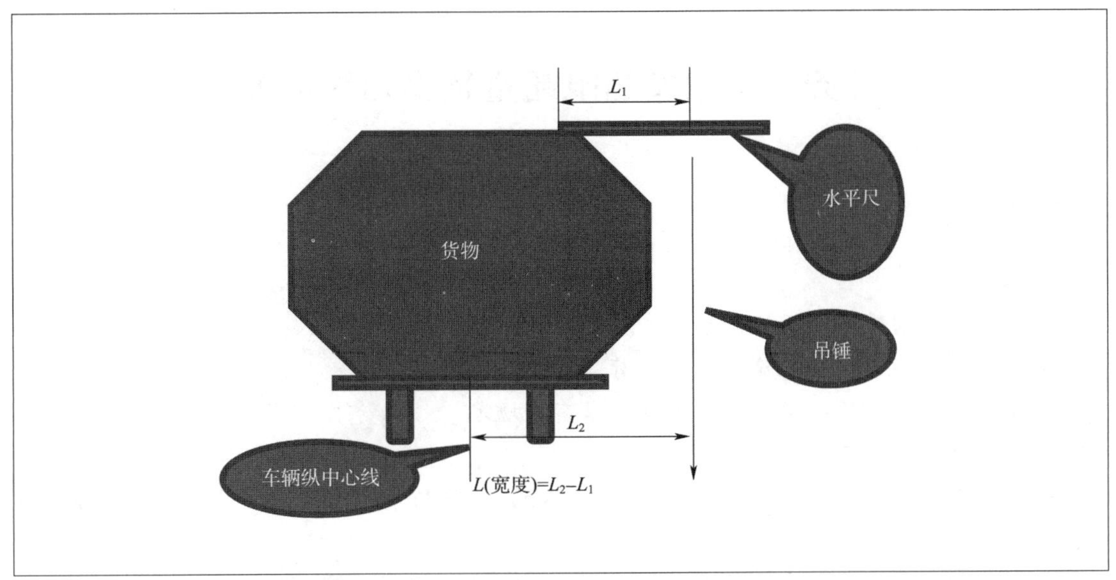

图 7-4　超限货物尺寸的测量

L_1-货物中心高处最宽点至吊锤所在位置铅垂线的水平距离；L_2-货车纵中心线至吊锤所在位置铅垂线的水平距离

①中心高度：自支重面起至最大高度处的高度为中心高度。

②侧高度：中心高度以下各测点至支重面的高度。

(3)宽度：测量中心高度处的宽度和不同侧高度处的宽度。

①中心高度处的宽度：中心高度处，货物重心所在纵向垂直平面左侧和右侧的最大宽度。

②侧高度处的宽度：每一侧高度处，货物重心所在纵向垂直平面左侧和右侧的最大宽度。

2. 装车后

装车后，按实际的装载加固状态测量(含加固材料)。

(1)长度：跨装时，测量支距和两支点外方的长度；突出装载时，测量突出车辆端梁的长度；如两端突出不相等时，应分别测量。

(2)高度：自轨面起测量中心高度和侧高度。

(3)宽度：自车辆纵中心线所在垂直平面起，分别测量中心高度和不同侧高度处在其左侧和右侧的宽度。

【例 7-1】一件货物，装车前，中心高 3000mm 处宽各 1200mm；一侧高 2500 ~ 5000mm 处宽各 2000mm；二侧高 0mm 处宽各 1200mm；以上未衔接高度间均为斜坡型。拟使用一辆平车装运，车地板高 1220mm，预计装后最大下压到 1170mm，请描述货物预计装后尺寸。

解：装车后，中心高 4220mm 处宽各 1200mm；一侧高 3720 ~ 1670mm 处宽各 2000mm；二侧高 1170mm 处宽各 1200mm；以上未衔接高度间均为斜坡型。

任务实施与评价

请完成本任务的任务实施与评价，见教材数字资源中的电子实训工单。

任务二　编发超限超重货物运输电报

学习目标

知识目标

1. 掌握超限超重货物运输制度有关规定;
2. 掌握超限超重货物运输电报管理有关规定;
3. 掌握超限超重货物运输电报审批权限有关规定。

能力目标

1. 准确掌握超限超重货物运输组织流程,车站、铁路局集团公司正确履行在超重货物运输组织中的职责;
2. 熟悉超限超重货物运输请示电报、审批电报、运输电报内容,调度所能够根据超限超重货物运输电报制定"超限超重货物挂运通知书";
3. 能够根据"超限超重货物挂运通知书"组织各单位完成运输生产任务。

素质目标

1. 养成"严谨细致,认真负责"的工作态度;
2. 树立服务意识,培养主动作为的进取精神。

任务描述

调度所根据超限超重货物运输电报组织日常运输生产,任务描述同"本项目任务一",发站为H铁路局集团公司S站,到站为G铁路局集团公司D站,主送单位包括S站、C站、S工务段、S车辆段,抄送单位包括运输部、工务部、车辆部、调度所、军代处,请编发铁路超限超重货物运输请示电报、铁路超限超重货物运输批示电报、铁路超限超重货物运输挂运电报。

案例导入

《经济日报》:给"大块头"开专列

《经济日报》北京2023年3月15日讯,记者齐慧从中国国家铁路集团有限公司获悉,15日清晨,一列装载着6台特殊大型设备的专列,缓缓驶进云南省楚雄州大德火车站。这是铁路部门为保障"西电东送"重点输电工程关键项目——昆北换流站建设急需的大型变压器运输专门开行的70002次货运专列。

国铁集团货运部相关负责人介绍,70002次货运专列3月12日从广西沿海铁路钦州港站出发,途经广西、云南两省区,运行距离1054公里。该专列装载的变压器最大单台重量321t,宽度超过4m,属于超级超限货物。铁路部门专门安排了特种货车装载运输,每辆货车长达60多米,车轮数量达48个。

该负责人表示,近期随着各地复工复产加快推进,国家电网、南方电网公司还有多批大型变压器、发电机定子等超限超重货物，需从上海、陕西、河北、广西、辽宁等地运往云南、青海、山西等地。铁路部门将密切配合，确保关键大型设备安全快捷运达，保障国家重点工程建设顺利进行。

（资料来源：中国国家铁路集团有限公司官方网站）

引导提示：由上述案例得知，铁路超限超重货物运输对于保障“西电东送”重点输电工程关键项目起到重要作用，可见铁路超限超重货物运输在国家经济建设中的重要性，那么超限超重货物运输过程中，有关办理站是如何通过公文方式向上级请示的呢？上级如何通过公文方式批示的呢？

知识探索

铁路超限货物运输的专业性强，技术要求高，涉及面广，安全影响大，承运这类特种货物，需要具备特殊信誉、特殊条件、特殊技能。根据多年来的铁路货物运输实践，中国国家铁路集团有限公司采用“超限货物运输电报”的形式组织运输，区别普通货物通过特有的措施或制度来保障超限货物运输安全。

一、超限超重货物运输及限界管理委员会制度

参考《超规》的要求，铁路局集团公司要成立以主管运输副总经理为主任，总工程师为副主任，各有关部长为成员的铁路局集团公司超限超重货物运输及限界管理委员会。铁路局集团公司直属货运站、车务段应成立以站、段长为组长的超限超重货物运输管理领导小组。

管理委员会和领导小组应建立工作制度、明确职责，负责协调解决超限、超重货物运输工作中的重大问题。

超限超重货物运输实行关键作业质量签认制度和关键作业工序间交接签认制度。超限超重车装车质量由装车站段主管站段长签认，特殊情况时可由站段长授权货运主任签认，明确工作程序，落实安全责任。

二、铁路超限超重货物运输电报管理

（1）铁路超限超重货物运输电报分为超限超重货物运输请示电报（图7-5），超限超重货物运输批示电报（图7-6）和超限超重货物运输挂运电报（图7-7）。

（2）超限超重货物运输电报内容必须正确、完整、清晰。

（3）超限超重货物运输电报实行专人审批和管理制度。铁路局集团公司货运部负责超限超重货物运输电报的请示、批示和管理工作。

三、超限超重货物运输电报按下列管理权限审批

（1）各铁路局集团公司间运输的一、二级超限货物和到站跨及三个及其以下铁路局集团公司的超级超限货物由发站所在铁路局集团公司审批。

（2）到站跨及四个及其以上铁路局集团公司的超级超限货物由发站所在铁路局集团公司审查后报中国国家铁路集团有限公司审批。

铁路超限超重货物运输请示电报

签发:×××　　核稿:×××　　拟稿:×××

电话:×××

发报所名	电报号码	等级	受理日	时分	收到日	时分	值机员

主送:货运部

抄送:

报文:铁路超限超重货物运输请示电报

我站拟发××铁路局集团公司×××站特货1件,重48t,全长7750mm,支重面长4750mm,重心高1400mm。货物外形尺寸:

中心高3440mm处宽各1000mm;

一侧高3290mm处宽各1350mm;

二侧高2620~0mm处宽各1360mm。

拟使用N_{17}木地平板1辆装运,预计装后:

中心高4610mm处宽各1000mm;

一侧高4460mm处宽各1350mm;

二侧高3790~1170mm处宽各1360mm;

请示装运办法。

(××年)超限超重××号

×××站

××年×月×日

图7-5　铁路超限超重货物运输请示电报

铁路传真电报

签发:×××　　核稿:×××　　拟稿:×××

电话:

发报所名	电报号码	等级	受理日	时分	收到日	时分	值机员

主送单位:××站、××站、××车务段,××工务段,××车辆段

抄送单位:运输部、工务部、车辆部,调度所,军代处

报文:

依中国国家铁路集团有限公司超限超重××号电,××站经××、××、××××、××、××、××、××、××到××铁路局集团公司管内××××××1件,重13t,全长7750mm,支重面长4750mm,使用木地板N1辆装运。装后:

中心高4610mm处宽各1000mm;

一侧高4460mm处宽各1350mm;

二侧高3790~1170mm处宽各1360mm;

以上未衔接高度间均为斜坡型。

装运办法:

1. 超级超限;2. MN;3. 准挂整列军用列车。

(2015)××超限超重××号

××××铁路局集团公司

××年×月×日

图7-6　铁路超重超限货物运输批示电报

铁路超限超重货物运输挂运电报

签发：×××　　　　核稿：×××　　　　拟稿：×××

电话：×××

<table>
<tr><td>发报所名</td><td>电报号码</td><td>等级</td><td>受理日</td><td>时分</td><td>收到日</td><td>时分</td><td>值机员</td></tr>
<tr><td></td><td></td><td></td><td></td><td></td><td></td><td></td><td></td></tr>
<tr><td colspan="8">主送：调度所
抄送：货运部</td></tr>
<tr><td colspan="8">报文：铁路超限超重车辆挂运的请示</td></tr>
<tr><td colspan="8">奉××××超限超重×号电报，××站发××站电机定子1件，使用D18A-5631804装运，超级超限，已于1月22日装载检查完毕，经复测检查，货物装后尺寸符合批示电报要求，装载加固状态良好，请求挂运。方案××××××××号
隔离车：NX_{17K}—5265789
NX_{17K}—5266330
×××站
××年×月×日</td></tr>
</table>

图7-7　铁路超限超重货物运输挂运电报

（3）到站跨及三个及其以下铁路局集团公司的超重货物由发站所在铁路局集团公司审批。

（4）到站跨及四个及其以上铁路局集团公司的超重货物由发站所在铁路局集团公司审查后报中国国家铁路集团有限公司审批。

（5）超重同时又超限的货物，同超重货物审批权限规定。

四、超限超重货物运输主要作业流程

（1）车站受理超限、超重货物时，应认真审查托运人提出的有关技术资料，测量货物外形尺寸和重心位置，必要时应组织有关部门共同研究。审查后，以超限超重货物运输请示电报向铁路局集团公司请示装运办法。到站跨及四个及以上铁路局集团公司的各级超重货物和超级超限货物由铁路局集团公司审查后向中国国家铁路集团有限公司请示。

（2）车站请示电报主送铁路局集团公司货运部。铁路局集团公司请示电报主送中国国家铁路集团有限公司。

（3）中国国家铁路集团有限公司、铁路局集团公司接到超限超重货物运输请示电报后，向各有关单位批示装运办法。

（4）铁路局集团公司接到批示或抄送的电报后，应结合管内的实际情况及时批转。对需临时改变建筑物、固定设备的，应在电报中详细指明。管内通行确有困难时，应在收到电报之日起三个工作日内以电话和电报通知发报铁路局集团公司和电报批示单位。

（5）车站接到铁路局集团公司批示电报后，应按装载加固方案及时组织装车。装车后测量与批示电报不符时，须重新请示。

（6）超限、超重禁止无批示电报装车，实行装车质量签认制度。按批示电报装车是一条必须坚持的原则,要明确禁止无批示电报装车,防止装后无法承运的情况发生。

(7)发站挂运超限、超重车前,应向铁路局集团公司调度所拍发超限超重车辆挂运请示电报(条件不具备时也可电话请示)。

(8)超限、超重货物变更到站时,受理变更的车站应复测货物装车后尺寸,以电报向铁路局集团公司重新请示,并注明原批准单位、电报号码、新到站及车号。受理变更的车站,应对货物的装载加固状况进行检查,并在“超限超重货物运输记录”中签认。

(9)铁路局集团公司调度所接到车站挂运请示或相邻铁路局集团公司预报后,应根据超限超重货物运输批示电报核对挂运请示或预报内容,制定具体运行条件,填写超限超重车辆挂运通知单,纳入日(班)计划。挂运向相邻铁路局集团公司交出的超限、超重车前,需征得相邻铁路局集团公司调度所的同意。

相邻调度所间的预报内容,应包括挂运车次、批示电报号码、车种车型、到站、品名、超限等级、超重等级和有关注意事项等。

(10)调度所在挂运和接运超限、超重车前,应将管内的具体运行条件以调度命令下达有关站段。

任务实施与评价

请完成本任务的任务实施与评价,见教材数字资源中的电子实训工单。

任务三　掌握超限货物运输调度指挥方法

学习目标

知识目标

1. 掌握调度日(班)计划的内容、货运工作计划、列车工作计划的内容;
2. 掌握超限列车会车条件、超限货物列车在编组计划、调车作业中的规定;
3. 掌握超限超重车辆挂运通知单内容、超限超重货物运输特殊情况的处理。

能力目标

1. 能够正确按超限超重货物挂运基本流程执行挂运;
2. 调度所各工种调度员能够相互配合、协同动作组织超限超重货物日常运输;
3. 能够沟通处理超限超重货物运输,会组织铁路各部门完成超限超重货物运输。

素质目标

1. 树立安全生产意识;
2. 树立“依规指挥、超限运输非小事”的岗位责任意识;
3. 吸取事故教训,树立安全风险意识。

任务描述

作为调度人员,需要掌握超限超重货物运输过程中涉及调度指挥重点内容,才能正确进行特运调度指挥工作。任务背景同"本项目任务一",发站为H铁路局集团公司S站,到站为G铁路局集团公司D站。运行的区段的情况如下:该区段内列车运行速度均小于120km/h,区段内两运行列车之间的最小距离处于300～350mm;C站的行车室外缘距离列车通过线路中心线2450mm,其他站线路旁关系设备均大于此尺寸。请根据以上条件填写"超限超重车辆挂运通知单"。

案例导入

杭州被货车撞塌天桥已搬离　现场通行恢复

中新网杭州2019年5月19日电(郭其钰　张煜欢),5月18日晚,随着一声巨响,杭州一座人行天桥被货车碰撞导致垮塌,一时间被撞天桥将马路"拦腰横住",所幸现场无人员伤亡。19日,杭州公安发布消息称,截至5月19日6时50分,庆春路秋涛路口事故现场已清理完毕,通行恢复。目前,事故正在进一步调查中。

5月18日晚,杭州公安发布警方通报称,5月18日22时26分许,马某某(男)驾驶皖SB62××号大型货车在杭州市区秋涛北路由南向北途经庆春东路口时,因车辆载物超高碰撞人行天桥,导致人行天桥东南侧垮塌。截至目前,暂无人员伤亡。事故发生后,公安机关与救援力量立即赶赴现场进行处置。肇事司机已被警方控制。

5月18日23时30分许,记者赶到事发现场,人行天桥垮塌部分的桥身仍压在红色大货车尾端。据一位当时路过的出租车司机称,事发时共两辆大货车经过该路段,所拉货物是拱形的钢架结构,载货高度明显高于天桥限高。"第一辆大货车经过天桥时就听到一声巨响,没想到第二辆车子直接把桥撞到了,当时的车速都不快的。"

现场目击者告诉记者,当时肇事大货车的车头部分在通过天桥后,载货的超高部分顶到天桥,桥身剧烈震动后垮塌压住车辆。

目击市民回忆,当时有两辆小轿车刚好经过,所幸车辆直接从桥身与货车中间的空隙穿过,只造成轻微剐蹭。

事后,交警对周围路段实施卡口分流措施。记者从现场交警处了解到,为尽早恢复通车,现场正进行积极抢修,几辆工程抢修车也抵达现场。"但困难之处在于人行天桥上方是高架桥,因此起吊机无法顺利吊起垮塌天桥,抢修存在一定难度。"

经过一夜事故处理,最终被撞天桥被拖车运离现场。截至5月19日6时50分,事故现场已清理完毕,通行恢复。

(资料来源:中新网)

引导提示:本案例虽是公路超限货物运输的事故案例,但对于铁路超限货物运输同样具有警示意义,由案例得知,相关部门在事故发生后,能够亡羊补牢,以此为鉴,铁路调度工作人员如何指挥才能避免发生超限货物运输方面的事故呢?

知识探索

根据分级管理、统一指挥的原则,中国国家铁路集团有限公司调度负责编制和下达全路调度轮廓计划和日(班)计划,并按日(班)计划均衡地完成运输生产任务,掌握超限超重货物列车的始发及运行情况,组织各铁路局集团公司完成交接任务。铁路局集团公司调度所在收到车站超限货物运输挂运请示或相邻铁路局集团公司预报后,根据超限超重货物运输批示电报核对挂运请示或预报内容,制定具体运行条件,填写超限超重车辆挂运通知单,纳入日(班)计划。

一、超限列车会车条件

挂有超限车的列车运行在复线、多线或并行单线的直线地段与邻线列车会车时,应遵守下列规定:

(1)邻线列车运行速度 < 120km/h 的,两运行列车之间的最小距离 > 350mm 者不限速,300 ~ 350mm 之间者运行速度不得超过 30km/h,小于 300mm 者禁止会车。

(2)邻线列车运行速度 ≥ 120km/h, < 160km/h 的,两运行列车之间的最小距离 > 450mm 者不限速,400 ~ 450mm 之间者运行速度不得超过 30km/h, < 400mm 者禁止会车。

(3)邻线列车运行速度 ≥ 160km/h, < 200km/h 的,两运行列车之间的最小距离 > 550mm 者不限速,500 ~ 550mm 之间者运行速度不得超过 30km/h, < 500mm 者禁止会车。

(4)挂有超限车的列车在 CTCS-2 级区段的区间禁会动车组。

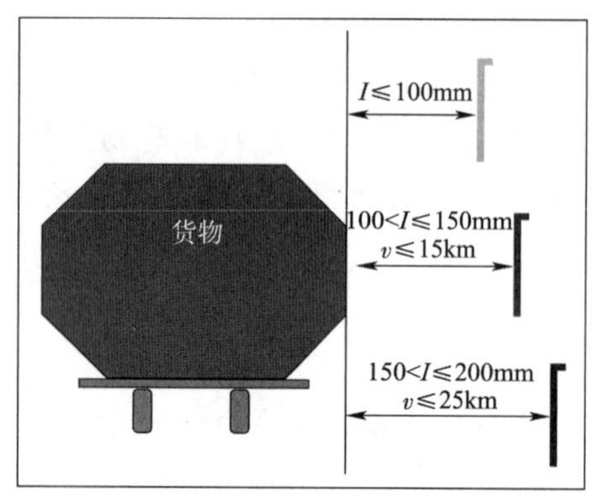

图 7-8　超限车接近建筑物限速规定
I-限界距离;v-速度

二、超限车运行接近建筑物的规定

超限货物的任何超限部位与建筑限界之间的距离(简称限界距离)限速要求:

(1)限界距离在 100 ~ 150mm 之间时,速度不得超过 15km/h。

(2)限界距离在超过 150 ~ 200mm 之间时,速度不得超过 25km/h。

(3)限界距离不足 100mm 时,由铁路局集团公司根据实际情况规定运行办法。

超限车接近建筑物限速规定如图 7-8 所示。

三、超限车在编组计划中的规定

运行有限制条件的超限、超重车,除有特别指示外,禁止编入直达、直通列车。

四、超限车在调车作业中的规定

装有二级及以上超限货物的车辆禁止溜放。

五、车站接发超限列车股道规定

(1)车站到发线,因受到站场设备及建筑限界侵限等原因,在《车站行车工作细则》(简称《站细》)中规定了超限货物列车按等级、类型的接发车固定股道。

(2)参考《技规》第 15 条,站内相邻两线均需通行超限货物列车线间最小距离必须满足 5300mm。

(3)实际车站站内正线与相邻到发线最小线间距一般为 5000mm 左右,遇两列超限货物列车在车站交会或待避时需隔线,如图 7-9 所示。

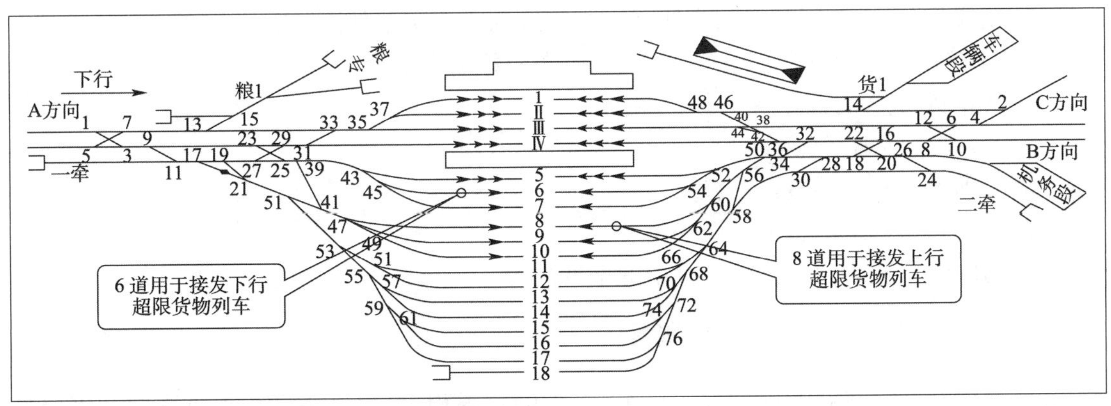

图 7-9　超限货物列车在车站交会或待避时的隔线要求

六、超限超重货物运输批示电报的审核

(1)调度所接到货运部批示电报后,应根据电报内容,计算超限货物的内(跨装)、外(突出)偏差量及长大货物车的内偏差量值。

(2)确定超限货物的等级和类型(即:一级、二级或超级超限在上、中、下哪个部位)。

(3)计算双线区间运行的会车条件,如图 7-10 所示。

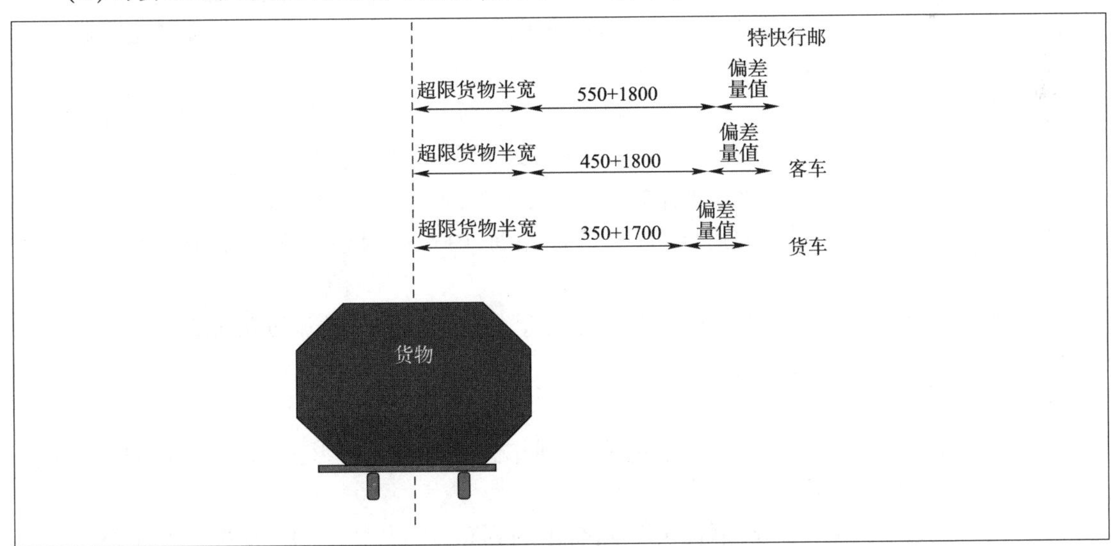

图 7-10　超限列车双线区间会车条件(尺寸单位:mm)

①货车:超限货物半宽 +350mm +1700mm + 偏差量值。

②旅客列车:超限货物半宽 +450mm +1800mm(中部) + 偏差量值。

③特快行邮及速度为 160km/h 旅客列车:超限货物半宽 +550mm +1800mm(中部) + 偏差量值。

七、超限超重车辆挂运通知单内容

(1)限速条件。

(2)复线、多线或并行单线的直线地段与邻线列车会车条件。

(3)CTCS-2 区段在区间禁止与动车组、动车组检测车交会。

(4)禁止接(进)入有高站台的线路。

(5)各站按《站细》规定的线路接发。

(6)明确上、中、下部超限等级。

(7)明确上、中、下部超限类型和尺寸。

(8)超限超重货物运输批示电报中的条件内容。

八、超限列车开行计划上的掌握

(1)对挂有"限速运行,区间禁止会车"条件的超限列车,尽量不开行运行图中的固定挂运车次,而开行超限超重货物列车车次,提高车站值班员在接发列车时的重视程度。

(2)在一个调度区段内,原则上不编制上下行超限货物列车对开计划(超限军列除外)。

(3)必须开行对开计划时,须进行计算,确定区间会车条件。

计算方法:两超限货物半宽 + 两超限货物(车辆)所产生的偏差量 + 350mm。

九、编制超限超重运输计划作业流程

(1)调度所接到始发站超限超重车辆请示挂运电报或相邻铁路局集团公司预报后,核对货运部超限超重货物运输批示电报内容,根据铁路局集团公司限界资料,编制"超限超重车辆挂运通知书",制定具体运行条件。

(2)执行"双人核对"制度(即:一人编制超限超重货物挂运计划、一人重新核对)。

(3)特运调度员将"通知书"内容,经 TMIS5.0 特调子系统向值班主任、计划台和机调台发送,由计划台纳入次日编组超限列车挂运计划,机车调度员安排机车。

(4)值班主任审核计划内容后,纳入次日日计划,由行车台通过 TDCS/CTC 系统发送到车站值班员。

(5)特运调度员将"通知书"内容,以调度命令发布到有关车站调度员或值班站长。

十、超限列车日常运输组织

(1)挂有限制运行条件的列车,不能利用列车运行图中的运行线时,可开行临时定点列车。

(2)列车运行图规定 18:00 后由分界站交出的列车,不准做 18:00 前的交车计划。

(3)分界站当日未交出的晚点列车,必须纳入次日计划。接近 18:00 的晚点列车,来不及纳入次日计划时,准许 18:00 后晚点交出。

十一、超限专列运输安全措施

(1)对编组、区段站及调度枢纽地区的复杂线路,必须明确运行条件,并派员重点把关。

(2)超限专列通过后,车站、工务、电务部门须对专列通过进路上的相关设备等进行检查。

(3)超限专列运输不得影响D、Z字头客车运行,尽可能减小影响T、K字头客车运行。

(4)线路施工开通后,禁止将超限专列为首列通过施工限速地段。

(5)超限专列运行时刻因故变化,相邻铁路局集团公司要提前24h通报,并以相邻铁路局集团公司通报为准。

十二、超限货物检查站发生异常的处理办法

在接到检查站检查发现超限货物发生位移或装载有异常的报告后,应及时向调度所值班主任汇报,具体操作程序如下:

(1)超限尺寸、条件无变化时,凭车站拍发的请示挂运电报挂运。

(2)超限尺寸超出原批准尺寸或超限条件发生变化时,按货运部重新核发的电报,重新纳入日班计划挂运。

(3)禁止超限货物无超限挂运电报挂运。

任务实施与评价

请完成本任务的任务实施与评价,见教材数字资源中的电子实训工单。

拓 展 提 升

一、知识巩固

(1)什么是机车车辆限界?

(2)什么是建筑接近限界?

(3)关于一级超限是如何规定的?

(4)铁路超限超重货物运输电报分哪几种?

(5)超限超重货物运输电报管理权限审批是如何规定的?

(6)超限列车会车条件是如何规定的?

(7)如何编制超限运输计划作业流程?

(8)超限货物检查站发生异常处理办法是如何规定的?

二、技能训练

(1)某站承运机械设备一件,该设备重50t、长14m、宽3.2m、高2.85m,货物重心位于货物的几何中心,使用N_{17T}型平车一辆负重,下垫两根150mm的横垫木。计算重车重心高,并确定装载条件。

(2)某站装运桥梁一件,重量96t,货物本身重心高为1400mm,使用两辆N_{17T}型平车跨装

运送,货物转向架高600mm,试计算重车重心高并确定运行条件。

三、素养培育

多举措推进增运增收 货运装车创今年新高

(发布时间:2020-05-27)

铁路货运系统围绕"五个确保、五个见实效"目标任务,努力克服不利因素影响,积极开展货运增运增收,努力实施稳货补客。2020年5月20日,全路货运装车165108车,达到2020年以来装车最高水平。截至5月25日,国家铁路2020年累计发送货物132900万t,同比增长2.5%。

近来,铁路通过降低全程物流成本,充分用好价格政策,组织精准营销,推进煤炭、砂石料"公转铁"运输和敞顶箱跨局运用等措施,认真抓好增运方案兑现。各铁路局集团公司认真贯彻落实中国国家铁路集团有限公司部署要求,梳理铁路建设物资运输需求,抓好专用线增量组织,督促企业按煤炭中长协合同兑现运量,并协调政府加大对合同兑现的检查督导力度。

为促进货运上量,国铁集团拓展大件货物运输市场,完善大件货物通过95306网上受理方案,客户无须注册,即可通过95306网"我要发货"提报运输需求。对提报的超限超重货物运输需求,客服中心及时联系客户了解情况,安排车站及时提供货物尺寸测量、装载加固方案制定等专业化服务,发运站落实首办负责制,为客户提供全程服务。各铁路局集团公司和中铁特货大件运输有限责任公司加强协作配合,主动对接客户、主动上门营销,把特大型电力设备、工程机械作为主攻方向,做大大件货物运输市场。

针对部分车站需求集中,产生了一些积压和保留列车,影响车辆周转和后续装车的情况,铁路加强卸车组织,积极消减积压,确保通道畅通。各铁路局集团公司主动与地方政府、相关企业沟通联系,掌握主要卸车站、卸车企业的卸车状况,根据卸车工作量及时调整卸车机具和劳力配备,及时解决货场出货、短搬、增加堆存场地等问题,消除影响卸车的制约因素。对产生积压的卸车站,铁路局集团公司重点组织、加强督导,同时主动担当,克服困难,及时接入到达本铁路局集团公司的重车,调整好运行组织,保证及时输送到位。

(资料来源:中国国家铁路集团有限公司官方网站)

请对上述案例进行讨论,说出国铁集团拓展大件货物运输市场的具体措施,调查一下铁路大件货物的种类有哪些。

素养贴士

铁路超限货物运输的管理对保障运输安全、维护基础设施完整及促进物流行业健康发展具有重要意义:

(1)保障运输安全。超限货物运输可能引发桥梁坍塌、车辆失控等风险。

(2)维护基础设施。铁路限界设计需兼顾车辆通行与货物装载需求。超限运输可能造成铁路线路变形、隧道净空不足等问题,长期超限运输会加速轨道结构老化,增加维护成本。

(3)促进物流规范化。通过制定相应法规,可明确轴载质量、外廓尺寸等标准,推动运输行业合法合规运营,减少因超限导致的公共安全事故和经济损失。

(4)提升应急响应能力。超限货物运输需建立应急预案,包括装载加固方案验证、救援设备配置等,以应对突发事故,保障救援效率并降低次生灾害风险。

项目八

机车调度指挥

项目背景

机车是铁路运输的牵引动力，机车运用与安全是铁路运输工作的重要组成部分。搞好机车运用与安全工程，更好地为铁路运输安全生产服务、为国家经济建设服务，是全体机车运用工作人员的光荣职责。

机车调度是调度的基本工作之一，是机车运用工作的具体执行环节，机车调度指挥水平直接关系到机车的合理供应及机车的经济使用，也是控制运输成本的重要环节。

本项目着重介绍机车运用基础知识、机车调度指挥技能等内容。

建议学时

4 学时。

项目导学

机车调度指挥方法

任务一　机车运用基础知识

学习目标

知识目标

1. 掌握内燃机车和电力机车的类型和特点；
2. 掌握机务段职能和机车整备及检修的基本要求；
3. 掌握机车交路、运转和乘务等机车运用知识。

能力目标

1. 合理运用内燃机车和电力机车；
2. 合理组织机车整备及检修；
3. 掌握机车周转图编制技能；
4. 合理执行机车乘务制度相关规定。

素质目标

1. 弘扬“铁牛号”精神，传承红色基因；
2. 弘扬“多拉快跑”的铁路机务系统企业文化；
3. 培育“爱岗敬业”精神，增强岗位自豪感。

任务描述

通过本任务学习，掌握不同牵引动力机车的工作原理、掌握机务段检修整备等职能设置、掌握机车运用等相关知识，为成为一名合格的机车乘务员（火车司机）、调度指挥人员丰富知识储备。

案例导入

拉林铁路首发车司机：“离回家的路更近了”

人民网那曲2021年6月28日电（记者袁泉、徐驭尧），拉林铁路首发动车停稳在林芝站的站台，从驾驶室刚一出来，迎接斯朗旺扎的是一条条洁白的哈达和一声声诚挚的祝福（图8-1）。

图8-1　迎接铁路工作人员一条条洁白的哈达（徐驭尧　摄）

“拉林铁路开通，离回家的路更近了。”斯朗旺扎的家在西藏昌都洛隆县马利镇布许沟，地处偏远，交通不便。虽然距离家乡还有一段距离，但能把拉林铁路首发动车开到林芝，让他感慨万千。

“离开家之前，没有亲眼见过真的火车，第一次看到火车还是在兰州上学的时候。”作为一名中国铁路青藏集团有限公司格尔木机务段的藏族火车司机,斯朗旺扎曾经对火车充满了陌生感。

和火车的不解之缘起始于2003年。那一年,斯朗旺扎考上兰州的一所铁路技校。“以前对火车的全部知识都是来自于书本和老师的讲授,刚到学校的时候还不知道自己的专业是开火车。当时听到很多关于青藏铁路即将开通的消息,对火车司机的职业未来非常向往。”

为了梦想中的青藏铁路,和班里15名藏族同学一起,斯朗旺扎开始了全新的学习。2013年8月1日,斯朗旺扎拿到了火车司机的“驾照”,也开启了人生的新旅程。“我第一次亲手开火车,是从哈尔盖到木里,全线100多公里,既兴奋,又喜悦。”

为了能成为拉林铁路首发车司机,斯朗旺扎早就开始默默努力。他认真钻研业务知识,反复模拟操纵试验,对于即将来临的拉林铁路乘务任务满怀信心。2020年11月,斯朗旺扎终于拿到了动车组列车驾驶证。

2021年,是他在青藏铁路工作的第14个年头。通过勤学苦练和细心钻研,斯朗旺扎取得了安全行车54万公里,安全总走行2090趟的好成绩。

“区别于内燃动力机车,动车组是电气化驱动,不仅速度快,而且融入了更多的科技元素,操作环节更加顺畅,驾驶体验更加舒适。”从拉萨到林芝3个半小时的驾驶任务,过桥梁,穿隧道,斯朗旺扎全神贯注(图8-2),顺利完成。

图8-2　动车驾驶舱内场景(徐驭尧　摄)

作为首位驾驶高原动车的藏族司机,斯朗旺扎告诉记者,能够把首趟列车安全平稳正点开到目的地,他感到非常的激动和荣幸。斯朗旺扎对未来也充满期待,他最大心愿就是开好每趟列车,确保安全运行,“让旅客顺顺利利出行,平平安安回家,也欢迎更多的旅客乘坐我值乘的列车来西藏旅游,饱览雪域高原壮美风光,感受民族团结的西藏!”

“我盼望着能够开着火车回到家乡,让亲人坐着我值乘的动车到更多的地方去旅游,让更多的藏族群众坐着我开的火车回他们的家乡,让他们感受高速铁路带来的生活便利。”斯朗旺扎说。

(资料来源:人民网—西藏频道　责任编辑:次仁罗布　吴雨仁)

引导提示: 由上述案例得知,藏族兄弟拿到“火车驾照”那一刻的喜悦心情无以言表,体现了他对这个岗位的喜爱,以及成为火车司机的自豪感。案例中出现“通过勤学苦练和细心钻研”等内容,要想成为一名好的铁路司机,要求我们努力去学习机务相关知识,要成为一名好的铁路机车调度员,更要加倍努力。

知识探索

一、机车分类

按照牵引动力不同,机车可分为蒸汽机车、内燃机车、电力机车。蒸汽机车因其热效率低，运行不平稳，污染大，操纵要求高，值乘环境差，现已淘汰，本教材就不过多介绍了。

1. 内燃机车

内燃机车是以内燃机作为动力来源，通过传动装置驱动车轮的机车，是我国铁路牵引动力的重要组成部分之一。内燃机车按传动方式的不同可分为电力传动内燃机车、液力传动内燃机车、机械传动内燃机车，其中以电力传动内燃机车应用最多。

电力传动内燃机车是通过内燃机运转带动发电机，发电机产生的电能输送至电动机，将电能转化为机械能，最终将动力传递车轮的机车。

液力传动内燃机车源动力仍是柴油机。在柴油机和机车动轮之间，装有一套液力传动装置，利用工作油改变柴油机的外特性，以适合列车运行的要求。液力传动内燃机车与电力传动内燃机车相比，除传动装置不同外，其余部分都是相似的。

机械传动内燃机车是通过齿轮转轴连杆等装置将内燃机的动力传输到车轮的机车，是最原始的传动方式，要求原动机跟从动机不能太远，因其技术上的局限性，现已很少采用。

2. 电力机车

电力机车是靠其顶部的受电弓从接触网上取得的电能转换成机械能使机车运行的。电力机车按照传动方式不同分为直流传动电力机车和交流传动电力机车。直流传动电力机车根据供电电流的不同，又分为直流供电和交流供电。

直-直电力传动电力机车可直接从接触网上取得直流电给机车牵引电机使用。一般牵引变电所内设有整流装置，它将三相交流电变成直流电后，再送到接触网上，简化了机车上的设备，缺点是接触网的电压低，一般为 1500V 或 3000V，输电距离有限，机车功率小，接触导线要求很粗，要消耗大量的有色金属，加大了建设投资。

交-直电力传动电力机车从接触网上取得单相工频交流电，经牵引变压器降压，再经过变流装置将交流电变为直流电，供给直流牵引电机牵引列车。

交-直-交电力传动电力机车从接触网取得单相交流电，经过整流变为直流电，再由逆变器变为三相交流电，供给三相异步电动机来牵引机车。

二、机务段

1. 机务段类型

机务段按照其担当的运输生产任务、机车检修任务及设备规模，可分为机务本段、机务折返段及机务折返点三种。机务设置的基本原则是最大限度地满足牵引列车的需要，并充分发挥各项设备能力和机车运用效率；两段间距离的长短，应考虑机车乘务员的连续工作时间，并结合编组站、区段站的位置尽可能长距离地设置。

(1)机务本段。

机车本段是设在铁路沿线，负责机车检修和运用工作的基层生产单位，一般设在编组站或区段站上。机务段按所担当的任务可分为货运机务段、客运机务段和综合机务段，图 8-3a)哈尔滨机务段为货运机务段，图 8-3b)三棵树机务段为货运机务段；按配属机型可分为内燃机车机务段、电力机车机务段和混合机务段。

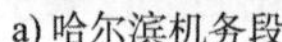
a) 哈尔滨机务段

b) 三棵树机务段

图 8-3　机务本段

(2)机务折返段。

机务折返段是设在机车交路折返点上,是机务段的行车派出机构,其组织成员和业务工作均属机务段领导,级别与车间相同。一般没有配属机车,只供折返机车进行整备作业和乘务人员出退勤和待乘休息之用。因此,在机务折返段上,只设机车整备设备,而不设检修设备。

在特殊情况下,机务折返段也支配少量的机车,担任较少工作量的机车交路、小运转和调车业务,并设置部分临修设备。

(3)机务折返点。

机务折返点又称机务整备所,它是为担当补机、调机、小运转机车等的部分整备作业而设置的,机车在折返点为等待工作仅作较短时间停留。在折返点不设公寓,仅有相应的管理机构及少量的管理人员。

2. 机务段任务

目前,我国机车的管理采用国铁集团、铁路局集团公司、机务段三级管理模式,机车运用的主要原则是“统一指挥、分级管理”,以充分发挥各级机车运用管理组织的职能作用。

机务段的任务是认真贯彻上级的命令指示,执行列车运行图、机车周转图;在机车运用方面,负责计划和组织本段机车和乘务组完成邻接区段的列车牵引任务和车站调车任务,并对日常运用机车进行整备和日常保养;在机车检修方面进行段修范围内的机车定期检修和日常维修工作,按计划供应质量良好的机车,确保运用机车的状态良好。

3. 机务段生产机构及职能

机务段设有管理部门和生产车间。生产车间是其核心业务部门,一般包括运用车间、检修车间、整备车间、设备车间和机务折返段等。

三、机车运用

1. 机车交路

铁路机车牵引列车是按区段接续进行的,机车固定担当运输任务的周转区段称为机车交路,也称为牵引区段。

机车交路按用途分为客运机车交路和货运机车交路;按区段距离分为一般机车交路和

长交路。客运机车交路区段距离在800km以上、货运机车交路区段距离在500km以上的为长交路。目前我国铁路机车的运用主要有肩回运转制和循环运转制两种。

(1)肩回运转制。

机车从机务段出发,从机务段所在站牵引列车,担当与机务段相邻区段的列车牵引任务,到折返站所在站,进入折返段进行整备及检查,然后牵引列车返回机务段所在站,再进入机务段进行整备及检查,列车每次返回机务段所在站都需要入段一次的运用方式称为肩回运转制,如图8-4a)所示。采用肩回运转制时,机车要在段内进行整备,在车站不需另设整备设备。

(2)循环运转制。

机车从机务段出发,机车担当与机务段相邻区段的列车牵引任务,在一个牵引区段往返牵引列车后回到机务段所在站,机车不入段,只在到发线上进行整备作业,然后仍继续牵引同一车列或换挂另一编组完成的车列,运行到另一牵引区段的折返段所在站,再牵引列车返回,除因检修需要入段外,其余每次返回机务段所在站时,只在车站上进行整备作业的,这种运用方式称为循环运转制,如图8-4b)所示。如此,机车在两个区段上牵引列车循环运转,平时不入机务段,直到定期检修到期时才入段检修。

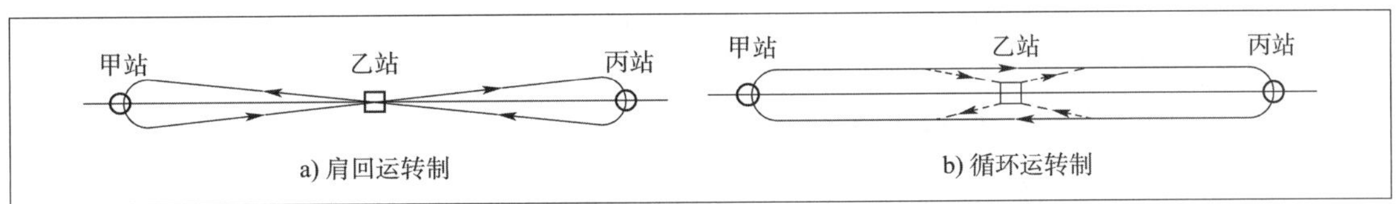

图8-4 机车运转制示意图

2. 机车周转图

(1)机车周转图的基本概念。

编制机车周转图是机车调度员最基本的工作任务。

机车周转图与列车运行图一样,是运用坐标原理表示运行机车的一种图解形式。在以24h为时间周期的图表上,依据各项技术作业时间和标准,将两个机务段(折返段)所在地之间的列车始发到达时间,用直线或折线连接起来,形成机车运行交路线,如图8-5所示。

(2)编制日计划机车周转图的要求。

机车调度编制机车工作计划要保证运输任务的需要,按列车工作计划供应质量良好的机车,并合理地安排机车的各项检修计划。根据列车工作计划和规定技术作业时间、乘务员劳动时间进行编制。不准编制反交路、消除对放单机,减少单机走行。

(3)日计划机车周转图的编制。

编制计划前,机车调度应在14:00前向管辖内机务段收取机车检修,备用、租用机车情况,管辖区段回送机车情况,机务段机车、机车乘务员分布动态情况。

14:30前,机车调度与计划调度员核对管辖区段内次日列车开行计划,核实管辖区段内的在途机车运行所在位置,确定18:00时非在途机车停留位置(本段、外段、折返车间)、台数、顺序。剔除承担其他任务以及定修、临修机车后,依照运行图规定的技术作业标准,对照列车开行计划从各列车始发站(本段、外段、折返车间所在站以及中间站),按照先过表机车后在途机车顺序,对应勾画机车交路。遇机车交路衔接不上时,要及时合理勾画接运单机,避免接运单机出现到达后长时间等待或接运不及时导致列车晚点。勾画机车交路时,同步根据机车检修需求,进行检修机车状态转换,及时转入转出检修机车。并根据列车开行的对数,确定机车使用台数,力求用最少的机车满足列车开行的需要。

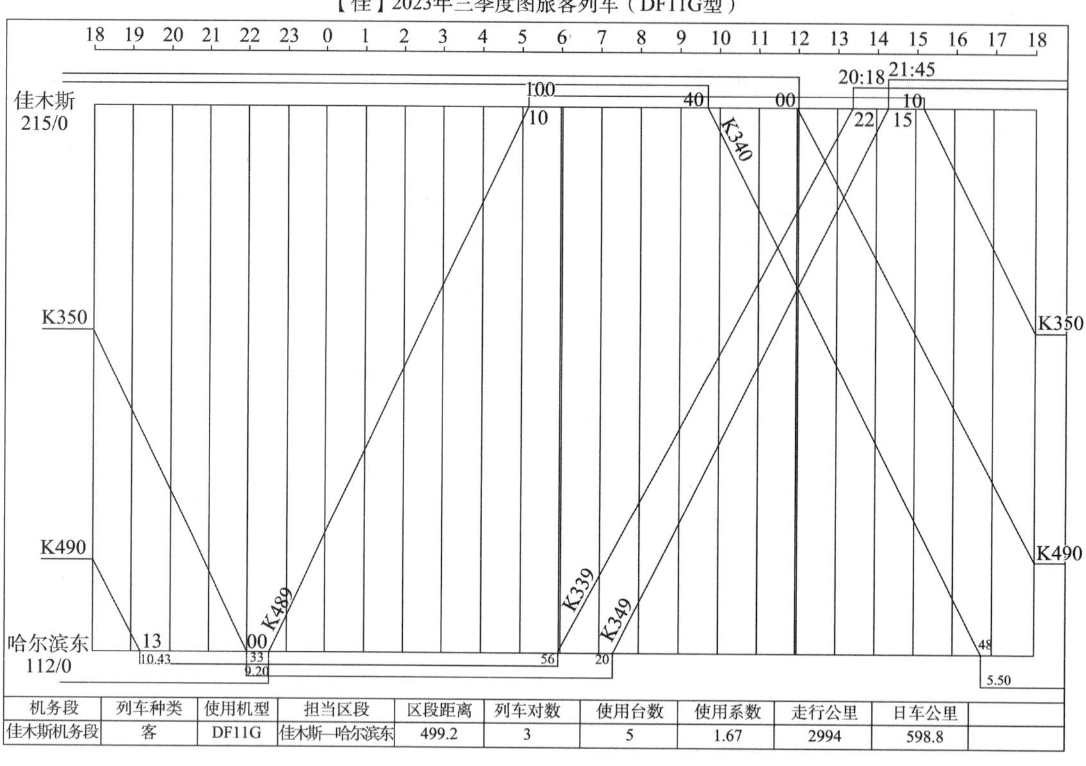

机务段	列车种类	使用机型	担当区段	区段距离	列车对数	使用台数	使用系数	走行公里	日车公里	
佳木斯机务段	客	DF11G	佳木斯—哈尔滨东	499.2	3	5	1.67	2994	598.8	

图 8-5　机车周转图(局部)

3. 机车乘务制度和乘务方式

(1)我国现行的机车乘务制度分为包乘制和轮乘制。

①包乘制。采用包乘制时,将一台机车配备给二至三个固定的乘务班组值乘,由他们负责对机车包管包用。由于包乘制乘务组和机车相对固定,机车乘务员对自己驾驶的机车非常熟悉,有利于提高乘务员的责任心和增强机车保养工作。但是,机车运用和乘务员的组织工作比较复杂,经常会出现车等人或人等车的现象,常会因为安排不当或运行秩序被打乱而影响机车的运用效率,劳动生产效率较低,机车运用率也较低。

②轮乘制。采用轮乘制时,机车乘务组值乘的机车是不固定的,各乘务组轮流上车值乘,按一定的顺序轮流值乘不同的机车,这样可以有效地使用机车和合理安排乘务组作息时间,以较少的机车乘务组完成更多的牵引任务。当然,对乘务员的驾驶技术要求更高,对机车质量和保养要求更严。

机车长交路和轮乘制既可提高旅行速度和加快机车周转,又可节省机车和乘务人员,提高劳动生产率,便于组织运输生产,已成为铁路机车运用的发展趋势。

(2)机车乘务员换班方式。

机车乘务组如何出乘换班、担当机车作业的方式,称为机车乘务员换班方式,即乘务方式。按照机车交路的长短和乘务组连续工作的时间要求,机车乘务员换班方式主要有三种。

①立即折返制。采用这种换班方式时,包乘组中一班出乘,到达折返段后不换班,立即原班原机返回。这种换班方式主要用于一般机车交路,需要增加沿线机务段设备和机务段数量,而机车运用效率是由采用何种机车运转制所决定的,对于机务段组织管理和乘务员下班后能回家休息是有利的。

②外段驻班。采用这种换班方式时,到达折返段后换班退勤,机车交由驻在折返段的另一班乘务组接乘返回。这种换班方式具有长交路的某些优点,一般多采用此种换班方式,但乘务员要经常在外段驻班休息,应加强驻班点的组织管理和乘务员生活休息条件的改善。

③随乘换班。采用这种换班方式时,包乘组设为四班,每两班为一组,一组的两班同时出乘,另一组的两班在驻地休息。出乘的两班中一班工作,另一班在随挂的宿营车上休息,到达某途中站或折返点后,自行换班随乘返回。这种换班方式一般只在新线修建期间及特殊情况下采用。

任务实施与评价

请完成本任务的任务实施与评价,见教材数字资源中的电子实训工单。

任务二　机车调度指挥技能

学习目标

知识目标

1. 了解机车调度员的基本要求;
2. 掌握机车调度指挥工作内容;
3. 了解机车调度分析工作的内容。

能力目标

1. 能够正确运用机车调度员须知的有关规章;
2. 掌握机车调度指挥技能;
3. 掌握机车调度分析技能。

素质目标

1. 树立“火车跑得快,全靠车头带”的岗位争先意识;
2. 树立“责任重于泰山”的岗位担当意识;
3. 弘扬“不怕困难,吃苦耐劳”的中华民族传统美德;
4. 树立“科学统筹,追求卓越”的产品质量意识。

任务描述

通过激烈的竞聘考试,你现在成为一名机车调度员,如何在工作中正确进行机车调度指挥?要想按岗位要求提高自己的技术业务素质,需从以下几方面来进行:了解机车乘务员的基本要求;掌握机车调度指挥工作内容;掌握机车周转图内容并学会编制它;熟悉机车调度分析工作。

案例导入

“智慧型”编组站助攻货运上量

(发布时间:2022-04-03)

2022年3月30日,位于襄阳北郊的襄阳北站十里编组场,137条股道一字排列,站场上,机车穿梭,将一条条“铁龙”分解重组,场面蔚为壮观。

襄阳北站位于襄渝、汉丹、焦柳、浩吉4条铁路干线的交会处,是北煤南运、进出川渝货物运输通道上的“咽喉”,每天有60余万吨包括煤炭、化肥、粮食等大宗货物的各类物资在车站中转外运,日均办理车超过2.5万辆。

面对繁忙的货运业务,该站以打造“智慧型”编组站为着力点,通过打造“天网工程”、实施机车“精确叫班”、研发信息交互系统等技术手段,全力建设安全高效畅通的编组站,积极保障大宗货物运输,助力打赢货运增量攻坚战。

编组站是车流集散和列车解编的基地,保证作业安全是前提。针对编组站参与作业机车多、人员多、工序复杂等情况,襄阳北站通过补强全站音视频监控网,积极打造“天网工程”。

近年来,该站先后建成音视频管理系统和安全信息管理、施工管理等信息平台,在全站范围内设置监控电脑28台、监控摄像头282个,配备作业记录仪427台、数据采集站13个,将过去无法触及的管理盲区纳入监管视线内,全覆盖监控站内各作业岗点,实现了关键区域、作业流程、工作状态的可视化,密织作业信息“天网”,为及时准确处置各类作业信息和强化行车组织提供保障,补强安全短板。

该站还将行车、货运等视频监控、视频会议、调度命令发布管理、运输生产组织和统计分析、施工及“天窗”修等系统进行整合,初步完成全站数据中心、资源中心、应用中心向车站安全生产指挥中心的过渡和集中,具备了中国铁路武汉局集团有限公司、车站、车间(站)三级网络化管理能力,有效保障货物运输安全。

“三场7道开行45201次,开车时间17时50分,请做好机车作业准备。”3月29日16时50分,襄阳北站总调度员刘桂成与机车调度员进行沟通联系,通过精确叫班,提前做好机车调度准备。

机车运用情况直接关系编组站运输组织效率。此前,该站经常出现机车等车流、车流等机车、组流等线的现象,造成机车周转时间增加、出段机车拥堵等问题,严重影响机车运用和车站运输效率。为此,该站率先在全路提出并实施机车“精确叫班”模式。

该站还将机务段的机车管理子系统与车站实时运行图、接发列车安全控制及股道现车查询系统等信息,通过计算机网络把各生产作业流程联系起来,让调度员能第一时间清晰地了解到各作业环节状态,然后由车站总调度员与机务段调度员联系叫班,让调度指挥更加精确。“精确叫班”模式实现了机车乘务员、机车、车流、运行图“四位一体”的无缝衔接,让车站货物运输变得更加快捷高效。

"一场9道到达26024次,请重点检查车辆。"3月29日17时7分,随着技术作业信息交互系统提示音响起,该站货检员罗林茂迅速对到达列车装载加固情况进行检查。

畅通信息渠道能够打通运输梗阻,实现结合部有效联动。该站研发出技术作业信息交互系统,在调度、行车、调车、车号、货检等全站近30个作业岗点,配备用于信息采集、存储、查询的电脑设备,作业人员身处任何作业岗点,均可实时掌握全站各场股道占用、机车走行等情况,清楚了解各工种作业计划及进度。

在此基础上,该站还通过改进升级车号识别、阶段计划辅助编制、自动调车等模块,实时关注动态信息和作业进度,使系统进一步贴近现场作业实际;通过完善车流推算和调度计划自动调整功能,对车流径路、编组计划和驼峰工作量进行优化,结合自动采集的机车出入库信息,实现现场车流、股道、机车快速匹配,加速车流周转,确保货物运输更畅通。

(资料来源:中国国家铁路集团有限公司官方网站)

引导提示:由上述案例得知,机车在铁路运输中发挥着重要作用,作为铁路机务人及机车调度工作人员,要发挥好"火车头"的带头作用。案例中出现"机车运用情况直接关系编组站运输组织效率"等内容,提高运输组织效率是机车调度指挥工作的内容及目标之一。

知识探索

一、机车调度员的基本要求

1.机车调度员的基本条件

机车调度员是日常机车运用的管理者和指挥者。铁路局集团公司机车调度员应从思想作风好、业务能力强的优秀司机中选拔,或由现职机务段调度员中逐级选拔,须有机务相关专业中专及以上文化程度。新任用的机车调度员必须经过机车调度专业知识的培训,培训期满进行考试和考核,合格后方准持证上岗。

2.机车调度员具备的基本知识

机车调度员需掌握机务和运输相关专业知识,掌握与行车组织有关的各项规章,如《技规》、《铁路行车组织规则》(简称《行规》)、《铁路运输调度规则》(简称《调规》)、《铁路机车运用管理规则》(铁总运〔2015〕314号)、《铁路机车统计规则》(铁发改〔2020〕203号)等。熟悉管辖区段的各项行车设备和线路状况,熟知列车运行图,按照列车开行计划,熟练勾画机车周转图。

二、机车调度指挥工作

1.机车调度员的工作职责、工作任务

(1)负责编制日(班)计划机车周转图。

(2)负责管辖区段的机车运用组织和机车调整指挥工作,及时掌握机车在途中运行情况,认真组织机务段和其他有关人员实现日(班)计划机车周转图。

(3)详细了解机车动态,掌握机车分布情况。及时与列车计划调度员、列车调度员联系,掌握车流情况和列车运行情况。

(4)根据实际机车周转图,掌握机车在自、外段的折返时间,对因列车晚点造成机车供应不足时,应提前进行调整,并组织机务段按要求落实。

(5)随时掌握机车运用状态,对机务段提出的临时故障机车,安排适当交路,并要求机务段组织抢修。

(6)掌握各段机车乘务员的乘务方式,严格控制乘务员的劳动时间,及时与列车调度员联系,对可能超劳的机车组织快速放行。

(7)加速机车周转,加强机车在自、外段库内整备的组织工作,要求机务段保证机车按正点出库。

(8)根据机务段提供的机车运用、检修计划,安排机车小辅修,掌握各种修程的机车转入、转出时间并及时安排回送的大、中修机车交路。

2. 机车调度员的工作程序

(1)提前20min到岗,了解安全及运行情况,了解有关命令、文件、电报及领导指示。

(2)接班后详细了解机车动态,掌握机车分布情况、清楚救援列车动态。

(3)了解日(班)计划、及时与列车计划调度员、列车调度员联系,与邻铁路局集团公司机车调度员核对机车日(班)计划,掌握车流情况和列车运行情况,发现问题及时提出解决办法。准确及时向有关机务段调度室下达机车工作计划。

(4)收报机车工作种别变动,填写“机车运用概况表”。

(5)临时变更机车交路时,要提前2h50min以上通知到机务段。

(6)分阶段及时绘制实际机车周转图;根据实际机车周转图,掌握机车在自、外段的折返时间,对因列车晚点造成机车供应不足时,应提前进行调整,并组织机务段按要求落实。

(7)随时掌握列车运行情况,对列车晚点原因进行分析。

(8)掌握机车乘务员的乘务方式和劳动时间,掌握调、小、补机车的换班时间、地点。

(9)按机车运用、检修计划,合理安排机车加入小、辅修时间。掌握临修机车修理进度和预报不良机车的修程。收报各种检修机车的加入和修竣时间。

(10)按检修计划对大、中修机车及时安排交路。组织出入大、中修的机车按进度回送。

(11)对机车运用中发生的事故、信息及时了解、通报、上报。对需要机车救援的事故,及时安排救援机车。

(12)根据列车日(班)工作计划,正确编制日(班)计划机车周转图;要经济合理地使用机车,根据列车工作计划最大限度地节约机车,提高机车运用效率。

(13)编制日计划机车周转图后,要查定列车开行对数、机车使用台数和使用系数;并计算货运机车走行公里、全周转时间、日车公里;保证完成机车运用指标。

(14)掌握备用机车情况,根据列车开行情况,对短期备用机车的加入与解除及时下达命令。对长期备用机车的加入与解除,要上报机务部批准后下达命令。

(15)工作中对安全情况、运行秩序、机车运用、各种修程机车、机车指标完成情况做到心中有数,统计准确。

(16)对重点运输任务军、专、特、超限列车开行时,要根据任务要求,重点布置机车检查,安排机务段派胜任人员添乘,保证安全正点。

三、机车调度指挥要求

机车调度是机车运用的组织指挥者，不仅要依据列车工作计划，编制可行的高质量机车工作计划，在执行计划中，要充分发挥工作职能，与同行车相关调度员、机务段机车调度员、车站有关行车人员密切联系，随时了解列车编组、始发和运行情况，掌握管辖区段内的机车运用状态和机车质量，依据车流变化、列车运行、各项设备状况、施工进度等情况及时调整机车交路，保障机车供应，满足运输需要，提高列车始发、运行正点率。随时掌握救援列车状态，积极参与到各项事故救援中。

四、机车调度分析工作

机车运用分析工作就是通过对机车运用指标的分析研究，找出影响指标变化的原因和规律，以指导实际工作，提高机车运用效率。

1. 机车调度分析的工作程序

(1)对机车运用进行日常、定期分析(月、季、年)和专题分析，机车运用的日常分析内容如下：

①日计划机车周转图兑现率。

②列车各阶段开行情况，关键区段开车情况。

③机车供应情况，超、欠供应原因。

④安全、机破、临修情况。

⑤列车正点情况，机务责任晚点原因。

⑥机车运用效率、指标完成情况。

⑦列车运行、等线、保留情况。

⑧机车乘务员超劳情况。

⑨机车检修计划兑现及回段情况，未按时扣车、交车的机车型号及原因。

⑩货物列车超、欠轴及列车机外停车情况。

⑪各区段阶段开车情况及单机和单机对开原因；关键区段机车折返时间。

(2)检查核对机车调度各台的报表记录，摘取计算表报数据准确，表报完整并进行记载登记(表 8-1)。

(3)按时收取各机务段上报的“机车运用及检修状况报表”(简称“机报 1”)“机车工作成绩及燃料消耗报表”(简称机报 2)；对机车运用指标完成情况进行详细分析；原因清楚、记录准确。掌握机车运用指标的完成情况。

(4)分析工作要做到信息及时、准确。并根据机车运用情况和指标完成情况向领导提出改进工作建议。

(5)系统地积累各项资料，总结经验，抓准问题实质，做到有关机车运用的各项原始资料完整无误。

(6)对机车调度日常图表进行检查，统计数据要准确、记载要完整。发现问题及时汇报领导并通报处理。

(7)定期向各机务段收集与分析内容相关的数据及资料，将收集的相关数据及资料汇总后，按时写出分析总结提供给有关部门及领导。

表 8-1

机车运用检修状况报表

表　　号:机报 1
制表单位:中国国家铁路集团有限公司
批准机关:国家统计局
批准文号:铁总计统(20××)号
统一编号:0400

铁路局集团公司　　机务段

项目	配属机车	非支配机车					支配机车	运用机车									非运用机车												CRH动车组
		出租	封存	助勤		长期备用(段)											长期备用局	短期备用	其他	检修机车									
				出	入(支配)															合计	C6修或大修	C5修或轻大修	C4修或中修	C3修	C2修或小修	C1修或辅修	临修	其他检修	
甲	1	2	3	4	5	6	7	8	9	10	11	12	13	14	15	16	17	18	19	20	21	22	23	24	25	26	27	28	29
机车台日																													
其中:非配属支配																													

2. 机车运用指标

机车调度是机车运用工作的重要组成部分。既有别于纯管理部门，又具有一定的权威性。为了更好地运用机车，提高机车运用效率，必须清楚各项机车运用指标及其相互间的关系。机车各项运用指标准确、及时地反映机车运用效率和完成工作量的情况。根据机车运用指标的变化，及时采取有效的措施，有助于提高机车运用效率，减少机车使用台数，降低机车支出成本。

机车主要运用指标有：机车全周转时间（图 8-6）、平均全周转时间、机车使用系数和使用台数、机车日产量、机车日车公里、单机率。

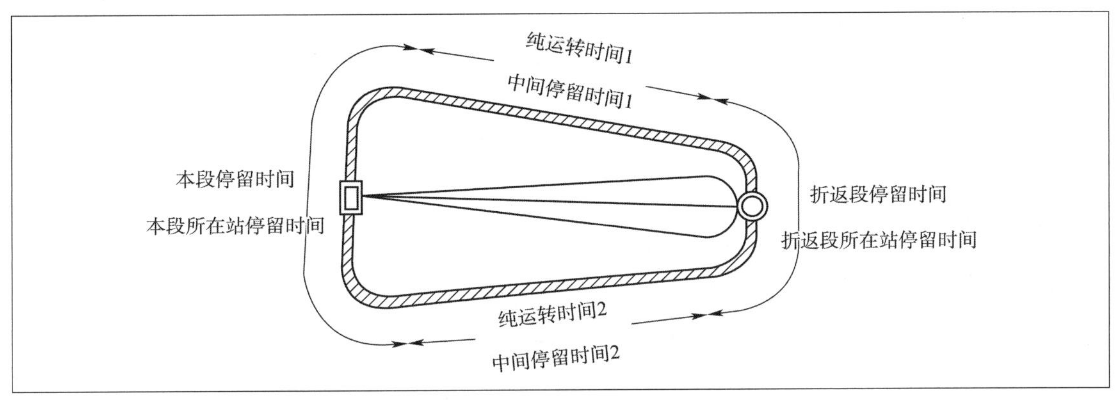

图 8-6　机车全周转时间示意图

下面就重要指标展开介绍：

（1）机车全周转时间：为机车每周转一次所消耗的时间（非运用时间除外）。包括纯运转时间、中间停留时间、本段所在站停留时间等。

（2）平均全周转时间：为机车每周转一次平均消耗的时间。

（3）机车日车公里：为平均每台运用机车在一昼夜内走行的公里。

（4）机车日产量：为平均每台机车在一昼夜内生产的总重吨公里。机车日产量是机车运用的综合性效率指标。日产量的高低直接体现机车运用工作质量。

提高机车日产量的方法：需提高列车编组质量、提高列车平均牵引总重，减少机车运用台数，压缩机车全周转时间，压缩机车辅助作业时间（在段、站，中间停留时间），减少单机走行。

任务实施与评价

请完成本任务的任务实施与评价，见教材数字资源中的电子实训工单。

拓 展 提 升

一、知识巩固

（1）机车调度员的基本要求有哪些？

(2)机车调度员的工作职责、工作任务有哪些?

(3)简述机车调度员的工作程序。

(4)简述机车调度分析的工作程序。

(5)机车运用指标有哪些?

二、技能训练

图8-7为A—F区段货物列车运行图,已知机车在A、F站所需折返作业时间为65min,请根据此图勾画机车周转图。

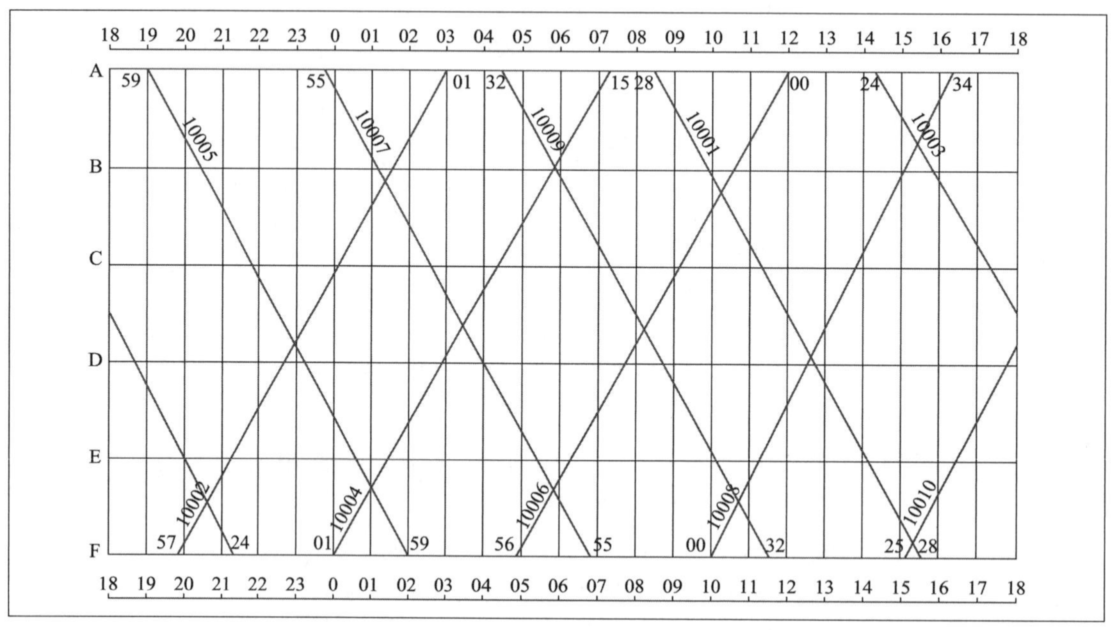

图8-7 A—F区段货物列车运行图

请完成下述任务:

(1)为完成牵引任务,确定在A—F间所需最少机车台数;

(2)对运行线进行合理优化,以减少所用的机车台数。

三、素养培育

开辟绿色通道 解燃"煤"之急

日前,又一趟满载煤炭的专列稳稳停靠在武汉北编组场。暑运以来,针对湖北地区持续高温、电煤需求旺盛的实际,中国铁路武汉局集团有限公司积极优化运输组织,开辟电煤绿色通道,解燃"煤"之急。

为加大管内电煤运输力度,武汉铁路局集团公司精心调整机车交路,强化机车调度指挥,确保电煤及时运输到位。为保证每趟煤运专列正点开出,江岸机务段加强与行车调度台的联系,动态调整机车运用指标,加快机车周转速度,增加线上煤运列车对数。同时,该段建立运输生产激励机制,实行乘务员动态上报制度,合理组织调配机车、人员,妥善安排运力,进一步挖掘乘务员和机车的潜能；对部分区段运用机车惯性故障进行重点攻关，不让机车“带病”上线，做到“多供车、供好车”，确保电煤运输一路畅通。为避免电煤专列出现中途“梗阻”，他们抽调32名行车经验丰富的指导司机组成抢运电煤预备队，每天24h轮流值班，对突发问题进行现场分析、解决，确保电煤运输顺畅高效。

（资料来源：《人民铁道》报　人民交通网　2021-08-12）

请对上述案例进行讨论，说出机车调度指挥的重要性，并说出本案例中体现机车调度指挥的内容有哪些。

素养贴士

供电对铁路运输的核心意义：聚焦动力、安全、经济三大核心。

(1)动力供给的生命线。电力是铁路运输的“血液”，为列车牵引、信号系统、车站运营提供基础能源，电力中断将导致全线瘫痪。

(2)安全运行的守护者。供电系统通过智能监控保障电压稳定，防止接触网覆冰等风险。精确的电力控制支撑信号机、道岔和列车自动防护系统运作，采用双回路供电，确保全年不间断运行。

(3)经济效率的倍增器。电力牵引较内燃机车节能，通过再生制动技术可回收电能，减少碳排放。

项目背景

供电调度是电气化铁路运输指挥的重要组成部分，各级供电调度是牵引供电设备运行、检修和事故抢修的指挥中心，也是电气化铁路安全供电的信息中心。

供电调度员是供电运行的指挥者，其主要任务是正确指挥牵引供电系统的运行；统一安排设备的停电检修；协调有关部门和相关工种努力提高“天窗”时间兑现率和利用率；正确、果断地指挥故障处理，最大限度地缩小故障范围，降低事故损失，迅速恢复供电和行车；进行供电设备故障分析，提供准确的分析报告。各级供电调度员必须具备供电专业知识，熟悉管辖范围内供电设备的状况，严肃认真，实事求是，不断提高指挥水平。

本项目着重介绍电气化铁路牵引供电系统、供电调度在铁路运营中的重要意义、供电调度施工作业流程及故障抢修指挥、接触网跳闸应急处置及抢修指挥等内容。

建议学时

8 学时。

项目导学

供电调度指挥方法1

供电调度指挥方法2

任务一　电气化铁路牵引供电系统

学习目标

知识目标

1. 了解铁路供电系统基础知识；
2. 掌握牵引供电系统内容；
3. 掌握高速铁路供电安全检测监测系统内容。

能力目标

1. 熟知铁路供电系统与电力系统关系图，工作中能够正确运用；
2. 熟知铁路牵引供电系统结构，工作中能够正确运用；
3. 熟知高速铁路供电安全检测监测系统，工作中能够正确运用。

素质目标

1. 深刻认识供电在铁路运输中的基础地位和重要性；
2. 树立学好基础知识、习得岗位技能的勤学苦练思想；
3. 激发爱国情怀和责任担当，并自觉投身到实现中国梦的实践中。

任务描述

作为一名供电调度人员，在工作中应能够熟练地掌握自己所管设备的组成、结构、特点。熟悉铁路供电系统与电力系统关系图，认识此关系图的构成及工作原理。熟悉铁路牵引供电系统关系图，认识此关系图的构成及工作原理。

案例导入

湖杭铁路首个新建牵引变电所送电成功

“湖杭铁路德清北牵引变电所已准备就绪，具备启动受电条件，现场工作人员准备启动受电。”2022 年 4 月 11 日下午，湖杭铁路相关负责人宣布，该线路德清北牵引变电所一次性送电成功（图 9-1、图 9-2）。

据悉，这是湖杭铁路首个实现送电的新建牵引变电所，接下来，该铁路全线其他 2 个新建牵引变电所也将陆续启动送电，为即将开展的“联调联试”工作奠定坚实基础。

“我们从国家电网接入 220kV 的线路，然后在变电所通过变压器，向铁路沿线接触网输送 27.5kV 的电源，机车运行到此区间会自动取电以获取牵引动力。”浙江交通集团湖杭铁路建设指挥部四电负责人杨国平介绍，铁路牵引供电系统旨在为电力机车提供电源动力，是确保列车安全、可靠、稳定运行的关键，一个变电所牵引供电的保障范围在 40 公里左右，湖杭铁路全线共有 4 个牵引变电所。

此外，为确保顺利送电，湖杭铁路建设指挥部联合其他企业，通过细化分工，认真排查送电前各项工作准备情况,保证了受电启动一次成功。

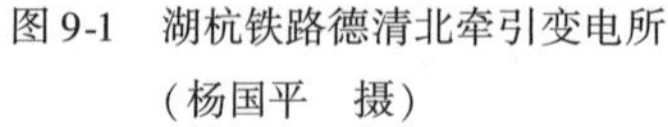

图 9-1　湖杭铁路德清北牵引变电所
（杨国平　摄）

图 9-2　湖杭铁路德清北牵引变电所一次性送电成功
（杨国平　摄）

湖杭铁路相关负责人介绍,后续,该线路沿线的各牵引变电所将陆续向接触网送电,有序推进热滑试验及动态检测工作。

（资料来源:人民网—浙江频道）

引导提示:从上述案例得知,铁路牵引供电系统旨在为电力机车提供电源动力,是确保列车安全、可靠、稳定运行的关键,作为铁路供电人,要增强责任感。以上案例中提到了哪些铁路供电设备?其相关参数标准是什么?

知识探索

一、铁路供电系统简介

电力系统通过发电厂将一次能源转换成电能,再通过升压、输电、降压、配电后供给各级用户。铁路供电系统处于电力系统末端,并直接面对用户部分,铁路供电主要为铁路运输生产服务。

铁路供电系统分为牵引供电系统和电力供电系统。铁路供电系统与电力系统的关系,如图 9-3 所示。

铁路运输的牵引动力主要有蒸汽牵引、内燃牵引和电力牵引三种形式。设有牵引变电所、接触网并以电力作为牵引动力的铁路称为电气化铁路,其由牵引变电所、接触网和电力机车三大部分组成。

我国第一条电气化铁路——宝成铁路 1958 年开始电气化改造,1961 年 8 月宝鸡—凤州段 91km 建成通车,采用了较先进的单相工频交流供电方式。

二、电气化铁路的优越性

电气化铁路的优越性,主要表现在以下几个方面:

(1)能多拉快跑,提高运输能力。电力机车功率大、速度快,因而能多拉快跑,提高牵引吨数,缩短在区间运行时间,大幅度提高运输能力。

(2)能综合利用资源,节能降耗。电力机车所用电能可以来自多方面,因而具有广泛利用一切天然能源的可能性。即使在纯火力发电的情况下,电力机车总效率也可达25%左右,为蒸汽机车的4倍多。

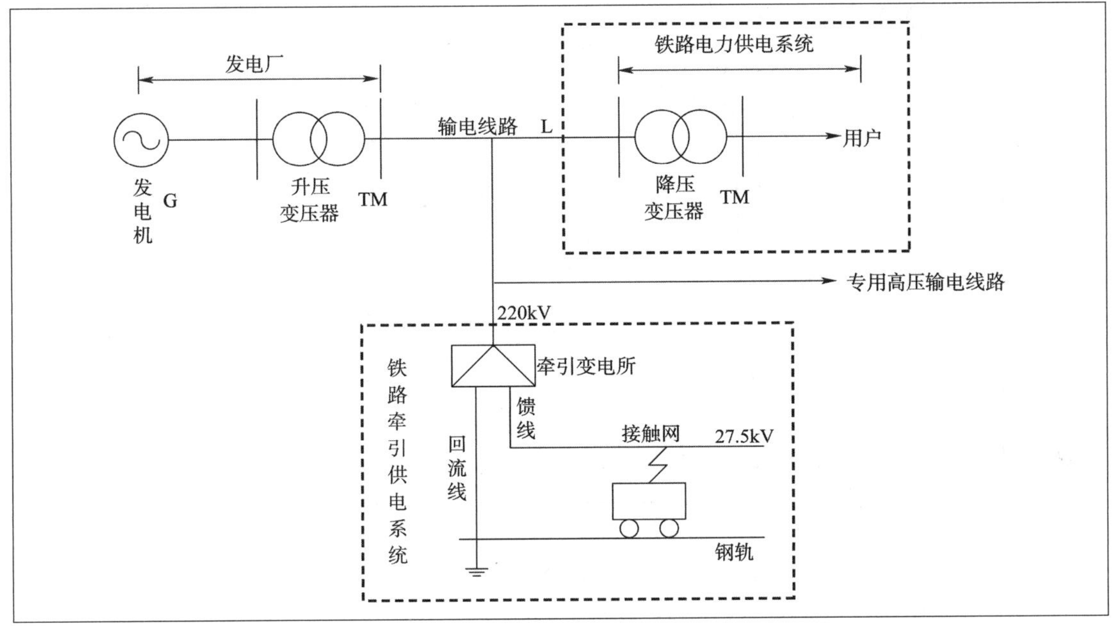

图9-3　铁路供电系统与电力系统关系图

(3)能降低运输成本,提高劳动生产率。电力机车构造简单,牵引电机和电气设备工作稳定可靠,因而机车检修周期长,维修量少,可以减少维修费用和维修人员。电力机车不需要添煤、加水和加油,整备作业少,宜长交路行驶,因而可以少设机务段,乘务人员和运用机车台数相应减少。这样就降低了运输成本,提高了劳动生产率。

(4)能改善劳动条件,环保不污染。电力机车没有煤烟,使机车乘务员不受有害气体侵害,同时也对沿线的环境不产生污染。

三、牵引供电系统(图9-4)

牵引供电系统是将电能从电力系统传送给电力机车的电力装置的总称,包括牵引变电所、接触网、远动系统等。电能经高压输电线进入牵引变电所,通过牵引变压器转换后由馈线供电给接触网,电力机车通过受电弓由接触网上接收电能并经电力机车用电设备、接地装置、回流线返回牵引变电所,形成一个完整的电能回路。

供电调度通过远动系统远程控制牵引变电所、接触网上的开关设备实现施工停送电,故障时实现切除故障区段,恢复无故障区段供电。

1.牵引供电方式

牵引网供电方式主要有直接供电、吸流变压器(BT)供电、带回流线的直接供电和自耦变压器(AT)供电四种方式。

(1)直接供电方式。如图9-5所示,牵引电流通过电力机车后直接从钢轨或大地返回牵引变电所。优点是结构简单、牵引网阻抗小、电压质量好、能耗小、投资最少,维护费用低。

但在负荷电流较大的情况下,钢轨电位高,对弱电系统的电磁干扰较大。

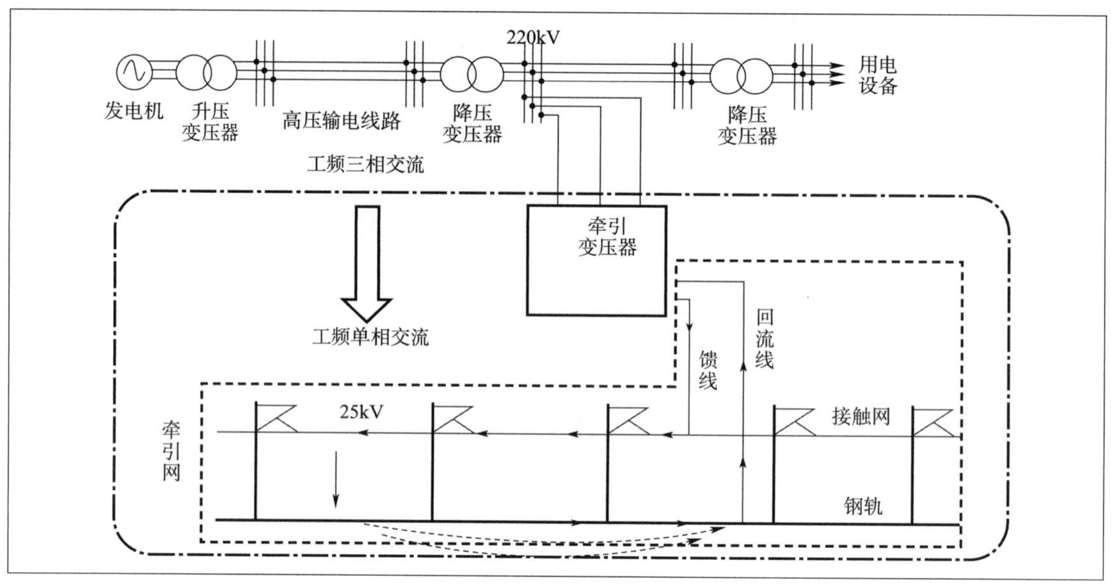

图9-4 铁路牵引供电系统

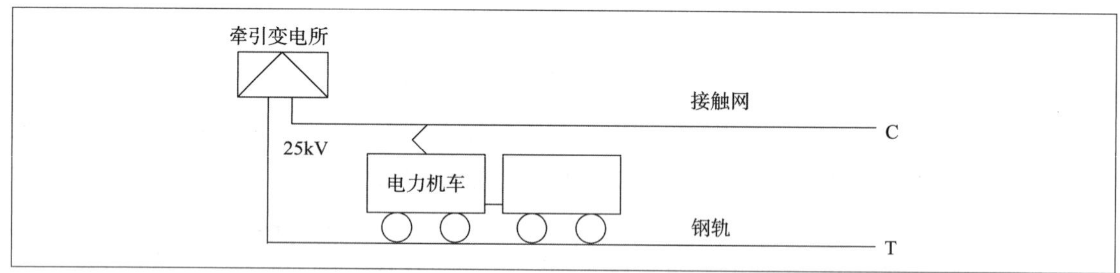

图9-5 直接供电方式

(2)BT供电方式。沿线路架设一条回流线,每隔一定距离在接触网和回流线内串联接入吸流变压器,使回流由回流线返回牵引变电所。BT供电方式减轻了对邻近通信线路的干扰。但牵引网阻抗大、能耗大、造价较高,目前已经基本不采用。

(3)带回流线的直接供电方式。如图9-6所示,相对直接供电方式增加一条回流线(相对BT供电方式取消吸流变压器),回流电流一部分经回流线、一部分经钢轨和大地返回牵引变电所。

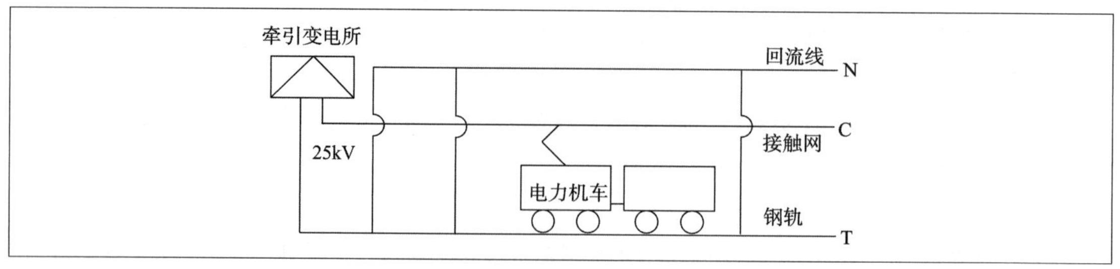

图9-6 带回流线的直接供电方式

这种供电方式钢轨电位和对通信线路的干扰有所改善。钢轨电位降低,牵引网阻抗降低,供电距离增长,造价低,对弱电系统的电磁干扰减小,但防干扰性能差。

（4）AT供电方式。如图9-7所示，沿线路架设一条正馈线，每隔一定距离在接触网与正馈线之间并联接入自耦变压器，其中性点与钢轨相接。优点是阻抗小，供电距离长，防干扰效果好。适合高速、大功率电力机车运行。缺点是造价高，接触网结构复杂，供变电设施较多，运营维护难度较大。

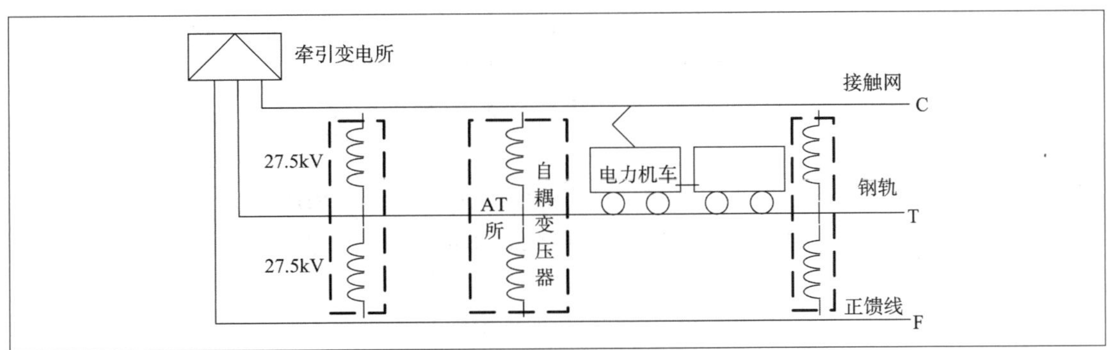

图9-7　AT供电方式

2. 牵引变电所

牵引变电所的工作原理是把电力系统的三相高压电变成电力机车所需要的电能。主要设备有牵引变压器、高压开关设备、互感器、二次回路、自用电系统、回流接地和防雷装置等。

（1）牵引变压器。牵引变压器作用是将高压220kV变成27.5kV或55kV（AT供电方式）的电能。牵引变压器主接线常用单相接线、单相V/V接线、斯科特接线及三相/两相平衡接线等。一般比较常用的是单相接线、单相V/V接线方式，如图9-8所示。

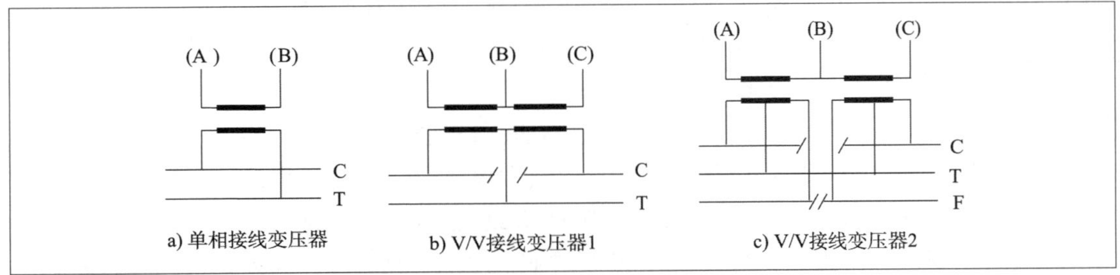

图9-8　牵引变压器接线方式

（2）高压开关设备。高压开关设备包括断路器和隔离开关等。

①断路器：用以保护和控制电力系统的自动开关。具有强烈的灭弧能力，不但可以接通或断开正常的负荷电流，还可以断开故障情况下的短路电流。

②隔离开关：一种没有灭弧装置的开关电器。作用是检修时隔离电源，使检修设备与带电设备间有明显断开点。隔离开关严禁带负荷操作。

在正常情况下供电调度员通过远动操作断路器切断或接通电路，通过操作隔离开关使断开的电路具有明显断开点，来实现某区段的停送电。

在故障情况下，保护装置作用于断路器自动跳闸切除故障供电臂，供电调度员通过试送电、判断机车及故障选段，以便判断出故障类型并切除最小故障区段，恢复无故障区段的行车秩序。

（3）互感器。包括电压互感器（PT）和电流互感器（CT）。作用是可以对高电压、大电流进行间接测量,从而保证人身、电气设备和测量仪表的安全。

(4)二次回路。包括测量仪表、监视装置、信号装置、控制装置、继电保护、自动装置和远动装置等。作用是正确反映一次系统的工作状态,控制一次系统的运行操作。

(5)自用电系统。自用电系统又称所用电。分为交流自用电和直流自用电两个系统。

交流自用电一般由一路9kV贯通电源、一路母线27.5kV电源供电,两路电源互为备用。分别通过变压器变为220V后向所内直流系统、照明系统等供电。

直流自用电由蓄电池组、整流充电装置及直流配电系统组成。作用是向所内设备的操作、控制、保护和信号回路供电。

(6)回流接地和防雷装置。牵引变电所的保护接地和工作接地采用同一个环状接地网。主变压器牵引侧接地端与接地网相连,也与钢轨、回流线相连,从而形成牵引电流的回流通路。

(7)分区所、开闭所、AT所。

①分区所:不进行电压转换而用开关设备将两相邻接触网供电区段实现并联并可以实现越区供电的处所。

②开闭所:不进行电压变换而用开关设备实现电路开闭的配电所。

③AT所:仅在AT供电方式中设置,作用是改善电压水平和防干扰性能。

3. 接触网

接触网是沿铁路线路上空架设,向电力机车及电动车组提供电能的特殊形式的输电线路。

接触网标称电压值为25kV,最高工作电压为27.5kV,短时(5min)最高工作电压为29kV,普速铁路最低工作电压为19kV,高速铁路最低工作电压为20kV。

(1)接触网的特点。接触网是露天设置的输电线,单一、没有备用,电力机车的受电弓与其滑动接触,负载是移动和变化的,其职能决定了其具有以下特性:

①具有明显的周边特性:与沿线建筑、电力、通信设施相互影响。

②具有明显的气候特性:与温度、湿度、冰雪、大风、大雾、雷电等因素的相互作用明显。

③具有明显的不备用特性:一旦发生故障或事故,影响列车运行。

④具有明显的机电复合特性:具备稳定的空间结构、动静态特性和高的波动传播速度特性,同时具备输电线路的特性。

⑤负荷具有明显的不确定性和移动性:高速移动不确定和随机供电负荷。

⑥具有明显的多学科交叉特性:涉及电气、机械、力学、地质、材料、环保等学科领域。

(2)接触网的相关参数。

①基础:具备足够的强度、良好的稳定性和足够的承载力,选型是根据其工作状态下所承受的垂直和水平负荷进行计算来确定。

②支柱:布置在线路一侧,与线路中心保持一定的限界,并将接触悬挂支持在铁路上方,选型根据其工作状态下所承受的垂直和水平负荷进行计算来确定。按材质分为钢筋混凝土支柱和钢支柱;按用途分为中间柱、转换柱、中心柱、锚柱、定位柱、软横跨柱和硬横跨柱等。

③支持和定位装置:接触网弓网受流的关键部件。支持装置承载接触悬挂的重量。定位装置将接触线按受电弓的运行要求进行定位,使电力机车受电弓滑板在运行中与接触线

良好地接触取流。

定位装置的主要作用是使接触线始终在受电弓滑板的工作范围内，并且使接触线对受电弓的磨耗均匀；将接触线所产生的水平力传递给支持装置。

④接触悬挂：由接触线、承力索、弹性吊索和吊弦组成。悬挂方式分为简单悬挂、简单链形悬挂和弹性链形悬挂三种。接触悬挂侧面图如图9-9所示。

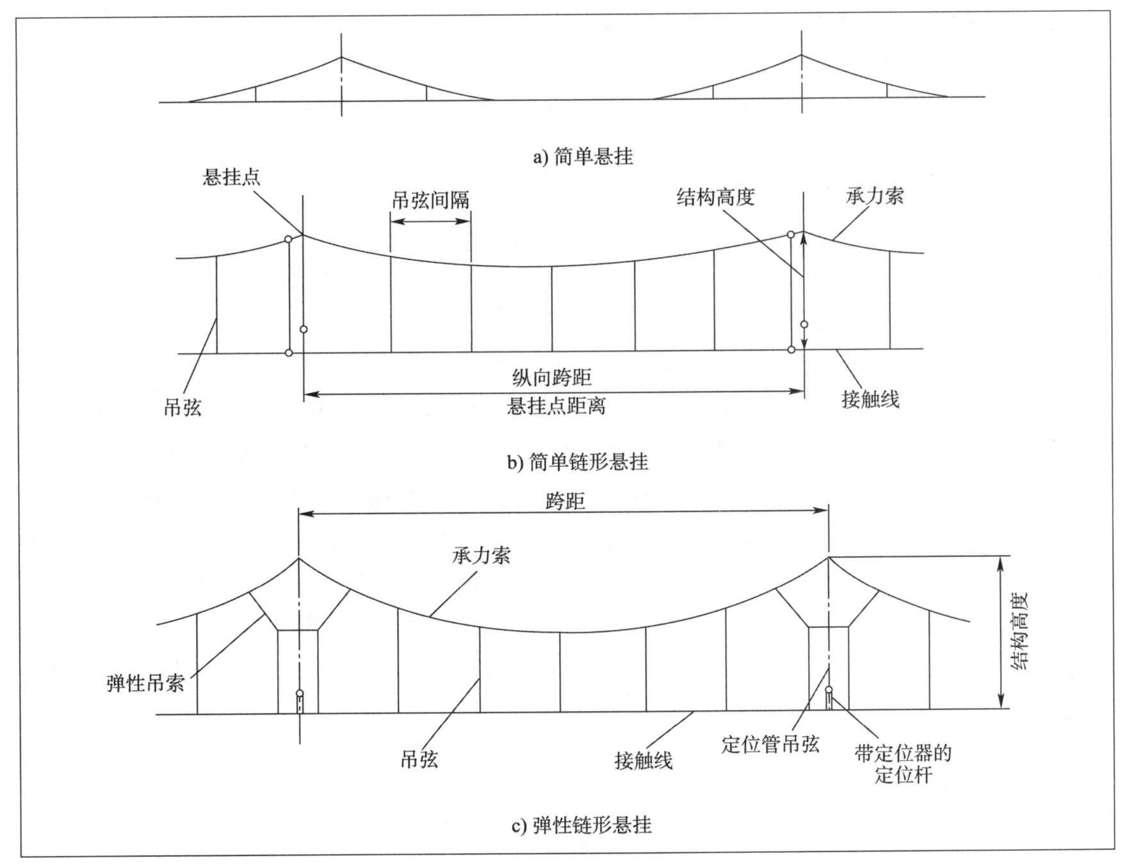

图9-9 接触悬挂侧面图

⑤拉出值：在定位点处，接触线偏移受电弓中心的距离称为拉出值。为了使受电弓摩擦均匀和使接触线不超出受电弓的工作范围，需要将接触线固定在相对于受电弓中心一定的位置上。在直线区段也称为“之”字值。

接触悬挂的基本要求：

限界和平直度要求：接触线与轨面间高度尽量相等。

弓网关系要求：接触悬挂应具有均匀的弹性。

安全性要求：接触悬挂应具有良好的稳定性。

⑥绝缘子：作用是保持接触悬挂对地的电气绝缘。由于绝缘子是串接在支持装置或接触悬挂中，所以绝缘子应具备承受一定机械负荷的能力。接触网常用的绝缘子有：悬式、棒式和硅橡胶绝缘子三种类型。

a. 绝缘子的闪络：绝缘子周围的气体或液体电介质被击穿时，沿绝缘子表面放电的现象。

b. 绝缘子闪络的原因:一是绝缘子表面和瓷裙内表面污秽,受潮以后耐压强度降低,使绝缘子表面形成放电回路,泄漏电流增大,当达到一定值时,造成表面击穿放电。二是绝缘子表面污秽较少,由于某种原因电压过大,在过电压的作用下使绝缘子表面闪络放电。

⑦锚段和锚段关节:为满足供电和机械受力方面的需要,将接触网分成若干一定长度且相互独立的分段,这种独立的分段称为锚段。

锚段的作用:缩小事故范围、缩小停电检修范围、便于加设补偿装置、便于实现电分段。

两个相邻锚段衔接的部分称为锚段关节。锚段关节一般分为绝缘锚段关节和非绝缘锚段关节。锚段关节的作用是使电力机车受电弓能够平滑、安全地从一个锚段过渡到另一个锚段,且弓网接触良好,取流正常。

⑧补偿装置:装在接触网锚段的两端,并串在接触线、承力索上。其作用是在温度变化时,锚段长度变化后尽量使接触悬挂的张力及接触线的位置保持基本稳定。

⑨接触网的电分段和电分相。

a. 接触网的电分段:为增强接触网供电的灵活性和安全性,方便供电停电、设备检修,最大限度缩小故障影响范围,根据车站站场分布、接触网供电臂以及变电所(亭)馈出线情况,将接触网分成不同的片区,这种将接触网从电气上分束的区段就叫电分段。

电分段主要以分段绝缘器和绝缘锚段关节结构实现,并通过隔离开关进行电气断开和连接。其中分段绝缘器用于车站,如上下行渡线电气隔离以及货物专用线、有装卸作业的侧线、专用线、机务整备库内隔离无电区等,绝缘锚段关节用于供电臂纵向电分段。

b. 接触网电分相:一般设置在牵引变电所、分区所、开闭所、供电段分界点及不同电力系统供电分界点等处。一般分为器件式电分相和关节式电分相。六跨接触网电分相如图 9-10 所示。

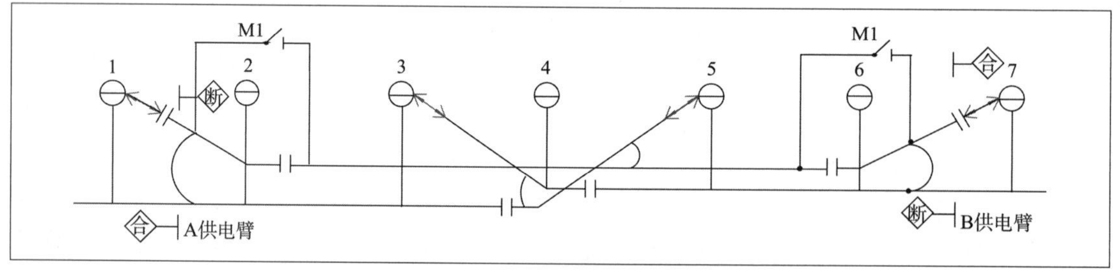

图 9-10 六跨接触网电分相

1～7-H 型钢柱

器件式电分相是将接触网上不同相位的电能隔开,以免发生相间短路并起机械连接的设备。一般由三个保持一定距离且距离相等的分段绝缘器组成。

关节式电分相是一种通过在绝缘锚段关节之间设置相间中性段的接触网分相结构。一般由两个绝缘锚段关节和一段接触网中性段组合形成。

⑩牵引变电所的换相连接:铁路牵引供变电系统,是将地方三相交流 220kV 电力系统引入牵引变电所,通过牵引变压器变压为单相 25kV 送到接触网上,向电力机车提供连续电能。由于铁路牵引供电采用单相电,为了减小负荷不对称造成的负序电流,尽量保持地方电网的三相平衡,相邻牵引变电所电源要进行换相,轮换相序接入电力系统,使不同变电所产生的

负序电流部分抵消。因此,两牵引变电所相邻供电臂间及同一牵引变电所两供电臂间需设置接触网电分相,以保证电力机车能够正常通过,不会造成电网混相跳闸、烧损设备等事故。

(3)倒闸作业与故障跳闸。

①倒闸作业。将电气设备由一种状态转换成另一种状态,需要断开或闭合有关断路器和隔离开关,包括断开或闭合相应的直流操作回路,撤除或投入某些继电保护、自动装置,拆除或安装临时接地线等操作。

根据施工需要将某区段接触网停电,就要将该区段的接触网由带电状态转换成停电状态,需要断开相关的断路器和隔离开关,就是通过进行倒闸作业实现。故障倒闸作业同理。

②故障跳闸。因发生接触网短路故障,安装于牵引变电所(开闭所、分区所)内的继电保护装置被故障产生的短路电流启动,自动将向故障点供电的断路器断开,以缩小事故范围,保证其他设备的安全运行和向非事故线路正常供电。这种因故障而自动断开断路器的动作,习惯上称为“跳闸”。

断路器的“跳闸”除了牵引变电所(开闭所、分区所)本身设备故障外(这种情况的比例很小),引起“跳闸”的短路电流主要来自接触网。

因接触网处在不间断的运行状态之中,接触网下的电力机车不停地执行着繁忙的运输任务。恶劣天气、机车故障、设备零部件脱落、异物侵限、外力破坏、人身触电等方面都可能造成接触网“跳闸”。

(4)自动重合闸装置。当接触网发生故障跳闸后,该装置能够自动重新合闸。如瞬间故障,该装置只需暂时切断故障线路,使短路电弧熄灭,待故障消失后,再让断开的断路器重新合闸,继续供电。如持续性故障,重合闸不成功,后续不再启动重合闸。手动操作分闸时,自动重合闸装置不启动。

4.远动系统

铁路供电远动系统是保证铁路运输安全畅通的主要技术装备,是保障供电设备安全可靠运行的基础设施,是铁路供电系统的重要组成部分。

供电远动系统由调度主站、被控站、远动传输通道、复示设备等构成。

供电远动系统包括牵引供电远动系统和电力远动系统。供电远动系统调度主站应集中设置在中国国家铁路集团有限公司、铁路局集团公司,并按照高铁、普速两套系统分别设置。高铁调度主站监控高速铁路牵引供电、电力设备运行。普速调度主站监控普速铁路牵引供电设备运行,一般应设置在供电段。

(1)调度主站包括调度员工作站和机房设备。

(2)被控站包括:

①牵引变电所、开闭所、分区所、AT所内的牵引供电综合自动化系统、交直流屏控制PLC、环境安全监控系统和接触网隔离开关控制站等。

②单独设置的接触网开关控制站。

③电力变、配电所内的电力综合自动化系统、交直流屏控制PLC、监控仪表和环境安全监控系统等。

④电力箱式变电所RTU和车站变电所RTU等。

(3)远动传输通道包括:供电远动系统数据传输通道、综合维护通道(故障标定装置数据传输通道)等。

(4)复示设备包括专用复示设备和通用复示设备(Web 复示)。

(5)SCADA 系统功能:

SCADA 系统即数据采集与监视控制系统。SCADA 系统是以计算机为基础的 DCS(Distributed Control System)与电力自动化监控系统;它应用领域很广,可以应用于电力、冶金、石油、化工、燃气、铁路等领域的数据采集与监视控制以及过程控制等诸多领域。

在电力系统中,SCADA 系统应用最为广泛,技术发展也最为成熟。它在远动系统中占重要地位,可以对现场的运行设备进行监视和控制,以实现数据采集、设备控制、测量、参数调节以及各类信号报警等各项功能,即我们所知的"四遥"功能。RTU、FTU 是它的重要组成部分。在现今的变电所综合自动化建设中起了相当重要的作用。

四、电力供电系统

铁路电力供电系统通过铁路变、配电所馈出的自闭线、贯通线、地区线、车辆线等供至车站、机务段、车辆段、厂矿等用户。

自闭线必须保证行车信号用电,原则上不准供给其他负荷用电,若接其他负荷须经铁路局集团公司批准。

1. 电力贯通线供电范围

自动闭塞信号备用电源;中间站信号、小站电气集中、无线列调、车站电台、通信机械室等与行车直接相关的小容量设备;红外线轴温探测设备;车站信号室、通信机械室等处的重要照明设备;道口报警设备。供电能力允许时,可对其他重要的小容量二级负荷供电。

铁路电力供电设备一般可分为高压和低压两种:

(1)高压:设备对地电压在 250V 以上者。

(2)低压:设备对地电压在 250V 及以下者。

2. 三相四线制

三相交流星形接线系统中,用四根导线传输电能的方式。其中三根导线分别接在三相的端点 A、B、C 上,一根导线(又称零线)接在星形连接的中性点上,可同时获得线电压或相电压。广泛用于 380V/220V 低压配电网。

电力系统高压线路采用三相制,低压采用三相四线制。

五、高速铁路供电安全检测监测系统(6C 系统)简介

高速铁路的快速发展和运营品质的需要,对于铁路牵引供电系统供电设备的安全运行提出了更高的要求。为确保高速铁路动车组运营,需提高动车组的供电安全性、可靠性,应构建高速铁路供电安全检测监测系统(6C 系统)。其目的是对高速铁路的牵引供电系统进行全方位、全覆盖的综合检测监测。

1. 系统构成(图 9-11)

(1)高速弓网综合检测装置。综合检测列车安装的车载式接触网检测设备,随着高速综

合检测列车(图 9-12)在高速铁路上巡回检测运行,对高速铁路接触网的参数和状态、高速弓网关系进行综合检测。

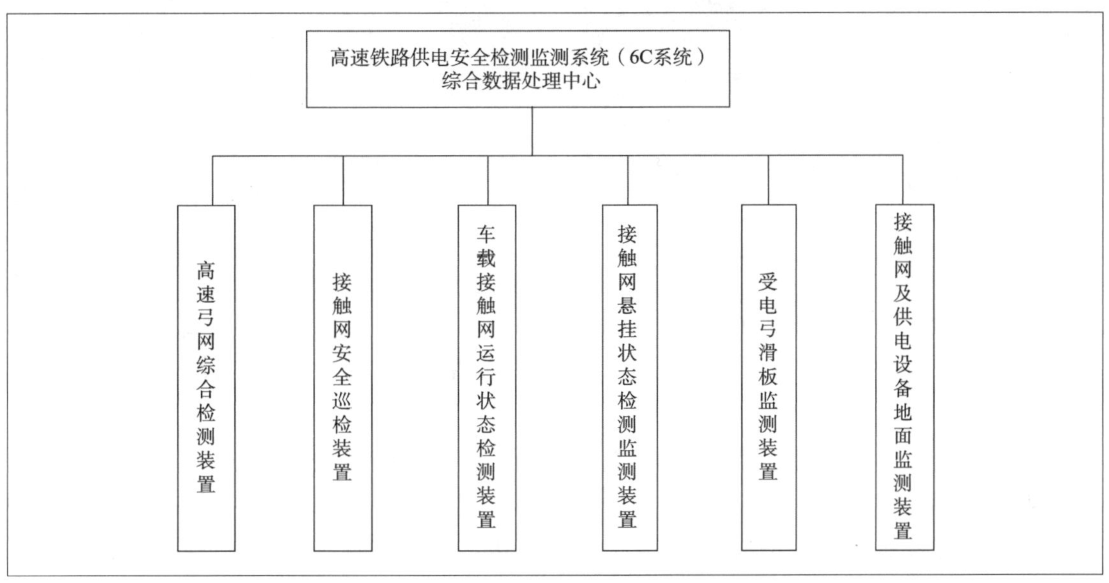

图 9-11 6C 系统组成框图

(2)接触网安全巡检装置。在运营动车组上临时安装的检测设备,对接触网的状态进行检测,统计分析接触网悬挂部件技术状态,指导接触网状态维修。接触网安全巡检装置如图 9-13所示。

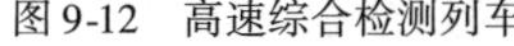

图 9-12 高速综合检测列车

图 9-13 接触网安全巡检装置

(3)车载接触网运行状态检测装置。在运营的动车组加装车载接触网运行状态检测装置,随着运营动车组的运行监测接触网的运行状态,以实现高速铁路接触网状态的全覆盖、全天候的动态检测。车载接触网运行状态检测装置如图 9-14 所示。

(4)接触网悬挂状态检测监测装置。安装在接触网作业车或专用车辆上,周期性地对接触网悬挂系统的零部件及接触网几何参数,特别是腕臂区域的零部件进行高分辨率成像检测,在检测数据的自动识别与分析的基础上,形成维修建议,指导接触网检修。接触网悬挂状态检测监测装置如图 9-15 所示。

图 9-14　车载接触网运行状态检测装置

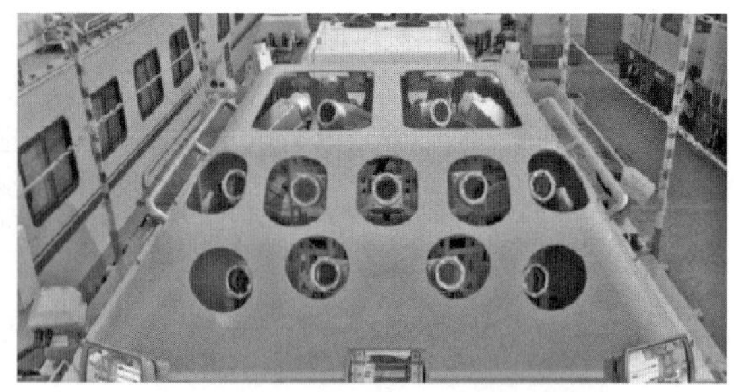

图 9-15　接触网悬挂状态检测监测装置

(5)受电弓滑板监测装置。在高速铁路的车站、动车组出入库区域、车站咽喉区加装受电弓滑板监测装置,监测动车组受电弓滑板的技术状态,及时发现运营动车组受电弓滑板的异常状态,指导故障消除,确保接触网和受电弓的运行状态良好。受电弓滑板监测装置如图 9-16所示。

(6)接触网及供电设备地面监测装置。在接触网特殊断面(如定位点、隧道出入口)及牵引变电所设置的监测设备,监测接触网张力、振动、抬升量、线索温度、补偿位移;供电设备的绝缘状态、电缆头温度等参数,指导接触网及供电设备的维修。接触网及供电设备地面监测装置如图 9-17 所示。

图 9-16　受电弓滑板监测装置

图 9-17　接触网及供电设备地面监测装置

2. 系统功能

高速铁路供电安全检测监测系统(6C 系统)的主要功能是对高速铁路的牵引供电系统进行全方位、全覆盖的综合检测监测,主要包括对高速接触网悬挂参数和弓网运行参数等检测(C1 装置)、在运营的动车组上对接触网的悬挂部分进行周期性图像采集和分析(C2 装置)、在运营的动车组上对接触网参数及技术状态的在线检测(C3 装置)、对接触网悬挂、腕臂结构、附属线索和零部件的高清图像检测(C4 装置)、对动车组受电弓滑板状态的实时监测(C5 装置)、对接触网运行参数和供电设备参数的实时在线监测(C6 装置)。

在前期各种检测设备运行基础上,通过完善功能、技术集成,形成完整的系统性、平台化的高速铁路供电安全检测监测系统(6C 系统)。

6C 系统中的中央处理平台对各装置进行数据集中、信息共享,并通过数据库进行综合分析。各装置必须遵照统一的 6C 系统通信协议及其定义的帧格式和数据编码,与中央处理平台通信。

6C 系统应具备的系统基本功能:

(1)检测监测功能。
(2)综合诊断功能。
(3)数据存储功能。
(4)视频显示功能。
(5)数据通信功能。

任务实施与评价

请完成本任务的任务实施与评价,见教材数字资源中的电子实训工单。

任务二　供电调度在铁路运营中的重要意义

学习目标

知识目标

1. 掌握供电调度岗位职责;
2. 掌握供电调度岗位应具备的条件和要求;
3. 掌握供电调度日常工作制度和交接制度;
4. 掌握供电调度命令有关规定。

能力目标

1. 能够履行供电调度岗位职责;
2. 能够达到供电调度岗位基本素质;
3. 能够理解并掌握供电调度日常工作制度和调度交接班制度;
4. 能够正确执行供电调度命令有关规定。

素质目标

1. 深刻认识供电调度对于保证铁路运营的重要意义;
2. 深刻认识岗位重要性,树立肩负重要使命的责任感;
3. 培养吃苦耐劳,爱岗敬业,甘于奉献的职业素质。

任务描述

作为一名供电调度人员,在工作中应该具备何种素质,为达到这样的素质,需要加强哪方面的学习。请学习供电调度的相关知识,学习供电调度岗位应具备的条件和要求,学习供电调度日常工作制度,学习供电调度交接班制度,学习供电调度命令有关规定。

案例导入

春运线上呵护铁路供电"大心脏"

繁忙的春运铁路干线旁,有着这么一个静悄悄的地方,它表面看似平静,可内心"波涛汹涌”,它就是为铁路大动脉提供源源不断电能的“大心脏”——铁路牵引变电所。2023年1月20日,鹰潭供电段贵溪北变电值班员郑情像往常一样,在牵引变电所内、外进行设备巡视,记录着当天“大心脏”的运行数据。

贵溪北牵引变电所担负着盛家至王家山区间的牵引供电任务,一旦停电将有可能耽误旅客的行程。为确保春运期间“大心脏”的安全稳定运行,她们立足本职工作,发扬螺丝钉精神,用心呵护着供电“大心脏”。“虽然春节不能与家人团聚,但作为一名铁路职工,我将以所为家,认真巡视各项设备,严格执行作业标准,保障铁路供电‘大心脏’安全稳定,为万家团圆贡献力量。”郑情说道。

(资料来源:人民网—江西频道)

引导提示:由上述案例得知,铁路供电人立足本职工作,发扬螺丝钉精神用心呵护着供电“大心脏”,放弃节假日与家人团聚,从他们身上看到了牺牲精神、奉献精神、责任意识。通过上述案例分析,铁路供电的核心设备是什么?有什么重要作用?

知识探索

一、供电调度简介

供电调度是运输调度系统的重要组成部分,是供电设备安全运行、改善供电质量、快速抢修供电故障的指挥中心。

1. 普速铁路供电调度

(1)分级指挥:供电调度由中国国家铁路集团有限公司运输调度指挥中心供电调度、铁路局集团公司供电调度、供电段电力调度组成,实行统一指挥、分级管理,业务上接受上级电调的领导和同级供电管理部门的专业指导。

(2)主要任务:按照铁路供电规则、规程、标准的有关规定,正确组织铁路牵引供电的运行、检修和故障抢修,了解掌握铁路电力设备的运行、检修和故障抢修,与各工种调度密切配合,应急处理突发事件,最大限度地缩小停电范围,迅速恢复供电,减小故障损失。

(3)设置要求:中国国家铁路集团有限公司、铁路局集团公司应设牵引供电调度台。铁路局集团公司牵引供电调度台位置宜与列车调度台相邻,每个牵引供电调度台的管辖范围为600~800条(延长)公里。值班调度员直接监视操控现场设备,执行四班制值班制度,四个及以上电调台(含高铁台)设置综合台及电调长,电力调度工作由综合台或单独设台担任,供电调度室应设施工、分析、监控操作人员。

2. 高速铁路供电调度

(1)分级指挥。高铁供电调度由中国国家铁路集团有限公司运输调度指挥中心供电调度、铁路局集团公司高铁供电调度组成,实行统一指挥、分级管理,业务上接受上级电调的领导和同级供电管理部门的专业指导。

(2)主要任务。按照铁路供电规则、规程、标准的有关规定,正确组织高速铁路牵引供电、电力系统的运行、检修和故障抢修,与高铁各工种调度密切配合,应急处理突发事件,最大限度地缩小停电范围,迅速恢复供电,减小故障损失。

(3)设置要求。有高铁调度指挥的铁路局集团公司应设高铁供电调度台。铁路局集团公司高铁供电调度台位置宜与列车调度台相邻,每个高铁供电调度台的管辖范围为300～500正线公里,值班调度员直接监视操控现场设备,执行双人四班制值班制度,四个及以上电调台(含普速台)设置综合台及电调长;供电调度室应设施工、分析调度员。

二、供电调度岗位应具备的条件和要求

1.普速铁路供电调度

(1)供电调度员应具备的条件。供电调度员应树立为运输服务的观念和全局意识,具备指挥决策的素质和独立处理问题的能力,具有相应的技术理论、专业知识和大专及以上专业文化程度,掌握相应的操作技能,熟悉牵引供电、电力设备的运行、检修及故障处置等业务。

新建电气化线路在投入运行前,应提前6个月配齐供电调度人员,铁路局集团公司电力调度员至少提前2个月参与工程部门联调联试工作和值班工作,熟悉设备和操作,为正式投入运营做好准备。

供电、电力调度员应掌握与了解的知识见表9-1。

供电、电力调度员应掌握与了解的知识一览表　　表9-1

序号	内容	中国国家铁路集团有限公司	铁路局集团公司	供电段
1	铁路《技规》《铁路交通事故调查处理规则》(简称《事规》)、《行规》等有关牵引供电、电力各项规章制度	掌握	掌握	掌握
2	《中华人民共和国铁路法》《中华人民共和国电力法》(附配套规定)、《供电营业规则》《电网调度管理条例》等有关法规	了解	了解	了解
3	牵引供电、电力专业理论。保护装置、远动装置原理及远动装置使用方法	熟悉	掌握、能够操作	掌握、能够操作
4	行车组织及轨道电路有关知识	了解	了解	了解
5	列车运行图,线路纵断面图			看懂
6	管内牵引供电、电力设备概况及外部电源供电接线图和供电方式,调度协议和供、用电协议	掌握	掌握	全面掌握
7	各分界点两侧牵引供电、电力设备概况及跨铁路局集团公司供电的条件	熟悉	熟悉	熟悉
8	各条电气化区段接触线的最低高度	了解	掌握	掌握
9	管内移动变压器、电力发电车的容量及所在区段等	掌握	掌握	掌握
10	管内牵引变电所、接触网、电力变配电所、自闭、电力贯通线、车站信号供电方式等	了解	掌握	掌握
11	操作使用计算机进行调度管理工作,计算机网络技术	掌握	掌握	掌握
12	牵引供电、电力设备各项安装工艺和流程	了解	了解	了解

(2)供电调度应配备的设备、资料。

①供电调度台必须配备带有录音装置的电话;铁路局集团公司供电调度台还应有直接呼叫管内各牵引变电所、接触网、电力工区、关系行车的变配电所、动车所、机务段、车站、供电段(维管段)的直通电话及与有关地方电业部门联系的自动电话或直通电话,配置实施信息管理现代化所必需的设备(计算机、传真机、打印机、复印机、网络通信设施等)。

②各级供电调度室均应有显示管内设备状况的SCADA系统。SCADA系统应准确显示出牵引变电所,开闭所,分区亭,AT所,接触网供电单元及车站,区间,机务段,动车所,分相,分段,远动开关位置,所、亭容量,主接线图,开关状态等,并能正确反映牵引变电设备和接触网设备的实时运行状态。SCADA系统同时应具备设备状态复示功能。

③供电调度员应具备的资料见表9-2、表9-3。

应具备的资料一览表(牵引供电部分)　　表9-2

序号	项目	中国国家铁路集团有限公司	铁路局集团公司	供电段
1	管内电气化区段各牵引变电所的外部电源接线图和接触网供电分段图	√	√	√
2	管内各牵引变电所及枢纽所在地开闭所的主接线图	√	√	√
3	各电气化区段各车间和接触网工区管辖范围示意图	√	√	√
4	各电气化区段接触线距轨面的最低高度及所在区间	√	√	√
5	接触网抢修列车的功能和所在位置	√	√	√
6	管内移动变压器的容量、并联运行的条件及所在位置	√	√	√
7	跨铁路局集团公司越区供电的有关技术资料	√	√	√
8	管内各牵引变电所、分区亭、开闭所、AT所的主接线图,二次接线图		√	√
9	管内各区间和车站的接触网平面图,每个电气化区段中典型的接触网支柱和隧道内悬挂安装图以及设备安装图		√	
10	管内各调度区段的调度协议,供、用电协议		√	√
11	管内各区间和车站的接触网平面图,每个电气化区段中各类型支柱和隧道内悬挂安装图以及设备安装图		√	√
12	段承担主要工程的施工计划			√

应具备的资料一览表(电力部分)　　表9-3

序号	项目	中国国家铁路集团有限公司	铁路局集团公司	供电段
1	自闭、电力贯通线及变配电所设备分布	√	√	√

续上表

序号	项目	中国国家铁路集团有限公司	铁路局集团公司	供电段
2	《中华人民共和国电力法》	√	√	√
3	《技规》	√	√	√
4	电力各项管理规程及管理办法	√	√	√
5	《铁路交通事故调查处理规则》	√	√	√
6	《国家电网公司电力安全工作规程》	√	√	√
7	机车交路图、闭塞方式图	√		
8	各分界相邻处双方变配电所、供电示意图	√		
9	各供电段、车间(供电所)管辖范围示意图	√		
10	发电车概况及停放地点登记表	√	√	√
11	管内地方政府的有关规定		√	√
12	自闭、电力贯通线及变配电所外部电源资料及示意图	√	√	√
13	自闭、电力贯通线及变配电所一次系统图		√	√
14	供电段、车间(供电所)、电力工区管辖示意图		√	√
15	供电段、车间(供电所)机动车辆配属材料备品储备资料		√	√
16	变配电所越区供电资料		√	√
17	相关的地方电源有关资料		√	√
18	监控装置、远动系统原理图			√

④供电调度应建立原始记录。所有原始记录均不得用铅笔填写，对长期保存的记录应使用计算机打印或钢笔填写，不得使用圆珠笔，填写要认真，字迹要清楚、工整、不得涂改。

供电调度的原始记录，包括远动装置的微机自动打印记录应保持完整，尤其故障过程中的各种记录更要注意保持原有状态，严禁随意撕毁或涂改，以备查用。

2. 高速铁路供电调度

(1)供电调度员应具备的条件。高铁供电调度员应树立为高铁运输服务的观念和全局意识，具备指挥决策的素质和独立处理问题的能力，具有相应的技术理论、专业知识和大专及以上专业文化程度，掌握相应的操作技能，熟悉高铁牵引供电、电力设备的运行、检修及故障处置等业务。

新建高铁在投入运行前，应提前6个月配齐高铁供电调度人员，铁路局集团公司供电调度员至少提前2个月参与工程部门联调联试工作和值班工作，熟悉设备和操作，为正式投入运营做好准备。

高铁供电调度员应掌握与了解的知识见表9-4。

高铁供电调度员应掌握与了解的知识一览表　　表9-4

序号	内容	中国国家铁路集团有限公司	铁路局集团公司
1	铁路《技规》《行规》《事规》《调规》《高速铁路接触网故障抢修规则》(简称《抢规》)、《高铁突发事件应急预案》等有关高铁牵引供电、电力的各项规章制度	掌握	掌握
2	《中华人民共和国铁路法》《中华人民共和国电力法》《供电营业规则》《电网调度管理条例》等有关的法规	了解	了解
3	牵引供电、电力专业理论。保护装置、远动装置原理及供电调度 SCADA 系统使用方法	熟悉	掌握、能够操作
4	行车组织及轨道电路有关知识	了解	了解
5	列车运行图,线路纵断面图	看懂	看懂
6	管内牵引供电、电力设备概况及外部电源供电接线图和供电方式,调度协议和供、用电协议	掌握	全面掌握
7	各分界点两侧牵引供电、电力设备概况及跨铁路局集团公司供电的条件	熟悉	熟悉
8	各条电气化区段接触线的最低高度	了解	掌握
9	各条电气化区段接触网不具备 V 停天窗作业的处所	了解	掌握
10	管内移动变压器、电力发电车的容量及所在区段等	掌握	掌握
11	管内牵引变电所、接触网、电力变配电所、一级贯通、综合贯通、车站信号供电方式等	了解	掌握
12	操作使用计算机进行调度管理工作,计算机网络技术	掌握	掌握
13	牵引供电、电力设备各项安装工艺和流程	了解	了解

(2)供电调度应配备的设备、资料。

①高铁供电调度台必须配备带有录音装置的电话;铁路局集团公司高铁供电调度台还应有直接呼叫管内各牵引变电所、接触网、电力工区、关系行车的变配电所、动车所、机务段、车站的直通电话及与有关地方电业部门联系的自动电话或直通电话,配置实施信息管理现代化所必需的设备(计算机、传真机、打印机、复印机、网络通信设施等)。

②各级高铁供电调度室均应有显示管内设备状况的 SCADA 系统。SCADA 系统应准确显示出牵引变电所、开闭所、分区亭、AT 所、接触网供电单元及车站、区间、机务段、动车所、分相、分段、远动开关以及电力变配电所的位置、所亭容量、主接线图、开关状态等,并能正确反映牵引变电设备和接触网设备、电力变配电所、一级贯通、综合贯通设备的实时运行状态。

③高铁供电调度员应具备资料见表9-5、表9-6。

应具备资料一览表(高铁牵引供电部分) 表9-5

序号	项目	中国国家铁路集团有限公司	铁路局集团公司
1	《技规》	√	√
2	《事规》	√	√
3	《接触网安全工作规程》《接触网运行检修规程》	√	√
4	《调规》	√	√
5	管内电气化区段各牵引变电所的外部电源接线图和接触网供电分段图	√	√
6	管内各牵引变电所及枢纽所在地开闭所的主接线图	√	√
7	电气化区段各车间和接触网工区管辖范围示意图	√	√
8	电气化区段接触线距轨面的最低高度及所在区间	√	√
9	电气化区段接触网不具备V停天窗作业的处所	√	√
10	接触网抢修列车的功能和所在位置	√	√
11	跨铁路局集团公司越区供电的有关技术资料	√	√
12	管内各牵引变电所、分区亭、开闭所、AT所的主接线图,二次接线图		√
13	管内各区间和车站的接触网平面图,每条高铁中各类型支柱和隧道内悬挂安装图以及设备安装图		√
14	管内各调度区段的调度协议		√
15	供电段(维管段)承担主要工程的施工计划		√

应具备资料一览表(高铁电力部分) 表9-6

序号	项目	中国国家铁路集团有限公司	铁路局集团公司
1	一级贯通、综合贯通及变配电所设备分布	√	√
2	《中华人民共和国电力法》	√	√
3	《技规》	√	√
4	电力各项管理规程及管理办法	√	√
5	《事规》	√	√
6	《国家电网公司电力安全工作规程》	√	√
7	《调规》	√	√
8	各分界相邻处双方变配电所、供电示意图	√	√
9	各供电段(维管段)、车间(供电所)管辖范围示意图	√	√
10	发电车概况及停放地点登记表	√	√
11	一级贯通、综合贯通及变配电所外部电源资料及示意图	√	√
12	一级贯通、综合贯通及变配电所一次系统图	√	√

续上表

序号	项目	中国国家铁路集团有限公司	铁路局集团公司
13	供电段(维管段)、车间(供电所)、电力工区管辖示意图		√
14	供电段(维管段)、车间(供电所)机动车辆配属材料备品储备资料		√
15	变配电所越区供电资料		√
16	相关的地方电源有关资料		√
17	监控装置、远动系统原理图		√

④高铁供电调度员应建立原始记录。所有原始记录均不得用铅笔填写,对长期保存的记录应使用计算机打印或钢笔填写,不得使用圆珠笔,填写要认真,字迹要清楚、工整、不得涂改。

高铁供电调度员的原始记录,包括远动装置的计算机自动打印记录应保持完整,尤其故障过程中的各种记录更要注意保持原有状态,严禁随意撕毁或涂改,以备查用。

三、日常工作制度

供电调度工作应使用供电调度管理系统进行设备的运行指挥管理,实现供电调度管理的信息化和自动化。

供电调度员是供电系统运行、操作、故障处理等调度命令的唯一发布人,所有运行、检修人员必须服从供电调度员的指挥。各级领导发布的命令、指示等,凡涉及供电调度职权的均应通过供电调度下达。调度信息是指挥决策的重要依据,必须及时、准确,严禁迟报、漏报甚至瞒报的现象发生。

供电调度员值班期间,应坚守岗位,严守机密,严禁做与值班无关的事。每日18:00—20:00铁路局集团公司供电调度员向中国国家铁路集团有限公司运输调度指挥中心供电调度员报告当日18:00前24h内的情况,6:00—6:30报告夜间发生的主要故障。

遇有牵引供电、电力系统发生故障影响运输时,铁路局集团公司供电调度员要迅速组织处理故障、查找原因,立即通知相关供电段(维管段),并报告供电部和中国国家铁路集团有限公司运输调度指挥中心供电调度员。

遇有危及人身、设备、行车安全的紧急情况及台风等自然灾害不能行车时,供电调度员可立即停电。

故障抢修时,供电调度员与列车调度员密切配合,掌握供电和行车方面的具体情况,及时下达抢修命令,尽快恢复供电。

在抢修过程中,抢修人员要指定专人与铁路局集团公司供电调度员时刻保持联系,抢修完毕后应将故障概况、照片、处理结果、遗留问题、尚需继续处理的项目及时报告铁路局集团公司供电调度员,铁路局集团公司供电调度员应及时整理报中国国家铁路集团有限公司。

故障抢修中的原始记录(领导指示、调度命令、现场情况的录音、录像、照片等),待故障调查处理后一个月方准消除。

对影响行车的较大故障(断线、断杆、弓网故障等)报告应分以下三阶段进行:

(1)故障发生后立即报告并保持联系,以便随时补充报告故障抢修、处理情况,并填写故障速报。

(2)配合追踪调查、了解故障原因,12h 内上报初步分析情况。

(3)配合供电处落实故障责任。

四、交接班制度

交班人员应在下班前 30min 做好准备,填好交接班记录,梳理应交接的事项,如运行设备的变化、故障情况、运行和检修班组的申请和要求、图纸资料和通话工具的变更等。

交接班时,交班人员向接班人员交清下列有关事项:

(1)尚未结束的作业,作业命令号、作业组要令人姓名、作业地点和内容、恢复供电时应注意的事项。

(2)与接班人员共同核对 SCADA 系统,应与实际运行方式相符。

(3)设备运行方式的变更情况、原因及注意事项。

(4)设备缺陷及其处理情况。

(5)当班期间的故障处理情况要记录清楚,必要时绘图说明。

(6)对照交接班记录向接班人员逐条说明,对遗留工作应详细交清,对接班人员提出的疑问应解释清楚,否则接班人员有权拒绝接班。

接班人员应按规定至少提前 15min 到岗,并做好下列工作:

(1)阅读值班日志,至少阅读之前两个班次的日志。

(2)核对 SCADA 系统,应与实际运行方式相符,掌握设备运行状态。

(3)铁路局集团公司供电调度员还应查阅核对接触网、牵引变电所作业命令及倒闸记录,掌握接班后的倒闸、作业、故障处理情况。

交接班手续完毕后由接班调度员签字,此后值班工作由接班者负责。在签字前,班中工作均由交班者负责。接班调度员未到班,交班调度员应继续执行调度任务并报告调度主任。

调度员接班后,应立即了解工作情况,铁路局集团公司电调应了解管内各接触网工区、有人值班的牵引变电所、开闭所、分区所、AT 所值班人员情况,核对时钟。

正在进行操作和处理故障时,不得交接班,只有在故障处理告一段落并有详细记录时方可进行交接班。

五、供电调度命令

供电调度员在发布命令和通话时应口齿清楚、简练,使用标准术语,用语准确,讲普通话,在发布命令和通知时应先将命令和通知的内容填写在相应记录中,认真审核,确认无误后方可发出,每个命令必须有编号和批准时间,否则无效。

供电调度员向一个受令人同时只能发布一个命令,该命令完成后方可发布第二个命令,当发布的命令因故不能执行完毕时,应注明原因,立即消除该命令,但不得涂改并及时报告供电调度主任。

调度命令发布后,受令人若对命令有疑问应向发令人提出,弄清命令内容后方可执行,受令人若对调度命令持不同意见,可以向发令人提出,若发令人仍坚持执行时,受令人必须执行。如执行该项命令将危及人身和设备安全时,受令人有权拒绝执行,但应立即向发令人和主管领导说明理由,并做好记录备查。

使用SCADA系统的供电调度台,供电调度员操作执行一人操作、一人监护制度,操作完成后通过远程遥感信息确认设备状态。

属各级供电调度管辖的牵引供电、电力设备,没有值班供电调度员的命令,不得改变原运行状态,遇有危及人身或设备安全的紧急情况可不经值班供电调度员同意,先断开有关断路器和隔离开关,但操作后应立即报告值班供电调度员,恢复供电时则必须有调度命令。

凡涉及供电调度权限的停电作业,必须由供电调度员发布作业命令,方准进行作业。

牵引供电设备的停电计划,应明确作业地点和内容、停电范围、封锁区段、工作领导人姓名、要令人姓名及车站、作业车运行计划。

当进行停电作业时,遇有特殊情况,确实不能完成者,要令人应提前15min向铁路局集团公司供电调度员申请延长停电时间,电力调度员同意后方可延长作业时间,未经电力调度员同意不得晚销令。

设备检修完毕,如有行车限制,作业组应向供电调度员汇报并做好登记。

任务实施与评价

请完成本任务的任务实施与评价,见教材数字资源中的电子实训工单。

任务三　供电调度施工作业流程及故障抢修指挥

学习目标

知识目标

1. 掌握接触网停电倒闸有关规定;
2. 掌握接触网送电倒闸及线路开通有关规定;
3. 掌握供电调度施工作业流程图内容。

能力目标

1. 能够正确执行施工前期准备程序;
2. 能够正确执行接触网停送电倒闸及线路开通程序;
3. 能够正确执行供电调度施工作业流程。

素质目标

1. 养成“爱上一行、精于一技”的岗位担当作为精神;
2. 树立“施工无小事”的安全意识;

3. 培养不畏艰险、迎难而上的拼搏精神。

任务描述

作为一名供电调度人员，在工作中遇到施工情况或者突然发生供电系统出现故障的情况，应该如何正确进行施工作业及故障抢修指挥？图 9-18 是牵引供电运行方式简图，请根据图示编制甲牵引变电所 213 供电臂停送电倒闸操作卡片。

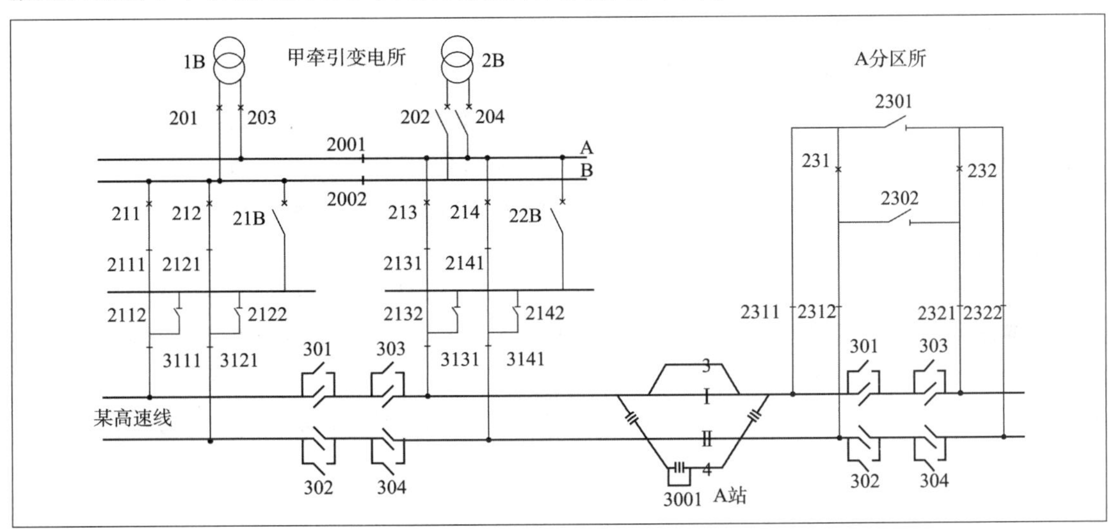

图 9-18　牵引供电运行方式简图

案例导入

新成昆铁路即将全线贯通运营

新华社北京 2022 年 12 月 24 日电（记者樊曦），记者 24 日从中国国家铁路集团有限公司获悉，随着新成昆铁路峨眉至冕宁段 12 月 26 日建成通车，全长 915 公里的新成昆铁路将实现全线贯通运营，成都至西昌、攀枝花、昆明旅行时间将大幅压缩，最快分别 3h、5h、7.5h 可达。

新成昆铁路起自成都南站，沿途经过四川省成都市、眉山市、乐山市、凉山彝族自治州、攀枝花市，云南省楚雄彝族自治州、昆明市，终至昆明站，为国家Ⅰ级双线电气化铁路，设计速度 160km/h。

项目开工建设以来，国铁集团根据工程难度和运输能力需求，采取分段建设、分段运营模式推进，组织各参建单位，创新设计理念，开展空天地一体化智能测绘，利用大量长大隧道和高墩大跨桥梁方式，对线路进行“裁弯取直”，有效化解多种地质风险，攻克世界性建设难关，建成了全长 22 公里的小相岭隧道等 7 座 10 公里以上长大隧道，11 座 2 公里以上的大跨度桥梁。

据参建单位中国铁建电气化局集团有限公司项目负责人张洪铭介绍，新成昆铁路沿线地质复杂，跨越岷江、青衣江和大渡河、金沙江，穿越峨眉山、大小凉山和横断山，修建难度极大。在接触网供电施工阶段，建设者大规模应用自主研发的“无轨型”恒张力架线车,在未铺设轨道的条件下,架出无扭面、平直度达标的恒张力接触线,有效保证了工期和施工安全。

目前,新成昆铁路成都南至峨眉、冕宁至米易东、米易东至攀枝花南、攀枝花南至永仁、永仁至广通北、广通北至昆明段,已分别于2017年12月、2022年1月、2020年5月、2020年1月、2019年10月、2013年12月建成运营。此次开通运营的峨眉至冕宁段于2016年4月开工建设,全长240公里,设峨眉、燕岗、沙湾南、峨边南、金口河南、甘洛南、越西、喜德西、冕宁9座车站,均办理客货运业务。

新成昆铁路是国家西部大开发重点工程建设项目,北连成都铁路枢纽,南接昆明铁路枢纽,是我国西南地区出境至东盟国家铁路大通道的重要组成部分。它的全线贯通,进一步完善了西南地区路网结构,提高了铁路运输能力,将极大便利沿线人民群众出行和货物运输,带动沿线资源开发,对支持民族地区加快发展、巩固乡村振兴成果、促进高水平对外开放,具有十分重要的意义。

(资料来源:新华网　责任编辑:刘阳)

引导提示:从上述案例得知,新成昆铁路供电施工组织困难,但施工人员克服困难,精心组织,在他们身上体现创新精神,彰显中华民族吃苦耐劳的良好品德。通过案例,我们也知道施工组织的重要性,一定要科学制定供电调度施工作业流程,正确进行故障抢修。

知识探索

一、施工前期准备

(1)由电调长组织班中施工例会,综合安排施工日计划,对多项施工停电范围交叉重叠、停送电涉及多供电台、倒闸步骤复杂的施工日计划重点审核,发现施工计划冲突或不能实现的施工及时向值班主任报告。

(2)供电调度员依据施工日计划编制“牵引供电停送电签认单”(简称“签认单”),“签认单”填写内容:应明确停电范围及行车限行条件(以车站登记为准)、倒闸影响范围及倒闸时间内行车限行条件,原则上在施工日计划时间开始前1h供电调度内部流转完成,并不迟于施工日计划时间开始30min前与列车调度员完成签认。

(3)主班、副班供电调度员依据施工日计划分别拟写倒闸步骤,并记入“主班操作命令簿”“副班操作命令簿”中,并进行相互核对确认。

(4)供电调度员需根据倒闸步骤和操作方式充分预测倒闸用时,并在“签认单”中明确。

(5)受理供电段驻站(所)联络员申请停电作业命令时,须核对停电范围与作业地点是否一致。

(6)列车调度员须在接触网施工开始前,认真核对日施工计划及施工预拟调度命令,并与相关车站值班员核对施工地段、作业内容、封锁线路、影响范围等。

二、接触网停电倒闸

(1)列车调度员不迟于倒闸作业开始前9min,根据“签认单”向相关车站下达倒闸预计时间及倒闸时间内行车限行条件调度命令,并通知供电调度员。

(2)车站值班员依据列车调度员调度命令,用列车无线调度通信设备向倒闸时间内进入和倒闸影响范围内的在途列车司机转达后,向列车调度员汇报。如果司机由于运行等原因不同意倒闸,车站值班员应向列车调度员汇报,推迟倒闸时间。推迟倒闸时,列车调度员应重新下达预计倒闸时间调度命令,并立即通知供电调度员。

(3)列车调度员根据车站值班员的报告确定倒闸时机[停电范围涉及两个行车调度管辖区段时,应与邻铁路局集团公司(台)共同确定倒闸时机],在确认倒闸区段各站均具备倒闸条件,并得到施工监控人员的准许后,电话通知副班供电调度员开始停电倒闸作业。

(4)列车调度员通知供电调度员开始停电倒闸作业时,双方必须确认施工日计划编号和"签认单"编号一致后,方可开始倒闸作业。

(5)供电调度员接到列车调度员准许倒闸的通知后,主班供电调度员根据"主班操作命令簿"向副班供电调度员下达倒闸操作命令并进行监控,由副班供电调度员进行操作。涉及相关供电台联合倒闸作业时,相关供电台主班供电调度员根据主体台主班供电调度员下达的倒闸操作命令,指挥相关台副班供电调度员进行操作。

(6)倒闸作业完毕后,副班供电调度员电话通知列车调度员,并将实际倒闸时间记入"签认单"中。

三、调度命令发布

主体行车台列车调度员接到供电调度员停电倒闸结束的通知后,通知相关行车台列车调度员,主体及相关行车台列车调度员依据施工日计划内容禁止向停电区段放行列车。主体行车台列车调度员经与车站确认现场准备就绪、具备封锁(区间)线路条件后,下达封锁(区间)线路、开行路用列车、准许施工作业的调度命令。

四、接触网送电倒闸及线路开通

(1)主班供电调度员接到供电段要令人员"××号接触网停电作业命令施工作业结束、安全防护措施已撤除、人员机具撤至安全地带、具备送电条件"的销令请求后,立即通知副班供电调度员,由副班供电调度员电话通知主送行车台列车调度员,请求接触网送电倒闸作业。

(2)接到供电调度送电倒闸的请求后,主送行车台列车调度员执行第二项接触网停电倒闸(2)~(4)条款;供电调度员执行(5)、(6)条款。

(3)主送行车台列车调度员根据供电调度员报告的送电命令号,向相关车站值班员发布接触网送电,线路开通恢复使用的调度命令,并通知相关行车台列车调度员。

(4)主班供电调度员电话通知供电段要令人员。用语:________要令人,前发________命令编号接触网停电设备已恢复供电。

五、其他安全控制措施

接触网倒闸期间,导致接触网柱上隔离开关(分段绝缘器、绝缘锚段关节)两侧,一侧有电一侧无电的特殊区段,禁止办理电力机车(动车组)接发车作业。

六、供电调度施工作业流程图(图9-19)

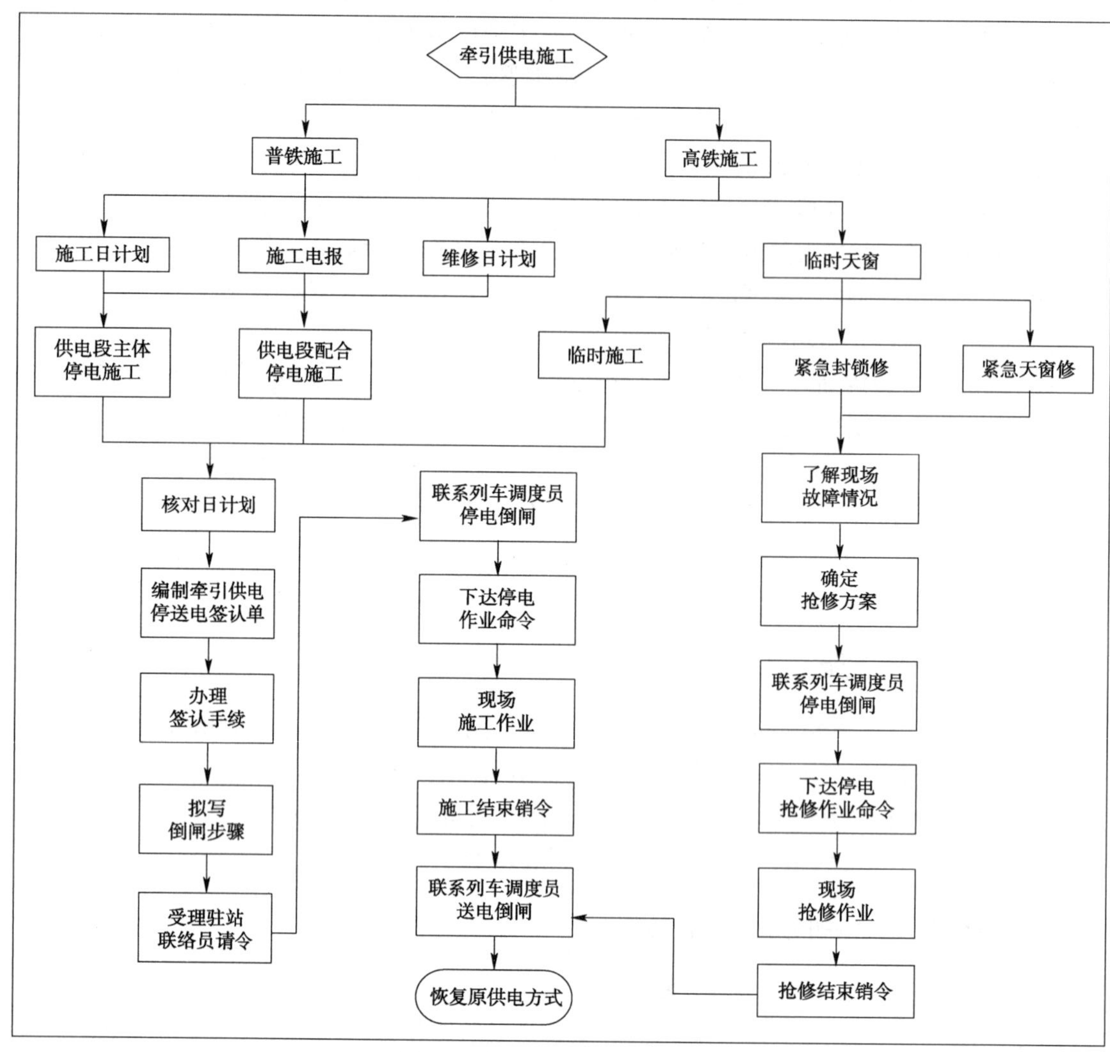

图9-19　供电调度施工作业流程图

任务实施与评价

请完成本任务的任务实施与评价,见教材数字资源中的电子实训工单。

任务四　接触网跳闸应急处置及抢修指挥

学习目标

知识目标

1. 掌握普铁接触网跳闸故障抢修处理有关规定;

2. 掌握普铁接触网跳闸重合不成功处置程序；
3. 掌握普铁接触网跳闸应急处置流程；
4. 掌握高铁接触网跳闸故障抢修处理有关规定；
5. 掌握高铁接触网跳闸重合不成功处置程序；
6. 掌握高铁接触网跳闸应急处置流程。

能力目标

1. 掌握普铁接触网跳闸故障抢修处理方法；
2. 能够正确执行普铁接触网跳闸重合不成功处置程序；
3. 能够正确执行普铁接触网跳闸应急处置流程；
4. 掌握高铁接触网跳闸故障抢修处理方法；
5. 能够正确执行高铁接触网跳闸重合不成功处置程序；
6. 能够正确执行高铁接触网跳闸应急处置流程。

素质目标

1. 深刻认识“快抢修、保畅通”的重要意义；
2. 树立平时多学、多练的岗位责任意识；
3. 树立甘于奉献、遵规守纪的职业道德。

任务描述

2023 年 7 月 14 日 9:08，H 铁路局集团公司管内滨洲线，该线为普速铁路，某牵引变电所 214 供电臂跳闸，重合闸失败，供电臂末端分区所 231 断路器跳闸，检有压重合闸不成功，作为当班供电调度员，请说出处置流程。

2023 年 9 月 20 日 19:20，H 铁路局集团公司管内哈齐客运专线，该线为高速铁路，某牵引变电所 214 供电臂跳闸，重合闸失败，供电臂末端分区所 231 断路器跳闸，检有压重合闸不成功，作为当班供电调度员，请说出处置流程。

案例导入

4 天致 8 次高铁晚点　放风筝须远离铁路电力网

最近，随着天气逐渐回暖，群众户外活动增多。铁路部门提醒，切勿在铁路电力线路导线附近放风筝、气球等，否则极易引发列车晚点甚至安全事故。

记者从郑州铁路局集团公司了解到，仅 2 月 18 日至 21 日，该集团公司管内由于风筝等异物搭挂高铁接触网事故就发生多达 15 起，其中导致高铁列车晚点达 8 起。

“风筝一旦搭挂接触网，就有可能导致接触网跳闸，一旦跳闸，就会影响高铁正点运行。”郑州铁路局集团公司郑州高铁基础设施段副段长侯光辉介绍，在郑州，一些市民选择在蝶湖公园周边放风筝、野餐小聚，但该公园与京广、郑阜高铁和郑机城际铁路相邻，风筝、轻飘垃圾、聚餐塑料布等物品极易被风刮搭挂在高铁供电接触网，给列车运行安全带来很大隐患。

为确保旅客列车安全畅通，铁路部门日常通过机车添乘、无人机巡航和北斗高分智能遥感系统等手段检查监测铁路周边环境，同时组织人员深入铁路沿线学校、工厂、社区、乡村等地进行路外安全宣传,并在距离高铁线路较近的位置,运用宣传车不间断宣传提醒市民在高铁沿线禁放风筝。

铁路部门提示,根据《铁路安全管理条例》和《河南省铁路安全管理规定》,禁止在铁路电力线路导线两侧各500米范围内升放风筝、气球等物体。如违反相关规定,由公安机关责令改正,对单位处1万元以上5万元以下的罚款,对个人处500元以上2000元以下的罚款。

(资料来源:人民网—健康生活　责任编辑:张文婷　杨迪)

引导提示:从上述案例得知,由于放风筝搭挂接触网,导致接触网跳闸,而且事故发生的次数还较多,影响很大。通过以上案例分析一下还有哪些情况会导致接触网跳闸,如何防止接触网跳闸呢?一旦发生跳闸情况,调度人员应该如何处置呢?

知识探索

一、普铁接触网跳闸应急处置及抢修指挥

普铁接触网抢修要遵循“先通后复”和“先通一线”的基本原则,以最快的速度设法先行供电、疏通线路并及早恢复设备正常的技术状态。必要时可采取迂回供电、越区供电、降弓通过或限制列车速度通过等措施,缩短停电、中断行车时间,并及时安排时间处理遗留工作,使接触网及早恢复正常技术状态。

铁路局集团公司供电调度员得知接触网发生故障后,首先要根据故障的显示情况、保护动作类型及各方面信息,迅速判明故障地点和情况(当故障点标定装置失效时,可采取分段试送电、派人巡视等方法查找),必要时通知列车调度员,请邻线通过列车司机加强瞭望,帮助确定故障地点和状态,尽可能详细地掌握设备损坏程度和波及范围,及时与列车调度员办理接触网停电及行车限制有关事宜,迅速通知就近的接触网工区和供电段生产调度,组织调动抢修队伍,并通报相关部门。

接触网故障抢修工作必须服从铁路局集团公司供电调度员的统一指挥。

供电段负责现场抢修组织和实施,抢修组设现场指挥一人,负责抢修方案的现场实施。所有参加现场抢修的人员都必须服从抢修指挥人员的统一指挥。

1. 接触网跳闸重合成功

供电调度员发现接触网跳闸重合闸成功,立即通知列车调度员跳闸情况,并要求其了解相关信息。同时,立即通知相关接触网工区在该供电臂内巡视、查找故障原因并与现场保持联络,便于了解故障情况。

列车调度员立即通知故障供电臂内和后续首列即将进入故障供电臂内的电力机车(动车组)司机注意运行,观察接触网状态,发现异常立即采取措施并报告列车调度员(车站值班员)。

2. 接触网跳闸重合不成功

供电调度员发现接触网跳闸重合闸不成功,立即通知列车调度员接触网停电范围和列车限行条件。同时,立即通知相关接触网工区在该供电臂内巡视、查找故障原因;通知轨道

车工区做好抢修准备;并与现场保持联络,便于了解故障情况。

列车调度员立即扣停尚未进入故障供电臂的后续列车,并确认该供电臂内所有电力机车(动车组)已降弓。供电调度员进行一次试送电,如不成功,恢复其他区段送电,并组织后续故障处理;如试送电成功,列车调度员组织逐台升弓排查故障,直至确认故障机车(动车组),排查故障时,电力机车(动车组)升弓须在接触网停电时进行。

当变电所所在站区发生近点短路(故障点标定装置指示在3km范围内),自动重合失败后,若跳闸区段供电臂末端有分区所并联断路器,不得用故障供电臂上的变电所断路器试送电,应用同方向另一供电臂通过分区所的并联断路器向故障供电臂试送电。

故障查找人员找到故障点后,应立即报告现场指挥,说明故障的位置、性质、损坏范围等情况。现场指挥应立即对现场损坏范围等情况核查清楚,组织制定抢修建议方案报供电调度员。

供电调度员要根据故障破坏范围等情况及抢修组提报的建议方案、故障区段行车状况和运输要求,尽快确定抢修实施方案。

抢修方案一经确定一般不应变动,必须变动时要经过供电调度员同意,并通知有关部门和单位。

在接触网抢修过程中,抢修组要指定专人与铁路局集团公司供电调度员、供电段生产调度员经常保持通信联络,随时报告抢修进度等情况,同时供电调度员要将运输要求及时传达给接触网抢修现场指挥。

接触网故障抢修过程中,铁路局集团公司供电调度员应按规定及时填写“牵引供电、电力故障速报”电传或网络传送中国国家铁路集团有限公司运输调度指挥中心供电调度和铁路局集团公司供电专业管理部门,并实时汇报抢修进度。

接触网抢修作业结束后,确认符合供电行车条件后方准申请送电。送电后要观察1~2趟车,确认运行正常后抢修组方准撤离故障现场。

需封锁线路、降弓通过或限速运行时,抢修人员应向供电调度员报告起止位置(或范围)和列车运行注意事项,并按规定在相邻车站登记,现场设置标志或显示手信号。接触网限速值应由现场指挥人员根据抢修后接触网技术状态确定。

3. 普铁接触网跳闸应急处置流程图(图9-20)

二、高铁接触网跳闸应急处置及抢修指挥

高速铁路接触网故障抢修要遵循“先行供电”“先通后复”“先通一线”的基本原则,以最快的速度满足滞留列车供电条件,尽快疏通级路并尽早恢复设备正常的技术状态。为保证快速抢通,在确保安全的前提下,允许接触网降低技术条件临时恢复供电开通运行。

牵引供电运行各级管理部门按照“细分供电单元,缩小供电范围,准确判断故障,压缩故障停时”的要求,合理抢修布局,强化抢修设施配套,完善抢修预案,实现快速响应、高效抢修。

发生跳闸后,供电调度员应通过保护装置提供的故障报告,结合列车运行、天气情况、视频监控等信息,初步分析判定跳闸故障类别、性质、故障地点或区段。在动车段(所)发生供电跳闸时供电调度员应及时与列车调度员联系,确认跳闸时段动车组走行及检修作业信息,调阅视

频监控信息等,指导现场排查和分析跳闸原因,协调动车调度员,适时安排供电人员对相关动车组进行登顶检查。中断供电,故障原因不明时,供电调度员可采取分段试送电的方式基本判定故障区段或设备。故障点标定装置指示在供电线(缆)范围内的近端短路时,可断开故障供电线(缆)上网开关,通过迂回供电方式试送电。

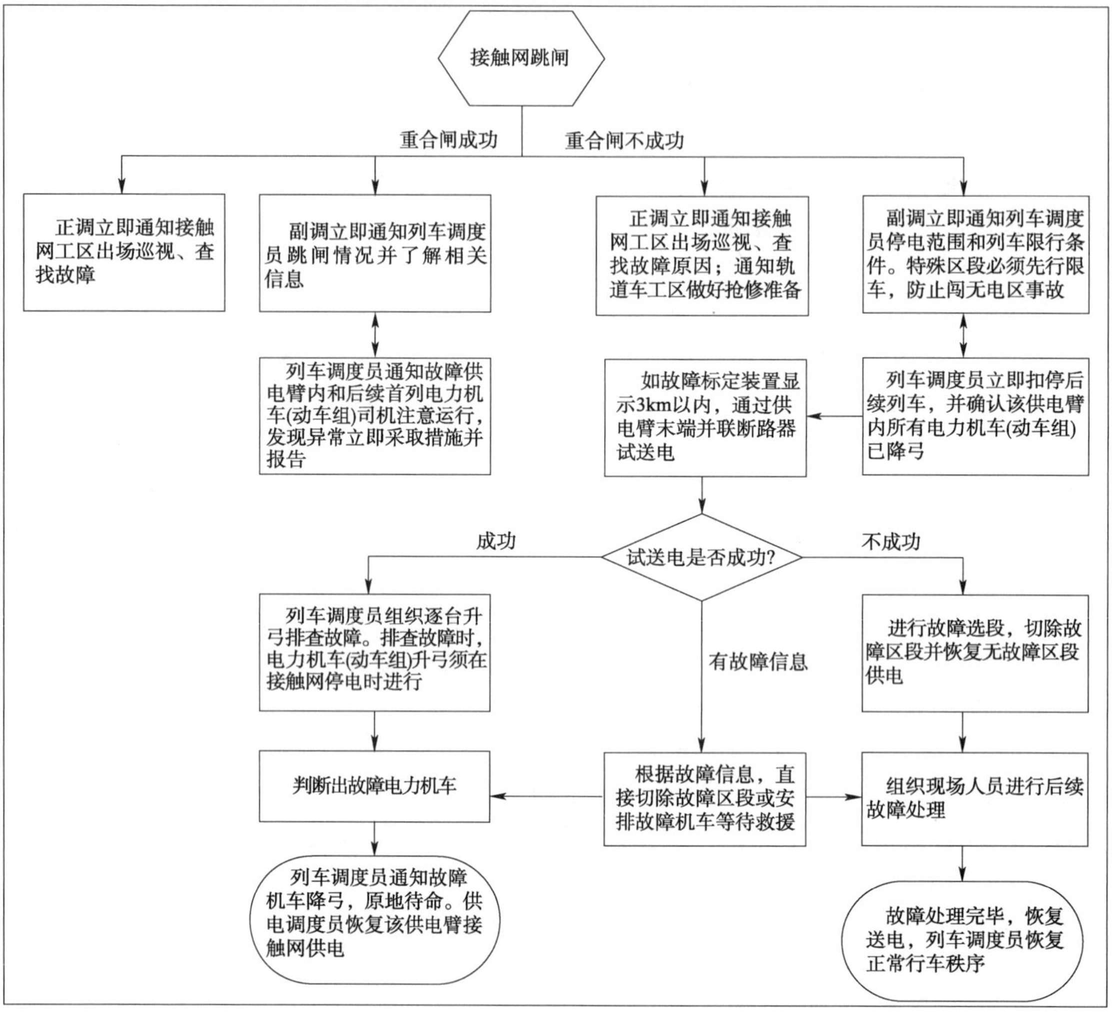

接触网跳闸

重合闸成功

重合闸不成功

正调立即通知接触网工区出场巡视、查找故障

副调立即通知列车调度员跳闸情况并了解相关信息

正调立即通知接触网工区出场巡视、查找故障原因;通知轨道车工区做好抢修准备

副调立即通知列车调度员停电范围和列车限行条件。特殊区段必须先行限车,防止闯无电区事故

列车调度员通知故障供电臂内和后续首列电力机车(动车组)司机注意运行,发现异常立即采取措施并报告

如故障标定装置显示3km以内,通过供电臂末端并联断路器试送电

列车调度员立即扣停后续列车,并确认该供电臂内所有电力机车(动车组)已降弓

试送电是否成功?

成功

不成功

有故障信息

列车调度员组织逐台升弓排查故障。排查故障时,电力机车(动车组)升弓须在接触网停电时进行

进行故障选段,切除故障区段并恢复无故障区段供电

判断出故障电力机车

根据故障信息,直接切除故障区段或安排故障机车等待救援

组织现场人员进行后续故障处理

列车调度员通知故障机车降弓,原地待命。供电调度员恢复该供电臂接触网供电

故障处理完毕,恢复送电,列车调度员恢复正常行车秩序

图9-20 普铁接触网跳闸应急处置流程图

铁路局集团公司供电调度员负责接触网故障抢修指挥。铁路局集团公司应建立高铁供电应急指挥专家组,应急指挥专家组主要负责指导高铁供电应急处置方案的制定和实施,为电调指挥和现场抢修提供技术支持,实现安全快速抢通。

供电段负责现场抢修组织和实施。抢修时,应明确现场抢修负责人,所有抢修人员必须服从抢修负责人的统一指挥。在配合铁路交通事故救援时,接触网抢修负责人应服从事故现场负责人的指挥。

1.接触网跳闸重合成功

遇有接触网跳闸重合或送电成功,原因不明时,供电调度员应立即将接触网跳闸情况、故障标定装置指示地点的里程及限速要求通知列车调度员；判明为未侵入铁路建筑限界的变电设备原因、过负荷或供电线(缆)原因时，列车可不需限速、降弓。同时，供电调度员应立即组织供电人员登乘本线或邻线列车及线外巡视检查设备，并与现场保持联络，便于了解故障情况。供电人员根据需要及时向列车调度员提出利用动车组列车运送人员处理故障的申请，列车调度员应及时安排。

列车调度员立即向尚未经过该地点的本线及邻线首列列车发布口头指示限速80km/h注意运行，限速位置原则上按故障标定装置指示地点前后各2km确定；故障地点不明确的，按整个供电臂(供电单元)限速。

司机应注意观察接触网设备状态，发现影响行车异常情况时应立即停车并向列车调度员报告，列车调度员立即通知尚未经过异常地点的后续列车停车，不得再向该区间放行列车，并立即通知供电部门检查处理，列车调度员按供电部门登记的行车限制条件组织行车；无异常时，司机在通过限速地点后立即向列车调度员报告。列车调度员根据本线司机确认本线无异常的报告组织本线后续列车正常运行，根据邻线司机确认邻线无异常的报告组织邻线后续列车正常运行。

2. 接触网跳闸重合不成功

遇有接触网跳闸或重合闸不成功，供电调度员应立即将接触网停电范围、故障标定装置指示地点里程通知列车调度员。同时，供电调度员应立即组织供电人员登乘本线或邻线列车及线外巡视检查设备，通知相关轨道车工区做好故障抢修准备，并与现场保持联络，便于了解故障情况。供电人员根据需要及时向列车调度员提出利用动车组列车运送人员处理故障的申请，列车调度员应及时安排。

列车调度员接到接触网停电报告后应立即扣停未进入停电范围的后续相关列车，并通知停电范围内的列车司机立即停车、降弓，在确认该供电臂内所有列车已降弓后，供电调度进行试送电，如不成功，恢复其他区段送电，并组织后续故障处理；如试送电成功，列车调度员可根据行车组织需要依次安排动车组(电力机车)升弓排查故障，直至确认故障列车，排查过程中动车组(电力机车)升弓须在接触网停电时进行。判明为未侵入铁路建筑限界的变电设备原因、过负荷或供电线(缆)原因时，列车可不需限速、降弓。

当变电所所在站区发生近点短路(故障点标定装置指示在3km范围内)，自动重合失败后，若跳闸区段供电臂末端有分区所并联断路器，不得用故障供电臂上的变电所断路器试送电，应用同方向另一供电臂通过分区所的并联断路器向故障供电臂试送电。

抢修人员找到故障点后，应立即向供电调度员报告故障的位置、性质、设备损坏范围，提出抢修建议方案。抢修组要指派专人与电调时刻保持联系，随时汇报抢修进度，传达指挥信息。

已判明故障性质及故障最小停电单元，短时内无法彻底恢复，但经确认或处理，满足机车车辆限界及惰行条件的，可采用最小故障停电单元停电，列车以降弓惰行通过故障点的方式组织行车。

对影响较小，恢复用时不长的故障，应组织一次性恢复到接触网正常技术状态。故障破坏严重，影响范围大，难以短时恢复到接触网正常技术状态的，宜采用分次恢复方式，即对故障临时处理后，开通线路，申请列车以限速、降弓惰行等方式通过故障地点，另行申请时间组织彻底恢复。采取列车降弓惰行运行时,降弓范围由现场抢修组提报,并应满足列车惰行运行要求。长距离降弓范围由铁路局集团公司抢修领导小组确定。

抢修方案一经确定,一般不应变动,确需变动时,须报供电调度员,经铁路局集团公司抢修领导小组同意。

抢修作业结束后,应对故障设备涉及范围内整个锚段的接触网技术状态进行检查,确认没有侵入机车车辆限界和受电弓动态包络线的情况,确认符合供电、行车条件方准申请送电、开通线路。

需改变正常供电运行方式时,根据预案内容,供电调度员远动操作或发令转换保护定值区,必要时,及时向列车调度员提出限制列车对数等行车限制要求。

定位支撑、补偿装置及接触悬挂部分的抢修结束后,本线首列故障区段应限速 160km/h 及以下,具体限速要求由供电调度员通知列车调度员。线路开通后,现场抢修组应安排人员登乘巡视检查,有条件的应在线路栅栏外观察 1 ~ 2 趟车,检查列车通过故障区段情况,确认供电设备正常抢修人员方准撤离。

接触网设备技术状态不能满足列车常速运行时,应采取列车限速措施,由供电设备管理部门在相应车站登记行车条件,待确认接触网设备恢复正常技术状态后,恢复常速。

3. 高铁接触网跳闸应急处置流程图(图 9-21)

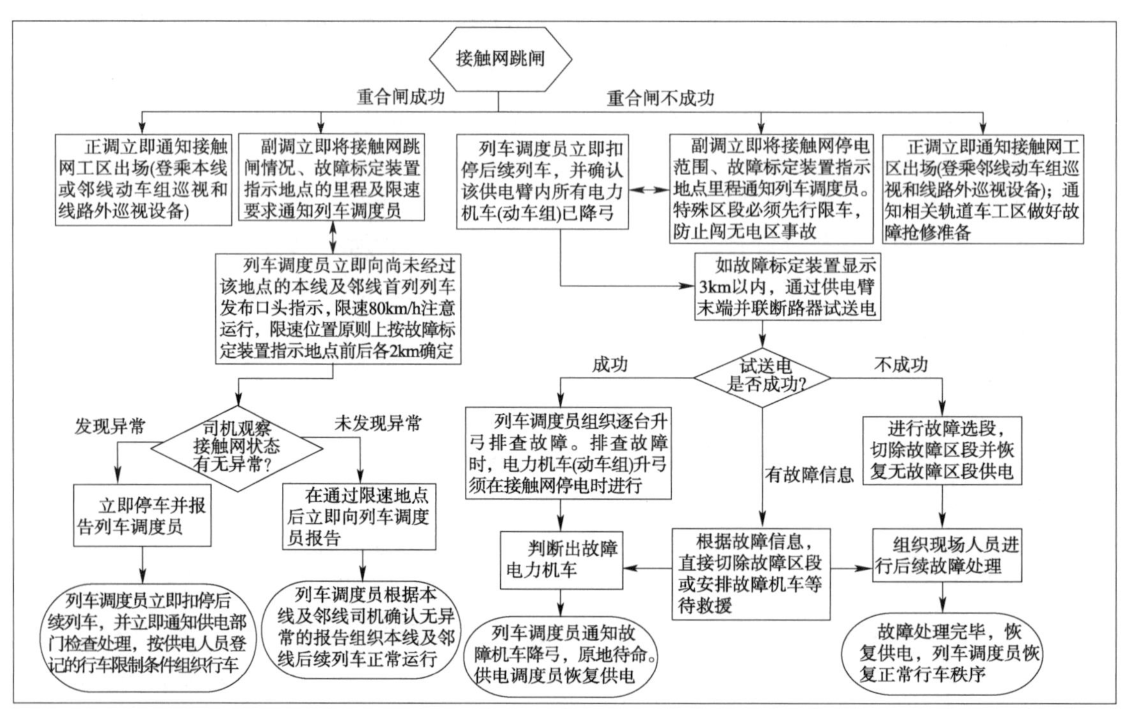

图 9-21　高铁接触网跳闸应急处置流程图

任务实施与评价

请完成本任务的任务实施与评价,见教材数字资源中的电子实训工单。

任务五 其他故障应急处置及抢修指挥

学习目标

知识目标

1. 掌握牵引变电所电源失电应急处置规定；
2. 掌握普铁接触网挂异物应急处置规定；
3. 掌握普铁分相救援应急处置规定；
4. 掌握高铁接触网挂异物应急处置规定；
5. 掌握高铁动车组不明原因自动降弓应急处置规定；
6. 掌握高铁动车组受电弓挂异物应急处置规定；
7. 掌握高铁分相救援应急处置规定。

能力目标

1. 掌握上述其他故障处理方法；
2. 熟知上述其他故障处置程序；
3. 熟知上述其他故障应急处置流程。

素质目标

1. 树立“勇当多面手，用时不犯难”的上进争先意识，从容应对突发情况；
2. 树立“未雨绸缪，居安思危”的忧患意识；
3. 树立“敬畏规章，严守标准”的职业意识。

任务描述

2023 年 8 月 3 日 15:00，H 铁路局集团公司管内哈齐客运专线，该线为高速铁路，某牵引变电所 211 供电臂跳闸，重合闸成功，供电臂末端分区所 232 断路器跳闸，系统检测显示“有压重合闸成功”。作为一名供电调度人员，在工作中遇到这样的突发情况，应该如何正确进行应急处置指挥。

案例导入

强对流天气致南京多处树木和指示牌被刮倒 京沪高铁大面积晚点

人民网 2023 年 6 月 11 日报道，昨天傍晚时分的一场狂风暴雨，让南京城措手不及，位于主城南部的南京市气象探测中心测得 10 级大风。市内不仅多处树木、交通指示牌倒伏，还造成了京沪等高铁的大面积晚点，以及江苏多个汽渡的临时停航。

多处树木和交通牌倒了

记者昨天从多个交警大队获悉，受恶劣天气影响，南京多处树木、交通指示牌倒伏。

雨花台区雨花西路花卉市场门口、雨花西路中华门地铁站 3 号口、安德门宜悦城门口掉头道、雨花西路大华眼镜店门口、雨花西路锦江之星门口、绿都大道天禧酒店等处有树木、交通指示牌等被大风刮倒。

交警五大队相关人士告诉记者,鼓楼区西康路、锦江路、凤凰西街等路段有树木倒下,未造成人员受伤,五大队警力现场采取了临时管控,配合园林部门抢险。

此外,受天气影响,绕城公路北向南夹岗门路段处路边树木倾倒,高速二大队交警随后到达现场封闭最右侧道路。高速十大队交警介绍,江心洲长江大桥西向东方向,一辆蓝牌小货车因横风发生侧翻。

异物挂上高铁接触网

昨天傍晚6时,记者接到市民来电,称自己乘坐的G143次列车已在开出蚌埠站不远处停了20分钟。列车员表示,因为南京暴雨影响,列车暂无法开行。

截至记者发稿的6时43分,列车仍未开行。12306显示,该趟列车已晚点一个小时。记者了解到,昨天傍晚6时后京沪高铁的各条线路列车全部晚点。

记者从上海铁路局集团公司了解到,昨天傍晚5时25分,因当地大风强对流天气,造成异物挂上接触网,影响京沪高铁定远至滁州区间列车正常运行,导致部分列车晚点。铁路部门第一时间启动应急预案,组织人员抢修,已于6时25分处理完毕,列车运行秩序正在逐步恢复。由此给旅客出行带来不便,铁路部门深表歉意。

(资料来源:人民网　责任编辑:黄竹岩　张妍)

引导提示:从上述案例得知,面对突发情况,铁路部门第一时间启动应急预案,组织人员抢修,体现了"未雨绸缪、居安思危"的忧患意识,以及及时处理的积极工作态度。案例中提到了"异物挂上接触网",那么日常调度指挥中遇到这样的情况应该如何正确处理呢?

知识探索

一、牵引变电所电源失电

1.一路电源停电

发生牵引变电所主用电源停电,备用电源自动投用启动,自动切换到备用电源供电时,接触网瞬间停电,供电调度员通知列车调度员接触网瞬间停电范围;通知供电段进行牵引变电所设备的检查。

发生牵引变电所备用电源停电,对接触网供电无影响,仅电源可靠性降低,通知供电段进行牵引变电所设备的检查。

2.两路电源停电

遇有牵引变电所电源两路电源停电,供电调度员立即将停电范围和采取相邻牵引变电所越区供电及停电范围内的接触网设备的倒闸影响范围通知列车调度员。得到列车调度员允许后,进行越区供电的倒闸操作,恢复供电后通知列车调度员;与地方供电部门联系恢复供电时间,做好牵引变电所恢复供电的准备工作;通知供电段进行牵引变电所设备的检查。

3.牵引变电所电源失电应急处置流程

牵引变电所电源失电应急处置流程图如图9-22所示。

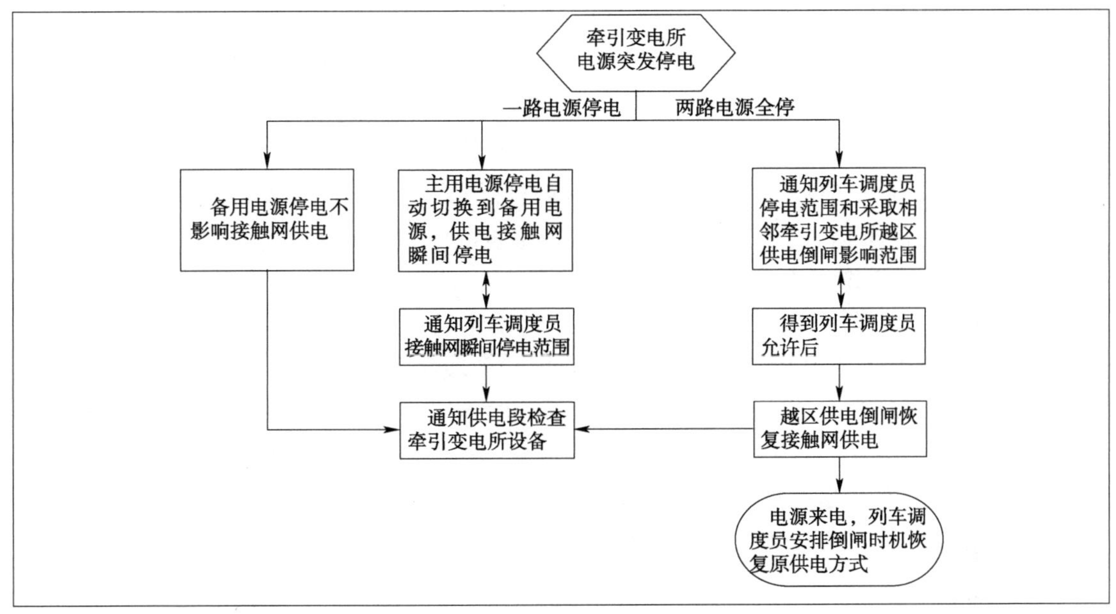

图 9-22　牵引变电所电源失电应急处置流程图

二、普铁接触网挂异物

司机在运行中发现本线或邻线接触网异常或挂有异物时，应立即采取措施，并向列车调度员（车站值班员）报告异常现象及地点，列车调度员（车站值班员）及时通知供电部门检查处理，在"行车设备检查登记簿"内登记。车站值班员报告列车调度员，列车调度员转报供电调度员。普铁接触网挂异物如图 9-23 所示。

图 9-23　普铁接触网挂异物

（1）本线接触网异常或挂有异物时，如不影响行车，司机按正常行车方式通过；电力机车（动车组）降弓可以通过时，司机按降弓方式通过该地点，列车调度员向后续列车发布降弓通过故障地点的调度命令，降弓位置原则上按照司机汇报故障地点前后各 300m 确定；电力机车（动车组）不能降弓通过时，司机应立即停车并报告，列车调度员（车站值班员）应立即通知本线后续列车停车，不得向故障区段放行列车。

（2）司机发现邻线接触网异常或挂有异物时，如司机汇报邻线故障点不能降弓通过，列车调度员（车站值班员）应立即通知邻线尚未通过该地点的列车停车，不得再向邻线该区间放行列车。如司机报告可降弓通过或不影响行车，邻线按第（1）项规定执行。

（3）如司机汇报不能确定接触网异常或异物是否影响邻线行车，列车调度员（车站值班员）立即向邻线尚未通过该地点的首列列车司机发布口头指示注意运行，位置按司机汇报故障地点前后各 300m 确定。司机应注意观察接触网设备状态，根据该司机确认情况，后续处理按第(1)项规定执行。

(4)地面人员发现时,应立即显示降、升弓手信号,并通知供电(列车)调度员,列车调度员应向通过故障地段的各次列车,发布降弓的调度命令。在电力机车已执行信号要求并超过显示人时,即可收回手信号,但挂有补机时,须待补机越过显示人后,方可收回手信号。机车降弓滑行400m后,如见不到升弓信号,司机可自行升弓继续运行。如不能降弓运行时,应及时向列车发出停车信号,使列车停车,然后设法将故障情况和地段报告供电(列车)调度员。供电调度员应立即组织处理。

(5)需电力机车降弓通过的长期故障地段,由铁路局集团公司供电处发布电报,明确故障地段里程、执行降弓起止时间及相关注意事项,机务段必须向有关乘务员传达清楚。供电部门应按《技规》规定,在故障地段列车运行方向的左侧设置准备降弓标志和T降、降、升弓标志(同时在该侧设置反向运行所需的准备降弓标志和T降、降、升弓标志)。

(6)供电人员在接到接触网异常或挂有异物时应立即组织人员处理。

普铁接触网挂异物应急处置流程如图9-24所示。

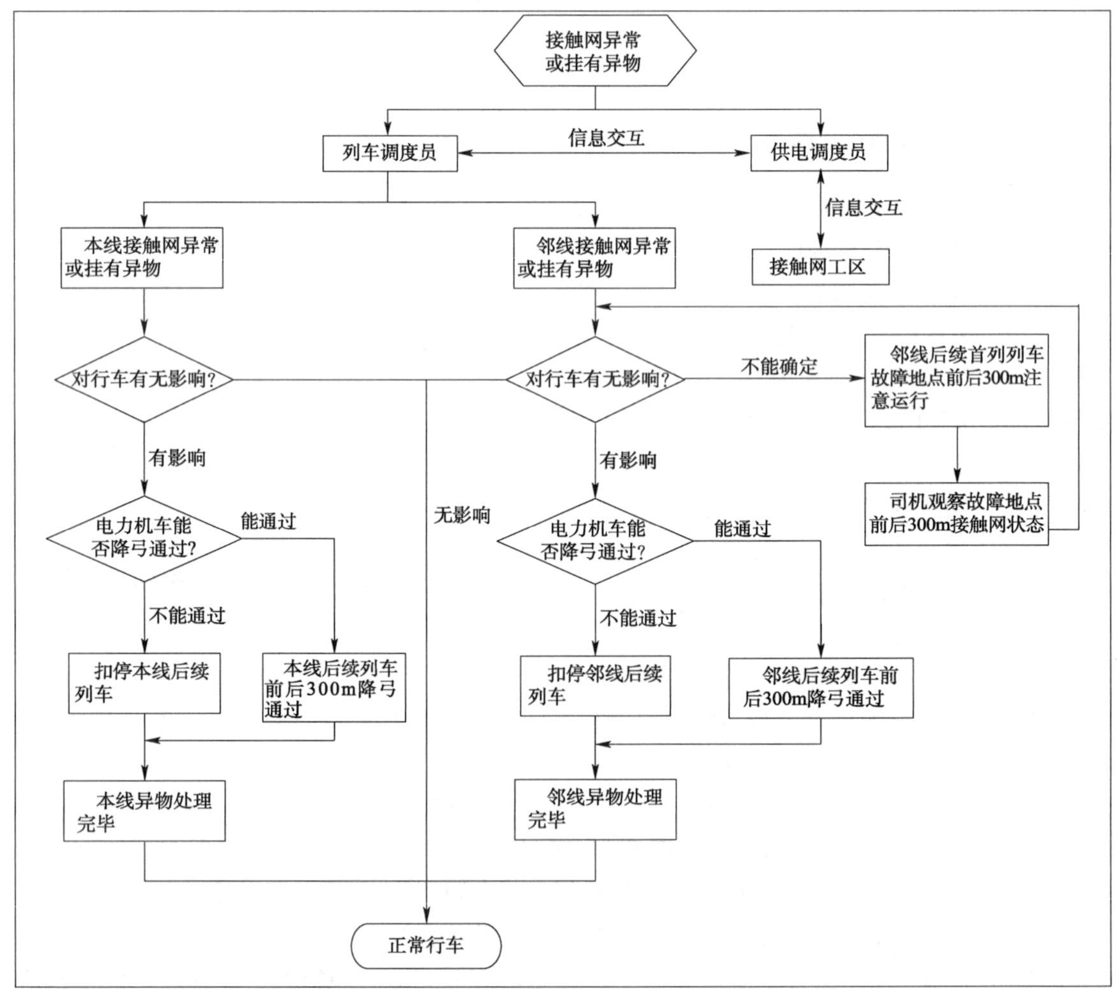

图9-24 普铁接触网挂异物应急处置流程图

三、普铁分相救援

供电调度员接到电力机车(动车组)列车停在接触网分相无电区不能继续运行时,应了解电力机车(动车组)停车位置的行别、里程,确认在分相范围内后,通知列车调度员向分相送电(越区供电)的倒闸影响范围及行车限制条件,得到其许可后进行越区供电的倒闸作业。越区供电完成后,通知列车调度员,救援结束后,列车调度员及时安排倒闸时机,恢复接触网设备的原供电方式。

普铁分相救援应急处置流程如图9-25所示。

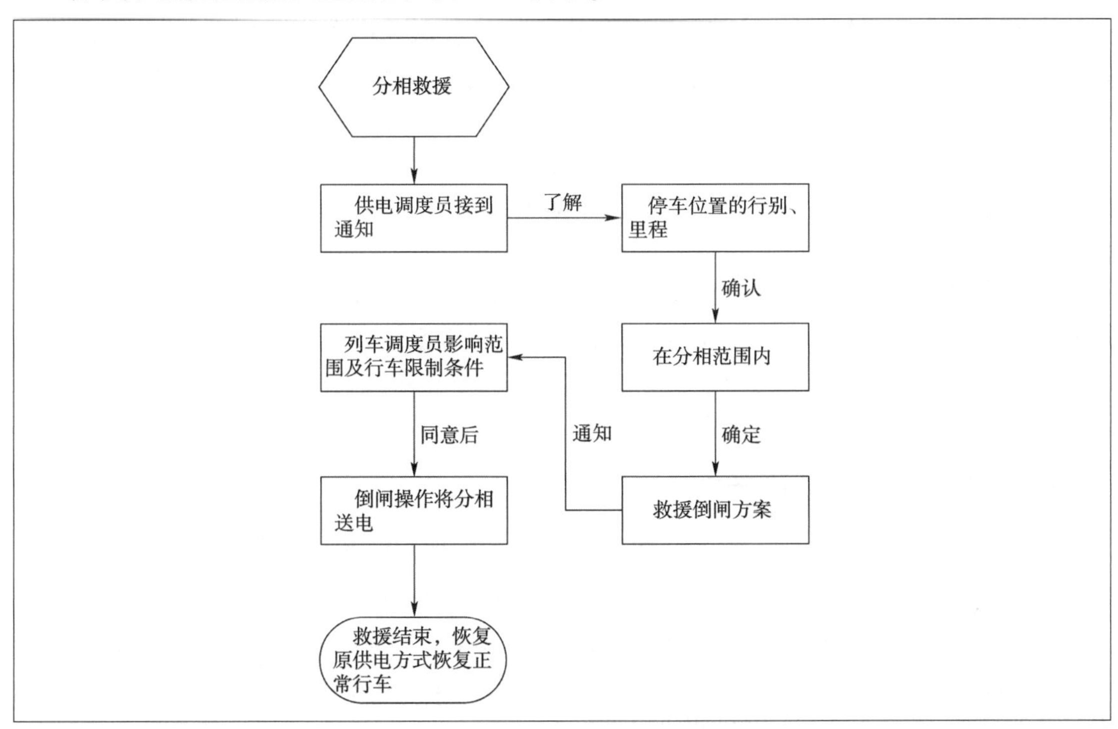

图9-25　普铁分相救援应急处置流程图

四、高铁接触网挂异物

(1)司机在运行中发现本线或邻线接触网上挂有异物时,应立即采取措施并向列车调度员(车站值班员)汇报异物情况和故障地点,列车调度员(车站值班员)及时通知供电部门检查处理,在“行车设备检查登记簿”内登记,车站值班员报告列车调度员。列车调度员转报供电调度员。高铁接触网挂异物如图9-26所示。

图9-26　高铁接触网挂异物

(2)本线挂有异物时,如异物情况不影响行车,司机按正常行车方式通过。本线降弓可以通过时,司机按降弓方式通过该地点,列车调度员向该线后续列车发布限速160km/h降弓通过故障地点的调度命令(不设置列控限速),限速降弓位置原则上按司机汇报故障地点前后各2km确定。不能降弓通过时司机应立即停车并报告,列车调度员(车站值班员)应立即通知本线后续列车停车,不得再向该区间放行列车。

(3)邻线挂有异物时,如司机汇报邻线异物不能降弓通过,列车调度员(车站值班员)应立即通知邻线尚未经过该地点的列车停车,不得再向邻线该区间放行列车。如司机汇报邻线异物可降弓通过或异物情况不影响行车,邻线列车运行按《技规》规定执行。

如司机汇报不能确定异物是否影响邻线行车,列车调度员应立即向邻线尚未经过该地点的首列列车司机发布口头指示限速80km/h注意运行,限速位置原则上按司机汇报故障地点前后各2km确定。司机应注意观察接触网设备状态。根据该司机确认情况,后续处理按第(2)项规定执行。

(4)供电调度员接到报告后,应立即组织供电人员登乘本线或邻线列车巡视检查设备并处理。供电人员根据需要及时向列车调度员提出利用动车组列车运送人员处理故障的申请,列车调度员应及时安排。

供电部门检查处理后,列车调度员按供电部门登记的行车限制条件组织行车。故障处理完毕后,列车调度员根据供电部门在"行车设备检查登记簿"内的销记,恢复正常行车组织。

高铁接触网挂异物应急处置流程如图9-27所示。

五、高铁动车组不明原因自动降弓

(1)列车在运行途中,因不明原因降弓,司机应立即切断主断路器并停车,同时查看降弓地点公里标,向列车调度员(车站值班员)报告,车站值班员报告列车调度员。列车调度员应立即通知区间内后续列车停车,不得再向该区间放行列车,将降弓情况转报供电调度员。动车组列车随车机械师应根据故障信息记录,及时向司机反馈故障发生时间等信息,由司机报告列车调度员,列车调度员及时转报供电调度员。

(2)经检查处理,列车恢复运行后,司机应立即报告列车调度员,列车调度员应立即向本线尚未经过该地点的首列列车发布口头指示限速80km/h注意运行,限速位置原则上按司机汇报故障地点前后各加2km确定。司机应注意观察接触网设备状态,发现影响行车异常情况时应立即停车并向列车调度员报告,列车调度员立即通知尚未经过异常地点的后续列车停车,不得再向该区间放行列车,并立即通知供电段检查处理。无异常时,司机在通过限速地点后立即向列车调度员报告,列车调度员根据司机确认无异常的报告组织后续列车正常运行。

(3)供电调度员接到报告后,应立即组织供电人员登乘本线或邻线列车巡视检查设备。供电人员根据需要及时向列车调度员提出利用动车组列车运送人员处理故障的申请,列车调度员应及时安排。

(4)供电人员登乘本线或邻线列车巡视检查设备,登乘列车限速80km/h,限速位置原则上按司机汇报故障地点前后各加2km确定。

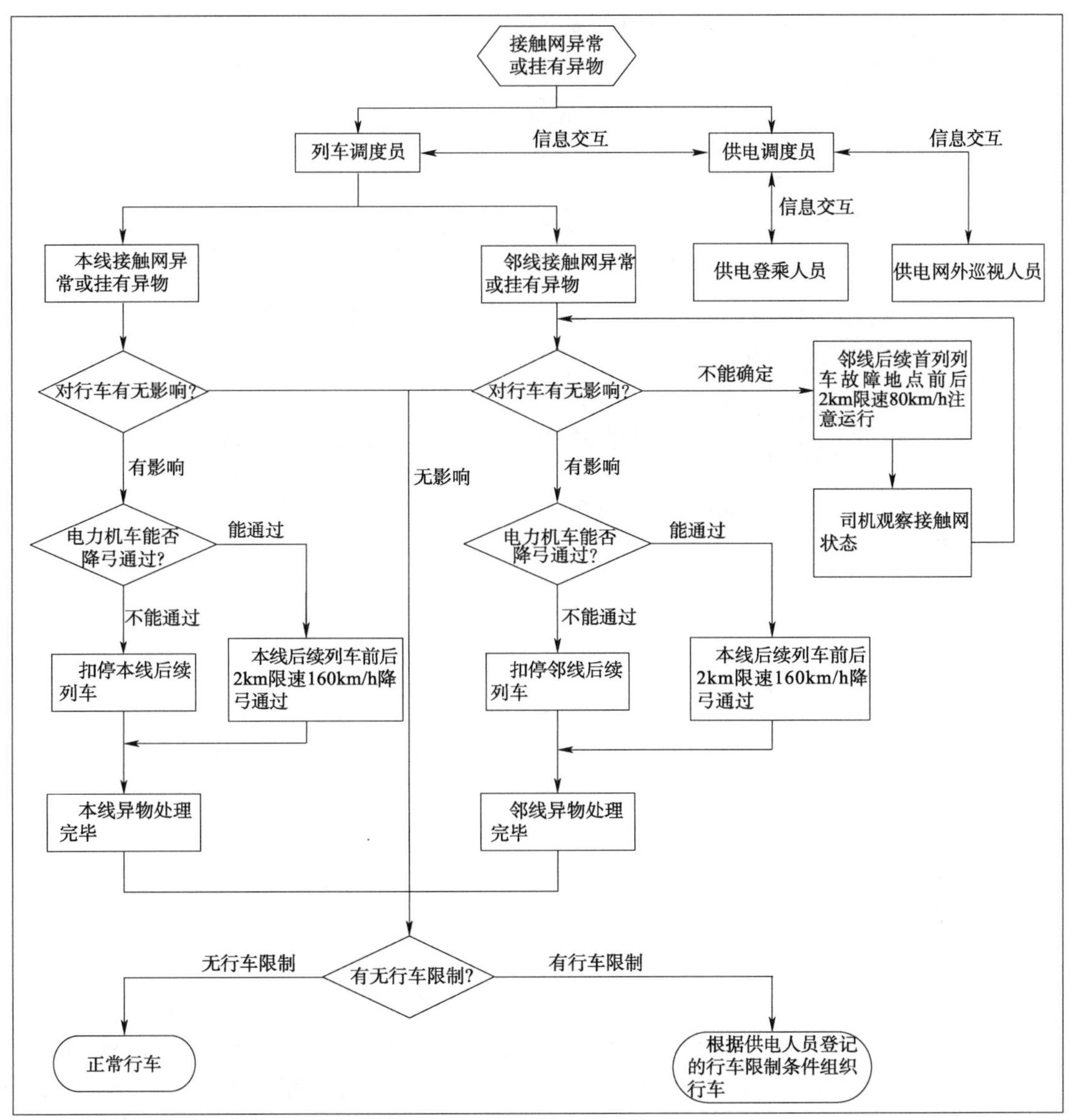

图 9-27　高铁接触网挂异物应急处置流程图

(5)如司机确认接触网设备异常无法行车,供电人员应优先选择登乘邻线列车上线处理故障。

(6)供电人员检查处理完毕后,列车调度员根据供电段在“行车设备检查登记簿”内登记的行车限制条件组织行车。

高铁动车组自动降弓应急处置流程如图 9-28 所示。

六、高铁动车组受电弓挂异物

(1)列车运行途中,司机接到受电弓挂有异物通知时,应立即降弓、停车,向列车调度员(车站值班员)报告,车站值班员报告列车调度员。需下车检查或登顶作业时,司机(动车组列车为随车机械师通过司机)及时向列车调度员提出请求。

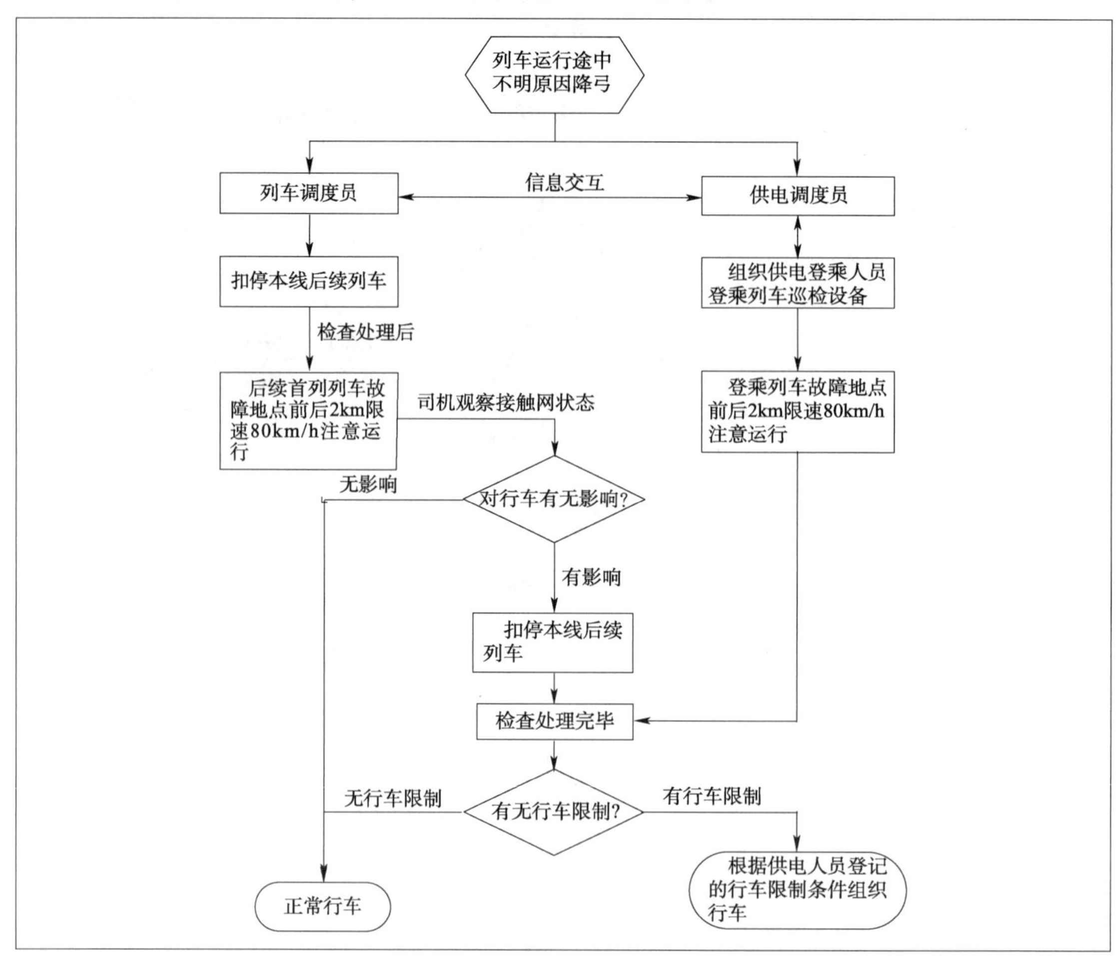

图9-28 高铁动车组自动降弓应急处置流程图

(2)列车调度员(车站值班员)得到报告后,应立即通知区间内后续列车停车,不得再向该区间放行列车。列车调度员根据下车检查或登顶作业的请求,发布邻线列车限速160km/h及以下调度命令;需登顶作业时,列车调度员还应通知该供电臂内的列车停车并降弓,与供电调度员办理接触网停电手续,得到供电调度员接触网已停电的通知后,发布准许登顶作业的调度命令。

(3)司机在接到邻线列车限速160km/h及以下调度命令已发布的口头指示后,下车检查(动车组列车为司机通知随车机械师下车检查)。司机根据准许登顶作业的调度命令和邻线列车限速160km/h及以下调度命令已发布的口头指示登顶作业(动车组列车为司机通知随车机械师登顶作业)。

(4)异物处理完毕后,司机应报告列车调度员,列车调度员与供电调度员办理接触网送电手续,通知该停电供电臂内的列车升起受电弓,取消邻线限速,恢复正常行车。需限速运行时,司机(动车组列车根据随车机械师的通知)限速运行。

(5)司机(动车组列车为随车机械师)现场检查发现受电弓滑板及托架有损伤或接触网有异状时,应及时报告列车调度员,列车调度员扣停后续列车,并通知供电部门对接触网设备进行检查处理，根据供电部门在“行车设备检查登记簿”内登记的行车限制条件组织行车。

高铁动车组受电弓挂异物应急处置流程图如图 9-29 所示。

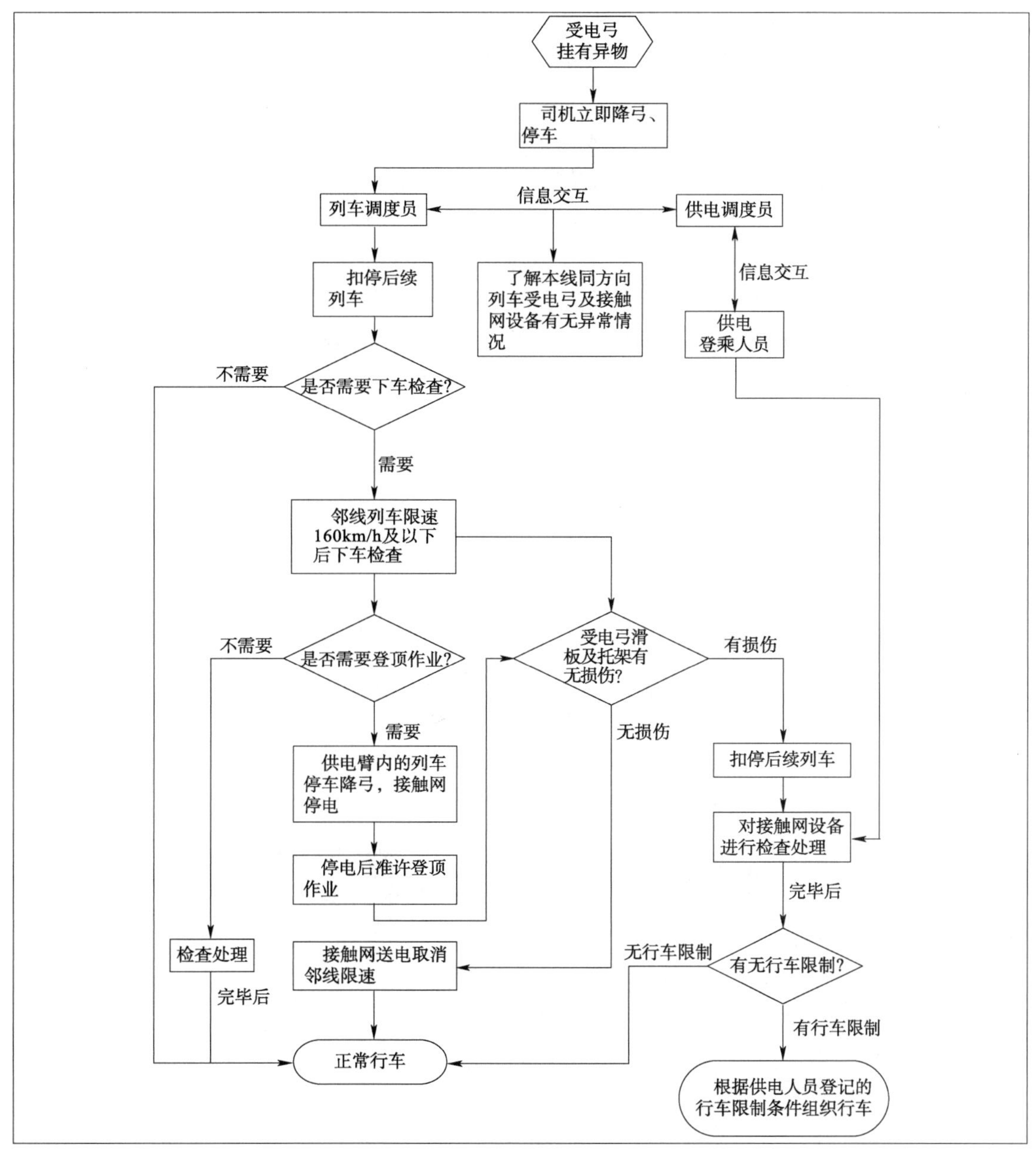

图 9-29　高铁动车组受电弓挂异物应急处置流程图

七、高铁接触网结冰受电弓取流不畅

(1) 当接触网结冰受电弓取流不畅时，司机应先采取减速措施，限速 160km/h 及以下，并及时向列车调度员汇报，列车调度员通知供电调度员，供电调度员通知供电部门检查接触网导线结冰情况。供电部门根据结冰情况，向列车调度员提出限速申请，并在“行车设备检查登记簿”登记。

(2)需安排装有铜基粉末滑板的动车组(电力机车)上线除冰时,由供电人员提出申请,列车调度员根据申请,向相关车站、车辆、机务单位发布动车组(电力机车)上线除冰调度命令,组织除冰动车组(电力机车)开行。除冰动车组(电力机车)开行时,供电段须派员登乘,负责监控除冰效果并巡视供电设备状态。车辆(机务)部门应做好铜基粉末受电弓的日常维护,利用铜基粉末受电弓上线除冰时需及时组织更换。

(3)需供电人员上线除冰时,供电段应向铁路局集团公司供电调度员申请停电,向列车调度员申请安排接触网作业车运送人员上线除冰。根据供电人员申请,列车调度员向相关车站、供电单位发布接触网作业车上线人工除冰调度命令,供电调度员向供电段发布接触网停电作业命令。当接触网大面积覆冰无法全部清除时,可分段除冰,作业结束后,供电段可根据现场除冰效果登记行车限制条件,列车调度员按登记内容组织行车。

高铁接触网结冰受电弓取流不畅应急处置流程如图9-30所示。

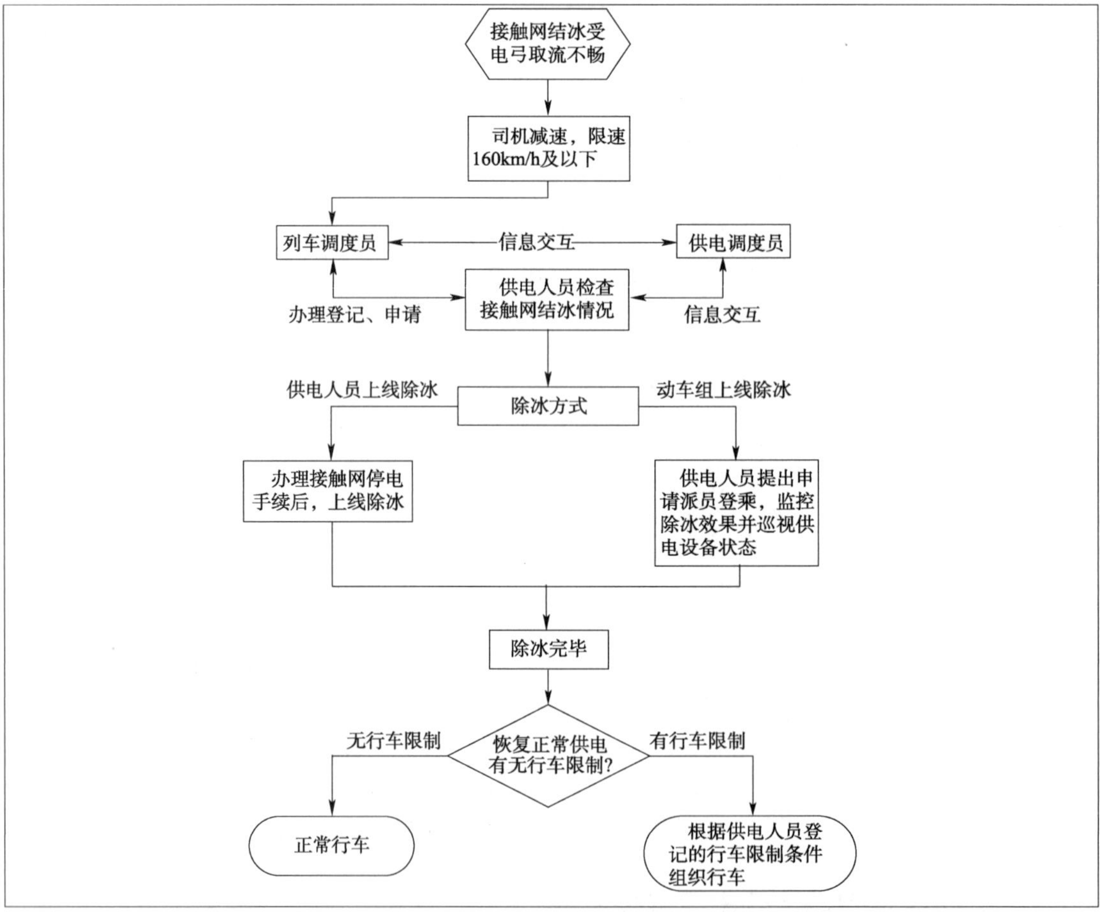

接触网结冰受电弓取流不畅
司机减速，限速160km/h及以下
列车调度员
信息交互
供电调度员
供电人员检查接触网结冰情况
办理登记、申请
信息交互
供电人员上线除冰
除冰方式
动车组上线除冰
办理接触网停电手续后，上线除冰
供电人员提出申请派员登乘，监控除冰效果并巡视供电设备状态
除冰完毕
无行车限制
恢复正常供电有无行车限制?
有行车限制
正常行车
根据供电人员登记的行车限制条件组织行车

图9-30 高铁接触网结冰受电弓取流不畅应急处置流程图

八、高铁分相救援

(1)电力机车牵引的列车和动车组列车停在接触网分相无电区不能继续运行时,司机应

立即降弓,并报告列车调度员(车站值班员),车站值班员立即报告列车调度员。列车调度员(车站值班员)立即通知已进入区间的后续列车停车,不再向该区间放行列车。

(2)具备采用换弓、退行闯分相等方式自救时,司机应准确报告电力机车(动车组)停车位置,由列车调度员、供电调度员、机车调度员(动车司机调度员)共同根据电力机车(动车组)类型、停车位置、牵引供电设备状况等确定自救方案,组织自救。

(3)不具备自救条件时,按以下规定处理:

①具备向中性区远动送电时,列车调度员命令该分相区后方供电臂内的所有动车组停车、降弓,通知供电调度员办理该供电臂接触网停电(并联时先解环,再停电),闭合分相网上远动开关向分相中性区送电。列车调度员通知停在该分相的列车升弓,待该列车驶出分相区后,再通知供电调度员恢复原供电方式并向后方接触网供电臂送电,恢复后续列车正常运行。

当离去方向供电臂范围内含有车站时,应在上、下行供电臂同时停电后,再通过闭合分相开关实现向离去方向供电臂接触网送电。

②不具备向中性区远动送电时,列车调度员发布邻线限速160km/h以下的调度命令,司机组织相关人员按规定对列车进行防护,并确认列车前、后方接触网无电区长度,向列车调度员报告。列车调度员根据司机有关前、后方接触网无电区长度的报告,确定救援方案,组织救援。

接触网分相两侧断电标至接触网分相中心侧80m以内区域为接触网分相无电区。

③动车组换弓自救时,禁止同时升起两组受电弓。

④采用电力机车(动车组)担当救援时,如被救援动车组升弓,由被救援动车组司机通知救援机车(动车组)司机在通过分相区前断电并降弓。

高铁分相救援应急处置流程如图9-31所示。

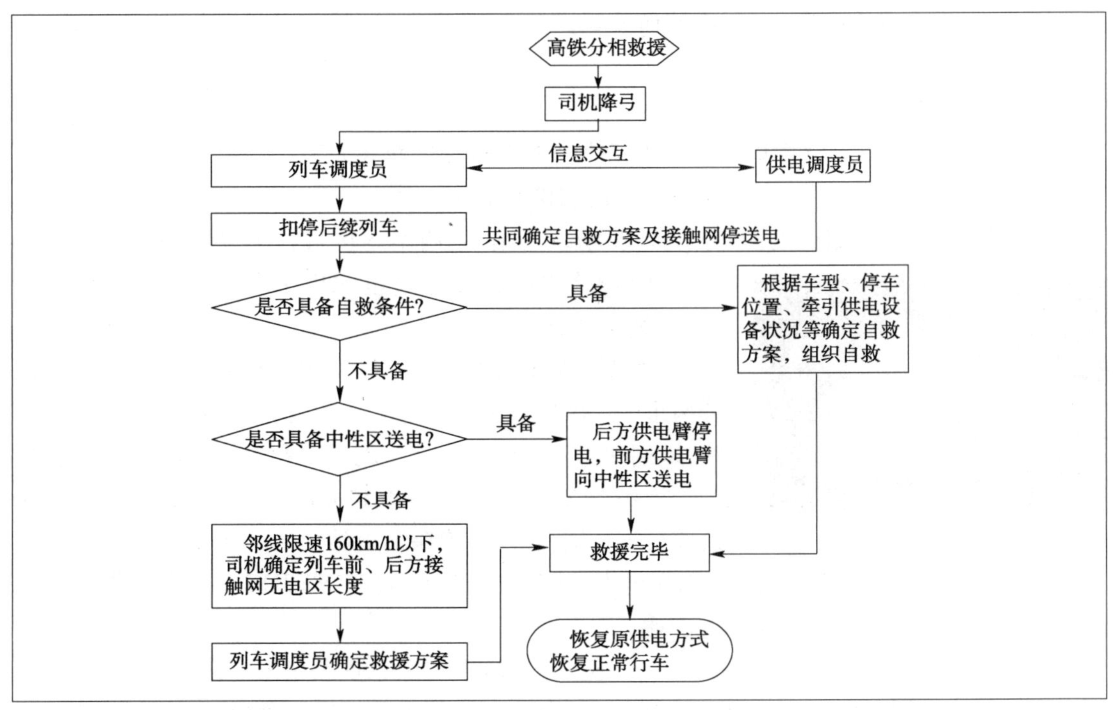

图9-31　高铁分相救援应急处置流程图

任务实施与评价

请完成本任务的任务实施与评价,见教材数字资源中的电子实训工单。

拓 展 提 升

一、知识巩固

(1)电气化铁路有哪些优越性?

(2)电气化铁路为什么要设置接触网电分相?

(3)铁路局集团公司普铁与高铁供电调度员在分级指挥、设置要求、主要任务和职责方面有哪些异同?

(4)铁路局集团公司普铁与高铁供电调度员在接触网跳闸、分相救援应急处置、抢修指挥方面有哪些异同?

(5)一名优秀的铁路局集团公司供电调度员要具备哪些素质?

二、技能训练

2023 年 10 月 24 日 15:00,沈阳铁路局集团公司管内沈丹客运专线,该线为高速铁路,某牵引变电所 211 供电臂跳闸,重合闸成功,供电臂末端分区所 232 断路器跳闸,检有压重合闸成功,作为当班供电调度员,应如何处置?

三、素养培育

《中国青年报》:守护中欧班列的“女飞人”

(发布时间:2024-01-01)

地处重庆市沙坪坝区回龙坝镇的兴隆场编组站,是西南地区最大的铁路编组站。作为重庆铁路枢纽的“心脏”,这里承担了中欧国际班列的列车解体、编组任务。

图 9-32 母思琪(左)和何雪(右)

“00 后”女孩何雪和母思琪是中国铁路成都局集团有限公司重庆供电段兴隆场电力工区的两名电力线路工。每个夜晚,她们和工友背负数公斤重的工具材料,从地面沿着近 70°的爬梯攀上 22m 高的电塔和 17m 高的灯桥,对这里的 5000 余盏灯进行巡检维修,确保编组站场的照明安全。图 9-32 为 2024 年 1 月 12 日,在重庆供电段兴隆场电力工区,工区电力线路工母思琪(左)和何雪(右)在作业前整理安全带(新华社记者 唐奕/摄)。

(资料来源:中国国家铁路集团有限公司官方网站)

请对上述案例进行讨论,说出在铁路电力线路工身上能学到什么可贵品质?

素养贴士

机车是铁路运输系统的核心动力设备，其重要性主要体现在以下方面。

1. 牵引动力提供

机车通过柴油机或电动机产生机械能，驱动车轮克服轨道摩擦力及空气阻力，牵引后续无动力的车厢或车辆沿轨道移动。其动力性能直接决定列车牵引力的大小，需具备足够功率以拖动整列列车。

2. 制动系统保障安全

机车配备制动系统，能在需要减速或停车时迅速降低速度，避免因超速导致的事故。精确控制制动力度可实现平稳运行，减少货物损坏和乘客不适，并在紧急情况下缩短制动距离以降低碰撞风险。

3. 应对特殊工况

内燃机车在恶劣天气（如暴雪、大风）或电力故障时，可依靠自身动力系统牵引列车前行，确保运输连续性。

4. 提升运输效率

机车的可靠性和稳定性是确保列车准时运行的关键因素，其性能直接影响铁路系统的整体运输效率。在电力机车与高速动车组普及的背景下，机车技术进步仍持续推动铁路运输现代化。

附录资源

附录一　普速铁路十八点待卸大点车报告(运货8)

普速铁路十八点待卸大点车报告（运货8）

附录二　普速铁路常用行车调度命令模板

普速铁路常用行车调度命令模板

附录三　普速铁路常用运行揭示调度命令模板

普速铁路常用运行揭示调度命令模板

附录四　普速铁路常用局间客调命令模板

普速铁路常用局间客调命令模板

附录五　普速铁路铁路局集团公司间分界口能力利用率报告(运调18)

普速铁路铁路局集团公司间分界口能力利用率报告（运调18）

附录六　普速铁路调度工作图表名称及代码

普速铁路调度工作图表名称及代码

附录七　高速铁路常用行车调度命令模板

高速铁路常用行车调度命令模板

附录八　高速铁路常用运行揭示调度命令模板

高速铁路常用运行揭示调度命令模板

附录九　高速铁路调度工作图表名称及代码

高速铁路调度工作图表名称及代码

附录十　供电调度常用报表

供电调度常用报表

附录十一　各类应急处置清单

各类应急处置清单

附录十二　典型案例评析

典型案例评析

附录十三　铁路运输调度安全管理与应急处置

铁路运输调度安全管理与应急处置

附录十四　本教材课程思政教学设计

序号	所在项目	对应知识点	思政名称	二维码
1	项目一	任务一	自强不息，永争上游（坚守铁路　逐梦青春——中国铁路太原局集团有限公司调度所学习列车调度员薛朝阳：为安全出行保驾护航）	
2	项目一	任务五	铁路最强大脑（365 天不停歇的调度所）	
3	项目二	任务二	社会责任、企业担当（看一张列车运行图调整背后的“加速度”）	
4	项目四	任务一	巾帼英雄、榜样力量（新时代 · 铁路榜样——周凤：调度台前彰显“她力量”）	
5	项目五	任务三	无私奉献（为保列车运行安全！铁路线路工中秋坚守岗位）	

续上表

序号	所在项目	对应知识点	思政名称	二维码
6	项目六	任务三	民族振兴、科技强国(陇海线兰州铁路局管内除天水车站外实现 CTC 调度集中系统全覆盖)	
7	项目七	任务三	家国情怀(助力“西电东送”！铁路全力保障超级超限货物运输)	
8	项目八	任务一	爱岗敬业、遵章守纪(火车站机车调度员于守武:和火车打了一辈子交道)	
9	项目九	任务四	不畏艰险、勇挑重担(在守护铁路供电安全的新战场上冲锋在前)	

附录十五　英文缩略语表

英文简称	英文全称	中文全称(备注)
CTC	Centralized Traffic Control	调度集中系统或调度集中
THDS	Track Hotbox Detection System	红外线轴温探测系统
TPDS	Truck Performance Detection System	货车运行状态地面安全监测系统
TFDS	Trouble of Moving Freight Car Detection System	货车运行故障动态图像检测系统
TVDS	Train Coach Machine Vision Detection System	铁路客车故障轨边图像检测系统
TADS	Trackside Acoustic Detection System	货车滚动轴承早期故障轨边声学诊断系统
AEI	Automatic Equipment Identification	铁路车号自动识别系统
SCADA	Supervisory Control and Data Acquisition	数据采集与监视控制系统
FAS	Frame Alignment Signal	帧定位信号

续上表

英文简称	英文全称	中文全称(备注)
HMIS	H Management Information System	铁路货车技术管理系统,H 代表货车
JD		没有英文全称,J 代表“集装箱”,D 代表“调度” 集装箱调度 6:00 阶段情况报告的简称
TDMS	Transportation Dispatching Management System	运输调度管理系统
LKJ		没有英文全称,L 代表“列车”K,代表“控制”,J 代表“监视” 列车运行监控装置
TDCS	Train Operation Dispatching Command System	列车调度指挥系统
IC	Integrated Circuit	集成电路
GYK		没有英文全称,G 代表“轨道车”,Y 代表“运行”,K 代表“控制” 轨道车运行控制设备
CTCS	Chinese Train Control System	中国列车运行控制系统
GSM-R	Global System for Mobile Communication for Railway	铁路数字移动通信系统
TEDS	Trouble of Moving EMU Detection System	动车组运行故障动态图像检测系统
RBC	Radio Block Center	无线闭塞中心
TSRS	Temporary Speed Restriction Server	临时限速服务器
CAN	Controller Area Network	控制器局域网络
BT	Booster Transformer Supply System of Electric Traction	电力牵引,BT 供电方式的简称
AT	Auto Transformer Supply System of Electric Traction	电力牵引,AT 供电方式的简称
PT	Potential Transformer	PT 是电压互感器
CT	Current Transformer	CT 是指电流互感器
PLC	Programmable Logic Controller	可编程逻辑控制器
RTU	Remote Terminal Unit	远程终端
FTU	Feeder Terminal Unit	馈线终端
TMIS	Transportation Management Information System	铁路运输管理信息系统

参 考 文 献

[1] 中国国家铁路集团有限公司. 中国国家铁路集团有限公司铁路运输调度规则:普速铁路部分[M]. 北京:中国铁道出版社,2022.
[2] 中华人民共和国铁道部. 铁路电力管理规则　铁路电力安全工作规程[M]. 北京:中国铁道出版社,2000.
[3] 中华人民共和国铁道部. 电气化铁路接触网故障抢修规则[M]. 北京:中国铁道出版社,2009.
[4] 中国铁路总公司. 高速铁路供电调度规则[M]. 北京:中国铁道出版社,2017.
[5] 中国铁路总公司. 普速铁路供电调度规则[M]. 北京:中国铁道出版社,2017.
[6] 中国铁路总公司. 高速铁路接触网故障抢修规则[M]. 北京:中国铁道出版社,2014.
[7] 中国铁路总公司. 铁路技术管理规程:普速铁路部分[M]. 北京:中国铁道出版社,2014.
[8] 中国铁路总公司. 铁路超限超重货物运输规则[M]. 北京:中国铁道出版社,2016.
[9] 中国铁路总公司. 铁路货物装载加固规则[M]. 北京:中国铁道出版社,2015.
[10] 中华人民共和国铁道部. 中华人民共和国铁道部铁路货物运输规程[M]. 4 版. 北京:中国铁道出版社,2000.